KB208411

예수님의 육성 도마복음
The Gospel According to Thomas

도올 김용옥

통나무

| 목차 |

머릿말

시의격문 時宜檄文 _ 70

토마스에 의한 복음
The Gospel According to Thomas

머릿말

근세 조선민중, 종교의식의 출발

기다림에 지쳤다. 기다리고 또 기다리다가 존재가 티끌이 되어 사라져 버리고 말 것 같다. 긴장을 늦출 수 없는 공포감에 이 붓만은 꼭 들어야 할 것 같아 이 칠흑 같은 한밤중에 붓을 들었다. 나뿐만이 아니다. 온 국민이 거의 빠짐없이 기다리고 또 기다렸다. 기다림에 지쳐 국민의 생업의 기반이 다 무너져버릴 듯한 기세다. 환웅이 신단수 아래 신시를 개창한 이래 이토록 모두가 한마음으로 막연한 것이 아닌 구체적 결정을 기다린 거국적 체험은 없었을 것 같다. 무엇을 기다렸을까?

오늘 우리가 당면한 문제는 몇 사람의 권력을 쥔 자들의 우롱愚弄에 기인한 것이기는 하지만 그 우롱의 배경에는 기나긴 민족사의 왜곡된 가치의 축적태가 자리잡고 있다. 정의가 불의에 무릎 꿇고, 천명天命이 인욕人欲에 의하여 묵살되는, 상식이 비상식의 난동 아래 무기력하게 좌절되고 마는 역사의 현장을 우리는 너무도 오랫동안 보아왔다. 그런데 이런 좌절을 일으키는 축적된 힘의 소용돌이 속에 우리에게는 매우 낯선 종교운동이 있었다.

기독교는 조선왕조사회의 정신적 기반인 유교가 조선의 민중에게 삶의 동력을 제공하지 못하게 되었을 때, 그 공허한 틈을 타고 들어왔다. 예수는 인간평등을 가르쳤고, 인간 삶의 보편적 가치에 대한 신실한 사랑을 가르쳤다. 그러나 천주天主(=하나님=God)라는 인격적 존재는 너무 권위주의적이고 절대주의적인 초월성을 인간에게 강요하였기 때문에 천주와 인간의 관계는 교감하고 상애相愛하고 서로 도우며 성장하는 과정적 관계를 결缺하였다. 기실 18세기 후반부터 조선사상가들의 주체적 노력에 의하여 우리에게 전파된 기독교는 예수 그리스도를 사랑하는 기독교라기보다는, 로마카톨릭의 이론적 지배를 받는 천주교(=Catholicism)였다. 천주는 명령하고 지배할 뿐이지, 인간의 신음을 자상하게 듣는 존재가 아니다.

기독교의 전래는 유교사회의 파탄을 심려하던 각자覺者들에게 각성의 계기를 던지면서 들어왔다. 그 각성은 타자로서가 아니라 내면의 신묘神妙와 신명神明을 휘저으며 새로운 종교운동을 일으키기도 했다. 그 대표적인 것이 19세기 중반에 흥기한 동학東學이다. 최수운은 분명히 지적하였다. 최수운과 동학운동의 지도부가 지향한 과제상황이란 왕조적 권력의 불합리한 억압상태로부터 벗어나는 것이다. 그들은 이것을 "개벽"이라 불렀는데 이 개벽을 뒷받침할 수 있는 하느님(天主) 자체가 억압적이고 폭압적이고 왕조적일 수는 없다는 것이다.

그런데 낯설은 외방에서 들어온 천주종교가 가르치는 하느님은 왕조의 수직적 권력구조의 정점에 있는 존재로서, 이 세계의 모든 질서를 창조하고 그 운행을 임의대로 지배한다는 것이다. 사실 수운은 이러한 서도西道의 위협과 협박과 공갈에 대응하여 본인의 각성을 체계화하는 논문을 썼는데, 그것이 바로 「동학론東學論」(나중에 「논학문論學文」으로 바뀜)이다. 동학은 깨달음의 궁극을 말한 것이므로 동東이니 서西니 하는 공간(지역)개념에 국한되지 않는 무극대도無極大道이지만, 서학(=천주학)에 대응하는 "해동조선의 배움"이라는 뉘앙스를 떨쳐버릴 수는 없다. 다산茶山도 수운도 이미 예수를 만났고 천주를 만났다.

정다산은 기독교인인가?

다산이 과연 천주교를 받아들인 사람인가 아닌가 하는 것에 관한 다양한 논의가 있지만, 다산의 방대한 경전연구의 인식의 틀 속에서 볼 때, 그가 접한 기독교의 교리체계는 매우 초라하고 유치한 것이다. 본격적으로 논의할 대상이 될 수가 없는 것이다. 단지 "초월적 인격성"이라는 절대자의 설정이 인간의 행위를 도덕적으로 규제하는 데 보다 효율적일 수 있겠다는 생각은 한 듯하다. 중국 고경의 세계에서도 기독교의 상제관과 유사한 수직구조가 발견된다고 생각하였다.

교리의 형태와 무관하게 인간학적으로 우리가 상고할 수 있는 과제상황이란 인간내면에서 우러나오는 천명天命의 양심이 인간세의 평등과 평화와 평강을 확보할 수 있느냐 하는 문제로 단순화될 수 있을 것이다. 인간세의 이상적 질서를 담보하는 모든 담론이 유교에 내장되어 있다. 그러나 그것의 구현체인 사대부들의 도덕적 타락과 사회체제의 부패는 더 이상의 개선이나 재고를 허락할 수 없는 지경에 이르렀다. 유일한 방책은 왕정이라는 체제의 종언밖에는 달리 방도가 없었다.

동학은 순망치한脣亡齒寒의 우환의식을 저변에 깔고, 무사불성無事不成적인 막강한 서학의 위세에 대응하여, "인내천人乃天"이라는 기상천외의 교설敎說을 제시했다. "인내천"이란 문자 그대로 "사람이 곧 하느님"이라는 뜻인데 이 동학의 핵심교리를 말하는 사람들이 이 프레이즈가 내포하는 소박한 의미를 있는 그대로 말하기를 두려워한다. 그것은 초월적 실체신관에 사로잡혀 있는 사람들에게는 매우 불경스럽게 들리기 때문이다.

기실 "인내천"이라는 말은 최수운은 사용한 적이 없다. 해월이 살짝 비쳤을 뿐이고, 의암 손병희 때 대표적 교리로서 개념화되어 드러났다. 그러나 그 의미가 동학의 본래정신에 어긋남이 없고, 또 사람들에게 매우 보편적으로 회자된 말이기 때문에 구태여 "인내천"의 의미를 정론으로 받아들이지 않을 이유는 없다. 그런데 동학을 신봉하는 사람들조차 "사람이 곧 하느님"이라는 명제적 의미를 전폭적으로 수용하기를 두려워한다. 사람은 불완전하고 초라하며, 하느님은 완전하고 전지전능한 드높은 절대적 존재라는 편견이 있기 때문이다. 사람이 불완전하다는 명제는 온전하지 못하고, 하느님이 완전하다는 명제 또한 온전치 못하다.

수운은 하느님과의 해후를 이렇게 말했다: "내(하느님) 마음이 곧 네 마음이다. 吾心卽汝心也。「동학론」 그리고 또 이렇게 말했다: "하늘과 땅의 신령한 측면이 신神이고 귀鬼이다. 귀신이 바로 나다." 여기서 알 수 있는 것은 하느님은 하늘과 땅에 내재하는 것이지 시공을 초월하는 절대자가 아니라는 것이다. 해월은 우리가 먹는 밥

한 그릇이 곧 하느님이라고 말했다. 밥 한 끼를 하느님으로 모시는 사상이나 신관은 진실로 찾아보기 어렵다. 영국의 수학자 한 사람이 내 유튜브로 나간 영어강론을 보고 나에게 편지를 보내왔다: "당신이 말해주는 동학은 진실로 매력있는 사상인데, 인류사에 그 유례가 없는 사상이기 때문에 이해하기가 어렵습니다. 아무리 이해하려고 해도 그 전모를 진실하게 파악하기 어렵습니다."

매우 진실한 반응이고, 수학자다운 성실성의 극치를 보여주는 발언이다. 해월은 당시에 길거리에서 사람들이 어린이들을 공연히 때리는 것을 보고 이렇게 말하였다: "어린이를 때리지 마세요. 하느님은 매맞는 것을 싫어하십니다." 천진무구한 어린이에 대한 이러한 표현은 우리민족의 "하느님"으로 쉽게 다가갈 수 있게 만들어준다.

해월은 낮이면 밭에서 열심히 일하고 집에 돌아와선 밥을 짓고, 또 밤시간이면 골방에 쑤셔박혀 앉아 찰카닥 찰카닥 쉼없이 베틀을 움직이고 있는 아낙의 모습을 보고, "저 여인은 너의 며느리가 아니라 곧 하느님이시니라"라고 말했다. 사람이 곧 하느님이라는 인내천의 의미는 이러한 해월의 설법에서 보다 리얼하게 우리 가슴에 다가온다.

19세기 · 20세기 우리문명의 정신사가 기독교라는 낯선 도전에 대하여 매우 주체적인 창조적 전진을 이룩하고, 상식常識의 "상常"의 제고를 달성했다는 사실을 우리는 포괄적 인식체계 속에서 검토할 필요가 있다.

그런데 오늘날 우리를 괴롭히는 사실은 우리민족의 역사적 상식의 상常을 저하시키고, 민주의 여정을 후퇴시키고, 온갖 폭력과 억압과 독선과 억지를 타에게 강요하는 그 흉악한 에너지 소용돌이의 한가운데에 기독교가 자리잡고 있다는 것이다. 두 세기 동안 기독교가 쌓아온 선업善業의 공과功課를 무너뜨리는 불행한 사태가 곳곳에서 벌어지고 있다. 최수운은 이미 서학(서양종교)의 제국주의적 본면本面에 대한 적나라한 고발을 서슴치 않았고, 보국안민輔國安民을 위한 경계의 대상으로 경각심을 늦추지 말 것을 당부하였다.

한국사회의 종교병리학

기독교라는 종교운동은 다양한 전승의 복합체이기 때문에 일부의 특정사례를 빌어 전체의 보편적 성격으로 일반화할 수는 없는 것이지만, 상식적 기독교인의 입장에서 볼 때에도 기독교라 말할 수 없는 이단적, 샤마니즘적, 주술적, 예언술사적, 길흉유희적 무술巫術이 기독교의 가면하에 설치고, 무지한 민중을 농락籠絡하여 금품을 갈취하고, 자율적 판단을 마비시켜 그릇된 신앙의 노예로 만드는 그러한 사례가 우리사회에 만연하는 현상이 목도되고 있다.

카톨릭은 본시 보편주의를 지향하여 개별적 성당이 모두 보편적 질서와 교리에 복속되어 있지만, 프로테스탄트라는 것은 개별적 교회가 자립적 성격을 지니고 있어, 예배돈을 목사가 자율적으로 운영할 수도 있고, 심지어 목회직분을 세습할 수도 있으니, 교회 하나가 독자적인 비즈니스 단위가 될 수도 있다. 자본주의사회에서 이러한 교회의 활동은 필연적으로 자본의 확대재생산이라는 자본론의 논의를 따라가게 되고, 면세의 특전, 가려진 조건 속에서 자행되는 온갖 비리는 확대재생산의 논리를 더욱 확대시켜 나갈 뿐이다. "대형교회"의 출현이라고 하는 것은 우리사회의 경제적 발전과 더불어 등장한 너무도 당혹스러운 불의不義라고 말할 수 있다. 그것은 기독교의 본질과는 아무런 관계가 없는 것이다.

일반적으로 기독교의 그럴듯한 "억지"가 통용되는 제1의 원리는 "인간은 구원되어야 할 존재"라는 보편명제이다. 인간에 대한 면밀한 규정도 없고, 구원에 대한 당위성도 강요될 수 없다. 그럼에도 불구하고 아무에게나 "당신은 구원받아야 해"라고 덮어씌운다. 이것은 증명이 불가능한 대전제이다. 그런데 인간은 허약하기 때문에 이런 말을 계속 듣다보면 자기는 "구원받아야 돼"라고 뇌까리게 된다.

인간은 구원의 대상이 아니다

그러나 우리 한민족의 유구한 정신문명사적 전통 속에서는, 인간은 구원의 대상이 아니다. 여기 구원이란 절대적 타자에 대한 귀의, 신앙을 전제로 한 것이며, 자신은 본시 "죄인"이라는 자기규정을 전제로 하는 것이다. "죄인"이란 무엇인가? 내가 무슨 죄를 졌나? 음탕한 생각에 꼴렸었나? 돈을 너무 많이 벌었나? 돈버는 과정에서 타인에 대한 배려가 부족했나? …… 이렇게 반추해 보면 나의 성스럽지 못한 비행이 반성의 목록에 줄지어 올라올 것이다. 바울이 말하는 바 육욕이 빚어내는 일들이 줄지을 것이다: "음행, 추행, 방탕, 우상숭배, 마술, 원수 맺는 것, 분쟁, 시기, 분노, 이기심, 분열, 당파심, 질투, 술주정, 흥청망청 먹고마심."(갈 5:19~21).

그러나 이러한 성욕, 권력욕, 물욕의 존재 그 자체만으로 인간의 본성이 사악하다는 결론에 이를 수는 없다. 그것은 어차피 인간의 조건이다. 욕망의 충족으로 삶의 가치가 완성되는 것은 아니다. 욕망을 충족의 대상으로 타자화하면 인간은 끝없이 갈망에 허덕인다. 인간은 욕망과 더불어 살 수밖에 없다. 욕망은 충족의 대상이 아니라 절제의 대상이다. 『주역』의 64괘 중의 하나가 수택 절節☵이다. 인생은 고절苦節(절제하는 것이 고통스러움)에서 안절安節(절제가 편안함), 감절甘節(절제하는 것이 달콤하다)의 경지로 나아가는 과정이다.

인간의 본성은 선·악으로 규정될 수 없다

인간의 본성을 선善과 악惡이라는 실체론적 가치어value term로 규정하는 것 자체가 서양철학·서양종교가 유치한 사유의 단계에 머물러 있다는 것을 입증하는 것이다. 성선, 성악은 성립하지 않는다. 우리의 성性은 선·악이라는 실체론적 가치술어로 규정될 수 없다. 성性은 편협한 인간의 가치인 선과 악을 구현하기 위한 것이 아니라, 하느님과의 끊임없는 교감 속에서 그 명命을 구현하는 것이다. 『중용』의 첫 구절인 "천명지위성天命之謂性"이 바로 그런 뜻이다.

인간의 욕망을 빌미로 삼아, 인간은 구원되어야만 하는 존재라는 규정성은 궁극적으로 그러한 규정을 내리는 자들의 플랜에 인간은 예속될 뿐이다. 욕망은 절제의 대상이며, 그 절제의 방식이 "중용"이다. 중용은 인간에게 일방적으로 강요되는 것이 아니라 하느님에게도 적용되는 것이다. 인간의 중용은 신의 중용을 전제로 하는 것이다. 인간의 중용은 우주의 중용과 더불어 가는 것이다. 더불어 간다고 하는 것은 "스스로 길지워 나간다"는 뜻이다.

자사는 노래한다: "도자도야道自道也." 스스로 길지워 나감(自道)이 곧 인간의 성실함이요, 우주의 성실함이다. 성실함은 물物의 종시終始이다. 성실하지 아니하면 사물이라는 것이 존재할 수 없다(不誠無物). 성실하게 산다는 것만이 인간의 지고의 덕성이다. 성誠이라고 하는 것은 인간존재의 모든 존재여건을 이룰 뿐 아니라, 나 밖의 모든 사물을 이루어준다(誠者, 非自成己而已也, 所以成物也。). 우리가 살아간다고 하는 것 자체가 스스로를 구원하는 길이다. 외재적 타자에 의존하여 인간이 구제될 수 있다는 생각은 고조선철학에는 없는 발상이다. 인간은 스스로를 구원한다. 구원의 길에 하느님은 없다. 그 구원의 길에 인간의 욕망은 적극적인 엘랑비탈이 될 수 있다.

역사적 예수(Historical Jesus)

나는 지금 무엇을 쓰려고 하고 있는가? 무엇을 말하려는가? 이 혼란의 시대에 예수님의 육성을 전하려 하고 있는 것이다. 육성이란 무엇인가? 살아있는 자의 목소리다. 과연 살아있는 예수를 만날 수 있는가?

"살아있는 예수"란 무엇인가? 지금으로부터 정확하게 2천 년 전에 역사의 지평에서 걸어갔던 한 사람, 예수를 만난다는 것은 물론 불가능하다. 그러나 그 예수의 설법이나 만나는 사람들과의 대화가 당지當地에서 기록되었다면 그 기록을 통해 역사적 지평의 예수를 추론할 수 있다. 그런데 모든 기록은 해석이다. 아무리 오리지날한 당장當場의 기록이라 할지라도 기록자의 인식체계 속에서 해석되는 굴곡을 거친다는 말이다. 더구나 예수의 언어가 곧바로 예수가 사용한 말 그대로 기록되리라는 보장이 없다. 예수는 히브리말을 한 사람이 아니고 팔레스타인 토착어인 아람어(Aramaic language)를 쓴 사람이라는데(BC 6세기경부터 팔레스타인의 토착어로 정착됨) 예수의 말을 아람어로 적은 기록은 존재하지 않는다. 기독교문서의 대부분은 기원전후에 사용되던 코이네(χοινή) 희랍어로 쓰여졌다.

그런데 더 큰 문제는 살아있는 예수를 느낄 수 있는 문헌으로서 우리가 의존하는 "복음서"라는 것이 4개가 있는데, 이 복음서라는 문서양식을 통해 과연 살아있는 예수를 만날 수 있느냐는 것에 관한 문제이다. "복음서"는 얼핏 생각키에 예수라는 종교개창자의 바이오그라피 즉 "전기문학"이라고 규정하기 쉬우나, 이 복음서가 쓰여질 당시에는, 어느 인간의 생애를 크로놀로지에 따라 역사적으로 서술한다는 관념이 존재하질 않았다. 역사(history)라는 것은 이야기(story)인데, 그 이야기는 엄밀한 역사의식의 장場에서 기술되는 이야기가 아니다. 우리가 생각하는 "역사"와는 다른 목적을 지닌 어떤 양식이다. 우리가 생각하는 "역사"는 서방의 고대세계에 존재하지 않았다. 사실과 해석이 구분되는 객관적 서술(historiography)은 19세기·20세기에나 활발하게 진행된 문헌양식이었다.

바울의 편지가 4복음서를 앞선다

4복음서는 대강 AD 70년경부터 AD 100년경 사이에 쓰여진 문헌인데, 재미있는 사실은 예수의 전기에 해당되는 이 복음서의 집필이, 예수전도사(바울은 예수의 사도로서 자처했지만 예루살렘 본부에서는 그의 사도성을 인정하지 않았다. 그러나 바울의 기독교는 예루살렘 본부의 스케일을 크게 뛰어넘었다)인 바울이라는 탁월한 지성인이 전도여행 기간 동안에 쓴 편지들(13개로 추정되는 바울의 편지들은 바울의 전도여행을 기술한 사도행전과 함께 신약성서의 가장 큰 부분을 차지한다) 보다 뒤늦게 집필된 전기문학이라는 사실이다. 신약성서의 제일 앞에 마태·마가·누가·요한의 4복음서가 앞머리를 장식하고 있지만, 실제로는 바울의 편지들이 앞으로 와야된다는 것이다.

다마스커스로 가는 도상에서 일어난 사울의 개종은(행 9장) AD 34년 10월의 사건이다. 그리고 그가 로마에서 처형된 것은 AD 62년 3월의 사건이다(크로놀로지는 Robert Jewett, *A Chronology of Paul's Life*, Fortress Press, 1979에 준거하였다. 상당히 자세하고 설득력 있는 연구이다. 혹자는 사도 바울의 처형을 AD 67년경으로 보기도 한다. 그러나 바울이 로마에 도착한 시점이 60년 3월 초라는 데는 별 이견이 없다). 그러니까 바울의 기독교운동은 기원후 40년대, 50년대에 소아시아와 희랍문명권 중심으로 한 20년 동안 이루어진 역사적 사건이다.

바울이 전하는 예수: 십자가에 못박힌 그리스도

바울은 예수와 동년배의 인간이지만 살아있는 예수를 만난 적이 없다. 그리고 바울의 서한 속에는 예수 그 인간에 대한 정보가 전무하다. 애초로부터 바울은 살아있는 예수, 그 인간의 삶에는 관심이 없었다. 바울은 말한다:

"우리는 십자가에 못박힌 그리스도를 전하노라. 이는 유대인에게는 반감을 일으키는 것이요, 이방인에게는 어리석은 것이로되, 유대사람에게나 헬라사람에게나 부르심을 받은 모든 사람들에게는 그리스도야말로 하나님의 능력이요, 하나님의 지혜이니라."(고전 1:23~24. 도올개역).

이 구절처럼 바울의 입장을 표현하는, 축약적이고도 명료한 명언이 없다. 여기 "전한다"는 "전파하다,""전도하다"는 뜻인데, 공공연하게 전령이 크게 선포한다는 의미를 내포한다. 원어로는 "케뤼쏘κηρύσσω"인데 그 명사형이 "케리그마κήρυγμα"이다. 그러니까 바울이 전하려는 것은 "십자가에 못박힌 그리스도Christ crucified, χριστὸν ἐσταυρωμένον"이다. 십자가에 못박힌 그리스도란 당연히 죽은 예수이지, 살아있는 예수가 아니다. 십자가는 "삶"이 아니라 "죽음"이다. 그런데 독자는 여기서 바울의 어휘선택에 세심한 주의를 기울여야 한다. "십자가에 못박힌 자"는 "예수"가 아니라 "그리스도"이다.

그리스도의 의미

"그리스도"란 "기름부음을 받은 자"라는 뜻인데 본시 대관식에서 왕에게 신의 권능을 부여하는 상징으로 머리에 기름을 붓는 행위에서 유래된 단어이며, "세상을 구원하는 자" 즉 "구세주"라는 뜻이다. 그 말을 그대로 히브리말에서 찾으면 "메시아Messiah"가 된다. 구약에서도 메시아는 "기름부음을 받은 자"라는 뜻으로 여러 번 쓰였으나, 신약에서처럼 개념화되어 있는 말은 아니다.

바울의 관심은 예수가 아니라 그리스도이다. 그것은 너무도 당연하다. 바울은 예수를 만나지 못했고 그리스도를 만났기 때문이다. 예수는 무엇이고, 그리스도는 무엇인가?

예수의 십자가사건은 대강 AD 33년 4월의 일이라고 추정된다. 예수가 십자가에 못박혀 죽기까지 예수는 100% 살아있는 인간이었다. 보통 인간과 하나도 다를 바 없는 신체적 조건을 유지한 인간이었다. 그 인간이 바로 예수다. 예수는 사람을 부르는 칭호이다. 그것은 여호수아의 한 변양變樣이며, 미국사람들 이름에도 흔히 있는 "죠슈아Joshua"도 예수를 다르게 발음하는 이름이다. 그 인간 예수는 "그리스도"가 아니다. 사람 예수(우리 이름의 "철수"와도 같다)가 자기이해에 있어서 "그리스도"라는 자각이 있었는지 없었는지는 도무지 알 길이 없다. 그것은 기껏해야 그 사람 내면의 심층의식의 사건이기 때문에 우리가 확정지을 단서가 없다.

그러나 예수가 인류 전체의 죄를 대속하여 십자가에 못박힌다고 하는 자아의식이 있었고, 그 사건을 자기 내면의 의식으로 끝내는 것이 아니라 몸으로 부활하여 다시 살아남으로써 보통 인간이 할 수 없는 권능을 과시했다고 하면 그것은 얘기가 좀 복잡해지고, 다른 차원으로 튀게 된다. 죽음과 부활을 통해 하나님의 진짜 직계 아들임을 입증하였다면 과연 우리는 그를 어떻게 인식해야 할까? 바울은 "십자가사건"을 인간이 여태까지 입증하지 못했던 "죽음의 극복"이라고 생각하고, 예수는 죽음과 부활을 통해 "그리스도"(=메시아=인류 구원의 주)가 되었다고 단언한다. 그러기에 바울은 진심으로 인간세에 선포할 수 있는 그리스도를 만났다고 단정 짓는다. 다마스커스로 예수운동자들을 박해하러 가는 도중에 예수를 만났고, 그 충격을 대각으로 전환시키기 위하여 아라비아사막에서 3년 가량 선적인 기도수행을 한다. 그리고 바울은 기나긴 좌선 끝에 "그리스도"의 의미를 확연히 깨닫는다. 깨달음과 동시에 바울은 전도여행을 시작한다. 바울은 좌선기간 동안에 선교전략까지 다 짜놓았을 것이다.

바울의 케리그마: 죽음-부활-승천-재림

그의 예수는 인간**예수**가 아니라 "십자가에 못박힌 **그리스도**"였다. 그리스도야말로 그의 선포(=케리그마) 내용이었다. 그리스도의 죽음과 부활에는 재림(=파루시아 *Parousia*)이라는 단서가 붙는다. 재림이란 "다시 온다"(the Second Coming of Christ)는 뜻인데 그것은 "인간세의 종말(에스카톤ἔσκατον)"을 전제로 하게 된다. 바울은 종말론적 긴박감 속에서 교회운동을 성공시킨다. 어떤 신조나 신앙을 중심으로 사람들의 긴밀한 조직운동이 새롭게 만들어진다는 것은 있기 어려운 사태였다.

종말론적 회중=교회=신앙결속=초기기독교공동체의 탄생

희랍에서 엑클레시아 *ekklēsia*(회중)라는 것은 국가적 사태에 결정권이 있는 성년남성의 어셈블리 assembly 같은 것이었고, 유대교전통에서도 이스라엘 민족주의를 벗어나는 신앙공동체운동이라는 것은 있을 수 없었다. 그러나 바울의 교회운동은 세계종말을 전제로 하는 종말론적 회중의 신앙결속의 특별한 장이었고, 바울은 교회라는 기독교공동체에 "그리스도의 몸Body of Christ"이라는 새로운 성격을 부여하였다:

> "그리스도는 당신의 몸인 교회의 머리이십니다. 그 분은 모든 것의 근본이며, 죽은 자들 가운데서 살아나신 최초의 분이시며 만물의 으뜸이 되셨습니다."(골 1:18).
> "그리스도께서 당신의 몸인 교회의 구원자로서 그 교회의 머리가 되는 것처럼 남편은 아내의 주인이 됩니다. 교회가 그리스도께 순종하는 것처럼 아내도 모든 일에 자기 남편에게 순종해야 합니다. …… 우리는 그리스도의 몸의 지체들입니다."(엡 5:23~24, 30).

바울은 교회공동체의 사람들에게 그들이 제각기 그리스도의 몸의 지체라는 것을 상기시킨다. 그러기 때문에 교회의 멤버들은 그리스도와 하나가 되어 그리스도와 함께 죽고 함께 부활해야 한다고 강조한다. 이 정도의 논리적 구성이면 오늘날 대형교회나 신흥교단이 신도들 등골부터 쏙 다 빼먹을 수 있는 이론적 기반을 바울이 다 만들어준 셈이다. 남녀의 문제에 있어서도 바울은 엄청 여성비하적인 사유에 빠져있다.

바울은 사람들을 그리스도와 결합시키고 인간들을 교회공동체 안에서 결합시켜 온전히 발전하게 만드는 긴밀한 유대를 강조한다. 교회의 핍박은 곧 그리스도의 핍박이 되며, 순교가 이루어질수록 교회멤버간의 결속은 더욱 강렬해지고 지체로서의 기능은 더욱 강화되어 공동체는 확대의 일로를 걷는다. 이것이 초대교회의 실상이었다.

여기 너무 자세히 바울의 기독교교회운동을 얘기하는 것은 본서의 주제에서 좀 빗나가기 때문에 이것 하나만 기억해두자: "초기 교회공동체는 긴박한 재림의식에 사로잡혀 있는 종말론적 회중이었다." 이 "종말론적 회중eschatological congregation"이라는 말은 불트만신학의 핵심적 내용이며, 기독교의 알파오메가를 이루는 핵심적 뼈대라는 것을 기억해두자!

그러니까 바울의 신학에는 예수의 삶과 사상이 빠져있다. 종말론적 회중은 종말에 대처하는 과제상황에 관심이 쏠려있을 뿐, 예수의 삶이나 말씀에 관심이 없었다. 신의 아들로서의 그리스도의 권능이면 족했다. 그리고 바울은 그리스도의 십자가와 부활을 그리스도를 믿는 크리스챤의 실존적 과제상황의 핵심적 주제로 부각시키는 데 놀라운 예지를 발동했다. 이것이 "율법이 아닌 믿음으로 이루어지는 인의認義"라는 주제인데, 보통 인의認義는 개역성경(RSV)에서 "Righteousness of God"으로 표기되어 우리말로 "하나님의 의로우심"이 된다. 그러면 마치 의義가 하나님의 속성인 것처럼 들린다. 하나님은 인간의 도덕적 잣대에 의하여 의, 불의를 논할 수 없다.

디카이오쉬네

여기 의라는 말은 "디카이오쉬네δικαιοσύνη θεοῦ"(롬 3:21)라는 말인데 이것은 법정용어로서 "무죄의 선언"이라는 뜻이다. "하나님의 의"를 공동번역은 "하나님께서 인간을 당신과 올바른 관계에 놓아주심"이라고 번역했는데, 좀 길기는 하지만 좋은 번역이다. "올바른 관계에 놓아준다"는 것은 "하나님의 법정에 선 피고의 결백이 입증되었다"는 뜻이다. 바울은 그리스도의 부활에 관한 분명한 철학이 있다.

1. 예수는 우리의 죄 때문에 죽었다.
2. 그런데 다시 살아난 것은 분명한 이유가 있다. 그 부활의 목적은 무엇인가?
3. 그것은 우리 존재의 디카이오시스(무죄선포: 우리와 하나님과의 정의로운 관계설정)를 위한 것이다.

그래서 이렇게 말한다.

"내가 그리스도와 함께 십자가에 못박혔나니 그런즉 이제는 살고 있는 것은 내가 아니요, 오직 내 안에서 그리스도께서 살고 계신 것이라. 이제 내가 나의 몸 안에서 살고 있는 것은, 나를 사랑하사 나를 위하여 당신의 몸을 버리신 하나님의 아들을 믿는 믿음 안에서 사는 것이라."(갈 2:20).

이러한 바울의 진지한 레토릭을 거치게 되면 유치한 종말론적 협박이 심오한 실존주의 철학이 되어버린다. 여기에 바울신학의 명암明暗이 있다. 기독교는 세속적 권위와 타협하기도 하고 또 강렬하게 반항하기도 한다. 사기성에 찌들기도 하고 또 동시에 그 사기성을 존재내면의 심오한 성찰의 그룬트*Grund*로 만들기도 한다.

예수와 그리스도

역사적 지평의 예수는 과연 어떤 사람이었을까? 우리 보통사람처럼 갈릴리지평 위에서 산 예수의 모습을 신학에서는 "역사적 예수Historical Jesus"라고 부른다. 20세기 서구신학의 역사는 대체로 "역사적 예수"의 탐구에 정열을 쏟은 역사였다. 그러나 우리나라의 기독교역사는 역사적 예수를 외면하고, 바울이 말하는 종말론적 예수를 발양시켜온 자취라 말할 수 있다. 한국의 기독교는 실상 예수의 종교가 아니라, 바울이 창시한 종말론적 기독교(=바울교)의 피상적 외양이라 말해도 대차가 없을 것이다.

그런데 문제는 과연 "역사적 예수"를 알 길이 있느냐 하는 테제로 집중된다. 바울은 역사적 예수를 전혀 모른다. 출발부터 그는 오직 "십자가에 못박힌 그리스도"를 선포한다고 했다. 그는 "예수의 복음"을 말한 바 없다. 오직 그리스도화된 재림의 복음을 말했을 뿐이다. 종말의 복음은 협박이요 공갈이다.

로마서의 성격

바울의 서신 중에서 제일 심오하고 방대하고 잘 알려진 서신으로 로마서를 꼽지만, 로마서는 타 서신과는 달리 구체적 대상이 없다. 그래서 일반론적인 서술이 지배적이다. 타 서신은 자기가 만들고 자기가 키워놓은 인물들을 향한 것이래서 구체적인 대상이 있으며 내용도 구체적 사건과 정황이 얽혀있다. 바울의 서신 중에서 가장 저작성authenticity이 확실하고 가장 리얼한 바울의 실존적 정황을 전해주는 편지로서는 데살로니카전서와 갈라디아서, 이 두 개의 작품을 꼽는다. 그리고 이것은 대강 AD 50년 전후에 쓰여진 것이 확실하다. 바울의 왕성한 교회활동과 신학형성의 과정은 대체로 AD 48년에서 AD 62년 사이에 이루어진 것이다.

최초의 복음서, 마가복음

그런데 최초의 복음서라 일컬어지는 마가복음이 쓰여진 것은 대강 AD 70년에서 AD 75년 사이로 본다(마가복음에 성전파괴 이야기가 나온다[13장]. 예루살렘성전파괴는 AD 70년의 사건이므로 그렇게 비정하는 것이다). 일단 마가복음이 성립했다는 사실은 최초로 복음서 양식이 성립했다는 것을 의미하며, 그 최초의 복음서 양식을 모델로 하여 복음서 저작이 줄을 이었다는 것을 의미한다. 즉 초대교회 복음서의 시대가 도래했다는 것을 의미한다. 대부분의 사람들이 복음서가 문서로 퍼져나간 것으로 아는데 당시 필기자료인 양피지는 엄청 비싼 소재였다. 복음서는 케리그마를 전문적으로 전파하는 낭송자들의 낭송을 통하여 퍼져나간 것이다. 우리나라 판소리의 춘향가 가사에 비하면 복음서의 길이는 아무것도 아니다. 복음서 소리꾼들이 외우기에도 그리 긴 분량이 아니었다.

마가복음은 원복음서라고 부른다. 복음서의 원형이라는 뜻이다. 원형이니 제일 먼저 쓰여졌고, 타를 모방하지 않았으며, 기술양식이 창조적이고, 기술내용이 소박하다. 전체적인 느낌이 담박하다. 문장의 흐름이 간결하고 구질구질한 수사가 없고 갈릴리의 풍진이 그 지평이다. 예수는 갈릴리의 민중(라오스*laos*가 아닌 오클로스*ochlos*) 속에서 걸어다닌다.

마태와 누가는 마가의 증보판

자아! 왜 마태, 마가, 누가 3복음서를 "공관복음서共觀福音書"라고 부르는지에 관하여 좀 논의할 필요가 있다. 마가는 661개의 문장으로 구성되어 있는데, 그 중 600개가 마태복음 속에 들어있고, 350개가 누가복음 속에 들어있다. 그러니까 마태와 누가는 자신들의 복음서를 집필할 때 원복음서인 마가복음을 책상머리에 놓고 썼다는 것을 의미한다. 그러니까 마태와 누가는 마가의 증보판이라 말할 수 있다.

마태복음의 유대교정통주의적 성격

왜 증보했는가? 마가복음의 출현은 초기기독교공동체에 공전의 힛트였다. 마가공동체가 아닌 타 공동체는 그 마가자료를 활용하여 자기 공동체에 맞는 새로운 복음서를 만들 필요를 느꼈다. 마가로서는 불충분하다고 생각한 것이다. 그래서 마태복음을 만든 사람들은 마가의 담박한 맛에다가 유대교정통주의의 맛을 가미하여 기독교로 흡수된 유대인들에게 새로운 활력을 제공하고 싶어했던 것이다. 바울의 서한에서 이미 기독교를 유대교의 적통 속에서 이해하고자 하는 유대화파(Judaizers)의 문제가 제기되었다. 그들은 그리스도운동을 예수라는 메시아를 통하여 재건되는 유대교(reconstructed Judaism)라고 생각했다.

바울은 유대교정통주의의 훈도를 흠뻑 맞은 사람임에도 불구하고 유대교율법주의를 거부했고, 초기기독교공동체에서의 유대화파의 소리를 뮤트시켰다. 그러나 유대인들의 목소리는 초기기독교를 이끌어가는 힘이었다. 마태는 마가복음을 유대교의 민족적 지평으로 옮겨놓았다. 그리고 마가복음에 없던 많은 자료들을 첨가하였다 (산상수훈, 주기도문은 마태가 오리지날 양식을 보전하고 있다).

누가복음의 국제적 감각

이에 비하여 누가는 감각이 국제적이다. 마태가 민족적 지평 위에 놓였다면, 누가는 이를 민족을 초월하는 세계화의 지평 위에 놓았다. 누가의 언어는 매우 섬세하며 세계사의 지평 위에서 예수사건을 다루려 한다. 마가복음이 갈릴리 지평이라면 마태복음은 유대교 지평, 누가복음은 세계화 지평이라 말할 수 있다. 마가의 맛은 토속적이라 하면, 마태는 민족적이고, 누가는 국제적이다. 마가는 AD 70년경에 쓰여졌고, 마태는 그보다 좀 늦게 AD 80년경에 쓰여졌고, 누가는 더 늦게 AD 90년경에 쓰여졌다. 누가가 마태보다 더 늦게 쓰여진 것은 의심의 여지가 없다. 마태를 동편제 버전이라고 한다면, 누가는 서편제 버전이라고 말할 수 있다. 이 세 복음서는 동일한 자료를 모태로 하여 구성되었고, 예수를 바라보는 관점이 공유하는 디프 스트럭쳐에서 나왔기 때문에 이 3복음서를 "공관복음서共觀福音書"라 부른다.

요한복음은 공관복음이 아니다, 로고스기독론의 색다른 작품

그런데 이에 비하여 "요한복음"이라고 하는 문헌은 "공관"이라는 카테고리에 집어넣을 수 없는 매우 특유한 자료와 독자적인 "예수관"에 의하여 집필된 것이기 때문에 4복음서에 들어가 있기는 하지만 공관복음서와는 별도로 취급한다. 집필연도도 공관복음서 시기보다는 늦으며 빠르면 AD 100년 정도, 늦으면 AD 120년 정도, 하여튼 2세기 초에는 성립한 문헌이다. 요한복음은 개권開卷하자마자 로고스기독론(Logos Christology)의 심오한 철학적 명제를 내보이며, 마태가 유대인 족보를 내세운 것과는 대비된다. 요한복음의 예수는 매우 영적이고 신비로우며 인간으로서 하나님과 하나 됨을 강조한다.

다음과 같은 언어는 좀 끔찍하게도 들리지만 매우 래디칼한 요한식의 언어이다.

> "내 살을 먹고 내 피를 마시는 자는 영생을 얻는다. 그리고 내가 마지막 날에는 그를 다시 살리리라. 내 살은 참된 양식이요, 내 피는 참된 음료로다. 내 살을 먹고 내 피를 마시는 자는 내 안에 거하고 나도 그 안에 거하나니, 살아계신 아버지께서 나를 보내시매, 내가 아버지로 인하여 사는 것 같이, 나를 먹는 그 사람도 나로 인하여 살리라."(요 6:54~57).

요한복음에는 예수의 삶의 궤적이 공관복음서와 다르게 구성되어 있고, 예수의 신적인 측면이 전면에 부상하지만 또 한편 지극히 인간적인, 섬세한 문학적 향기가 나는 표현이나 장면이 많다. 태초에 말씀이 계셨다는 말로 시작하여 예수께서 행하신 일들은 다 인간의 언어로 담을 수 없다는 말로 끝난다.

AD 70년부터 AD 100년까지의 복음서 시대를 개관하고 4복음서의 성격을 개론했는데, 우리는 왜 복음서시대가 도래하였는지를 살펴볼 필요가 있다.

복음서의 시대는 바울의 교회운동 이후에 개화

초기기독교(Primitive Christianity)의 역사를 살펴보면 가장 사실적으로 두드러지는 인물은 예수가 아니라 바울이다. 예수는 바울의 예수해석을 통하여 역사의 지평에 뿌리를 내릴 수 있었다. 그런데 바울이 뿌린 씨앗은 자연의 제일성Uniformity of Nature(「계사」下의 "天下之動, 貞夫一者也。"의 "一." 나의 책 『도올주역계사전』, pp.277~280)을 거부하는 신화적 사유의 발현이었다. 바울의 비젼은 오늘날의 평범한 상식으로 평가하자면 한 광인의 광란이라고도 말할 수 있겠으나 그렇게 치지도외하기에는 그의 삶과 사상은 너무도 진지하고 거대했으며, 논리적이었다. 그리고 그의 비젼은 이방인의 땅에 기독교라는 새로운 종교의 조직을 만드는 데 매우 효율적이었다. 사실 오늘날 우리가 체험하고 있는 기독교라는 것은 "바울교"라 말해도 대차가 없다. 초기기독교의 성립과 바울의 관계는 너무도 견고하다.

바울의 시대를 AD 30년대 중반부터 AD 62년까지로 잡는다면 그 시대에 북부 팔레스타인, 소아시아, 마케도니아, 희랍문명권에 성립한 초기기독교공동체들은 바울이 말하는 "십자가·부활"을 신봉하는 종말론적 회중이었다.

바울의 긴박한 재림론

초기에는 긴박한 파루시아(재림)의 논리가 잘 먹혀들어 갔다. 바울의 전도의 사상적 핵에는 이 "긴박성"(Imminent Second Coming)이라는 것이 자리잡고 있다. 그의 비젼은 매우 구체적이다. 그의 편지 중에 가장 오리지날한 그의 생각을 전하는 데살로니카전서(15장

15~18)에 다음과 같은 권면이 들어있다:

> "주님께서 다시 오시는 날, 우리가 살아남아 있다 해도 우리는 이미 죽은 사람들보다 결코 먼저 가지는 못할 것입니다. 명령이 떨어지고 대천사의 부르는 소리가 들리고, 하나님의 나팔소리가 울리면, 주님께서 친히 하늘로부터 내려오실 것입니다. 그러면 그리스도를 믿다가 죽은 사람들이 먼저 살아날 것이고, 다음으로는 그때에 살아남아 있는 우리가 그들과 함께 구름을 타고 공중으로 들리어 올라가서 주님을 영접하게 될 것입니다. 이렇게 해서 우리는 항상 주님과 함께 있게 될 것입니다. 그러므로 여러분은 이런 말로 서로 위로하십시오."

그 표현이 정말 리얼하고 절실하다. 바울은 과연 이런 비전을 가지고 산 사람인가? 예수가 과연 하나님의 빵빠레를 울리면서 허공에서 내려올까? 그러면 우리가 구름 타고 들어 올리어져서 허공에서 예수(주님)를 영접할까? 이 드라마틱한 장면을 연상하면서 서로를 권면하라는 게 바울이 초대교회 교인들에게 던지는 위로의 말이다.

재림의 지연: 죽은 예수에서 산 예수로!

자아! 예수는 과연 재림했는가? 살아서 다시 내려왔는가? 단언컨대 예수는 다시 오지 않았다. 그렇다면 과연 하나님의 아들로서 자격이 있는가? 온갖 추측과 이견異見이 난무하게 될 것이다. "긴박한 재림"은 이루어지지 않았다. 초기기독교 역사에서는 재림의 시점을 긴박하게 잡았다는 설도 많다. 몇 년 후에 "예수가 온다"라는 기대는, 꼭 우리나라 휴거파의 광기처럼 사람들의 기대를 모았다가 피식하고 마는 것이다. 재림은 계속 연기되었다. 이러한 시대적 분위기에서 사람들은 정신을 차리기 시작한다. 종말에 대한 기대로부터 멀어져가는 것이다. 그렇다고 모처럼 성립한 교회를 해체시킬 이유는 없다. 교회를 유지시키고 사람들의 희망을 좌절시키지 않기 위하여 생겨난 새로운 운동이 곧 "복음운동"이다.

"복음운동"이란 죽은 예수를 기대할 것이 아니라 산 예수를 알아보자는 관심의 돌림이다. 시간의 역류는 허망한 미래보다 더 구체적인 희망을 제공한다. 살아있는 예수를 찾아보자! 바울신학으로부터 근원적인 역행이 이루어진다. 바울의 가르침에는 죽음과 부활밖에는 없다. 그리고 그것을 정당화하기 위한 인간의 죄악밖에는 없다. 예수는 인간을 죄악의 존재로 보지 않았다. 마가의 예수는 말한다:

> "성한 사람에게는 의사가 필요치 않으나 병자에게는 필요하다. 나는 의인을 부르러 온 것이 아니라, 죄인을 부르러 왔다."(막 2:17).

그리고 또 말한다:

> "안식일이 사람을 위하여 있는 것이지, 사람이 안식일을 위하여 있는 것이 아니다. 따라서 사람의 아들인 나는 안식일에도 안식일의 주인이니라."(막 2:27).

복음서 속의 예수는 갈릴리 지평의 천국운동가

이러한 마가의 원복음서 몇 구절만 들여다보아도, 바울의 신학적 테제인 죽음과 부활이라는 추상적 개념에서 해방되어 갈릴리 지평에서 움직이는 살아있는 예수라는 인간의 삶Life의 주제로 바뀌고 있다는 것을 발견하게 된다. 복음서운동은 바울의 십자가에 대한 반역이라고도 말할 수 있다.

"복음(유앙겔리온*euanggelion*)"이란 "복된 소식," 영어로 말하면 "굿 뉴스"라는 뜻이다. 그런데 복음서가 바울의 신학적 테제에 대한 반역이라고는 하지만, 기실 복된 소식의 실내용은 "예수가 곧 그리스도"라는 것을 천명하는 그 소식이 복되다는 것이므로 복음서의 철학이 바울의 신학에서 근원적으로 벗어난 것이라고 말할 수는 없다. 복된 소식의 "복"을 순결한 한 인간의 실존적 고뇌에서 찾았다면 기독교는 완전히 새로운 성격을 지녔겠지만, 복음서운동조차도 바울의 신학에 이미 오염된 전승의 복합체라고 보아야 할 것이다. 그리스도론의 표현양식이 편지의 논설에서 드라마적 삶의 이야기로 바뀌었을 뿐이다.

복음서의 복음조차도 이미 종말론에 오염되었다

그래서 20세기 최대의 신학자인 불트만Rudolf Bultmann, 1884~1976은 이러한 선언을 한다.

> "바울의 편지 속에서는 물론, 복음서의 문학양식 속에서도 역사적 예수를 찾을 길은 없다. 복음서의 언어는 사실의 기록이 아니라 종말론적 회중의 케리그마에 지나지 않기 때문이다."

케리그마적 성격, 즉 초대교회 교인들이 갈망했던 예수이미지의 선포를 벗겨내고 나면 남는 것이 없다는 것이다. 과연 그럴까?

아주 래디칼하게 질문을 하나 던지자면, 과연 바울(역사적 실존성이 확실한 인물) 이전에 예수라는 역사적 인물이 인간세의 지평 위에 실존하고 있었나 하는 의문까지도 가능하다. 예수는 실존인물이 아니라 바울의 신화적 사유 속에서, 바울의 신화운동의 구현체로서, 그 구심점으로서, 신화적으로 구성된 픽션이라는 주장을 펴는 사람들도 있다. 칼 맑스라는 한 인간이 관념적으로 구성한 계급 없는 사회, 공산사회의 신화가 20세기 인류의 역사를 뒤바꾸어놓는 거대한 정치운동을 현실화했다고 한다면, 잘 구성된 이념적 관념이 거대한 사회운동을 일으킬 수도 있다는 것은 쉽게 상상할 수 있는 것이다.

바울의 신화를 가능케 한 역사적 사실은 분명히 있다

그러나 상식적으로 생각해보면 바울의 세력기반이 공산혁명을 일으킬 만큼 압도적인 사람도 아닌데 단순한 크리스톨로지의 이념만으로 그리스도운동이 가능했겠냐는 것을 쉽게 되물어볼 수 있다. 바울의 환상을 가능케 한 역사적 실체(실존인물)는 실존했다고 보는 것이 아무래도 편안한 가설이라고 생각된다. 그러면 마가 이전에 그 역사적 인간의 삶과 사상을 적어놓은 어록파편이 남아있거나 그에 관한 이야기 수집이 가능할 수도 있었겠다는 정황이 성립한다. 역사적 예수는 위대한 인간이었고, 주변의 사람들에게 깊은 감동을 준, 그래서 그의 말씀의 파편이 많은 사람들의 구전을 통하여 전래되었다고 생각해볼 수 있다. 기실 예수와 최초의 복음서

기자인 마가의 시간적 거리는 40년밖에 되지 않는다.

하바드대학에 옌칭라이브러리의 한국학 사서로 백린白麟이라는 분이 계셨는데 6·25전쟁통에도 규장각도서를 온전히 보전하는 데 독보적인 공헌을 했을 뿐 아니라 우리나라 서지학의 최고의 실력자로서 평가되는 분이다. 하바드대학의 와그너 교수가 그의 실력과 인품을 알아차리고 하바드대학으로 모셔갔다. 나는 하바드대학에서 공부하는 동안 백린 선생님과 매우 유익한 시간을 같이 보내었다. 며칠 전 강원대의 이민희李民熙 교수라는 분이 백린 선생의 전기를 쓰고 있다고 하면서 나를 만나기를 원했다. 나는 쾌히 승낙했다. 이민희 교수와 많은 얘기를 주고받았다. 백린 선생에 관한 자료가 워낙 부족한지라 나의 이야기가 많은 도움이 되었다고 했다.

대체로 전기자료는 크게 나누어 두 가지 종류가 있다. 하나는 그 역사적 위인의 말씀이 맥락을 떠나서 독자적으로 남아있는 말씀자료(로기온logion이라 보통 말한다)가 있고, 또 하나는 그 역사적 개인의 삶의 이야기를 전하는 설화가 있다. 그런데 대체로 설화보다는 말씀자료가 더 쉽게 회자된다는 것을 알 수 있다. 『논어』도 공자의 어록일 뿐이며, 그 말씀 파편이 어떠한 삶의 맥락에서 나온 말인지 그 맥락을 밝혀주는 설화는 매우 후대에 성립한 사마천의 「공자세가」를 통하여 우리가 접할 수 있다. 모택동어록, 처칠어록, 이런 어록들이 먼저 유통되고 나중에 설화들이 수집된다.

복음서도 가라사대 파편이라고 하는 어록과 그 전후사정을 밝히는 내러티브로 구성되어 있다.

두 자료 가설

서구신학의 역사에서 1838년에 등장한 "TDH"라는 중요한 가설이 있다. "TDH"는 "Two Document Hypothesis"의 약자인데, 그것은 "두 자료 가설"이라는 뜻이다(최초의 발설자는 크리스티안 헤르만 바이세Christian Hermann Weisse, 1801~1866, 라이프치히대학 철학교수였다). 독자들은 마가복음이 오리지날 복음서이고, 마태와 누가는 마가복음의 증보판이라는 나의 말을 기억할 것이다(Markan Priority).

예로부터 4복음을 들여다보는 사람들 중에 과연 누가 누구를 베낀 것인가 하는 것에 관한 논의는 계속 있어왔다. 신약을 정경화하면서 복음서를 한 개만 싣지 않고 다른 성격의 4개의 복음서를 동시에 실었다는 것 자체가 기독교에 생명력을 부여한 위대한 결단이었다. 김부식이 『삼국사기』를 쓸 때 이런 자세로 고자료를 편집했더라면 얼마나 풍요로운 고대사논의가 가능할 것이겠는가!

마태와 누가에서 마가자료를 빼고 나면 마태와 누가의 본색이 더 선명해지기 시작할 텐데, 마가를 뺀 **마태자료**와 마가를 뺀 **누가자료**, 이 두 자료를 비교해보니 그 두 자료 사이에서 공통된 또 하나의 자료가 발견된다는 것이다. 마태와 누가는 시간적으로 떨어져 있고 공간적으로도 떨어져 있을 뿐 아니라, 성격이 다른 공동체에 소속된 사람들인데 어떻게 자료의 공통이 가능하겠는가! 그것은 분명히 "성문화된 자료"임이 분명하다는 것이다. 마태와 누가가 한 책상에 앉아서 썼을 리도 없고, 전화통화를 한 것도 아닐 텐데 어떻게 공통자료가 있을 수 있겠는가? 사실은 성문화된 양피지의 책이 또 하나 있었다는 것을 입증할 수밖에 없다.

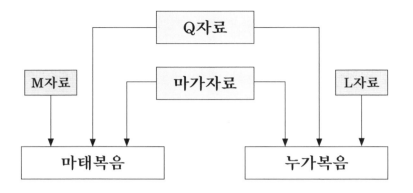

그러니까 마태와 누가의 입장에서 보면 그들이 베낀 자료가 마가복음 외로도, 같이 본 또 하나의 자료가 있다는 것을 말해주는 것이다. 그러니까 마태와 누가는 마가복음과 또 하나의 공통자료, 즉 이 **두 자료**를 보고 복음서를 집필했다는 얘기가 된다. 이것이 "두 자료 가설"인데, 여기 자료(원천, 전거)에 해당되는 독일어가 "크벨레*Quelle*"이기 때문에 그 또 하나의 자료를 "Q자료"라고 부른다. 그러니까 마태와 누가는 마가자료와 Q자료, 이 두 자료를 보았다는 것이다. 그 두 자료를 뺀 나머지 자료는 각기 "M자료"(마태자료), "L자료"(누가자료)가 될 것이다.

현존의 복음서 속에 들어 있는 또 하나의 복음서

그런데 이 Q자료의 발견은 19세기 중엽의 정황으로는 매우 위험한 시도였다. 우선 그러한 텍스트분석은 마치 실험대 위에다 돼지새끼를 놓고 해부메스를 가해 세밀하게 분석하는 듯한 느낌이 드는 것이다. 신성한 하나님말씀이라고만 여겨온 성경을 제멋대로 분해하여 인간의 이성의 잣대로 논한다는 것 자체가 좀 무시무시한 이단행위인 것처럼 여겨지는 것이다. 이것은 곧 당시 이러한 결론에 이르기까지 이 운동을 주도한 사람들이 얼마나 래디칼한 신학적 마인드를 소유한 사람들이었나를 알 수 있게 한다. Q자료는 사막이나 동굴에서 탐험을 통해 발굴한 원시자료가 아니라, 현존하는 신성한 성경 내에서 캐낸 또 하나의 성경이다. 열렬히 신봉하는 현존의 복음서 속에 있는 또 하나의 복음서인 것이다. 이 사실 자체가 매우 화해하기 어려운 아이러니를 내포하고 있다. 다시 말해서 바울 이전(Pre-Paul)의 예수의 모습에 접근할 수 있는 새로운 실마리가 열리는 것이다.

Q자료에 관한 너무도 충격적인 사실은 마가를 **뺀** 마태·누가에 공통된 자료는 모두 한결같이 내러티브(설화, 이야기, 정황설명)가 아닌 "가라사대" 파편이라는 것이다. 즉 Q는 설화복음서(Narrative Gospel)가 아닌 어록복음서(Sayings Gospel)라는 것이다. 『논어』와 「공자세가」를 비교해보면 공자에 관한 사마천의 온갖 상상력은 「세가」에서 발견되는 것이다. 『논어』에는 내러티브가 개입될 여지가 없다. 담박한 공자의 격언, 금언조의 "논論"과 "어語"만이 실려있어, 그 논어의 배경을 이루는 이야기는 일체 개입이 되지 않는다. 마찬가지로 예수에 관한 이야기는 내러티브에서 펼쳐지는 것이지, 가라사대 파편(로기온자료) 속에서는 전개되지 않는다. 단정적이고 축약적인 말씀만 달랑 문서화된다: "나는 안식일의 주인이다." "나는 병자를 구하러 온 의원이다." "새 포도주는 새 푸대에 담아야 한다." 이 말들이 어떠한 배경에서 나온 말들인지에 대한

맥락적 설명은 기본적으로 복음서기자의 정보수집이나 상상력에 속하는 것이다.

Q자료에는 탄생설화, 수난이야기, 빌라도 재판, 십자가, 부활이 다 사라진다

Q자료가 어록복음서라는 사실은 예수에 관한 일체의 신비적 · 이적적 이야기가 사라지는 결과를 초래하는 것이다. 예수의 탄생설화도, 가족 이야기도, 갈릴리 사역도, 예루살렘 호산나입성도, 성전전복 이야기도, 수난 이야기도, 빌라도와의 재판 이야기도, 십자가에 못박히는 이야기도, 부활 이야기도, 일체의 이적행함의 이야기도 다 사라져버리는 것이다. 탄생─수난─죽음─부활의 이야기가 다 빠져버린 기독교가 현존하는 복음서 속에 들어있다는 사실, 이 사실의 함의는 작은 문제가 아니었다. Q자료에 관한 논의는 그냥 쉬쉬하면서 독일신학계의 래디칼한 그룹 내에서만 머물렀다. 그 와중에서도 1907년 베를린대학의 극히 진보적인 교회사 · 신약교수인 아돌프 폰 하르낙Adolf von Harnack, 1851~1930은 Q자료를 희랍어 원문으로 재구성하는 데 성공했다. 그리고 1924년에는 영국성공회의 신학자이며 매우 열린 마음을 지닌 옥스포드대학의 교수인 스트리터Burnett Hillman Streeter, 1874~1937가 영어문화권에서 탁월한 연구업적을 내면서 Q자료는 움직일 수 없는 신학계의 정설로 자리잡게 되었다.

또 하나의 성서문헌 탐구: 브레데

이러한 신학의 리버럴리즘의 전통과는 별개로, 아주 진지한 성

서문헌 탐구의 흐름이, 하노버의 뷔켄Bücken에서 태어났고, 괴팅
겐대학에서 신약학 사강사(Privatdozent) 노릇을 하다가 브레스라우
대학(University of Breslau: 현재는 폴란드에 속해있다)에서 1896년에 정
교수가 되었으나 불행하게도 47세의 젊은 나이로 세상을 뜬 브레
데William Wrede, 1859~1906라는 천재적인 신학자의 연구성과를 중
심으로 발전되어가고 있었다.

브레데는 죽기 5년 전에 신학계의 새로운 방향을 결정지우는
『메시아의 비밀The Messianic Secret』이라는 걸작을 내었다. 나는
이 작품이야말로 20세기 신학의 모든 조류의 조종을 이루는, 아무
도 건드리지 못했던 텍스트 그 자체의 근원적 성격을 새롭게 보게
만드는 텍스트비평의 원전이라고 생각한다. 우리가 잘 아는 의사
이며 신학자이며 노벨평화상 수상자인 알베르트 슈바이처Albert
Schweitzer, 1875~1965는 "역사적 예수"의 탐구에 일생을 바쳤는
데, 그가 쓴 『역사적 예수의 탐구The Quest of the Historical Jesus』의
독일어 원제목이 『라이마루스로부터 브레데까지Von Reimarus zu
Werde』(1906)라는 사실로 미루어보아도 브레데의 작품이 슈바이처
의 역사적 예수의 탐구에 얼마나 깊은 영향을 주었는가 하는 것을
알 수 있다. 슈바이처뿐만 아니라 향후 모든 신학자들에게 텍스트
를 일방적으로 있는 그대로 권위롭게 받아들여서는 아니 된다는
의식을 일깨웠다.

브레데가 마가자료에서 주목한 점: 메시아 비밀

브레데는 마가 우위설(Markan Priority)을 받아들인다. 그래서 원
복음서라 할 수 있는 마가복음 텍스트를 문제삼는다. 그러나 브레

데는 마가복음조차도 예수 생애를 그린 역사적 문헌이 아니라 초기교회공동체의 신학적 입장(＝케리그마)을 나타내는 문헌일 뿐이라고 생각한다(※ "케리그마"는 희랍어 자모의 원발음에서는 "뤼"이나 편의상 "리"로 통용한다). 실증사학의 대상이 아니라 종교사학에 포섭되는 언어일 뿐이다. 인문과학적 비판적 방법론에 의하여 초기공동체의 신학적 입장을 분석할 수 있을 뿐이라고 생각한다. 이러한 비판적 시각에서 그가 마가복음자료에서 주목한 문헌적 특징이 바로 "메시아비밀"이라는 것이다.

마가복음은 제1장부터 이러한 이야기가 계속 반복되고 있다:

> "예수께서 각색 병든 많은 사람을 고치시며 많은 귀신을 내쫓으시되, 누구보다도 귀신들이 먼저 예수가 누구이신지를 잘 알고 있으므로, 그들에게 하나님의 아들임을 드러내지 않도록 당부하시니라."(1:34. cf. 1:23~25, 3:11~12, 5:2~19, 9:14~29).

예수의 이적은 정신병적 치료와 깊은 관련이 있는데, 예수는 귀신들을 제압하고 내쫓으면서도 바로 그 귀신들에게까지 자기 정체를 누설치 말라고 당부하는 것이다.

> "문둥병이 그 사람에게서 떠나가고 깨끗하여진지라 …… 가라사대 삼가 아무에게 아무 말도 하지말고 …… "(1:44).

예수는 이적을 행한 후에도 그 권능의 역사를 남에게 숨길 것을 강력한 당사자들에게 지시한다(1:43~45, 5:43, 7:36, 8:26). 뿐만 아니라, 가이사랴 빌립보에서 수제자 격인 베드로가 예수를 "그리스도"로서 고백을 했을 때조차도, 예수는 베드로에게 자기가 그리스도(=메시아)임을 아무에게도 발설하지 말라고 심각하게 경고한다(8:30). 그리고 변모산에서 변형(Tranformation)하여 신성(divine nature)을 드러냈을 때도 아무에게도 이르지 말라고 경고한다(9:9). 두로 지경을 갈 때에도 남에게 모르게 가려고 하며(7:24), 자기의 본터인 갈릴리를 지날 때에도 아무에게도 알리지 않는다(9:30). 그리고 예수 주변의 타인들이 예수의 비밀을 지키려고 예수에게 달려드는 병자를 야단치는 장면도 있다(10:47~48). 그리고 심지어 예수가 비유로 말하는 공적인 가르침조차도 제자 외의 사람들에게 비밀로 하기 위하여 위장술을 쓴 것이라는 식으로 말한다(막 4:10~13, 4:33~34).

참으로 이해가 되기 어려운 구질구질한 설명이다. 물론 이런 말들은 모두 예수 본인의 가라사대 파편(로기온) 속에 나오는 말은 아니며 복음서기자의 해설적인 내러티브 속에 나오는 말들이다. 우리는 성경을 분석의 대상으로, 이지적으로 대한 적이 없다. 그것은 거룩한 책이고, 구구절절이 옳은 말이고, 나에게 일방적으로 다가오는 것이지 쌍방적으로 토론하고 분석하는, 수정이나 교정이 가능한 문헌으로 접한 적이 없다. 이러한 맹목에 브레데는 예리한 분석의 메스를 가하고 있는 것이다.

하여튼 "메시아 비밀"에 관한 발언들은 때로는 전후맥락상 적합하지도 않고, 또 예수가 그 많은 일들을 행하면서 "비밀을 지키라"고 당부하는 것 자체가 의미가 없는 사족일 때가 많다. 이적을 행하지 않았다면 모르되, 남이 보는 데서 이적을 행하고 내가 누구인지를 비밀로 하라 해서 그 비밀이 지켜질 손가? 하여튼 어색하고, 우스꽝스러운 췌언贅言처럼 느껴지기까지 하는 것이다. 왜 이런 어색한 기술이 발생했을까? 과연 예수가 생전에 활동하면서 자기가 메시아라는 자의식(자기이해)이 있었다면 메시아라는 것을 당당히 선포하면서 삶의 여로를 걸어갔을 것이지, 그 하찮은 인간의 가벼운 입술에 매달려 "비밀로 해달라"고 구질구질하게 당부했을 것인가? 복음서기자의 정보구성에 큰 문제가 있다고 브레데는 간파한 것이다.

메시아 비밀의 엠바고

이 모든 메시아비밀사건의 배후에는 중요한 하나의 단서가 있다. 그것은 마가복음 9장 9절에 명료하게 드러나고 있다:

> "저희가 (제자들과 함께) 산에서 내려올 때에 예수께서 경계하시되 인자人子가 죽은 자 가운데서 살아날 때까지는 본 것을 아무에게도 이르지 말라 하시니 ……"

"인자가 죽은 자 가운데서 살아날 때까지"라는 말은 예수의 그리스도임은 부활의 시점까지 엠바고가 걸렸다는 것을 의미한다. 중요한 기자회견을 할 때, 기자들을 모아놓고 몇 월 며칠 몇 시까지는 이 정보를 공표해서는 아니 된다라고 조건부로 발표하는 것을 "엠바고embargo를 건다"라고 말한다.

마가의 복음서 기술에 엠바고가 걸린다는 이야기는 실제로 엠바고가 걸렸다는 것을 의미하는 것이 아니라, 마가가 수집한 정보체계에 두 축의 다른 언어세계가 상충을 일으키고 있는 사태라고 브레데는 간파한 것이다. 즉 "그리스도"라는 사건은 인간 예수로서는 성취 불가능한 사태이고, 그것은 예수가 죽었다 부활할 때만이 "그리스도"로서의 자격을 지니게 되는 것이다. 이것은 바울신학의 대전제이다. 그런데 마가가 아직 예수의 물리적 기억이 남아 있는 갈릴리 지방을 다니면서 수집한 예수활동의 정보 속에는 예수 본인의 메시아 자의식이 전무했다는 사실을 의미하는 것이다. 예수는 인자(사람의 아들)였고, 안병무가 말하는 "민중"의 아들이었고, 우리가 편하게 사유할 수 있는 인간의 모습이었다.

예수의 삶의 패러다임과 부활(죽음)의 패러다임의 충돌

그러나 복음서의 집필은 그 인간예수의 모습뿐만 아니라 초대교회가 갈망하는 "그리스도"의 선포(케리그마)라는 테제를 외면할 수 없는 것이다. 앞서 말했듯이 복음서의 등장은 바울의 서한 이후의 사건이다(바울 서한 AD 48~57년경, 마가복음 AD 70년경). 바울의 서한은 추상적인 십자가와 부활, 그리고 재림의 테마만 있었고, 살아 움직이는 예수라는 인간의 테마가 없었다. 복음서는 재미없는 바울의 추상적 테마에서 살내음새가 느껴지는 인간예수의 삶의 드라마를 그리고자 했던 것이다. 그러니까 인간예수는 부활의 예수보다 뒤늦게 태어난 것이다.

최초의 복음서기자이며, 최초로 복음서라는 문학양식을 창조한, 인류문학사의 획기적인 계기를 마련한 마가가 수집한 정보의 체계는 갈릴리의 토착적 내음새가 나고, 오클로스(팔레스타인 저변의 민중)

의 현실이 잘 묘사되고 있었다. 그 정보체계의 특징은 예수 본인이 자기가 그리스도라고 하는 자의식이 없다고 하는 건강성이다. 그가 이적을 행한다 해도 그것은 메시아로서의 권능을 발휘하는 것이 아니라, 자기의 활동을 통하여 하느님의 권능이 드러난다고만 생각했다. 그의 십자가는 인간예수의 수난(Passion)이고, 죽음이다. 거기까지다!

그러나 그의 죽음과 초대교회 신앙공동체와의 사이에는 부활이라는 사건이 개재되어 있다. 초대교회는 부활과 재림이라는 테마를 제외하면 성립하지 않는다.

그러니까 마가는 자기가 수집한 오리지날 정보의 건강한 테마 위에 초대교회 신앙체계를 덮어씌우지 않으면 안된다. 그러니까 마가라는 최초의 복음서기자는 인간예수라는 패러다임과 부활예수라는 패러다임, 이 두 상충되는 패러다임 사이에서 양자의 화해·타협을 모색하지 않으면 아니 되었다. 그것이 바로 "메시아의 비밀," 그 비밀의 부활의 시점까지의 엠바고라는 것이다. "내가 부활한 이후에는 실컷 떠들어도 좋다. 그러나 부활 전에는 인간으로 남게 해다오."

브레데의 "메시아 비밀"의 논의가 과연 정밀한 논의인가? 그것이 맞느냐 틀리느냐 하는 따위의 논쟁은 전혀 문제가 되지 않는다. 마가의 기술에 문제(어색함)가 있는 것은 문헌적·문학적·철학적 사실이고, 이러한 문학양식은 철저히 분석·분해되어야 한다는 것을 브레데는 선구적으로 가르쳤다.

성서는 인간이 구성한 문헌일 뿐: 브레데, 20세기 양식비평의 선구

더이상 성서는 신의 비밀언어가 될 수 없으며 인간이 구성한 문헌에 불과하며, 이 문헌은 기자를 지배하고 있는 공동체의 의식구조에 따라 성립하는 다양한 양식의 충돌이며, 이것은 편집 가능한 언어들이라는 것을 선포한 것이다. 이러한 브레데의 작업이 20세기 양식비평(*Formgeschichte*, *Gattungsgeschichte*), 편집비평(*Redaktionsgeschichte*)의 길을 연 것은 말할 나위도 없다. 불트만의 양식비평, 비신화화운동도 브레데의 작업으로부터 개시된 것이다.

슈바이처의 다른 견해: 예수의 그리스도 자각

슈바이처Albert Schweitzer, 1875~1965는 브레데와 의견을 달리한다. 슈바이처는 브레데가 예수의 자기인식에 그리스도성性이 없다고 본 것에 반하여, 예수야말로 살아생전에 그리스도라는 자각으로 충만해 있었으며 자기의 역사적 삶을 그 자각에 바친 실천적 인물로 인식했다. 그리고 그에게는 역사를 개벽하고자 하는 종말론적 헌신이 있었다는 것이다. 슈바이처는 말한다:

> "예수의 주변으로 침묵이 감돌았다. 갑자기 요단강에서 요한이 나타났다. 그리고 외친다. '회개하라, 천국이 가까왔느니!' 이어 예수가 등장한다. 그는 하나님의 아들이라는 자의식 속에서 이 세계의 굴레를 자기의 신념에 따라 굴리려 한다. 그 마지막 굴림이 모든 진부한 역사의 시간들을 종료로 이끌어 가리라는 확고한 신념에 따라. 그러나 역사는 굴러가기를 거부한다. 그러자 예수는 자기자신을 그 거대한 굴레 위로 던져버린다. 그러자

역사는 구르기 시작한다. 그를 갈기갈기 찢어버리면서. 종말론적 조건에 굴복한 것이 아니라 종말론적 조건 그 자체를 분쇄시켜버린 것이다. 그 거대한 역사의 수레바퀴는 아직도 굴러가고 있다. 그리고 우리의 상상을 초월하는 거대한 인간의 찢겨진 몸뚱아리가 아직도 그 수레 위에 걸려있다. 그 자신을 인류의 영적 지도자로서 확신했고 또 그의 의도대로 인류역사의 물길을 틔울 수 있다고 생각할 정도로 강인했던 거인이 아직도 그 수레 위에 걸려있는 것이다. **이것이야말로 예수 그 인간의 승리였고 하늘나라의 지배였다.**"(*The Quest of the Historical Jesus*, N.Y.:Dover, pp.368~9).

슈바이처는 본시 음악의 천재였다. 바흐 음악의 최고이론가였고, 현대적 파이프 오르간의 설계자이기도 했다. 그는 음악에서 신학으로 나아갔다. 그리고 신학적으로 그가 만난 역사적 예수를 실천하기 위해 그는 다시 의과대학으로 나아갔다(1905년. 30세). 1912년에 간호사 헬렌 브레쓰라우Helene Bresslau와 결혼하여 아프리카 가봉에 병원을 만들었다(1913년. 의사면허 취득). 그의 의료선교사업은 50여 년에 이른다. 슈바이처는 역사적 예수의 탐구를 통해 결국 극단적인 생명존중사상(Reverance for Life)에 도달했다(모기나 말벌도 죽이지 않는다).

신학자들의 성경에 대한 도전, 위대한 용기

20세기는 인류역사상 가장 큰 규모의 전쟁을 두 번이나 치렀다. 모든 것이 파괴되고 모든 것이 새로 전개되는 세기였다. 고정적인 권위체계를 자랑하는 부동不動의 권력이 있을 수 없었고, 또 그러한 위계질서의 중심이 자리잡고 있을 수 없었다. 철학계에서도 니체Friedrich Nietzsche, 1844~1900의 "신의 죽음"의 철학은 매우 상징적이다. 니체는 1900년 8월 25일에 매독과 매독으로 인한 약물치료의 부작용(반신불수에 폐렴, 치매)으로 세상을 떴다. 그가 죽은 시점이 바로 20세기의 시작이다. 신학계로 말하자면 우리가 논의해온 Q자료가설과 메시아의 비밀에 관한 새로운 시각의 탐색은 신학의 그룬트를 변혁시킬 수 있는 무한한 동기를 함장하고 있었다. 종교의 폐해는 전쟁의 폐해를 뛰어넘을 수 있다. 오늘날 벌어지고 있는 대다수의 전쟁이 종교적 오만과 편견에 기인하는 것이다. 신학자들의 성경에 대한 도전은 새로운 시대를 열고 있었다.

그러나 이 두 사건(Q와 메시아비밀)은 생각만큼 파급효과를 휘몰고 오질 않았다. 물론 브레데의 편집비평과 불트만의 양식비평, 비신화화가 야기한 신학계의 언어는 기독교가 인류세계에 등장한 이래 가장 본질적인 성서이해혁명이라고 말할 수 있다. 20세기처럼 인류가 성서에 대하여 자유롭고도 조직적인 논의를 진행한 사례는 없었다. 이 많은 논의의 핵심에는 "역사적 예수의 발견"이라는 문제의식이 놓여있었다.

불트만의 폭탄선언, 역사적 예수는 기존의 정경문헌에서 발견될 수 없다
그런데 리버랄한 신학의 종장이라고도 말할 수 있는 불트만이 "역사적 예수"는 현재 주어져있는 기록으로부터는 발견될 수 없다는 선언을 하면서 역사적 예수의 탐구는 매우 본질적인 브레이

크가 걸린 셈이다. 현존하는 문헌은 모두 초대교회공동체의 소산이며, 초대교회는 "종말론적 회중"이기 때문에 신약성서 텍스트는 모두 그 회중이 갈망하는 케리그마(부활-재림 도그마)를 정당화하기 위한 작품이라는 것이다. 그 케리그마를 넘어서는 순결한 역사적 예수의 모습은 찾을 길이 없다는 것이다. 그러한 목적에서 그의 삶의 이야기에도 모든 신비로운 이적행함이나 신화적 판타지가 덮어씌워지게 되는 것이다.

그래서 불트만은 예수의, 신화를 넘어서는 적나라한 삶을 찾으려고 애쓸 것이 아니라, 신화 그 자체를 해석하는 것이 신학의 정직한 임무라고 말한다. 그가 말하는 비신화화Demythologization(Ger: *Entmythologisierung*)는 신화의 제거가 아니라 신화의 해석이다. 신화적 상상력은 저 세계를 마치 이 세계처럼 이야기한다. 신화는 우주론적으로 참이 될 수 없으며 오직 인간론적으로, 실존적으로만 참이 될 수 있다. 그것은 외부세계의 과학적 표상이 아니라, 인간의 자기이해의 객체화의 한 방편일 뿐이다.

그러나 "역사적 예수"를 추구하는 학자들은 불트만의 비신화화의 방법론에도 찬동하지 않는다. 결국 "신화의 해석"이 가져오는 결론은 또다시 추상적이고 애매하고, 심오한 듯하지만 전통적인 신앙의 틀을 크게 벗어나지 않기 때문이다. 칼 바르트는 그의 절대주의적 신념 속에서 불트만신학이 19세기 인간중심주의양식으로 후퇴했을 뿐이라고 비판한다. 나는 불트만신학을 바르트식으로 비판하지는 않지만, 사회적 실천에 있어서 바르트가 불트만보다는 훨씬 더 래디칼한 입장을 취한다는 것을 주목한다. 바르트는 우리 나라에서는 예장 중심의 보수신학의 꼴통적 대가인 것처럼 이해되고 있지만, 실은 매우 래디칼한 공산주의자이며 나치즘에 대한 항거에 있어서도 철두철미했다.

"역사적 예수"는 발견될 수 있다

이야기가 좀 빗나갔지만 역사적 예수의 탐구자들은 예수의 삶에 관한 신화적 기술을 "해석하는" 것이 아니라 잘 "벗겨내면" 그 오리지날한 빛깔이 드러날 수 있다고 생각한다. 즉 복음서의 케리그마적 기술의 배면에는 예수 그 인간의 실제정황이 숨어있다고 본다. 예수가 살아있던 짧은 공생애의 시간에 그를 따르던 무리, 지혜로운 예수의 향기를 직접 맡았던 사람들, 그리고 예수가 죽은 후로 마가복음이 출현하기까지, 그러니까 복음서시대 이전에 바울의 선교에 물들지 않고 예수의 순결한 역사적 전승을 지켜나간 사람들의 문제의식 속에 존재한 공동체, 이런 흐름을 크게 "예수운동Jesus Movement"라고 말한다. 이러한 예수운동의 역사적 설정은 역사적 예수를 발견하는 데 큰 도움을 준다. 그러니까 AD 30년경부터 AD 70년까지 한 40년간 바울교회운동과는 별도의 순결한 예수전승이 있었다는 가설을 세우는 것이다.

그동안 Q자료나, 브레데로부터 시작되어 불트만에서 개화한 양식사학이 그 함의의 엄청난 폭발력에도 불구하고 그 파괴력을 과시하지 못한 이유는 그것이 기존의 자료의 범위를 벗어나지 않았기 때문이다. 예를 들면, Q자료는 단순히 자료가 아니라 예수의 어록으로 이루어진 독립된 "어록복음서"이므로 독자적인 "Q복음서"로서 전제하고 과감하고도 다각적인 연구가 진행되어야 할 텐데, Q복음서가 아니라 Q자료의 차원에서 계속 머물러있었던 이유는 그것이 새로운 자료가 아니라, 기존의 복음서 내에 존재하는 자료로서 문헌분석의 방법론에 의하여 출현한 가설적 존재였기 때문이다. 누구든지 쉽게 그 새로운 성경을 읽고 그 속의 예수를 만나볼 수 있다면?

마왕퇴분묘 문헌과 나그함마디 체노보스키온 문서

투탄카문Tutankhamun, c.1341 BC~c.1323 BC의 묘소가 1922년 11월에 카터Howard Carter에 의하여 발굴된 사건도 진실로 어마어마한 고고학적 발굴이지만, 그 묘소 속에는 인류의 사유를 바꿀 만한 문헌적 사실은 없었다. 이집트왕조의 찬란한 문명수준을 우리에게 리얼하게 보여주었다.

20세기의 사건으로서, 문헌학적으로 가장 위대한 두 개의 발굴을 손꼽으라면, 나는 1972~74년에 걸쳐 진행된 호남 장사 지역의 마왕퇴분묘(제3호분의 곽실槨室에서 『노자』 『주역』을 포함한 대량의 서물이 쏟아져 나옴. 하장연도는 BC 168년 2월 을사乙巳)의 발굴과 1945년 12월, 나일강 상류지역 체노보스키온(발굴 아동들이 사는 동네는 알 카스르, 체노보스키온을 포함한 넓은 지역 이름은 나그함마디Nag Hammadi)에서 우연히 발굴된 체노보스키온문서(나그함마디 라이브러리Nag Hammadi Library), 이 두 문헌발굴은 이전의 발굴에서는 찾아보기 어려운 다량의 문헌, 그리고 동·서문명의 핵심적 경전을 포괄한다는 의미에서 유례를 찾아보기 힘든 획기적인 사건이었다.

내가 발굴의 연도가 늦음에도 마왕퇴분묘를 먼저 쓴 이유는, 마왕퇴분묘의 결과는 중국정부의 지휘 아래 1970년대로부터 순차적으로 공개되었지만, 나그함마디문서는 기구한 운명을 거치면서 흩어져 버려서 나중에 다시 취합되었고, 그 전모는 1988년에나 완정한 영어번역서가 등장함으로써 보편화되었고(James M. Robinson, General Editor, *The Nag Hammadi Library*, Revised Edition, The definitive new translation of the Gnostic scriptures, complete in one volume, Harper & Row, 1988), 21세기 초부터 본격적인 학자들의 연구가 이루어졌기 때문에, 두 사건을 그렇게 나열한 것이다.

제2코우덱스 속의 두 번째 서물: 도마복음서

나그함마디문서는 항아리에 담긴 13개의 코우덱스Codex인데, 코우덱스라는 것은 파피루스 책을 싸는 가죽포장을 의미한다. 하나의 코우덱스 속에 네다섯 개(종種)의 책이 들어갈 수 있으므로 전체로 하면 5·60권의 책이 들어있는 것이다(최후에 취합된 것으로서는 52종을 꼽는다).

이 중 제2코우덱스 속에 "도마복음서"라 이름하는 독립된 서물이 들어있는데, 다행히 이 제2코우덱스는 심하게 여행을 하지 않았고 그 원본이 다치지 않고 온전하게 보존되었다. 우리가 이 서물을 "도마복음서"라고 부르는 이유는 오늘날의 관점에서 개념화하여 첨가한 이름이 아니라, 그 말미에 당당히 오리지날 서물의 일부인 제목으로서 등장하는 이름이기 때문이다. "프유앙겔리온 프카타 토마스." 마가복음이나 마태복음과 동일한 양식의 구조를 지닌 이름이다.

설화복음서로서 역사에 등장한 최초의 작품으로서는 AD 70년 경에 집필된 마가복음을 꼽는다. 그리고 마가를 자료로 하여 같은 설화복음서 양식을 취한 마태와 누가복음에는 마가자료를 제외한 나머지 부분에 또 하나의 공통된 자료가 있다는 것을 우리는 발견할 수 있었다. 이 공통자료를 그냥 "Q"(=Quelle 자료의 뜻)라고만 명명했는데, 이 Q자료의 성격이 가라사대 파편, 즉 어록으로만 이루어져 있다는 사실은 앞서 설명한 바대로이다. 그러니까 설화복음서의 기자들은 공자의 『논어』와 같이 예수의 말씀만을 묶은 어록복음서를 책상머리에 놓고 있었다는 것을 의미한다. 그러니까 예수의 말씀은 그들이 직접 예수의 발자취를 따라다니며 사람들의 기억 속에서 채집한 것이라기보다는, 이미 문서화된 어록복음서에 의존했다고 보는 것이 보다 실상을 전하는 이야기일 것이다.

Q자료는 도마복음서의 등장으로 Q복음서로 승격된다

그런데 Q자료의 가설, 그리고 마태와 누가가 "마가와 Q자료" 이 두 자료에 의거했다고 하는 두자료가설(TDH)이 문헌적으로 매우 확실한 사실임에도 불구하고 학계에 별로 큰 임팩트를 주지 못했다. Q는 기존의 성서 속에 들어있는 자료일 뿐 아니라 그 자료의 발굴은 어디까지나 가설(Hypothesis)에 머물러있었기 때문이다. 그리고 Q자료 자체가 단일한 성격의 말씀모음이 아니라, 다양한 성격을 지니고 있었기 때문에 확고한 성격규정이 어려웠다. 그러나 도마복음서가 역사의 지평으로 떠오름에 따라 사정이 확 달라지게 되었다.

우선 도마복음서는 114개의 말씀파편으로 이루어져 있는데 그 모습이 『논어』 중에서도 「이인里仁」편을 읽는 것처럼 매우 전일하고 순결한 성격을 지니고 있다. 기본적으로 허황된 탄생이나, 수난, 죽음, 부활, 그리고 이적과 같은 허세가 없는 지혜담론인 것이다. 나그함마디 라이브러리의 연구를 주석한 로빈슨James M. Robinson은 도마복음서를 "로고이 소폰logoi sophōn"이라 규정하였다. "지혜자의 담론sayings of the sage"이라는 뜻이다. 인생의 정도를 묻게 하고 깨우침을 주는 지혜로운 자의 말씀인 것이다. 담마빠다, 즉 『법구경法句經』을 대하는 것과도 같은 느낌을 나는 받는다.

　도마복음서의 출현은 혁명적인 변화를 가져왔다. 우선 "Q자료"는 단순한 가설적 자료의 차원에 머물지 않고 "Q복음서"로 승격되었을 뿐 아니라 독자적인 복음서로서 대접을 받으면서 독립된 연구가 진행되게 되었다. 1945년 12월, 나일강 상류에서 우연히 발견된 도마복음서라는 완벽하게 새로운 자료의 출현은 단순한 우연이라고 보기에는 너무도 치열한 학구적 성과와 연계되어 있다. 이미 크리스티안 헤르츠 바이세가 1838년에 "TDH"가설을 제시한 이래, 19세기 말에 브레데가 "메시아의 비밀"이라는 엄청난 성서텍스트 분석의 방법의 계기를 제시하였고, 20세기에 들어서서 불트만의 양식사학이 성서를 인간학적 과제상황으로 실존화시키는 다양한 방법론의 꽃을 만개시켰다. "역사적 예수"의 진실을 향한 여로의 중턱에서 완벽하게 새로운 세계를 바라보게 만드는 이 도마복음서는 실로 19세기·20세기 기독교 다시개벽의 역사를 완성시키는 필연의 한 분수령이라 해야 할 것이다.

도마복음서는 제1복음서! 제5복음서로서 편입되어야 마땅

도마복음이라는 서물은 지금 우리 눈앞에 놓여있다. 이것은 기적과 같은 사실이다. 우리에게 전해 내려오는 공관복음서 이전의 예수말씀자료가 엄존한다는 이 사실은 진실로 감격스러운 사건이다. 실제로 이 도마복음서는 제1의 복음서로서 마태복음 앞에 놓여야 할 정경이지만 기독교 이스태블리쉬먼트의 권위주의 타성은 그러한 성서재편을 허용하지 않는다. 최소한 제5복음서로서라도 편입되어야 할 텐데(많은 신학자들이 이미 "제5복음서"라는 표현을 쓰고 있다), 그러한 기미가 보이지 않는다.

1985년부터 펑크R. W. Funk가 주도한 지저스 세미나The Jesus Seminar에는 사계의 진보적 신학자들이 대거 참여하였고, 이들은 4복음서와 도마복음서를 동일한 유앙겔리온의 차원에서 다루었다 (cf. Miller/Funk, *The Complete Gospels*. Polebridge Press, 1994. Robert W. Funk et al. *The Five Gospels, What did Jesus Really Say*예수가 진짜 무엇을 말했는가? *The Search for the Authentic Words of Jesus*예수의 진실한 말들의 탐구. Harper SanFrancisco, 1993).

도마복음의 본질을 흐리게 만드는 억견들

그러나 아직도 기독교 교계의 도그마에 안주하는 학자나 목사들은 도마복음서를 "외경"으로 간주하고 그 성립연대를 대강 요한복음 성립시기이거나 그 이후로 본다. 요한복음에는 "영지주의Gnosticism"라는 기묘한 세계관이 깔려있고, 그 세계관을 공유하는 "영지gnosis"의 소유자로서의 예수이미지가 도마복음에 있다는 것이다. 그러나 이러한 예수이해는 도마복음의 본질을 흐리게 만드는 억견이다. 요한복음에는 요한복음 나름대로의 유니크한 세계 관과 가치관이 있다. 마찬가지로 도마복음의 예수에는 그 나름대 로의 유니크한 사유체계가 있다.

도마복음은 영지주의 문헌이 아니다!

영지주의라는 것은 팔레스타인의 토착적 세계관, 더 나아가서는 헬레니즘문화권의 밑바닥에 깔려있는 샤마니즘적인 성향으로 매 우 넓게 유포되어 있는 혼합문화이지, 그것이 어떤 교리나 교회의 체계를 갖춘 종교는 아니다. 영지주의는 종교운동으로서 실체화 될 수 없다. 세칭 영지주의가 말하는 영지는 철저히 선·악, 암흑과 빛의 2원론적 세계관을 지니며, 선민주의적 엘리티즘의 소산이며, 최후의 심판이나 메시아사상이나 부활사상 등을 아주 거리낌없이 수용한다. 도마복음의 지혜담론은 이러한 분위기와는 매우 다르다. 미묘하며 오묘하며 심오하다.

도마복음의 콥트어판본은 1945년 12월에 나일강 상류 유역에서 발견되었다. 도마복음은 60여 책에 이르는 다양한 문헌과 함께 한 항아리 속에 들어있었는데, 이 문헌이 하장된 것은 대강 AD 367년 경이라는 것이 확실하다. 그것은 아타나시우스가 아리우스파와의 투쟁에서 승리한 시점을 의미한다. 아리우스파가 승리했더라면 기 독교는 보다 인간적이고 개방적인, 비배타적인 종교가 되었을 것 이다. 아리우스는 예수를 인간으로 본다. 하나님은 창조된 존재일 수 없다. 예수는 분명 생산된(*gennētos*) 존재이므로 하나님일 수는 없다고 보았다.

아타나시우스의 승리, 파코미우스의 수도사들

아타나시우스의 승리는 기독교가 동방중심(아리우스파)에서 서방 로마기독교 중심으로 재편되는 과정을 의미했다. 아타나시우스는 366년 2월 1일에 알렉산드리아로 화려한 입성을 한다. 그리고 그 다음해(AD 367) 부활절에, 알렉산드리아교회에서 오늘날 우리가 알고있는 27서정경체계를 발표한다. 그는 정경이 확립된 이상 외경은 불살라버려야 한다고 주장한다. 아타나시우스의 정경화서한은 체노보스키온 지역에 있는 파코미우스수도원에 도달하였다. AD 367년 3월 말이었다. 파코미우스의 수도사들은 정경화된 문서 이외의 것을 불살라버릴 수는 없다고 생각하였다.

외경은 정경화 이후의 산물. 외경과 정경은 본질적 구분은 없다

어느 문서가 정경화(cannonization) 된다는 것은 반드시 타 문서를 외경화 시키는 사태를 수반한다. 다시 말해서 인위적으로 정경을 존립尊立하기 전에, 즉 그 시점 이전의 모든 문헌에는 정경과 외경의 구분이 있을 수 없다. 그러니까 AD 367년 이전에는 정경도 없었고 외경도 없었다. 그때는 이단도 없었고 정통도 없었다. 성경 자체가 없었고, 교회라는 시스템도 없었고, 영지주의라는 것도 교리조직으로 드러날 수가 없었다. 우리가 생각하는 기독교라는 개념도 정립되지 않았다. 이러한 상황에서 파코미우스의 수도사들이 (※ 파코미우스의 수도원은 아타나시우스가 박해를 받았을 시기 몸을 기탁하였던 곳이다) 과연 아타나시우스의 권고 하나에 의거하여 평소 그들이 사랑하며 아끼고 애독하던 문헌을 태워버릴 수가 있었을까?

항아리를 밀봉하여 땅에 묻고 그 위에 바위를 올려놓은 것으로 보아(※ 나는 이 현장을 모두 답사하였다), 묻은 수사들은 언젠가 곧 찾아오리라고 생각하였던 것 같다. 그러나 그 문헌은 그 자리에 1578년이라는 긴 세월 동안 어둠 속에서 잠자야만 했다. 참으로 위대한 수면이었다. 중세기 어느 때 발견되었다고 한다면 어느 아궁이 불쏘시개가 되고 말았을지도 모른다. 제1코우텍스의 경우, 그 유명한 심리학자 칼 구스타프 융Carl Gustav Jung, 1875~1961이 독지가의 도움을 얻어 8천 불에 샀다. 그래서 그것을 "융 코우텍스"라고 부르기도 한다. 하여튼 그 가치를 알아볼 수 있는 시대에 출현하였다는 것 자체가 신의 섭리가 아니고 무엇이겠는가?

도마복음서는 정경이다

도마복음서는 외경이 아닌 정경이다. 그리고 그 가치의 순결성은 같은 항아리에 묻힌 여타문헌과 비교될 수 없다. 나는 아타나시우스의 정경화작업에 숨어있는 기독교의 배타성으로 인한, 인류역사에 끼친 유일신관의 해악에 관하여 통렬한 회한을 느끼지만 기실 27서의 선정 자체가 매우 탁월한 선택이었다는 것을 시인하지 않을 수 없다. 불교의 경우는 정경·외경의 구분이 없다. 일체개고, 제행무상을 말하는 일체경一切經이 다 정경이다. 경장·율장·논장이 다 대장경(= 성경) 속으로 포입包入된다. 그러기에 불교는 배타성을 지니지 않는 종교다. 그리고 교리 자체에 배타적 분별이 없기에 다양한 경장의 결집이나 율장의 율사, 논장의 논사들의 주장이 모두 비슷한 경지(※ 왕꾸어웨이가 말하는 "경계境界". 이에 관해서는 『도올, 시진핑을 말한다』, p.293 참고)를 과시하고 있다. 잡동사니가 다 들어가도 대장경의 문헌은 유치하지가 않다.

그러나 서구 종교문헌의 수준은 기본적으로 신비주의, 초월주의, 비인과적 이야기들을 깔고 있기에 천차만별이다. 나그함마디의 라이브러리에 포함된 도마복음서 이외의 문서들을 일별하면서 나는 그 유치한 수준에 놀라지 않을 수 없었다. 서양 연구자들은 이러한 나의 멘트를 불경스럽다고 말할 것이다. 도마복음서, 그 텍스트를 꼼꼼히 읽어나가면 영지주의와 아무런 관련이 없다는 것을 발견한다. 영지적 요소가 있다면 그것은 도마공동체의 매우 수준 높은 영적 경지를 나타낼 뿐이다.

도마복음서는 Q복음서와 같은 시기에 성립한 문헌이다

Q복음서가 마태와 누가가 참고한 문서복음서이며, 그것이 AD 50년경, 그러니까 바울의 서한이 쓰여지기 시작할 무렵에 완성된 작품이라고 보는 것은 사계의 공통의견이다. 그렇다면 도마복음서는 당연히 Q복음서가 쓰여진 시기와 동일한 시점에 쓰여졌다고 생각하는 것은 너무도 당연한 추론이다. 그런데 많은 신학자들이 그러한 입장을 취하지 않는다. 대강 AD 50년에서 AD 100년 사이에 성립한 문헌이라는 막연한 추론을 하면서도, 늦어도 AD 50년경에는 성립한 문헌이라는 이야기를 확실하게 표명하는 입장을 취하지 않는다. 도마의 성서로서의 우위를 두려워하는 것이다.

나 도올은 확언한다! 도마복음은 늦어도 AD 50년에는 성립한 문헌이다. AD 50년 이전에도 부분적으로 형성된 축적된 예수말씀 기록이다. 도마복음은 예수운동의 소산이며, 바울이 오염시키기 이전의 순결한 예수공동체에 새겨진 말씀들이다. 현재 우리가 접할 수 있는 최고最古층대의 문헌이며, 살아있는 예수의 육성에 접근하는 언어체계이다. 그 사실을 이제 독자들이 나와 같이 텍스트를 읽어나가면서 확인하게 될 것이다.

내가 왜 이런 말을 하는가? 도마복음서는 새로 출현한 문헌이라고 해서, 기존의 문헌과 맥락이 닿지 않는 전혀 새로운 정보체계가 아니다. 도마복음서의 가라사대 파편의 내용 중 35%가 Q복음서 내용과 일치한다는 놀라운 사실에 있다. 뿐만 아니라, 나머지 65%에서도 기존의 공관복음서와 연계성이 전무한 내용은 하나도 없다. 심층구조적으로 로기온을 파헤쳐 나가보면 최소한 95%가 직·간접의 병행문구를 4복음서에서 발견할 수 있다. 기존의 공관복음서와 복음 내적맥락이 얽혀있다. 그것을 찾아내는 충분한 논의가 아직 이루어지지 않았을 뿐이다.

그리고 기존복음서와 도마복음서를 비교해보면 상관성이 확보되는 부분들의 논리구조에 있어서 도마쪽이 훨씬 더 오리지날한 형태를 과시하고 있다는 것이 문장내재의 논리에 의하여 드러난다. 더 간결하고 더 명료하고, 애매한 부분이 깨끗하게 명시된다. 다시 말해서 도마가 더 원사료에 접근한다는 느낌을 준다. 그리고 우리는 도마를 확보함으로써 복음언어의 전변轉變의 궤도를 그려볼 수 있게 된다. 나는 도마복음서는 그 집필연대가 AD 40년경까지도 올라갈 수 있다고 생각한다. 예수 사후 한 10년 사이로 그 결집을 생각해볼 수도 있다.

도마복음의 오리지날리티는 텍스트 그 자체가 드러낸다
이러한 나의 주장의 정당성은 어디서 찾는가? 그것은 너무도 명확한 결론이 제출되어 있다. 독자들이여! 그대 자신이 도마복음서 그 원전을 읽고 해답을 구하라! 구하라! 그리하면 너희에게 주실 것이다.

12·3내란의 비극과 기독교

나는 이 글을 계엄령선포사태로 인하여 엉망이 되어버린 우리역사의 절망의 긴장 속에서 쓰기 시작하였다. 너무도 비상식적 언어가 난무하고, 아니, 상식적 사유가 성립하지 않는 가슴의 철렁거림 속에서, 헌재의 심판을 기다리는 허망한 고통 속에서, 눈물을 훔치고 또 훔쳐도 가슴만 쓸려나가는 아픔 속에서 시간의 흐름을 감당할 길이 없어 붓을 들었다.

붓을 들 때는 지식인의 사회적 사명이라는 것을 생각치 않을 수 없다. 나는 윤석열내란의 비극에 우리나라 기독교의 현황이 크게 한 몫을 챙기고 있다는 사실을 묵과할 수 없었다. 오늘날 우리가 목도하는 극우의 정치색깔을 띤 내란기독교는 앞으로도 우리나라의 명운에 크게 악액惡厄을 끼칠 수 있겠다는 생각에, 기독교의 본질이 그러한 종말론적 난동에 있지 않다는 것을 명시하지 않으면 아니되었다.

다산 정약용이 참가한 주어사舟魚寺(1779년 겨울) 교리연구회로부터 출발한 기독교의 흐름은, 그것이 바람직한 교리의 주체성을 확립하지 못했다고는 하나, 우리역사를 세계사의 주역으로 이끌어오는데 많은 긍정적인 역할을 하였다는 것을 상기하지 않을 수 없다. 그토록 의젓한 기독교가 오늘 태극기부대로 전락하다니! 사랑과 용서와 포용의 종교가 아닌 분열과 배타와 폭력, 억압의 종교로 전락하다니! 이것은 실로 몇몇 야바위꾼의 횡포로 설명될 문제가 아니다!

예수운동으로 돌아가자!

그래서 나는 이렇게 발심하였다. 우리민족의 기독교에 대한 인식구조를 근원적으로 뒤바꾸어야 한다. 어떻게? 도올! 도마복음에 있지 아니한가? 거짓없는 인간예수의 은밀한 말씀! 그 말씀의 죽음을 맛보지 않는 해석을 발견케 할 수 있지 아니한가? 바울의 종교에서 벗어나자! 예수의 운동으로 돌아가자! 천국이 이 땅에 임하도록 다시 복음의 길을 열자!

이런 고민에 빠져있을 때, 때마침 두 분의 손님이 나를 찾아왔다. 한 분은 내가 가까이 모셨던 유동식 선생의 수제자인 손원영 교수와 그리스도대학교 출신의 신학자 조재형 교수가 나를 찾아온 것이다. 3년 전에 도마복음학회가 결성되었고, 뜻있는 분들의 후원으로 학회가 잘 진행되어 가고 있는데 올해는 3주년 기념으로 나를 키노트 스피치 강연자로 모시고 싶다는 것이다.

나의 나그함마디 라이브러리 소개역정

나는 하버드대학교 학위과정을 끝내고 귀국하면서 곧바로 『세계의 문학』이라는 잡지에 "동서해석학이론의 역사적 개괄," "독서법과 판본학의 입장에서 새롭게 본 기독교" 등의 논문을 실어 쿰란문서, 그리고 나그함마디 라이브러리의 문헌들에 대한 대대적인 보도를 하고, 그것이 가져오는 신학적 의의를 분석했다(1983년). 그리고 EBS어학교실에서 요한복음을 강의하면서 『기독교성서의 이해』(2007년)라는 책을 내었다.『세계의 문학』에 쓴 글은『절차탁마대기만성』이라는 단행본에 수렴되었다.『기독교성서의 이해』는 나의 신학공부역사를 총망라한 대작이며 그 속에도 나그함마디 문서에 대한 자세한 보고가 있다.

도마복음서의 발굴지와 관계된 유적 탐방

그 뒤로 나는 중앙일보사의 후원에 힘입어 2007년 봄에서 2008년 봄에 걸쳐 도마복음서와 관련된 모든 지역, 이집트, 유대 – 팔레스타인 – 갈릴리, 시리아, 요르단, 터키 – 아나톨리아(소아시아 지역)의 광대한 지역을 모조리 탐색했다. 도마복음서를 캐낸 게벨 알 타리프 바위산 절벽 기슭까지 다 가보았다. 전 세계의 신학도 중에서 나만큼 많은 지역의 자취를 탐험해본 사람도 없을 것이다. 나는 그 냄새, 그 분위기, 그 풍토 전부를 알고 싶어했다. 성서를 당지의 흙내음새로 파악하고자 했다. 이 어마어마한 프로젝트의 성과는『도마복음한글역주』1·2·3(2008~2010)라는 대작을 탄생시켰다. 나는 그 책을 펼쳐볼 때마다 그곳에 실린 사진들과 사진 뒤로 배인 피땀을 느끼며 말할 수 없는 감회가 밀려온다.

그런데 나의 학문적 관심은 항상 변통의 역易의 여로를 달리기에, 도마복음의 추억은 의식의 콘템포러리 시점에 있지 않았다. 나는 도마복음의 모든 체험을 콘템포러리 관심의 좌표로 옮기는 작업이 결코 쉽질 않다는 것을 깨달았다. 그 모든 것을 다시 공부할 수밖에 없었다. 그리고『도마복음한글역주』의 작업이 너무 방대하고 많은 주제를 친절하게 전달하려고 하다보니까 도마복음 원문에 대한 포커스가 흐려지곤 했다는 것을 깨달았다. 그래서 가급적인 한 독자들이 읽기 편하고 이해가 쉽고, 한눈에 도마복음서 원문 전체를 들여다볼 수 있는 뉴 에디션이 필요하다는 사실을 절감케 되었다.

역주자로서의 나는 말을 줄여야 한다. 곧바로 독자들이 도마복음서를 읽을 수 있도록 해야 한다. 그리고 도마복음서에 관한 모든 해설이나 그 역사적 성격에 대한 정초는 한국인 스스로의 체험에서 우러나와야 한다. 서방의 신학자들의 권위에 예속되지 않기를 빈다. 그러나 진지하게, 다양한 관점을 수용하는 공부는 해야 한다.

2007년 4월 21일 나그함마디 게벨 알 타리프 탐방

시의격문

時宜檄文

이 원고를 쓰고 있는 이 시점에 한겨레신문의 조현 기자가 나에게 전화를 했다. 2025년 3월 31일(월요일), 오전 11시경이었다:

> "워낙 중대한 사안이고, 전 국민의 열망, 국가흥망이 걸려있는 문제이니까, 그리고 반드시 요번 주 안으로 선고가 이루어져야 하니까, 선생님께서 붓을 드셔야겠습니다."

> "사람들이 누구나 다 아는 문제에 관해 글을 쓴다는 것은 어려운 일일세. 글이란 임팩트가 있어야 하는데, 지금의 이 긴박한 상황에서 특단의 조치가 있어야 하네. 내 글을 제1면 상단에 전체를 싣는 디자인으로 충격을 줄 수 있다면 발심을 해보겠네. 내가 대학생 때 함석헌 선생이 '나도 할 말이 있소' 하고 『동아일보』 제1면에 당시 군사독재정권을 향해 크게 외치신 기사가 생각나는구만 ⋯⋯"

"곧 상담해서 알려드리겠습니다."

얼마 후에 "오케이"라는 연락이 왔다. 그런데 조현 기자도 나를 배려해서 24시간의 여유를 드리겠다고 했다.

"지금 분초를 다투는 상황인데, 내일 아침 1면 톱으로 안 나가면 날새는 이야기가 되고 말 걸세. 오늘 저녁 5시면 마감이지 않은가? 그 전에 송고하겠네. 당장 내일 아침 지면을 확보하게."

"저희야 두말할 나위 없죠. 선생님의 가슴에 맺힌 언어는 폭포수처럼 쏟아질 것입니다."

그리고 오후 3시경 나는 원고를 보냈다. 그리고 오후 5시까지 문화부장 서정민의 의견을 존중하면서 전화로 교정을 보았다.

엘리어트 시구의 시의적 느낌을 발현하기라도 하는 듯, 4월 1일 새벽에 나의 글을 실은 한겨레신문은 전국에 배달되었다. 그리고 4월 1일 오전 11시에 헌재가 4월 4일, 탄핵사건에 관한 선고를 내리겠다는 발표를 했다. 그러니까 대한민국의 뜻있는 지사들이 아침에 나의 글을 읽은 후에 헌재의 선고결정소식을 들은 것이다. 물론 이 두 사건간에 직접적인 인과관계를 말하기는 어려울 것이다. 그러나 그동안 약 4개월 동안 내가 지속적으로 긍정적인 사태를 유도해내기 위하여 외친 열정과 열변, 그리고 마음을 졸이며 어쩔 줄 몰라 했던 광범한 대중의 불안과 무無에로의 결단을 생각한다면 이 양자간에 복합적 인과관계가 있다고 생각하는 대중의 마음은 이해가 간다.

나는 4월 4일 오전 나의 고향 해남에서(※ 나는 해남의 명예군민이다), 대흥사의 경내에 있는 증조부의 비석 앞에서 헌재의 선고를 들었다. 귀경길에도 사람들이 표정이 밝았고, 나에게 감사의 예를 표하는 사람이 많았다. 내가 1982년에 귀국하면서 영어문화권에서 활동할 생각을 버리고, 우리 말, 우리 흙, 우리 하늘의 사상가가 되겠다고 자신에게 약속했던 그 심언心言을 반세기가 지난 오늘에야 좀 이행하였다는 자부심을 느낀다.

"윤석열 파면이 헌정수호, 헌재는 '정치적 흥정' 말라"는 제목의 이 글을 안병무 선생께서 말씀하시는 "예수사건"의 한 예증으로서 여기에 실어놓는다.

윤석열 파면이 헌정 수호 … 헌재는 '정치적 흥정' 말라

특별기고 | 도올 김용옥

> 기각·각하는 '민생 파멸' 재앙 초래
> 윤석열 위헌·위법은 국민에 각인돼
> '인과 의'를 해치는 길로 가면
> 대답은 하나밖에 없다 … 항쟁이다

1일은 윤석열 대통령이 내란을 일으킨 지 120일이 되는 날이다. 넉달이 흐르는 동안 한국 사회의 혼란과 분열은 더욱 깊어졌고, 이 불확실성에 마침표가 찍히기를 바라는 시민들의 열망도 커지고 있다. 헌법재판소의 조속한 탄핵 심판 선고를 촉구하는 도올 김용옥의 특별기고를 싣는다.

환웅이 천부인을 지니고 신단수 아래 신시를 펼친 후에 아사달 조선의 사람들이 이토록 애절하게 한마음으로 하나의 소식을 기다린 적은 없었다. 그 하나는 무엇인가? 좌든 우든, 고(高)든 하(下)든, 국민 모두가 예외 없이 기다린 그 하나의 소식은 무엇인가? 그것은 복음이다! 그것은 복된 소식이요, 기쁜 소식이다. 그것이 바로 윤석열의 파면이다!

윤석열의 파면, 즉 윤석열의 탄핵소추안 인용은 윤석열 개인의 차원으로 종료되는 심판이다. 대통령은 그 선임제도가 살아 있는 한 계속 그 위(位)가 이어질 수 있다. 신속히 처리되면 국가의 안위가 흔들리지 않는다. 인용은 윤석열 개인에게 책임을 묻고 그 업보를 역사의 교훈으로 남기자는 것이다. 그러나 윤석열 탄핵소추안의 기각이나 각하는 국가의 정도(正道)를 무너뜨리고 대규모 항쟁의 혼돈 속에 민생을 파멸시키는 재앙을 초래한다. 탄핵소추가 소송 조건을 구비하지 않았다고 심의 자체를 하지 않는 각하는, 본 소추안에 적용되지 않는다. 헌법재판소 재판관과 함께 국민 모두가 이미 치열한 심의를 거쳤기 때문이다. 그런데 심의 후에 기각을 내린다면, 그것은 국민 모두의 상식에 위배된다. 윤석열의 위헌 행동, 아니 헌법의 존립 자체를 거부하는 비상식적 언행은 국민 모두에게 각인된 것이다.

　혹자는 나의 논의가 우파들의 주장을 일방적으로 묵살하고 있다고 말할 것이다. 우파들의 목소리가 건강한 상식 대중의 목소리에 못지않게 크다고 말할 것이다. 우선 윤석열의 파면 문제는 좌·우라는 이념의 굴레에서 찬반이나 시비를 논할 문제가 아니다. 이것은 국가흥망의 문제이며 헌정질서 자체의 존립의 문제이다. 아무리 우파라 할지라도 윤석열이라는 품위 없는 막가파식의 초라한 개체를 대통령으로 모시고 살고 싶어 하지는 않는다.

그런데 우파의 목소리가 큰 것처럼 착각하는 이유는 첫째, 헌재가 심의 기간을 비상식적으로 늘려 우파를 격동시켰기 때문이요, 둘째, 몰지각한 여당이 그러한 난동을 조직적으로 동조했기 때문이요, 셋째, 윤석열 측근의 모사가 맹목적이고 종말론적인 종교단체들을 선동했기 때문이다.

우리 국민들은 탄핵소추안이 헌재에 제출되었을 때, 너무도 상식적인 결론이 도출될 수밖에 없다고 믿었기에 어떠한 경우에도 헌재 재판관들은 국민 대중의 편에 서서 국가를 위기에서 구원하리라고 믿었다. 국민 대다수가 마음을 졸이면서도 막연한 믿음 속에서 재판관들을 격려하는 아름다운 심성을 유지했다. 민생이 파탄지경에 이르러도 원망 없이 거리로 나섰다. 평화를 기원했고 하느님의 구원을 확신했다. 재판관은 정감이나 선입의 개념에 치우친 인간의 마음에서가 아니라 하느님의 마음으로 헌법이라는 보편적 가치를 구현하리라고 믿었다. 우리는 헌재 재판관들을 하느님으로 모셨다. 홍익인간의 보편사의 열망이 실현되리라고 믿었다.

그런데 들려오는 말에 의하면 헌재 재판관들이 매우 단순한 이유, 그들에게 밀어닥치는 정념이나 이념에 의거한 정치편향성 때문에 건강한 콘센서스(합의)에 도달하지 못하고 있다는 현실이 확정적인 사실인 것처럼 유포되고 있는 것이다. 국민들이 폭탄처럼 날아드는 화마 속에 몸을 던지며 불을 끄고 있을 때에도, 헌재 재판관들은 하찮은 정치적 바긴(흥정) 속에서 주판을 놀리는 한심한 행태에 빠져 있었다는 소문이 들리는 것이다.

올해가 을사년이다. 대한민국은 민주공화국이며, 그 공화국 됨은 헌법에 의하여 보장된다. 헌재는 법률 자체가 헌법에 위배되는가 아닌가를 따지는 초사법적 고등기관이다. 그곳의 판사는 헌법의 조문을 넘어서서 헌법 그 자체를 해석하는 비상한 권력의 소유자들이다. 그런데 이 사람들이 인(仁)과 의(義)를 해치는 잔적(殘賊)의 짓을 하고 있다니! 이들이 을사잔적(乙巳殘賊)이 되고 싶어 안달하고 있다니? 두 환갑 전 을사년에는 우리나라가 사라진다는 것조차 국민 대다수가 몰랐다. 그러나 지금은 상황이 전혀 다르다. 일본과 같은 외환이 나라를 집어삼키는 것이 아니라, 을사잔적의 내우가 자신의 나라를 때려부수는 것이다. 내부의 지배권력이 인욕에 사로잡혀 천리를 망각하는 것이다.

이러한 상황에서 우리는 어떻게 해야 하는가? 건전한 상식을 수호하는 우리 보통 사람들은 이러한 말을 하기를 꺼려한다. 그러나 우리의 싸움이 윤석열 내란 세력과의 투쟁, 그리고 그들의 오판을 불러일으키는 을 씨년스러운 봄바람과의 투쟁이라고 한다면 그 대답은 하나밖에 없다!

  항쟁이다! 항거다! 뒤엎는 것이다. 나가자! 우리 모두
4월의 황무지를 헤매야 한다.

  티에스(T. S.) 엘리엇은 사월은 잔인한 달이라 했다.
죽은 땅에서 라일락을 키워내고, 기억과 욕망을 뒤섞고
잠든 뿌리를 봄비로 깨운다고 했다. 우리 모두 잔인해
져야 한다!

  나는 기도한다. 눈물을 흘린다. 하늘이시여! 이 민족
을, 이 나라를 구원하소서. 헌재 재판관들께서 두뇌 아
닌 가슴에 용솟음치는 사랑의 복음을 전파하게 하소서.
복음이여! 울려퍼져라!

ΓΟΟΥΠΕ ΠΙΝ ΑΥΟΜΠΤΑ
ΤΑΤΤΟΟΥ ΟΑΥ ΕΙΕΙ ΚΟΟΥ ΑΜΠΙΤΑ ΑΑΙ
ΑΡΧΑΝΤΙ ΤΟΜΠΙΤΑΠΜΕΙ ΡΟΜΠΕΕΤ
ΠΕΧΕΙΟΧΕΕΠΤΑΤΟΙΗΝ ΑΠΚΟΣΜΟΣ
ΝΜΕΡΜΑΛΑΜΜΕΡΕΛΙΠΑΝΑΠΚΟΣΜΟΥ
ΠΕΧΕΙΟΧΕΑΠΜΓΕΜΜΑΜΟΥΝΙΠΙΧΑΙ
ΜΠΕΠΝΜΟΟΕΟΛΑΥΩΠΕΙΟΜΕΒΟΛΝΜ
ΠΙΕΤΟΝΖΥΝΑΛΑΥΑΝΕΜΟΥΜΙΟΠΕΙΕ
ΧΟΜΜΟΟΧΕΠΕΤΑΣΕΡΟΥΠΙΚΛΥΠΙΚΟΣ
ΜΟΟΠΙΠΕΥΑΠΟΥΑΝΠΕΧΕΙΟΕΜΠΑΝΙΚ
ΕΠΤΑΡΙΣΙ ΑΕΙΟΟΕΝΠΥΨΗΣΙΟΥΟΕΙ
ΝΤΥΑΧΑΠΤΕΜΡΟΟΥΠΕΙΟΟΡΠΕΣΕΥ
ΝΑΥΝΟΙΝΕΥΡΥΩΡΤΠΡΡΙΜΥΑΝΑΜΟ
ΕΟΙΝΠΗΥΝ ΑΠΕΡΟΟΥΟΟΙΠΗΥΑΝΤΑΟ
ΟΥΟΟΤΕΡΟΠΕΥΜΑΧΟΟΟΙΝΧΕΟΠΙΠ
ΤΕΜΠΙΟΑΠΟΕΟΗΙΝΠΤΕΤΗΜΜΑΛΑΝΤΕΡΡ
ΜΠΙΟΙΟΥΤΕΟΠΟΡΟΟΥΕΒΟΛΝΙΧΜΠΚΑΙΑΥΩ
ΡΡΩΜΕΝΑΥΑΝΕΡΟΟΠΕΧΕΙΜΩΝΠΕΤΟΝ
ΝΑΥΔΕΜΑΡΕΜΑΡΙΑΜΕΙΕΒΟΛΝΗΠΤΝ
ΧΕΝΟΙΟΜΕΜΠΟΛΝΜΠΩΝΖΠΕΧΕΙΟ
ΧΕΕΙΟΖΗΗΤΕΑΝΟΚΤΝΑΟΟΚΜΜΟΟΧΕ
ΚΑΑΟΟΝΑΟΤΟΟΥΤΩΙΝΑΟΤΗΩΟ
ΠΙΕΩΩΟΕΠΟΥΠΝΑΕΥΟΝΤΕΥΕΙΝΕΜ
ΜΩΙΤΝΝΠΡΟΟΥΖΟΕΟΙΜΕΝΠΜΕΟΝΑΟ
ΝΟΟΟΥΠΩΝΑΡΩΚΕΟΩΝΕΙΝΑΠΤΕΡΟ
ΝΜΠΗΥΕ ....

ΠΕΥΑΓΓΕΛΙΟΝ

ΠΚΑΤΑ ΘΩΜΑΟ

ΟΥΤΕΚΡΑΙΟΟΙΟΩΜΑ ΑΥΤΑΜΙΕΖΕΒΡΑΙ
ΟΟΑΥΩΟΑΥΜΟΥΤ ΜΝΤΕΟΜΙΝΕ
ΧΕΠΡΟΟΗΛΥΤΟΟΟΥΝ ΜΠΡΕΘΕΛΑΙ
ΤΑΜΙΕΠΡΟΟΗΛΥΤΟ
ΟΕΡΟΟΠΝ ΒΕ ΕΤΟΥ
ΑΥΩ ΟΕΤΑΜΕΙΟΝ ΠΝ ΚΟ

콥트어 도마복음서의 마지막
페이지. 중간의 큰 글씨가
"프유앙겔리온 프카타 토마스".

토마스에 의한 복음
The Gospel According to Thomas

서장
도마가 기록한 은밀한 말씀

이는 살아있는 예수께서 이르시고 쌍둥이 유다 도마가 기록한 은밀한 말씀들이라.

옥안 가라사대 파편이 시작되기 전에 제일 상단에 있는 이 서장 (Prologue)은 매우 간결하지만, 지극히 긴요한 정보를 많이 담고 있다. 말씀의 주체가 누구이며, 그 말씀을 기록한 자는 누구인가? 그리고 그 말씀의 성격은 어떠한 것인가? 이러한 엄청난 내용을 직설적으로 논하고 있다. 전체 문장에서 우선 중요한 테마는 "말하다"와 "기록하다"이다. 그러니까 이 도마복음은 누군가가 말한 것을 기록한 것이다. 말은 시공의 제약성을 지니며 허공으로 사라지고 만다. 그러나 기록은 시공의 제약성을 벗어나 그 말을 보존하며, 후대에 전달하는 기능이 있다. 이 말씀의 주체는 예수다. 그러니까 예수가 "말한 것"을 "기록한 것"이다. 그런데 말씀의 주체인 예수에게 단서가 있다. 그것은 "살아있는 예수"다.

다시 말해서 "죽은 예수"가 아닌 것이다. 바울이 만난 예수는 "죽은" 예수다. 그리고 바울이 만난 예수는 죽은 예수이기에 부활한 예수이다. 그러나 도마복음에는 예수의 죽음(수난설화), 십자가나 부활은 그림자도 비치지 않는다. 단지 이 땅위에서 우리와 함께 살아 움직이는, 함께 걷는 예수이다. 그 예수는 말했다. 그 말을 기록한 것이다. 그렇다면 이 도마복음서는 예수 생전에 예수를 따라다니던 아무개가 그때그때 예수의 말을 기록한 비망록일까?

그렇게 볼 수는 없을 것 같다. 비망록이라면 체계가 없이 산만할 텐데, 이 복음서는 이미 "복음"이라는 의식이 있고 매우 체계적으로 수집된 언어들이다. 예수 사후에 살아있던 예수를 기억하는 어느 공동체사람들의 공들인 작품이라고 보아야 한다. 그들이 전하고자 하는 예수는 "살아있는 예수"였다. 현존하는 27서정경체계가 그리는 "종말론적인 회중"의 예수가 아니었다. 도마공동체의 케리그마는 살아있는 예수(the Living Jesus)였다.

누가 기록했는가? 이 기록자의 이름도 명시되어 있다: "Didymos Judas Thomas, 디두모 유다 도마, 쌍둥이 유다 도마" 도마(t'ōmā)는 원래 아람어(예수가 쓰던 팔레스타인 토속말)로 "쌍둥이"라는 뜻이다. 이 쌍둥이를 희랍어로 표현한 것이 디두모(didymos)이다. 따라서 "디두모라 하는 도마"라는 표현은 "족발," "역전앞"처럼 2개 국어의 의미를 중첩시킨 동어반복이다. "디두모 유다 도마"에서 이름은 "유다Judas" 하나일 뿐이다.

유다라는 이름의 개체가 예수가족 속에 있었는가? 복음서 중에서 가장 담박한 양식을 과시하는 원복음서인 마가복음은 예수에게 7남매 이상의 가족이 있었다는 것을 밝혀놓고 있다.

예수가 가버나움에서 이적을 행한 후 나사렛 고향에 돌아왔을 때, 같은 동네에 살던 사람들이 예수의 권능을 목격하고 깔보듯이 내뱉는 말이 있다. 선지자는 고향에서 존경받지 못한다는 유명한 구절이 나오는 대목이다:

"이 사람이 마리아의 아들 목수가 아니냐? 야고보와 요셉과

유다와 시몬의 형제가 아니냐? 그 누이들이 우리와 함께 여기
있지 아니하냐?"하고 예수를 배척한지라 …… (막 6:3).

여기 보면 후대의 예루살렘 초대교회의 중심으로 모셔졌다는 야
고보의 이름이 나온다. 그 예루살렘의 야고보(갈 1:19)가 이 고향 야
고보인지는 알 수는 없으나, 아무튼 야고보가 제일 먼저 꼽히는 이
름임에는 틀림이 없다. 그러나 실상 야고보가 예수의 동생인지 형
인지도 알 수가 없다. 보통 야고보는 예수의 "형"으로 이야기 되지
만 카톨릭에서는 보통 "동생"으로 간주한다. 야고보가 형이라면
동정녀 마리아는 허구가 되어버리고 말기 때문이다. 서양언어에는
"형제"(아델포스ἀδελφός)만 있지, 하나의 개념어로서 형·동생의 구
분이 없다.

예수, 야고보, 요셉, 유다, 시몬, 그리고 "누이들"이라는 복수를
썼으므로 최소한 두 명(이것도 위아래를 가릴 수 없다)이 있다. 다 합하면
최소한 7명의 형제자매가 되는 것이다. 이 중에 "유다"가 끼어있는
것이다. 이 유다가 "예수의 쌍둥이"라고 한다면, 성처녀 마리아의
자궁으로부터 두 개체가 탄생했다는 소리가 되니 이것 또한 코메디
이다. 성처녀에게서 나온 두 개체가 하나는 신묘하고 하나는 보통인
가? 역사적 예수를 탐구하게 되면 이런 터무니없는 가설에 모든 것이
얽히어 엉망진창이 되고 만다. 『야고보 원복음 The Protoevangelium of
James』이라는 외경적 문헌에 의하면 마리아가 예수를 출산한 후에
동정녀라는 것을 실증하기 위하여 마리아 성기의 질구에 손가락을
넣어 처녀막의 유무를 검사하는 장면이 세밀하게 묘사되어 있다.

마가복음은 예수의 이야기가 요단강에서 세례 요한에게 세례받는 장면으로부터 시작한다. 예수의 탄생이나 동정녀 마리아 운운하는 신화는 개재될 여지가 없다. 탄생설화는 마태에서 원형이 꾸며지고 누가에서 확대되었다. 요한복음은 아예 이런 구질구질한 이야기를 로고스기독론의 웅장한 담론으로 덮어버렸다.

예수에게 쌍둥이 형제가 있었는지 어떤지는 알 수가 없다. 불트만의 제자이며 하바드 디비니티 스쿨의 교수가 된 헬무트 쾨스터 Helmut Heinrich Koester, 1926~2016는 유다는 예수의 쌍둥이라는 가설을 받아들인다. 시리아전통의 『도마행전』(제11장)에서도 예수의 제자 도마는 예수의 쌍둥이였다고 확언한다.

도마라는 인물은 공관복음서 속에서는 구체적인 모습이 드러나지 않는다. 12제자의 리스트 속에 맥락 없이 그 이름만 적혀있을 뿐이다(마 10:3, 막 3:18, 눅 6:15, 행 1:13). 그러나 요한복음에는 "쌍둥이(디두모)라 불리는 도마Thomas, called the Twin"라는 명칭으로, 명료한 심상이 그려지는 구체적 모습으로 4번 나온다(요 11:16, 14:5, 20:24~29, 21:2). 이 4번의 심상에는 일관된 이미지가 있다. 도마는 용기가 있고, 신의가 있으며, 자기 신상의 안위를 돌보지 않는 인간이었다. 예수의 부활에 관해서도 실증적인 관점에서 그 진실여부를 가리려한다. 예수는 보지 못하고 믿는 자는 복되도다(요 20:29)라고 말하지만, 만져보고서야 믿겠다고 "의심하는 도마Doubting Thomas"는 기독교에 어떤 확신을 주는 중요한 심상의 물줄기를 형성했다. 공자에게 충직한 자로子路와도 같은 이미지가 도마에게 있다.

이 의심하는 도마는 남인도에 가서 복음을 전파하고 교회를 개척했다는 설화를 남인도 기독교인들은 역사적 사실로서 받아들인다. 도마를 초대사도로 모시는 도마교회(Mar Thoma Church)는 2천만이 넘는 방대한 신도를 거느리고 있다.

그러나 나 도올은 이러한 "쌍둥이 유다 도마"에 관한 이러한 논의를 도마복음서를 이해하는 데 필요불가결한 조건으로서 받아들이지 않는다. 역사적 예수는 이런 역사성을 가장하는 담론을 초월하는 데서 더 리얼하게 드러난다고 나는 생각한다. 여기 핵심적인 주제는 예수께서 말하였고, 도마가 기록하였다는 사건일 뿐이다. 그 도마가 쌍둥이건, 예수의 형이든, 동생이든, 그러한 문제에 관한 추론은 궁극적으로 부질없는 짓이다.

예수께서 말하였고, 도마가 기록하였다는 사실에 가장 중요한 주제는 예수라는 인간과 도마라는 인간에 대한 정보가 아니라, 살아있는 인간의 말씀이 기록되는 과정에는 반드시 해석이 개재되며, 기록은 말씀을 그대로 전달하는 의미체계가 아니라는 것이다. 예수는 자신의 생각을 오로지 도마 개인에게 비전적秘傳的으로 말한 것이 아니라, 그를 따르는 예수운동의 참여자들에게 공개적으로 말한 것이다. 예수와 예수의 제1차 청중 사이에서 이루어지는 교감의 상태를 기록한다는 것은, 그 기록이 기록을 대하는 제2차 독자들과의 교감상태가 원래의 예수의 말씀에 상응하는 형태로 이루어져야 한다는 것을 뜻한다. 그것은 예수와 기록자 도마가 영혼의 교감만으로 의미전달체계를 형성한다는 것을 뜻하지 않는다.

도마복음서의 사상은 영육쌍전의 합일을 추구한다. "쌍둥이 유다 도마"라는 뜻은 예수와 혼과 백이 거의 동일한 인격체, 오늘의 우리에게 예수의 혼과 백을 전달할 수 있는 예수의 분신과도 같은 존재의 필력을 통하여 살아있는 예수의 말씀이 우리에게 전달된다는 것을 의미하는 것이다. 도마가 예수의 쌍둥이냐 아니냐는 전혀 문제되지 않는다. 쌍둥이라는 심볼리즘이 우리에게 "살아있는 예수"를 전하는 매체로서 설정되었다는 사실을 논하고 있는 것이다.

이 서장에서 진짜 중요한 키워드는 "살아있는"이라는 말을 "은밀한"이라는 말과 연결시키는 코드에 있다. 무지한 신학자들이, 암암리 정통주의에 빠져서 도마복음을 영지주의의 쓰레기더미에 파묻고 싶어하는 선비들이 모두 이 "은밀한 말씀"을 천국으로 가기 위한 비밀스러운 영지(gnosis)의 가르침이라고 못박아 버린다. 그러나 예수는 천국으로 가고 싶어하는 사람이 아니다. 하늘의 질서(=나라=바실레이아 ※ 천국은 공간개념이 아닌 통치행위이며, 그것에 깃든 질서를 의미한다)를 땅의 질서로서 실현하고 싶어하는 사람이다. 예수는 비밀스러운 영지를 원하지 않는다. 오클로스(=민중)와 더불어 살아가는 지혜를 원한다.

여기서 말하는 "은밀한 말씀"을 보통 "비밀스러운 말씀"(the secret sayings)이라 번역하는데 이는 매우 혼란을 초래하는 좋지 않은 번역이다. 사계의 대가인 마르빈 메이어Marvin Meyer, 1948~2012(채프먼대학의 알버트 슈바이처 인스티튜트의 소장. 종교학 교수)는 "the hidden sayings"라고 번역했는데 좋은 번역이다. 여기 "은밀한"이라는 말은 희랍어로 "아포크뤼포스apokryphos ἀπόκρυφος"라는 단어에 해당되는데, 그것은 "감추인"의 뜻이다(누가복음은 8:17에 "감추인 것은 나타나게 마련이다"라는 말이 있는데, 이때 "감추인"에 쓰인 단어가 "아포크뤼포스"이다).

"감추인"이라는 말은 "비밀스럽다"는 뜻보다는, "쉽게 드러나지 않는"의 의미가 강하다. 그것은 "살아있는 예수"와 연계된다. 『나의 문어 선생님My Octopus Teacher』(2020)이라는 영화를 한번 연상해보자! 살아있는 문어와 제삿상에 올라오는 말라비틀어진 문어 대가리는 그 양자의 모습을 한 차원에서 비교해서 말하기 어렵다. 살아있는 문어는 시시각각 변하며, 환경의 변화에 기민하게 대처하며, 인간과도 감정을 소통할 수 있는 인텔리전스를 지니고 있다. 그에 비하면 마른 문어나 마른 오징어는 고착되어 아무런 변화나 감성을 나타내지 않는다.

살아있는 예수와 죽은 예수는 정말 다르다. 살아있는 예수의 말씀의 함의는 있는 그대로 다 드러날 수가 없다. 죽은 예수의 말씀은 수난, 십자가, 무덤, 부활, 재림⋯⋯ 이 말라비틀어진, 몇 개의 의미가 고착된 개념밖에는 없다. 개념은 말의 죽음이다.

그러나 살아있는 예수의 말씀은 있는 그대로 다 드러나 있지 않다. 끊임없이 변하고, 생동하는 생명력이 춤추고, 변화는 환경에 따라 새로운 의미를 발출한다. 도마의 예수는 "살아있기에" 그 말씀이 영원히 은밀하다. 항상 감추어져 있다. 그것은 "해석"이라는 과정이 없이 드러나지 않는다. 살아 움직이는 생명체의 말은 항상 생동하며, 함축적이며, 상징적이며, 감동적이다. 따라서 신비로울 수

밖에 없고 은밀할 수밖에 없다. 그것은 쉽게 료해了解되지 않는다.

"이리 오너라!" 이 명제는 물리적으로 공간이동을 명령하는 것일 수도 있지만, 어느 고승이 발했을 때는 우주의 오묘한 진리를 내포한 깨달음의 계기일 수도 있다. 언어에 감추어진 깨달음의 계기는 무한한 계층을 지니고 있다.

『도덕경』을 펼치면 이런 말이 있다: "도를 도라고 말하면, 그 말하여진 도道는 항상 그러한 도가 아니다. 道可道, 非常道。" 언어개념의 고착성에 대한 경계인 동시에 진리의 무한한 해석의 층차를 개방하는 발언이다. 도마복음의 서장의 내용은 이와 같은 폭넓은 의미를 다 포용하고 있다.

1 죽음을 맛보지 아니함

> ¹그리고 그가 말하였다: "이 말씀들의 해석을 발견하는 자는 누구든지 죽음을 맛보지 아니하리라."

沃案 제일 앞에 있는 "그리고"는 문장해석상 반드시 깊게 새겨야 할 말이다. 여기 따옴표 안에 있는 말을 예수의 가라사대 파편으로 보아야 할 것이다. 그렇게 되면 예수가 자기 말을 듣는 청중들에게 자기 말을 들어야 하는 당위성, 그리고 듣는 방식에 관하여 총체적

인 그림을 그리고 있는 것이 된다. 앞으로 진행될 말씀에 대한 총론적 성격을 예수 스스로 밝히고 있는 것이 되는 것이다.

그러나 상식적으로 "그리고and"의 성격은 앞 장과 본 장을 연결하는 접속사이며, "그리고" 다음에 오는 주어가 "예수"로 되어있지 않고 "그"로 되어있다는 것은 "그"가 예수가 아니라 기록자인 쌍둥이 도마일 가능성이 크다. 그렇게 되면 따옴표 안의 문장은 디두모 도마가 "이 말씀"을 기록하는 소이연, 즉 왜 예수의 말씀을 기록하여 전하려 하고 있는지에 대한 목적성을 밝히고 있는 것이 된다. 나는 "그"를 예수로 보지 않고 쌍둥이 도마로 본다. 그리고 따옴표 안의 말은 도마가 기록자로서 이 말씀을 기록하는 행위에 대응하는 독자들의 소득, 즉 이 말씀들로부터 어떠한 삶의 지혜를 얻게 될지를 선포하는 내용이 된다. 즉 제3자로서의 권유가 되는 것이며, 나레이터의 연출이 되는 것이다.

그리고 따옴표 안의 말씀은 매우 충격적으로, 매우 생경한 느낌으로 다가온다. "이 말씀들의 해석을 발견한다to discover the interpretation of these sayings"는 표현이 도무지 성서에 실릴 법한 문장이 아닌 것이다. "해석"이라는 말이 생경한데다가, 다시 그것을 명사화시켜 "발견하다"의 목적으로 설정한다는 것 자체가 우리 감성에는 잘 들어맞지 않는다. 성서의 말씀을 해석의 대상으로 삼는다는 것 자체가 어색한 것이다. 왜냐? 성서의 말씀은 해석의 대상이 되어서는 아니 되고, 신앙의 대상으로만 치립峙立하는 절대적인 언어체계이기 때문이다. 따지고 분석하고 해석할 것이 아니라, 예수님

말씀은 무조건 암기하고 암송하고 주어진 대로 믿어야 하는 것이다.

그러나 도마복음의 세계에서는 이러한 논리가 통하지 않는다. 도마복음이 선포하는 예수는 살아있는 예수이기 때문에, 그의 말씀은 은밀하고 감추어져 있으며, 그것은 해석되어야만 하는 것이다. 또다시 그 해석은 주체적인 나의 삶의 체험 속에서 발견되어야 하는 것이다. 도마복음이 제시하는 것은 인간들이 궁극적인 진리에 도달하는 길을 제시하는 것이다. 예수의 말씀의 해석을 통하여 진리에 도달했을 때는 예수는 사라지고 마는 것이다. 예수는 실체가 아니라 말씀의 주체일 뿐이다.

지금 여기 도마복음에는 마가복음 기술의 "메시아의 비밀"과 같은 구질구질한 양식이 끼어들 건덕지가 도무지 없다. 마가와 극단적인 대조를 이루는 요한복음의 경우는 자기가 메시아라는 것을 감추기는커녕 공공연하게 자기가 메시아라는 것을 틈 있는 대로 선포한다. 요한복음 4장에 예수가 사마리아 지역에서 물 길러 온 사마리아 여인에게 한 사발의 샘물을 얻어먹는 매우 아름다운 장면이 있다. 사마리아 사람들은 유대인들에게 멸시의 대상이 되는 이방인이었다. 예수께서 그 여인에게 말한다:

> "여자여! 내 말을 믿으라. 너희가 이 산에서도(사마리아에 있는 수가라 하는 동네) 말고 예루살렘에서도 말고 오직 아버지께 예배할 수 있는 때가 이르리라. …… 아버지께 참으로 예배하는 자들은

신령과 진실함으로 예배할 때가 오나니, 지금이 곧 그때라. 아버지께서는 이렇게 자기에게 예배하는 자들을 찾으시니라. 하나님은 영이시니, 예배하는 자는 신령과 진실함으로 예배해야 할지니라."

예수의 이 말을 듣고 사마리아 여인이 말한다: "메시아, 곧 그리스도라 하는 이가 오실 줄을 내가 아노니, 그가 오시면 모든 것을 우리에게 고하시리이다." 이에 예수께서 여인에게 이르시되, "네게 말하고 있는 내가 바로 그로라." 하시니라(요 4:21~26).

나는 국민학교 시절부터 엄마의 회초리를 맞으면서 성경구절을 암송했기 때문에 이 개역성경의 말씀이 너무도 좋아서 외우고 또 외웠다: "내가 바로 그로라!" "I who speak to you am he."

메시아가 찾아오리라고 굳게 믿고 있는 이방의 여인 앞에서, 우리 동방인의 상식으로는 점잖게 아무 말 없이 미소 지으며 사라졌을 것이다. 그러나 요한복음의 예수는, "내가 바로 그로라!" 하고 선포한다. 마가복음의 "메시아비밀"과는 극단적 대조를 이루는 것이다. 다시 말해서, "해석"의 여지를 없애버리는 것이다. 요한복음을 바탕으로 하는 기독교는 예수님말씀에 대한 해석이고 발견이고, 지지고 볶고 할 틈이 없다. 무조건 예수가 하나님의 아들임을 믿고 받아들이는 것만이 유일한 방도가 되는 것이다. 여기서 신앙은 싹이 트지마는 지혜는 싹트지 아니한다. 생각해보라! 도마복음이 요한복음 후에 형성된 것이라는 주장이 과연 성립할 수 있겠는가? 도마복음은 바울-요한의 믿음패러다임(Belief Paradigm) 이전에 성립한 복음서라는 것을 이러한 텍스트분석을 통해서도 알 수 있는 것이다.

요한복음의 이러한 기술양식을 "에고 에이미egō eimi"(I am sayings) 양식이라고 말한다. 이 "나는 ……이라"라는 단정적 1인칭어법은 공관복음서에는 거의 나타나지 않는다. 요한복음에는 매우 보편적으로 나타나는 어법이다. "내가 곧 생명의 떡이다"(6:35). "나는 세상의 빛이다"(8:12). "나는 양의 문이다"(10:7, 9). "나는 선한 목자다"(10:11, 14). "나는 부활이요 생명이다"(11:25). "내가 곧 길이요 진리요 생명이다"(14:6). "내가 참 포도나무다"(15:1, 5). 요한의 예수는 끊임없이 외친다: "내가 바로 그라는 것을 믿지 아니하면, 너희는 너희 죄 가운데서 죽으리라"(요 8:24, 28). 바울의 십자가론이 복음 속에 이미 성숙되어 있다. 요한의 예수는 이렇게 명료하게 선포하고 있다: "나와 아버지는 하나이리라"(10:30).

예수의 말씀은 곧 하나님의 말씀이며, 그것은 인간인 우리의 해석체계가 될 수 없다. 요한의 예수는 이미 인간으로부터 단절된 타자(the Other)가 된다. 그리고 그것은 절대자로서 초월자로서 실체화된다. 도마가 말하는 해석의 대상이 될 수 없다. 도마의 해석은 또다시 우리의 삶의 체험 속에서 발견되어야 한다. 도마의 예수는 인간적이다. 우리 삶 속에서 우리와 더불어 씨름한다.

그 다음에 우리가 해석해야만 하는 말이 "죽음을 맛보지 않는다"는 표현이다. "죽음을 맛보지 않는다"는 것은 과연 어떠한 뜻일까?

많은 주석가들이 도마복음의 언어를 영지주의적 요소와 결부시키기 위하여 "죽음을 맛보지 않는다"를 "죽지 않는다," 즉 "영생을 얻는다"라는 식으로 쉽게 해석해 버린다. 그러나 도마공동체의 믿음은 "죽음"이라는 개념과 관련되어 있지 않다. 다시 말해서 "영생"이라는 것을 미끼로 하여 사람을 낚아채는 장사를 하지 않는다. 도마공동체는 바울공동체와 같은 폐쇄된 종말론적 회중이 아니다. 스테픈 패터슨Stephen J. Patterson(세인트 루이스, 에덴 신학대학 신약학 교수. 지저스 세미나의 펠로우인 진보적 신학운동가) 교수는 도마공동체는 특별히 공동체라고 집어 말할 수 있는 운동조직이 아니었고, 느슨한 연대를 지닌 방랑자들의 운동이었다고 말한다(*The Gospel of Thomas and Jesus*, p.151). 부활과 재림 같은 것은 도마복음서의 궁극적 관심 밖에 있었다.

사람은 죽지 않는다. 이것은 사람이 죽음을 체험하지 않는다는 것을 두고 한 말이다. 사람은 죽는 순간까지 살고 있을 뿐이다. 흔히 기독교인들이 영생한다는 것은 살아 영생한다는 것이 아니라, 죽되 죽어서 천당에 가서 부활한 예수나 온전하신 하나님과 재결합한다는 뜻이다. 이러한 "사후 천상 재결합"사상은 유대교전통에도 명시되어 있지 않은 사상이다. 사후의 미래적 삶과 천국의 결합은 종말론적인 초대교회사상인데, 도마복음은 이러한 초대교회 재림사상 이전의 기술이다. 도마복음 제113장에는 이런 예수의 말이 있다: "아버지의 나라는 이 땅위에 펼쳐져 있느니라. 단지 사람들이 그것을 보지 못할 뿐이니라."

"맛본다"는 것은 생명의 활동이다. "죽음을 맛본다"는 것은 삶의 활동이지 죽음의 도래를 의미하지 않는다. 맛보는 삶의 행위 속에 "죽음"이라는 메뉴가 없다는 뜻이다. 일본 후쿠시마원전에서 뿜어대는 핵폐기오염수를 마시는 것이야말로 죽음을 맛보는 행위인 것이다. 죽음을 먹으면 인간은 빨리 죽어갈 것이요, "생명"을 먹으면 인간은 삶의 희열을 느끼게 될 것이다. 말씀들의 해석을 발견하는 자는 삶의 희열을 느끼는 자들이다. 죽음을 맛보지 않는 자들이다. 예수의 말씀은 우리의 삶에 생명의 의지를 불어넣는 것이라는 생生의 철학을 이렇게 표현한 것이다.

2 찾았을 때 오는 고통

> ¹예수께서 가라사대, "구하는 자는 찾을 때까지 구함을 그치지 말지어다. ²찾았을 때 그는 고통스러우리라. ³고통스러울 때 그는 경이로우리라. ⁴그리하면 그는 모든 것을 다스리게 되리라."

沃案 제2장부터 "예수께서 가라사대"로 시작된다. 이 말을 요즈음 우리에게 보편화된 기독교성서지식 때문에 아주 쉽게 받아들이지만, 당시의 사람들에게 "예수"라는 이름은 매우 생소한 이름이었다. 예수라는 인격체에 대한 아무런 객관적 내러티브 정보가 없는 상태에서 그의 말씀만을 기록하여 책으로 만든다는 것은 첫째, 예수를 잘 아는 초기공동체 내에서 통용되는 특별한 문헌이거나,

둘째, 예수의 말씀에 대한 각별한 믿음이나 사랑이 있는 사람들의 작품이거나 할 것이다. 다시 말해서, 예수라는 인간을 드러내려는 것이 아니라, 그의 말씀을 전하려는 것이다. 예수는 오로지 말씀의 주체이며, 진리의 열쇠로서 등장되고 있는 것이다. 독자는 직접 그 은밀한 말씀과 맞부닥쳐야 하는 것이다.

먼저 "구하는 자는 찾으리라"는 테마가 등장하는데 이것은 공관복음서 중에서도 Q자료에 속하는 것(Q35)이다. 그러니까 마가복음에는 나오지 않는다. 마태 7:7~8과 누가 11:9의 공통자료이다:

> **나는 너희에게 말한다. 구하라, 그러면 너희에게 주실 것이요. 찾으라, 그러면 찾을 것이요. 문을 두드리라, 그러면 너희에게 열릴 것이다.**
> **구하는 이마다 받을 것이요, 찾는 이마다 찾을 것이요, 두드리는 이에게 문은 열릴 것이니라.**

나는 어려서 성경을 암송할 때 이 구절을 몹시 좋아했다. 내가 구하는 대로 얻는다는 희망을 주기 때문이다. 그런데 이 Q복음서와 도마복음서의 양자를 비교해보면 Q에는 매우 낙관적인 단순함이 느껴지는 데 반해 도마복음에는 비관적인 어려움이 느껴진다.

모든 종교에는 소승과 대승의 역사적 전변이 있다. 소승은 소수의 신자들을 데리고 폐쇄된 지난한 수행을 거치지만, 대승은 다수의 신도들과 함께 개방적이고 쉬운 길을 택하여 간다. 공관복음서의 느낌이 대승적이라 한다면 도마복음서의 느낌은 소승적이라 할 수 있다. "구하라! 그러면 너희에게 주실 것이요."는 개방적이고 즉각적이고 쉽다. 『역易』이 말하는 "이간易簡"과도 같다. 그러나 도마복음은 "구함"이 쉽게 결실을 보지 않는다는 비관적 정조를 노골적으로 드러낸다. 구한다고 해서 쉽게 찾아지지 않는다는 "어려움"을 먼저 대전제로 내세운다. 그럼 어떻게 해야 하는가? "찾을 때까지 구함을 그치지 말지어다." 끊임없이 구하고 또 구해야 한다. 발견의 과정(the process of discovery)은 결코 쉽지 않다. 외재적 존재에 대한 믿음과는 다르다. 이것은 주체적 각성(subjective Enlightenment)의 과정이다.

자아! 이러한 구함의 과정의 결과로써 찾았다고 생각해보자! 과연 그대는 기쁨과 환희에 넘치는 행복한 시간을 보내게 될까? 도마의 예수는 단언한다: "찾았을 때 너는 심히 고통스러우리라!" "찾음"은 밭에 숨겨둔 금덩어리를 찾는 것이 아니다. "찾음"은 "천국에 들어감"을 의미하는 것이며, 그것은 "나"라는 인격주체의 근원적인 변화(the transformation of one's subjectivity)를 요구하는 것이다. 과거의 "나"가 사라지고 새로운 "나"가 그 자리에 들어선다는 것은, 근원적으로 나의 아이덴티티가 바뀌는 것을 의미한다. 지금까지의 관습과 관행을 버리고 새로운 자아를 발견하는 것은 심히 고통스러운 것이다. 고통스럽지 않다면 그것은 진정한 "구함"이 아니었던 것이다. 그것은 옛 관습과 관행의 지속일 뿐이다.

도마의 예수는 말한다. 새로운 자아의 건설은 고통스럽다. 그러나 고통스러울 때만이 그대는 천국의 경이로움을 맛보게 될 것이다.

마가복음과 Q복음서 모두 복음을 요한의 세례로부터 시작한다. 예수는 수세를 통해 인가를 받고 곧(유튀스εὐθὺς) 갈릴리의 민중의 지평으로 돌아간다. 예수가 광야에서 사탄에게 시험까지 다 거치고 나서 그가 외친 첫소리가 바로 "하나님의 나라"였다. 가라사대:

> **"때가 찼고, 하나님 나라가 가까왔으니 회개하고 복음을 믿으라."**(막 1:15).

여기 "때"는 "카이로스"다. "하나님 나라"는 "βασιλείας τοῦ θεοῦ 바실레이아 투 테우"이다. "나라"는 "kingdom"(RSV)이라 번역되고 있지만, 실제로 "바실레이아"는 어떤 공간적 실체를 말하는 것이 아니라, "다스림의 질서"라는 추상적인 코스모스를 말하는 것이다. 우리말의 "나라"의 어근 "날"은 "날," 땅(土, 地)의 뜻을 지닌다.

예수의 공생애 최초의 사회적 발언, 그 진정한 선포는 "하나님의 나라의 가까이 옴"이다. 주기도문에서도 예수는 "하나님의 나라가 이 땅에 임하옵시며, 뜻이 하늘에서 이루어진 것 같이 땅에서도 이루어지이다"라고 외친다. 예수의 생애와 사상을 한마디로 요약하면 "천국운동가"라고 할 수 있다. 하늘의 나라(바실레이아＝다스림＝질서)가 이 땅에서 구현되는 것을 바란 것이다. 고려를 무너뜨리고 조선왕조를 개창하려 했던 정도전, 이방원, 이성계의 비젼은 토지개혁을 통해 여태까지 꿈꾸지도 못했던 평등한 새나라, 즉 새질서를 만드는 것이었다. 헌재의 판결을 애타게 기다리며 가슴을 졸이던 대다수의 조선민중 또한 그 판결이 가져올 수 있는 "새로운 질서" 즉 새로운 "바실레이아"를 소망했던 것이다.

도마복음의 최초의 예수의 일성一聲도 "다스리게 되리라"로 끝
난다. 도마는 "천국"이라는 말을 사용하지 않는다. 천국이 구호적
으로 개념화되기 이전의 표현으로 그냥 "나라"라고 말하기도 하
고, "다스림"으로 표현하기도 한다. 여기 "경이로움을 체험한 그
대는 모든 것을 다스리게 되리라"라고 하는 표현은 바로 천국의 다
른 표현이다. 도마에는 "다스림"이 존재내면의 사건으로 표현되
어 있다. 나라는 존재, 그 자체가 하나의 "나라"이며 "왕국"이다.

지혜를 얻어 대각을 한다는 것은 "나"라는 존재의 왕국(=바실레
이아)에서 왕노릇 한다는 것을 뜻한다. 왕이 된다는 것은 "모든 것
을 다스린다"는 뜻이다. 지혜의 왕국에서 왕노릇 한다는 것은 나의
몸이라는 우주의 사단四端과 칠정七情을 완벽하게 제압한다는 것
을 의미한다. "나"라는 왕국의 왕이 된다는 것은 끊임없는 구함과
찾음과 고통과 경이의 과정을 거치지 않으면 아니 되는 것이다. 자
기몸 하나 다스릴 수 없는 인간이 국가를 다스리고 민중의 왕노릇
을 하려 할 때 생기는 폐해, 그 망국亡國의 꼬라지를 우리는 너무도
여실히 체험하여 왔다.

우리는 도마의 예수의 최초의 일성一聲에서 소승기독교에서 대
승기독교로 전개되어 간 그 궤적을 더듬어볼 수 있다.

3 나라는 너희 안에 있고, 너희 밖에 있다

¹예수께서 가라사대, "너를 이끈다 하는 자들이 너희에게 이르기를, '보라! 나라(천국)가 하늘에 있도다' 한다면, 하늘의 새들이 너희보다 먼저 나라에 이를 것이다. ²그들이 또 너희에게 이르기를, '나라는 바다 속에 있도다' 한다면, 물고기들이 너희보다 먼저 나라에 이를 것이다. ³진실로, 나라는 너희 안에 있고, 너희 밖에 있다. ⁴너희가 너희 자신을 알 때, 비로소 너희는 알려질 수 있으리라. 그리하면 너희는 너희가 곧 살아있는 아버지의 아들이라는 것을 깨닫게 되리라. ⁵그러나 너희가 너희 자신을 알지 못한다면, 너희는 빈곤 속에 살게 되리라. 그리하면 너희 존재는 빈곤 그 자체이니라."

沃案 좀 수수께끼처럼 보일 수 있는 이 장은 실상 그 내용을 깊게 파보면 우리가 알고 있는 신·구약성서 내에 이미 논파되고 있는 사상과 맥이 닿아있다. 도마복음을 깊게 읽다보면 우리가 얼마나 성경을 잘못 읽고 있나 하는 것을 깨닫게 된다. 이 3장의 내용을 매우 래디칼한 천국의 해석으로 휘몰아부쳐 "이단"으로 규정하거나, "외경"이니 영지주의 잡서니 하는 식으로, 오늘 우리가 가지고 있는 그릇된 성서관을 정당화하려 한다. 우선 본 장의 주제는 나라(= 천국)이다.

도마복음을 무작위적인 집록(random collection)인 것처럼 말하는 사람도 있는데, 내가 읽은 소감은 도마복음은 철저히 어떠한 체계에 의하여 구성된 말씀파편들이라는 생각이 든다. 예수는 "천국운동가"라는 대전제 아래 제2장에서 "다스림"을 말하였고 제3장에서 "나라" 즉 "천국"을 이야기한다. 그리고 마지막 부분인 제113장에서 "아버지의 나라"를 다시 이야기한다. 천국의 주제는 앞머리에서 등장하여 말미의 마무리 부분까지 드러나지는 않지만 쭈욱 깔려있는 것이다.

이 장의 논의의 핵심은 천국(=나라)은 토포스(*topos*=장소) 개념이 아니라는 것이다. 역사적 예수는 단어의 선택에 있어서도 전통적 유대인의 관념 속의 "하나님"을 거부했다. 예수의 하나님은 "아버지"였을 뿐이다. "아버지"는 하늘이나 하나님처럼 나로부터 객화되지 않는다. "아버지"는 나로부터 객화되지 않는 일체이며 동시에 나의 현존을 뛰어넘는 그 무엇이다. 역사적 예수는 "나라"를 아버지의 질서가 지배하는 어떤 "상태"로서 해석했다. 그 상태는 제2장에서는 "주체의 개벽"으로 논의되었다.

천국은 토포스, 즉 장소가 아니다. 그러기 때문에 예수는 아주 쉽고 비근한 예를 들어 말한다: "만약 천국이 하늘에 있다고 한다면, 하늘의 새들이 너희 인간들보다 훨씬 더 빨리 천국에 도달할 것이다. 천국이 바다 속에 있다고 한다면 물고기들이 너희 인간들보다 훨씬 더 빨리 천국에 이를 것이다."
이러한 예수의 로기온은 매우 비근하고 강렬해서 우리의 상념에 일종의 충격파를 던진다. 그런데 여러분들이 가지고 있는 정경이라 하는 누가복음의 17장을 펼쳐보라!

바리새인들이 "하나님의 나라가 어느 때에 임하나이까?" 묻거늘, 예수께서 대답하여 가라사대, "하나님의 나라는 볼 수 있게 임하는 것이 아니요, 또 여기 있다 저기 있다고도 못하리니, 하나님의 나라는 오직 너희 안에 있느니라."(눅 17:20~21).

도마복음의 담론은 기실 모두 기존의 정경문헌 속에서 찾아질 수 있는 것이다. 단지 도마복음의 표현이 더 "살아있는 예수," "체면 차리지 않는 예수," "생생하고 발랄한 예수"를 떠올리게 만든다. 도마의 예수는 내가 어렸을 때 천안 냇갈에서 그물을 들어올렸을 때 팔딱 거리는 붕어와도 같다. "하늘 위, 바다 속" 운운하는 수사법도 성서 여기저기에 나타나고 있다. 지혜문학의 대표적 저서인 욥기도 다음과 같은 표현을 쓴다:

"산들을 뿌리째 파헤쳐도 지혜를 찾을 길 없고, 물속의 용도 이같이 외친다. '이 속에는 없다.' 바다도 부르짖는다. '나에게도 없다.'"(욥 28:9~14).

하나님의 계명에 관해서도 모세의 말씀은 이러하다:

"그것은 하늘에 있는 것이 아니다. '누가 하늘에 올라 가서 그 법을 내려다 주지 않으려나?'라고 말하지 말라. 바다 건너 저쪽에 있는 것도 아니다. '누가 이 바다를 건너 가서 그 법을 가져다 주지 않으려나?'라고 말하지도 말라. 그것은 너희와 아주 가까운 곳에 있다. 너희 입에 있고, 너희 마음에 있어서, 하려고만 하면 언제든지 할 수 있는 것이다."(신 30:11~14).

사도 바울도 믿음의 말씀에 관하여 우리에게 이와 같이 증언한다:

"믿음을 통해서 얻는 하나님과의 올바른 관계에 대해서는 하나
님께서 '누가 저 높은 하늘까지 올라갈까 하고 속으로 걱정하지
말라'고 말씀하십니다. 이 말씀은 그리스도를 모셔 버리기 위해
서 하늘까지 올라갈 필요는 없다는 말씀입니다. 또 하느님께서
'누가 저 깊은 땅속까지 내려갈까 하고 걱정하지 말라' 하십니다.
이 말씀은 그리스도를 죽음의 세계에서 모셔올리기 위하여 땅
속까지 내려갈 필요는 없다는 말씀입니다."(롬 10:6~7. 비슷한
표현들이 바룩서 3:29~32, 35~37, 시라크서 1:1~3에도 있다).

자아~ 그렇다면 과연 천국은 어디에 있는 것일까? 이미 누가복
음에 나온 예수님의 말씀은 우리에게 회자되는 것이다: "하나님의
나라는 오직 너희 안에 있느니라."

하나님 나라가 저 높은 꼭대기 허공에 있지 않고 나의 존재 내면
에 있다는 것은 이해가 쉽게 간다. 특히 20세기 실존철학의 유행을
거친 후에 "존재내면"이라는 식의 표현은 낯익다.

그런데 도마의 예수는 우리의 상념과는 다른 방식의 대답을 제
시한다: "진실로, 천국은 네 안에 있고, 네 밖에 있다." 하늘이라는
토포스를 말하지 않고 "내 안에" 있다고 말하는 것은 쉽게 이해가
간다. 그러나 "네 안에 있고, 네 밖에 있다"는 것을 동시에 말한다
는 것은 우리가 별로 들어본 적이 없다. 그래서 이해가 어렵다.

나의 존재를 중심으로 "안과 밖"을 말할 때, 대체로 안은 진실한

것이고, 밖은 부차적인 것이고 나와 무관한 감각적 실체로 드글거리는 비본질적인 것이라는 생각이 우리를 사로잡는다. 더구나 시각중심(ocular-centiricism)의 서구근세철학의 인식론체계에 있어서는 "밖"은 천한 비본래적 가치의 온상일 뿐이다. 경박한 플라토니즘의 2원론이 안과 밖에도 깔려있는 것이다. 그러나 도마의 예수는 그러한 2원론적 인식체계에 사로잡혀 있지 않다. 천국은, 아버지의 나라는 내 안에 있고, 동시에 내 밖에 있다. 안과 밖이 하나로 소통되고 융합되지 않으면 그것은 천국이 아니다.

공자의 손자인 자사子思는 "하늘이 명命하는 것이 곧 나의 성性이다"라고 말했다. 다시 말해서 나의 성性은 선과 악이 결정되어 있는 것이 아니라(성선·성악은 없다), 끊임없이 하늘의 명령을 받는 과정에서 형성되어가는 다이내믹한 중용의 성性일 뿐이다. 천국은 내 안에 있는 주관적인 존재가 아니라, 내 밖에 있는 모든 사물 속에도 천국은 있는 것이다. 밭을 가는 농부의 내면의 심성에만 천국이 깃드는 것이 아니라, 그가 키우는 한 포기의 배추 싹에도 천국이 깃드는 것이다. 우리는 땅에서, 황토의 흙에서 천국을 발견해야 한다. 천국은 주관이 아니라, **안과 밖을 전관全觀하는 자에게 다가온다.**

공자도 사물을 인식할 때 "양단兩端"을 다 두드려 양면적 인식체계의 가능성을 다 드러낸다고 말했다. 자신의 중도中道는 양단의 가운데가 아니요, 그 양단兩端을 다 장악한 후에나 가능한 중中이라 말했다. 여기서 공자가 말하는 양단은 도마의 예수가 말하는 안과 밖일 수가 있다. 존재의 안과 밖을 동시에 긍정하는 것이다. 예수의 천국운동은 식탁교제운동이었고, 소외와 빈곤의 극복이었고, 나눔이었고, 율법의 구속으로부터의 해방이었다. 천국은 내 안의 관념이 아니라 내 밖의 실천이기도 한 것이다. 예수는 도마복음 제22장에서 이와같이 말한다: "너희들이 둘을 하나로 만들 때, 겉과 속이 하나가 될 때, 비로소 너희는 나라에 들어가게 되리라."

여기 도마 3장에서 예수는 말한다: "진실로, 나라는 너희 안에 있고, 너희 밖에 있다." 노자는 무욕無欲의 세계와 유욕有欲의 세계가 결국 같은 것이라고 말했다. 도마의 예수는 결국 같은 진리를 설파하고 있다. 하늘과 땅, 천국과 속세, 하나님과 인간, 빛과 어둠, 이러한 분별의 이원론적 세계가 결국은 하나(同)의 현묘한 세계라고 예수는 말한다. 영지주의는 이 양자를 극명하게 대립시키는 사상이다. 도마와는 상반된다.

도마의 예수는 또 말한다: "너희가 너희 자신을 알 때, 비로소 너희는 알려질 수 있으리라."(제4절). 조건절의 "너 자신을 알라*gnōthi seauton*"라는 명제는 이미 소크라테스에게 주어진 델피의 신탁으로서 우리에게 잘 알려져 있다. 그런데 본절인 "비로소 너희는 알려질 수 있으리라"는 해석이 좀 난감하다. 그런데 이 수수께끼 같은 구문, "안다─알려진다"의 문장 패턴은 바울서한에서도 나타난다. 바울서한 중에서도 저작성이 확실한 갈라디아서에 이와 같은 표현이 있다:

"그러므로 네가 이후로는 종이 아니요 아들이니, 아들이면 하

나님께서 세우신 상속자니라. 전에는 너희가 하나님을 알지 못하여, 본질상 하나님이 아닌 신들에게 종노릇 하였더니, 이제는 너희가 하나님을 알 뿐더러 하나님의 아신 바 되었거늘 …… (now that you have come to know God, or rather to be known by God)"(갈 4:7~9).

바울은 고린도전서에서도 이와같이 쓰고 있다: "누구든지 하나님을 사랑하면 이 사람은 하나님의 아시는 바 되었느니라"(고전 8:3). 그리고 그 유명한 바울의 사랑장에도 이와같은 표현이 있다: "이제는 내가 부분적으로 아나, 그 때에는 주께서 나를 아신 것 같이 내가 온전히 알리라"(고전 13:12).

이러한 바울의 표현으로 미루어볼 때 도마복음의 "알려진다"는 표현은 "하나님께 알려진다"는 것을 뜻함이 분명하다. 그러나 하나님께 알려지는 조건이 무엇인가? 그것은 바로 너 자신을 아는 것이다! 여기서 도마와 바울은 크게 갈린다.

바울에게 있어서 하나님께 알려지는 유일한 길은 그의 아들인 예수의 대속적 죽음과 부활을 믿는 것이라고 주장한다. 그러나 도마의 예수는 그러한 그리스도의 대속성을 전면적으로 부정한다. 아니, 그런 생각의 실오라기도 비쳐져 있길 않다. 도마의 예수는 인간의 자기탐구에 대하여 한계를 짓지 않는다. 인간이 하나님에게 알려지는 참된 길은 인격화된 하나님을 피상적으로 사랑하는 것이 아니라 오히려 자기를 철저히 탐구하는 것이다. 자기 자신을 아는 것이다. 인간은 진정으로 알 때만이 행동할 수 있는 것이다. 덕을 축적할 수 있는 것이다. 자기를 안다는 것이 결국 무엇인가? 자기를 제어한다는 뜻이다. 자기를 지배한다는 뜻이다. 내가 나에게 왕이 된다는 뜻이다.

"네가 너 자신을 알 때, 비로소 너는 알려질 수 있으리라. 그리하면 너는 네가 곧 살아있는 아버지의 아들이라는 것을 깨닫게 되리라." 여기서 논리적으로 전제되고 있는 것은 무엇일까? 나 자신을 안다는 것은 곧 나 자신이 하나님의 아들이라는 것을 깨닫는 것이다. 도마의 예수는 자기만이 하나님의 유일한 아들임을 선포하지 않는다. 모든 인간이 살아있는 하나님의 아들임을 선포하고 있는 것이다. 예수는 인간이 자신을 스스로 되돌아보게 유도함으로써 하나님의 아들임을 자각케 만드는 지혜로운 스승일 뿐이다.

갈라디아서에서도 바울은 이러한 문제에 관하여 매우 미묘한 입장을 취한다: "너희가 아들인고로 하나님이 그의 아들의 영을 우리 마음 가운데 보내사 아바 아버지라 부르게 하셨느니라"(갈 4:6).
평범한 인간도 하나님의 종이 아니다. 모두가 종이 아닌 하나님의 아들이다. 그러나 우리 인간이 "하나님의 아들"이 된 것은 오직 예수 그리스도라는 사건을 통하여 가능케 된 사태일 뿐이다. 그러나 바울 자신도 예수가 하나님의 아들이라는 것, 그리고 우리 인간이 모두 하나님의 아들이라는 것, 이 두 사태가 근원적으로 별개의 차원에 속한다고 생각하지는 않았다. 내가 하나님을 알고, 또 내가 하나님의 아신 바 된다는 것은 결국 나와 하나님의 궁극적 합일合一을 암시하는 것이다. 이러한 사상을 요한은 노골적으로 극대화

시켰다:

> "나는 선한 목자라. 내가 내 양을 알고 양도 나를 아는 것이, 아
> 버지께서 나를 아시고, 내가 아버지를 아는 것 같으니 ……"(요
> 10:14~15).
>
> "그 날에는, 내가 아버지 안에, 너희가 내 안에, 내가 너희 안에
> 있는 것을 너희가 알리라"(요 14:20).

　요한복음에 나타나는 이러한 사상은 상호내재설(mutual indwelling)
이라고 한다. 예수와 하나님이 서로가 서로에게 내재하고, 예수와
우리 보통사람이 서로서로 내재하면, 결국 인간과 하나님은 서로
서로 내재하게 되는 것이다. **하나님과 예수와 인간이 하나로 합일되
는 것이다.** 그러나 바울 이후의 그리스도 케리그마의 교조화는 이
러한 해석의 가능성을 허락하지 않았다. 바울은 종말론적 회중이
뭉친 교회의 권위에 모든 것을 복속시켜야 했기 때문에 인간 개개
인이 모두 하나님의 아들이라는 것, 다시 말해서 평범한 인간에게
그리스도와 동등한 신성을 다 부여할 수는 없었다.
　그러나 도마복음은 이와 같이 확언한다:

> "너희는 너희가 곧 살아있는 아버지의 아들이라는 것을 깨닫게
> 되리라. 그러나 너희가 너희 자신을 알지 못한다면, 너희는 빈곤
> 속에 살게 되리라. 그리하면 너희 존재는 빈곤 그 자체이니라."

　유교는 인간은 누구든지 성인이 될 수 있음을 말한다. 배운다는

것 자체가 성인이 되기 위한 것이다(爲聖之學). 불교는 모든 인간이 부처가 될 수 있고, 또 되어야 한다고 말한다. 도마의 예수는, 인간이 인간 자신을 안다는 것은, 인간 개개인이 모두 아버지의 아들이라는 것을 깨닫는 것을 의미하는 것이라고 선포한다. 하나님의 아들됨의 가능성을 발현치 못하면 인간은 빈곤 속에 살게 된다고 외친다. 아니! 너희 존재는 빈곤 그 자체가 되고 만다. 오늘 태극기부대가 되어 4·5만 원짜리 배급을 받기 위하여 추위와 바람에 떨고 있는 너의 모습이야말로 빈곤 그 자체가 아니겠느뇨? 인간이 부처가 될 수 있는가? 인간이 예수가 될 수 있는가? 인간이 하나님이 될 수 있지 아니한가? 이에 대한 너의 생각은 무엇이뇨? AD 1세기의 초기기독교세계에서는 이러한 문제가 아무런 금기 없이 논의되고 있었던 것이다.

4 칠일 갓난 작은 아이

> ¹예수께서 가라사대, "나이 먹은 어른이 칠일 갓난 작은 아이에게 삶의 자리에 관해 묻는 것을 주저치 아니한다면, 그 사람은 생명의 길을 걸을 것이다. ²첫찌의 많은 자들이 꼴찌가 될 것이요, ³또 하나된 자가 될 것이니라."

沃案 도마복음은 "살아있는 예수의 은밀한 말씀"이다. 그것은 은밀하기에 풍요로운 상징체계로 가득차 있다. 이 상징체계의 의미

를 바르게 풀어내기 위해서는 우리가 현재 기독교에 대해서 가지고 있는 가치체계의 상념의 탈을 벗어버려야 한다. 뿐만 아니라 기독교와 서구이성주의의 결합에 의하여 발생한 근대적 언어의 패러다임을 전폭적으로 전변轉變시키지 않으면 안된다.

여기 예수의 말씀에 제일 먼저 대조항으로 등장하는 것은 "나이 먹은 어른The man old in days"과 "칠일 갓난 작은 아이a small child seven days old"이다. "여기 칠일 갓난 작은 아이"라는 것은, "삶의 자리"에 관하여 질문을 던지는 대상으로서의 존재자를 말하는 것은 물론 아니다. "칠일 갓난 아이"는 아직 언어에 오염되지 않았다. 아직 분별심에 의한 의식의 체계가 자리잡지 않았다. 그것은 미분화된 생명덩어리일 뿐이다. 여기 "어른"과 "아이"의 대비는 분명한 가치서열이 있다. 우리의 상식에는 아이는 어른이 되어야 할 유치한 단계의 존재이다. 바울은 말한다:

> **"내가 어렸을 때에는 말하는 것이 어린 아이와 같고 깨닫는 것이 어린 아이와 같고 생각하는 것이 어린 아이와 같다가, 장성한 사람이 되어서는 어린 아이의 일을 버렸노라."**(고전 13:11).

그 유명한 사랑장 속에 나오는 말인데 바울은 여자도 비하하지만, 어린아이도 유치한 수준의 존재로서 비하한다. 어린아이는 장성하여야 온전한 인식에 도달한다는 것이다. 물론 바울의 언어는 그것이 소기하는 바, 상식의 레퍼런스가 있다. 그러나 바울식의 상념으로는 도마의 예수를 이해할 수 없다. 도마복음서의 위대성은 우리의 통념을 전도(Inversion)시키는 데 있다. 전도가 없으면 발견은 일어나지 않는다. 추구와 발견의 대상은 나라 즉 천국이다.

『노자도덕경』제55장을 한번 펼쳐보자!

덕을 머금음이 도타운 것은 갓난아기에 비유될 수 있다
벌이나 뱀도 그를 쏘지 않고
맹수도 그에게 덤비지 않고
날새도 그를 채지 않는다.
(含德之厚, 比於赤子。蜂蠆虺蛇不螫, 猛獸不據, 攫鳥不搏。)

뼈가 여리고 근이 하늘한데도
꼭 움켜쥐면 빼기 어려우며,
암수의 교합을 알 까닭이 없는데도
하늘 무서운 줄 모르고 오로지게 꼴린다.
정기의 지극함이 아니고 무엇이겠는가?
매일 하루가 다 하도록 울어 제키는데
그 목이 쉬질 않는다.
조화의 지극함이 아니고 무엇이겠는가?
(骨弱筋柔而握固, 未知牝牡之合而全作, 精之至也。終日號而不嗄, 和之至也。)

조화로움을 아는 것을 항상성이라 하고,
항상성을 아는 것을 밝음이라고 한다.

삶에 늙음을 덧붙이는 것을 요상함이라고 한다.

마음이 몸의 기를 부리는 것을 강하다 한다.

사물은 강장하면 곧 늙어버리는 것이니,

이를 일컬어 도(道)답지 않다고 한다.

도답지 않으면 일찍 사라질 뿐이다.

(知和曰常, 知常曰明, 益生曰祥, 心使氣曰强, 物壯則老, 謂之不
道。不道早已。)

    화이트헤드는『이성의 기능』의 내용을 요약하는 서론(introductory summary)에서 역사(시간의 추이)는 사건의 과정 속에서 두 개의 주간 主幹이 되는 경향을 노출시킨다고 말한다. 그 하나의 경향은 물질적 성질을 가진 것들의 매우 완만한 해체 속에서 구현되고 있으며, 그 물리적인 것들에게는 에너지의 저하현상이 있다. 이것을 화이트헤드는 "하향downward"이라고 표현했다. 이것은 결국 엔트로피의 증가현상이다. 그리고 또 하나의 대비되는 경향은 생물학적 진화의 상향(upward)에서 구현되고 있다고 말한다. 매년 봄마다 반복되는 자연의 싹틈에서 구현되고 있는 것이다. 그것은 엔트로피의 감소현상이다. 노자가 말하는 "갓난아기赤子"는 화이트헤드가 말하는 상향의 구현체라고 말할 수 있다. 그리고 도마의 예수가 말하는 "칠일 갓난 작은 아이"는 시간의 역행이며 화이트헤드가 말하는 상향이다. 시간을 거슬러 올라가는 것이다.

    "칠일 갓난 작은 아이"는 모든 분별이 해소된 원초적 혼돈상태이다. "칠일 갓난 아이"라는 뜻은 아마도 유대인 습관에 의하면 할례를 생후 제8일에 받는 것으로 되어있기 때문에(창 17:12), 그 이전의 상태, 즉 문명의 관습체계 이전의 순결성을 나타내는 것으로 볼 수 있을 것이나, 할례라는 교회권위에 복속되지 않는다는 바울의 투쟁적 의미와 관련된 것은 아닐 것이다.

"삶의 자리"라는 것은 화이트헤드가 말하는 바대로 생명의 상향의 추구를 말하는 것이다. 어른이 칠일 갓난 아기에게 삶의 자리를 묻는다면, 그 사람은 생명의 길을 걸은 것이다.

어린이를 존중하라는 예수의 말씀은 이미 공관복음서에 나타나고 있다. 마가를 변형시킨 마태의 텍스트를 살펴보자!

> 그때에 제자들이 예수께 나아와 가로되, "천국에서는 누가 크니이까?" 예수께서 한 어린 아이를 불러 저희 가운데 세우시고 가라사대, "진실로 너희에게 이르노니 너희가 돌이켜 어린 아이들과 같이 되지 아니하면 결단코 천국에 들어가지 못하리라. 그러므로 누구든지 이 어린 아이와 같이 자기를 낮추는 그이가 천국에서 큰 자니라. 또 누구든지 내 이름으로 이런 어린 아이 하나를 영접하면 곧 나를 영접함이라"(마태 18:1~5, cf. 막 9:33~37, 눅 9:46~48).

이 언급에서도 "돌이켜 어린 아이들과 같이 되지 아니하면"이라는 표현 속에는 도마의 역행적 의미, 원초성으로의 복귀라는 테마가 비치기는 하지만 대체적인 의미맥락은 도마의 웅혼한 혼돈사상과는 거리가 멀다. 마태에서는 "천국입장"이라고 하는 초대교회의 종말론적, 재림사상적 맥락이 명백하게 드러나 있다. 그리고 어린아이의 이미지가 "자기를 낮춤"이라는 겸손과 복종의 도덕적 가치로 전락되었다. 어린이 운운하는 것을 대부분의 목사님들은 천국에 들어가기 위한 이상적인 어린이의 덕성의 맥락에서 해석하고 있다. 순결(innocence), 무구(purity), 무조건적 신앙(unconditioned faith), 겸손(humility), 사회적 지위에 대한 무관심(unconcern for social status) ······ 이러한 도덕적 개념이 어린이의 이미지와 결부되어 있는 것이다.

도마의 내면적, 원초적, 본질적 웅혼함, 무분별의 혼융混融의 맥락은 사라지고 그 자리를 자잘한 도덕관념으로 메우고 있는 것이다. 도마의 우주론적 맥락이 공관복음서의 도덕적 맥락으로 저하되어간 초기기독교사상의 연변演變을 더듬어볼 수 있다.

그 다음에 나오는 "첫찌"와 "꼴찌"의 문제도 도마의 원래 맥락에서 명료하게 해석해야 한다. 우리의 일상생활에서 첫찌는 매우 좋은 것이고 꼴찌는 매우 나쁜 것이다. 나의 자식이 반에서 첫찌를 하면 행복하고 꼴찌를 하면 불행하다. 첫찌를 하면 계속 첫찌를 하려들 것이고 그 불안감에서 정상적 인식체계가 다 배제되고 오직 첫찌를 하려는 목표에 따라 협애한 길을 달려갈 뿐이다. 그러다 보면 서울법대를 들어가고 유학가서 박사를 따고, 정가나 재계나 법률계의 부러운 자리에 앉게 된다.

그러나 기실 첫찌를 기다리고 있는 세계는 "죽음"의 세계이다. 윤석열 내란에 동조한 세력들, 음험한 공포에 대가리를 들이민 사람들은 대부분 첫찌의 족속들이다.

20세기 미국의 진보신학을 대변하는 크로쌍John Dominic Crossan, 1934~(역사적 예수 탐색을 주도한 아이리쉬계의 신약학 대가)은 이 문제에 관하여 이렇게 말한다:

"마태와 누가복음에 이미 들어있는 텍스트인 큐복음서만 해도 종말을 바라보고 있다. 모든 것이 종료된 이후의 완벽한 세계를 미래에 투사시켜 상상하고 있는 것이다. 그러나 도마복음서는 그 반대의 길을 선택하고 있다. 도마는 온전한 시작(a perfect beginning)**으로 되돌아가고 있는 것이다. 묵시를 완성시키는 것이 아니라, 원초적 낙원을 회복시키려는 것이다. 이 현재세계의 정상적 틀 속에서 창조의 여명**(the dawn of creation)**으로 되돌아가는 길을 제시하고 있는 것이다"**(*Unearthing the Lost Words of Jesus*, p.96).

종말은 미래사건이다. 그러기 때문에 종말론적 사유는 미래를 향해 있다. 그러나 그것은 첫찌의 시간관이다. 결국 죽음의 세계로 하루빨리 도달하려는 것이다. 꼴찌는 종말에서 멀리 있다. 종말을 받아들이지 않는다. 꼴찌는 모든 가능성이 오픈되어 있다. 윤석열과 쿠데타를 도모하는 인간들이 첫찌의 인간들이다. 어린아이들은 꼴찌의 인간들이다. 풍요로운 생명의 가능성을 함장하고 있다.

노자는 말한다:

"사람의 생명은 부드럽고 약하며, 사람의 죽음은 단단하고 강하다. 만물초목의 경우에도 살아있을 때는 부드럽고 연한데, 죽으

면 마르고 **딱딱해진다. 그러므로 말하노라. 딱딱하고 강한 것은
죽음의 무리요, 부드럽고 약한 것은 삶의 무리다.** 人之生也柔弱, 其
死也堅强。萬物草木之生也柔脆, 其死也枯槁。故堅强者, 死之徒 ; 柔
弱者, 生之徒。"

나무에서 딱딱하고 강한 것은 첫찌의 무리들이요, 부드럽고 연한 것은 꼴찌의 무리들이다. 견강자는 사지도요, 유약자는 생지도라 했다. 견강자는 윤석열의 내란에 동조하는 자들이요, 유약자는 칠일 갓난 작은 아이요, 맥없이 바람에 떨면서 헌재의 판결을 기다리던 이 땅의 민중이다. 견강자는 종말에 가까이 가고, 유약자는 원초적 시작에서 멀리 있지 아니하다. 어른이 갓난아기에게 삶의 자리에 관해 묻는다는 것은 생명의 원초적 혼융을 깨닫는 것이다. 그 사람은 생명의 길을 걷는다.

"첫찌의 많은 자들이 꼴찌가 된다"는 것은 견강자堅强者가 유약자柔弱者의 원초성, 즉 생명의 무한한 가능성을 회복한다는 뜻이다. 그것은 곧 모든 분별과 분열, 격리가 사라진 "하나된 자"가 된다는 것을 의미한다.

현실적 인간의 삶의 길이란 결국 상향의 동경을 가지고 하향의 길을 가는 것이다. 아이에게 물어가면서 어른이 되어가는 것이다. 생명의 발랄함을 지니고 죽음을 맞이하는 것이다. 상향과 하향, 아이와 어른, 생명과 죽음이 결국 하나의 혼돈(=樸)이라는 것을 도마의 예수는 우리에게 역설하고 있다. 도마의 예수에게는 오늘 한국의 대형교회, 신흥종단의 교회가 가르치는 예수와는 달리, 노자나

장자의 모습에 가까운 동방인의 지혜를 체득한 인물이라는 소감은 결코 무근거한 얘기가 아닐 것이다. 역사적 예수는 갈릴리 사람이었다. 그는 적통의 유대인이 아니었다. 갈릴리는 헬레니즘과 동방문화에 개방된 문명의 교차지였다.

5 감추인 것은 나타나지 않을 것이 없다

¹예수께서 가라사대, "네 눈앞에 있는 것을 먼저 알라. 그리하면 너로부터 감추어져 있는 것이 다 너에게 드러나리라. ²감추인 것은 나타나지 않을 것이 없기 때문이니라."

沃案 이 장은 있는 그대로 읽으면 된다. 의미의 꼬임이 별로 없다. 『중용』제1장에도 "막현호은莫見乎隱, 막현호미莫見乎微"라는 말이 있다. 숨은 것처럼 잘 드러나는 것이 없고, 미세한 것처럼 잘 나타나는 것이 없다는 뜻이다. 쓰여진 맥락은 좀 다를 수 있으나, 진리는 명명백백한 곳에 있다, 아무리 숨겨진 것이라도 결국 드러나게 마련이다라는 의미맥락은 동일하다. 『중용』의 말은 예수의 말보다 최소한 4·5세기를 앞서는 것이다.

우리는 종교적 진리라 하면, 무조건 비밀스러워야 하고, 범인에게 잘 드러나지 않는 것이어야 하고, 상식을 초월하는 신비로운 그 무엇이 되어야 한다고 생각한다.

한의사들 사이에도 지고한 치료법은 비방祕方이며 비전祕傳이며, 범용한 인간이 배우기 어려운 것이라는 편견이 있다. 남에게 공개하기를 꺼려하는 것이다. 목사가 예수님 말씀을 비방처럼 운운하면 그 자는 백프로 사기꾼이다. 그의 목적은 궁극적으로 금전에 있다.

예수는 천국을 선포했다. 그의 천국운동은 밀교密教가 아닌 현교顯教였다. 그는 천국은 저 높은 곳에, 저 먼 곳에 감추어져 있는 것이 아니라, 너희 눈앞에 펼쳐져 있는 땅의 현실이라고 선포한다: "네 눈앞에 있는 것을 먼저 알라. 그리하면 너로부터 감추어져 있는 것이 다 너에게 드러나리라."

Q복음서에서도 예수는 이렇게 말씀한다:

> **"누구든지 등불을 켜서 움 속에 숨기거나 됫박으로 덮어두는 자는 없나니라. 누구나 등경 위에 얹어 두나니. 이는 방 안에 들어오는 자로 그 빛을 보게하려 함이니라."**(Q42, 마 5:15, 눅 11:33).

등불을 켠다는 것은 사람들로 하여금 그 빛을 보게 하려 함이다. 진리는 빛이다. 밝히기 위한 것이지, 꼬불치기 위한 것이 아니다. 숨기고자 함이 아니다. 이것은 예수라는 인간의 솔직담백한 인품을 나타내는 명언이다.

또한 도마 제5장의 내용은 공관복음서에도 반복적으로 나타나고 있다. 예수는 이렇게 말씀하신다:

1. 감추어 둔 것은 드러나게 마련이고, 비밀은 밝혀지게 마련이다(막 4:22, 공역).

2. 숨은 것이 장차 드러나지 아니할 것이 없고, 감추인 것이 장차 알려지고 나타나지 않을 것이 없느니라(눅 8:17).

3. 그런즉 저희를 두려워하지 말라. 감추인 것이 드러나지 않을 것이 없고, 숨은 것이 알려지지 않을 것이 없느니라(마 10:26, Q45).

4. 감추인 것이 드러나지 않을 것이 없고, 숨은 것이 알려지지 않을 것이 없나니(눅 12:2, Q45).

1과 2는 "씨뿌리는 자의 비유"에 연이어 등장하고 있다. 그가 선포하는 천국은 비의적祕儀的인 것이 아니며 결국 모든 사람에게 전파되고 알려질 것이라는 확신이 표방되고 있다.

3은 천국운동을 하는 제자들에게, 그들에게 가해질 박해의 공포를 대면케 하기 위하여 진리의 드러남의 필연성을 선포하는 맥락에서 쓰여지고 있다.

4는 당대의 바리새인과 같은 지식인들의 외식 곧 위선을 경계하는 맥락에서 쓰이고 있다.

텍스트비평을 하는 대부분의 학자들이 본 장의 "감추인 것은 나타나지 않을 것이 없다"라는 담박한 명제, 의미의 트위스트가 없는 소박한 명제가 역사적 예수의 입에서 나온 말의 형태에 가까울 것이라고 시인하고 있다. 이러한 사실로 미루어볼 때 당연히 도마복음의 언어가 4복음서의 언어에 선행한다는 사실은 의심할 바 없다. 도마복음서는 역사적 예수의 진상眞相을 담고 있는 것이다. 앎(그노시스)이 계시(아포칼립시스ἀποκάλυψις)에 앞서는 것이다. 예수가 말하는 앎은 영지가 아니다. 그것은 봄에 피어나는 풀 한 포기, 야산의 조약돌 한 줌, 뒷산에 활짝 핀 진달래, 창공을 나는 제비! 이 명명백백한 것들에서 진리를 보는 것이다. 화이트헤드는 오늘날의 고도의 지식에 달한 현대물리학이 살아있는 풀 한 포기를 설명하지 못한다고 말한다. 영지주의는 픽션에 매달린 유치한 사유에 불과하다. 예수의 근원적인 사유와는 무관하다.

6 금식, 기도, 구제, 음식금기, 너희가 싫어하는 것은 하지말라

¹그의 따르는 자들이 그에게 여쭈어 가로되, "우리가 금식하기를 원하시나이까? 우리가 어떻게 기도하오리이까? 구제는 해야 하오리이까? 음식 금기는 무엇을 지켜야 하오리이까?" ²예수께서 가라사대, "마음에도 없는 거짓말을 하지말라. ³그리고 너희가 싫어하는 것을 하지말라. ⁴모든 것은 하늘 앞에 드러나 있기 때문이다. ⁵감추인 것은 나타나지 않을 것이 없고, ⁶덮인 것은 벗겨지지 않을 것이 없나니라."

沃案 이 장 역시 읽어서 이해되지 않는 부분은 거의 없는 매우 상식적인 언어의 나열이다. 여기서 느끼는 예수의 모습은 공관복음

서에서 말하는 예수의 모습과 상치되지 않는다. 공관복음서의 원래적 맥락에 관한 새로운 통찰을 우리에게 더해줄 뿐이다. 본 장의 내용은 마태복음 6장 1절부터 18절까지의 내용과 같이 읽어야 한다. 5장의 산상수훈The Sermon on The Mount에서 연결되는 이 부분은 매우 조직적으로 기술되어 있다.

　제1절에 총론적인 언급이 있고, 그 나머지 부분에 전통적인 유대교 경건주의의 대표적인 표상인 3가지 행위양식에 관한 구체적인 경고가 포함되어 있다. 그 3가지란 1)구제Alms 2)기도Prayer 3)단식Fasting이다. 마태 6장 1절의 내용은 우리가 한번 새겨볼 만한 소중한 말씀이다. 요즈음 같은 세태에서는 우리 가슴에 더욱 신랄한 경종의 외침으로 파고든다. **"사람에게 보이려고, 그들 앞에서 너희 의義로움의 행동을 하지 않도록 조심하라. 보이려고 행한다면 너는 하늘에 계신 너희 아버지께 상을 얻지 못하리라.** Be careful not to do your 'acts of righteousness' before men, to be seen by them. If you do, you will have no reward from your Father in heaven."(*NIV*).

　종교란 본시 "의로움의 행동acts of righteousness"이다. 그러나 예수를 따르는 자들의 새로운 의로움은 낡은 의로움과는 질적으로 다른 그 무엇이다. 마태 5장 20절에,

> **"내가 너희에게 이르노니 너희 의로움이 바리새인이나 율법의 교사들의 의로움을 뛰어넘지 못한다면 결단코 너희는 천국에 들어가지 못하리라."**

　무엇이 다른가? 외면에서 나타나는 것이 아니요, 내면에서 끊임

없이 심화된다는 것이 다른 것이다. 그것은 도마복음 1·2장에서 설파된 바 끊임없는 "추구와 발견"이다.

나의 의로움은 행동으로 나타난다. 그런데 대부분의 종교적인 사람들이 그 의로운 행동을 겉으로 사람들에게 내보이기 위하여 드러낸다는 것이다. 왜 드러내는가? 그들이 의로운 행동을 하는 궁극적 목적이 사람들의 상찬賞讚을 얻고자 함에 있고, 보이지 않는 하나님의 상완賞玩하심을 얻고자 함에 있지 않기 때문이라는 것이다. 정치인이나 사회적으로 공적 활동을 하는 사람들이 공적 매체를 통하여 자신의 하나님께 기도하는 모습을 내비치는 것을 삼갈 필요가 있다. 대한민국은 하나의 전일한 종교가 국체를 지배하고 있는 나라가 아니다. 이러한 문제에 관하여 예수님 본인은 이와 같이 말씀하신다:

"너희가 기도할 때에 외식하는 자와 같이 되지 말라. 저희는 사람에게 보이려고 회당과 큰 거리 어귀에 서서 기도하기를 좋아하느니라. 내가 진실로 너희에게 이르노니 저희는 자기 받을 상을 이미 받았느니라. 너는 기도할 때에 네 골방에 들어가 문을 닫고 은밀한 중에 계신 네 아버지께 기도하라. 은밀한 중에 보시는 네 아버지께서 갚으시리라. 또 기도할 때에 이방인과 같이 중언부언하지 말라. 저희는 말을 많이 하여야 들으실 줄 생각하느니라. 그러므로 저희를 본받지 말라. 너희가 구하기 전에 이미 너희에게 있어야 할 것을 하나님 너희 아버지께서 아시느니라"(마 6:5~8).

여기 개역한글판 번역인 "외식하는 자"의 "외식外飾"은 겉으로 장식한다는 뜻이다. 그 희랍어 원어는 "히포크리테스*hypokritēs*"인데 그 뜻은 "무대에 선 배우stage actor"라는 뜻이다. 영어의 위선 (hypocrisy)이라는 단어가 희랍어 배우에서 유래되었다. 배우는 자기 말을 하지 않고 자기가 맡은 사람의 역할을 수행하는 "체하는 사람pretender"이다. 플라톤의 지적에 의하면 진리 그 자체를 행하는 것이 아니라, 진리인 척 쇼를 하는 것을 말한다. 진리인 척 쇼를 하는 것에도 여러 가지 형태가 있다.

첫째, 선을 가장하지만 실제로 악한 행동을 하는 자들이 있다. 이 부류는 자기의 악랄함을 인식하고 있다. 둘째, 자신의 가장적 행동을 통해 자기자신을 기만하는 자들이 있다. 이들은 경건한 사람들이며, 자신의 기만성을 자각하지 못한다. 셋째, 자신의 가장하는 행동이 하나님과 대중을 위한 최선의 방도라고 믿으며 대중을 의도적으로 기만한다.

역사적 예수가 가장 증오한 것은 인간의 위선이었다. 예수는 인간세의 상찬과는 관계없는 내면의 은밀한, 나 실존의 하나님과의 소통만을 생각했다. 예수에게 하나님은 초월적 존재가 아니라, 은밀한 가운데 계시며, 은밀한 가운데 보시며, 은밀한 가운데 갚으시는 친근한 아버지와 같은 존재였다.

역사적 예수는 자기를 따르는 자들이 종교적이 되고자 하는 것을 가장 혐오했다. 금식해야 하나요? 기도는 어떻게 하면 좋을까요? 구제는 해야 하나요? 음식금기는 무엇을 지켜야 하오리이까?

마음에도 없는 짓을 하여 위선 속에 너희를 감추려 하지 말라! 싫어하는 것은 하지 않으면 그뿐이다. 모든 것은 하늘 앞에 드러나 있다.

감추인 것은 나타나지 않을 것이 없고, 덮인 것은 벗겨지지 않을 것이 없나니라!

종교는 의로운 행위다! 의로움이란 오직 은밀한 중에 계시고, 보시고, 갚으시는 하나님과의 은밀한 소통에서만 성립하는 것이다. 인간세의 상찬을 전제로 하지 않는다. 구제할 때에도 오른손이 하는 것을 왼손이 모르게 해야 한다.

기독교는 초월자에 대한 신앙 때문에 오늘까지 살아남은 것이 아니다. 그 "최초의 사건"인 "예수"가 어느 종교도 제시하지 못한 고매한 도덕기준을 인간세에 제시했기 때문이다. 고딕성당의 천정이 높은 것이 아니라 예수의 도덕실천의 기준이 높았다. 그래서 기독교가 끔찍한 죄악을 수없이 저질렀지만, 예수의 고매한 도덕률 때문에 그 권위를 유지할 수 있었던 것이다. 예수는 하나님을 가장한 인간의 위선을 가장 싫어했다.

7 사자를 먹어 삼켜라

¹예수께서 가라사대, "복되도다 사자여! 사람이 그대를 먹어삼키기에 그대는 사람이 되는도다. ²저주 있을진저 사람이여! 사자가 그대를 먹어 삼킬 것이니, 사자가 사람이 될 것이로다."

沃案 이 장을 언뜻 지나치는 한국의 독자들에게는 그 강렬한 메타

포와 비범한 상징성 때문에 과연 이런 언어가 무엇을 말하고 있는지 쉽게 이해가 가지 않는다. 나 자신도 이것을 이해하느라고 골머리를 썩혔다. 이것은 살아있는 예수의 은밀한 말씀이다. 그래서 반드시 해석되어야 하는 것이다. 해석의 과정 자체가 추구의 과정이며, 그 추구의 결과로써 우리는 발견을 하게 되지만, 발견의 순간 우리는 번민에 휩싸이게 된다. 그러나 번민에 휩싸이는 순간이 있어야만 경이로움을 느끼게 되고, 따라서 자기를 지배하고 제어할 수 있게 된다(Th.2. ※ 지금부터 "도마복음 2장"을 이렇게 표기함).

본 장의 언어를 푸는 열쇠는 이미 제2장의 예수말씀 속에 해답이 주어져 있다. **내가 나의 왕이 된다**라는 테마는 이미 "나라"라는 개념의 함의 속에 포함된다. 본 장의 의미도 "나라"와 관련된다. "나라"는 "다스림"이다. 다스림이란 "욕망의 제어"를 의미한다. 사자의 심볼리즘을 나는 플라톤의 『이상국가론』에서 찾았다. 참주정체적 인간을 묘사하는데 "사자*leōn*"가 등장하는 것이다. 그것은 에로스가 참주가 되어 한 사람 안에 거주하면서 그 혼魂의 모든 것을 조종하는 그런 인간의 한 유형이다(*Republic* 571c, 589a).

여기 사자는 주로 인간에 내재하는 정욕, 욕정, 특히 성적 갈망(sexual desire)을 상징한다. 인간의 욕정은 어느 순간, 나에게 사자처럼 달려든다. 이 순간 사자를 삼손처럼 맨주먹으로 찢어버리는 것으로는 부족하다. 곧바로 아가리를 크게 벌리고 씹어먹어 버려야 하는 것이다. 욕정의 극복이란 기실 달려드는 사자를 통채로 씹어먹어 버리는 것보다 더 어렵다. 예수는 말한다: "사람에게 먹힌 사자여! 그대는 복되도다! 그대는 사람이 되었기에."

사자가 사람에게 먹히면, 사자는 사람이 된다. 즉 욕정이 이성으로 고양되는 것이다. 여기까지는 해석에 별 문제가 없다. 그런데 다음 절은 그 반대의 정황이다. 사자가 사람을 먹는 것이다. 욕정이 이성을 잡아먹는 상황은 분명히 비극적인 상황이다. 그렇게 된다면 당연히 이제 사람이 사자가 되어야 한다. 사람이 사자를 먹어서, 사자가 사람으로 고양되었다면, 사자가 사람을 먹는 정황에서는 당연히 사람이 사자로 비하되어야 할 것이다. 그러나 옛사람의 표현양식이 정확한 논리적 대칭을 갖지 않을 수도 있다. 제2절의 "사자가 사람이 될 것이로다"(and the lion will become human.)는 결국 사람다운 사람은 사라지고 사자가 되어버린 사람만 남는다는 뜻으로 해석될 수밖에 없다.

주석가 스테반 데이비스는 말한다: "제2절은 무지와 악이 인간을 점령하여 인간을 인간이하로 변모시킨 그 무엇을 말하고 있다. The second clause speaks of ignorance and evil taking over a human being and turning a human into something less than human."(Stevan Davies, *The Gospel of Thomas* p.8).

인간의 죄악은 궁극적으로 모두 내 속에 있다. 예수는 당시 비방인들로부터 "게걸스러운 탐식가," "술주정뱅이"라는 소리를 들었다. 그만큼 자유분방한 식탁교제운동가였다. 예수의 외관은 이러할지 모르지만 그 내면의 자아는 끊임없이 사자를 삼켜 먹을 수 있는 절제의 인간이었다. 우리는 예수의 삶의 자세에서 무위진인無位眞人 임제臨濟의 할성喝聲을 듣는다.

8 큰 고기 한 마리와 슬기로운 어부

> ^{1}그리고 그께서 가라사대, "사람된 자는 슬기로운 어부와도 같도다. 그는 그의 그물을 바다에 던져 작은 고기가 가득찬 채로 바다로부터 끌어올리는도다. ^{2}그 가득한 고기 가운데서 슬기로운 어부는 잘생긴 큰 고기 한 마리를 발견하는도다. ^{3}그는 모든 작은 고기를 다시 바다 속으로 던져 버린다. 그리고 어려움 없이 그 큰 고기 한 마리를 가려 얻는다. ^{4}들을 귀가 있는 자들이여! 누구든지 들어라."

沃案 문장 자체가 어려운 내용은 없으나, 도대체 무엇을 말하려는지 그 대의를 파악하기가 어렵다. 우선 전체 말씀의 주어가 "예수"로 되어있지 않고 "그"로 되어있다. 예수의 말씀이라는 것은 분명하지만 "그"라는 말의 배경에는 나레이터가 전제되어 있다. 그리고 예수의 말씀 속의 주어는 "슬기로운 어부"이다. 슬기로운 어부는 보통사람이 아니라, "사람된 자"이다. 다시 말해서 "사람다운 사람"인 것이다. 어부는 각자覺者이며 예수의 말씀을 발견하는 왕자王者이다. 그의 행동양식은 어떠해야 하는가?

누가복음 5:1~7에 보면, 예수가 갈릴리바다의 게네사렛 지역에 있을 때, 시몬의 배에서 앉아 가르치시고 배를 깊은 데로 움직여 그물을 내리라 하는 장면이 있다. 그물을 내려 고기를 잡으라 명하시니 그물이 찢어질 정도로 고기가 많이 잡혔고, 그 고기를 두 배에 가득 채우니 배가 가라앉을 정도였다. 그러나 그 고기를 삶의 자리로 되돌린다는 발상은 전혀 없었다. 요한복음 21장에도 부활하신 예수가 시몬 베드로에게 그물을 끌어올리라 하니 거대한 고기가 일백 쉰 세 마리나 되었다. 이러한 이야기는 보통 4복음서를 읽는 신도들에게, 예수를 믿으면 복이 많이 들어온다, 배가 가라앉을 정도로 고기가 꽉 차듯이 집이 가라앉을 정도로 돈이 꽉 차게 된다는 믿음을 불러일으킨다. 예수는 복덩어리다!

그런데 여기 도마복음의 예수는 그러한 이미지를 가지고 있지 않다. 이 예수말씀 속에 과연 "에콜로지적인 배려ecological concern"가 있는지 없는지는 확언할 수 없으나, 이 어부(깨달은 자)의 지혜는 "얻음"에 있지 않고, "버림," "비움"에 있다는 것은 확실하다.

어부의 궁극적 관심은 배에 가득찬 작은 고기가 아니라, 그 고기들 사이에 가려져 있는 "잘생긴 고기 한 마리"이다. 어부는 그 잘생긴 고기를 발견하기 위하여 작은 고기들을 버려야 한다. 버리는 것도 죽이는 것이 아니라, 삶의 제자리로 환원시키는 것이다: "모든 작은 고기를 다시 바다 속으로 보낸다." 다시 말해서 구극적인 진리를 발견하기 위하여서는 일상적 "얻음"으로부터 벗어나야 한다. 그래야 큰 고기 한 마리를 얻게 되는 것이다.

우리는 신앙이든, 은혜든, 축복이든, 성령이든 모든 것을 "얻기만 하는" 기독교에 익숙해 있다. "버리는" 기독교를 배우지 못했다.

장자는 그물은 고기를 잡기 위한 것이므로 고기를 잡았으면 그 수단인 그물은 버려도 좋다고 말했다(筌者所以在魚, 得魚而忘筌。「외물外物」). 왕필王弼은 이 장자의 말을 『주역』풀이에 적용하여 "모든 형상(심볼리즘)은 뜻을 담기 위한 것이므로 그 뜻을 얻기만 한다면 그 형상은 잊어버려도 좋다. 象者, 所以在意。 得意而忘象。 『주역약례周易略例』「명상明象」"라고 했다.

왕필은 이러한 "잊음" "버림"의 논리로써 번쇄한 상수학의 장난을 싹 쓸어버렸다. 그리고 이러한 왕필의 사상은 불교가 중국에 안착하는 데 엄청난 도움을 주었다. 그리고 무소유의 윤리를 설파한 것이다. 한국의 기독교는 무소유와는 정반대의 "긁어모음의 축복"을 가르치는 종교가 되었다. 그러나 기독교의 원래 모습은 "버림"의 윤리를 중시했다는 것을 알 수 있다. 이것은 초대교회 이전의 예수운동, 홑겹의 두루마리를 걸치고 속옷도 없이, 신발도 없이, 전대도 차지 않고, 지팡이 하나에 의지하여 갈릴리의 풍진을 헤쳐가는 예수와 예수를 따르는 자들의 모습(막 6:7~9)을 반영하고 있을 것이다.

9 씨뿌리는 자의 비유

¹예수께서 가라사대, "보라! 씨 뿌리는 자는 나갔다. 한 줌의 씨를 손에 가득 쥐고 그것을 뿌렸다. ²더러는 길가에 떨어지매 새들이 와서 쪼아먹어 버렸고, ³더러는 바위 위에 떨어지매 땅속에 뿌리를 내리지 못해 이삭을 내지 못했고, ⁴더러는 가시떨기에 떨어지매 가시가 기운을 막았고 벌레가 삼켜버렸다. ⁵그리고 더러는 좋은 땅에 떨어지매 그것은 좋은 열매를 내었다. 그것은 육십 배, 그리고 백이십 배의 결실이 되었느니라."

沃案 예수는 입을 열면 다 비유라 말해도 좋을 정도로 비유설법을 많이 활용했다. 비유의 달인이었다. 그리고 비유설법의 내용이 대체로 역사적 예수, 이 지상에서 활동했던 예수의 역사적 체험과 관련 있다고 본다. 그러니까 오리지날한 그의 언어라고 보는 것이다. 비유라는 것을 정확히 규정하기가 애매하기 때문에 실상 그의 비유가 몇 개인지도 확언하기 힘들다. 비유라 규정된 것이 30개 정도 된다지만, 비유라 규정되지 않은 말씀까지 카운트하면 약 800개 정도가 된다고 사계의 연구자들이 말한다. 도마복음에는 14개의 비유가 나오는데 그 중 10개는 공관복음서에 들어있다.

예수의 비유설법 연구에 있어서 도마복음의 출현은 매우 혁명적인 계기를 마련하였다. 도마복음의 비유는 공관복음서의 비유와 비교해보면 모두 한결같이 비유담론의 가식 없는 원형을 제시하고

있다고 사계의 학자들은 입을 모은다. 그리고 도마의 비유담론이
정경에서 유래된 것이 아니라, 그 나름대로의 독자적인 전승의 소
산이며, 우리가 알고 있는 비유의 조형을 연구하는 새로운 문헌적
근거를 제시한다고 본다. 이 사실만으로도 도마복음은 4복음서보
다 이른 시기에 성립된 것임을 확인할 수 있다. 예수의 비유담론 중
에서도 이 "씨 뿌리는 자의 비유The Parable of the Sower"는 비유의
대명사라 할 정도로 잘 알려져 있는 대표적인 것이며, 마가(4:3~8),
마태(13:3~8), 누가(8:5~8) 3복음서에 다 나타난다. 그러니까 Q자료
가 아닌 공관자료(synoptic materials)에 속하는 것이다(세 공관복음에
공통으로 나타나는 자료). 이러한 대표적인 담화를 도마복음에서 발견
하게 되는 것은 도마가 얼마나 주의 깊게 역사적 예수를 전달하기
위하여 편집과 구성에 세심한 주의를 기울였는지도 가늠할 수 있게
한다.

마태, 마가, 누가 중에서 조형은 마가다. 그러므로 우리가 비교
할 대상은 마가와 도마가 된다. 마가의 씨 뿌리는 자의 비유와 도
마의 씨 뿌리는 자의 비유를 비교해보면, 우선 도마에는 "예수께
서 여러 가지를 비유로 가르치시었다.Jesus taught them many things in
parables"라고 하는 설명조의 도입부분이 없다. 다시 말해서 예수의
말씀을 객화시켜 "비유"라고 개념적으로 규정하는 언어가 개입하
지 않는다. 도마의 예수는 그냥 "말한다:" "보라! 씨 뿌리는 자는
나갔다 ……"

왜 마가는 애초부터 이것을 "비유"라고 규정했을까? 그 해답은
예수의 말씀이 끝난 후에 부가된 설명에서 명백해진다:

"이르시되 하나님 나라의 비밀을 너희에게는 주었으나 외인에게는 모든 것을 비유로 하나니, 이는 저희로 보기는 보아도 알지 못하며 듣기는 들어도 깨닫지 못하게 하여, 돌이켜 죄사함을 얻지 못하게 하려 함이니라"(막 4:11~12).

이 설명은 매우 졸렬하게 들린다. 브레데가 지적하는 "메시아 비밀"이 전제되어 있는 것이다. 초대교회 종말론적 집단의 폐쇄성을 전제로 하고 있는 것이다. 도마에는 이런 어거지 설명이 없다. 비유라는 것은 풍요로운 상상력을 도발하기 위한 대중적 수단이지, 특수집단에만 적용되는 폐쇄적 암호체계일 수 없다.

도마의 본 장 제3절에 "바위 위에 떨어지매"라는 구절이 있다. 마가는 이 구절을 "흙이 얇은 돌밭"으로 변형시켰다. 그러나 누가는 도마의 원문을 그대로 계승하고 있다. 그리고 누가는 마가의 설명부분(막 4:5~6. 흙이 깊지 아니하므로 곧 싹이 나오나 해가 돋은 후에 볕에 타서 말랐고)을 생략해 버렸는데, 이 생략된 부분은 도마에도 없다. 이러한 정황을 살펴보면 누가가 도마의 원형을 더 잘 보존하고 있는 것으로 사료된다.

마가자료에는, 예수가 타인을 배제하기 위하여 비밀스러운 암호로 말하였다고 제자들에게 말하면서, 그 암호를 푸는 설명이 붙어있다. 이러한 설명은 구차하기 그지없는 것이다. 예수가 자신의 비유방식을 스스로 해독하는 설교를 하는 것이다. 다시 말해서 초대교회의 사람들이 예수라는 그리스도를 자신들의 신념의 대변자로 활용하는 셈이다. 이러한 해독방식을 보통 알레고리화(allegoriaztion)라고 하는데, 예수의 비유 연구자들 사이에서 이미 이 알레고리화는 예수 자신의 언어일 수가 없는 저급한 설명방식이라고 평가되었던 것이다. 도마복음서가 출현하기 이전에 이미 그 어색함이 지적되었던 것이다.

"뿌리는 자는 말씀을 뿌리는 것이다."(막 4:14). 씨와 말씀이 개념적으로 대응된다.

"말씀이 길가에 뿌리웠다는 것은 사탄이 즉시 와서 저희에게 뿌리운 말씀을 빼앗는 것이다." 여기에는 이미 교회라는 공동체를 수용한 사람과 그 수용자를 박해하는 사탄Satan이 이원적으로 대립되고 있다. 결국 예수의 씨 뿌리는 자의 평화로운 비유가 사탄과의 대결이라는 긴박한 사태로 변질되고 있는 것이다.

"돌밭에 뿌리웠다는 것은, 그 속에 뿌리가 없어 잠깐 견디다가 말씀을 인하여 환난이나 핍박이 일어나는 때에는 곧 넘어지는 자를 비유한 것이다." 이것도 이미 요한계시록에서 말하는 묵시적 경고와 별 차이가 없다. 기독교공동체의 사람들에게는 환난과 핍박이 있게 마련이며, 이 환난과 핍박을 견디지 못하고 뿌리가 뽑히는 자들의 모습이 이러하다는 것이다. 즉 초기교회공동체에서 일어나는 변절이나 배반에 대한 경고가 들어있는 것이다.

"가시떨기에 뿌리우는 자는 세상의 염려와 재리의 유혹과 기타 욕망

이 들어와 말씀이 가리워 결실치 못하는 자다." 여기에도 하나님의 의로우심과 인욕人欲의 대립관계를 설정하는 바울신학적 해석이 들어와 있다.

 씨≡말씀, 길가≡사탄, 돌밭≡환난이나 핍박, 가시떨기≡욕망, 이와 같이 비유담론 속의 사항에 알레고리적 의미를 대응시키는 것은 비유의 원래적 풍요로움을 말살시키고 이념적 강요를 정당화시킨다. 더구나 개방적이고 풍요로운 비유를 말하는 예수 자신이, 자신의 비유를 이러한 알레고리로써 고착시킨다는 것은 넌센스 중의 넌센스이다.

 도마복음서에는 일체 이러한 알레고리적 해석이 명기되어 있질 않다. 이 사실이야말로 도마복음서가 복음서의 원형이라는 그 오리지날리티를 확보하는 것이다. 예수의 비유에 예수가 직접 주석을 달 수는 없는 것이다.

 씨 뿌리는 자의 비유는 과연 무엇을 말하고 있는 것일까? 우선 우리의 체험에서 보면 씨가 열악한 환경에 제멋대로 떨어진다는 사실이 몹시 이상하다. 우리 농사법에 의하면 밭을 먼저 갈아엎어 고랑을 내고 이랑 위에 정성스럽게 하나하나 씨를 심고 물을 주기 때문에, 길에 떨어지고, 바위 위에 떨어지고, 가시덤불에도 떨어진다는 말은 이해가 되질 않는다. 그런데『예수의 비유』라는 희대의 걸작 신학서를 낸 요아킴 예레미아스Jaochim Jeremias, 1900~1979(독일의 루터파 신학자. 라이프치히대학의 철학박사, 신학박사. 괴팅겐・튀빙겐대학에서 교수함)는 본인의 체험을 바탕으로 이러한 문제를 명쾌히 해석했다. 그의 신학자 아버지가 루터교회의 프로보스트(전체 책임자)로서 예루살렘에서 근무하는 바람에 예레미아스도 10살부터 18살까지 왕성한 소년기를 성서의 현장에서 보냈다. 그리고 예루살렘과 팔레스타인의 곳곳을 다니면서 그곳의 풍토와 생활관습을 몸에 익혔다. 이러한 특이한 체험이 독일신학계에 새로운 생명력을 불어넣어 주었다. 나의 은사 허혁 선생은 괴팅겐대학에서 예레미아스의 강의를 직접 들었고, 그의 역저『예수의 비유』(분도, 1974)를 우리말로 번역했다.

갈릴리는 화산지역이며 제주도와 같은 현무암지대이다. 대부분의 땅이 척박한 돌밭이다. 우리나라 황토흙밭의 농사방식과는 다르다. 팔레스타인 농사법은 밭을 갈고 씨를 뿌리는 방식이 아니라, 씨를 먼저 대충 뿌리고 난 후에 밭을 갈아엎는다는 것이다. 그러니까 길과 가시덤불과 돌과 밭이 구분이 안되는 야전에 대충 씨를 뿌리고 쇠스랑으로 대충 덮는 것이다(※ 씨가 흔한 종자에 해당되는 농사법일 것이다). 그래서 이와 같은 비유의 정당성이 생겨나는 것이다. 획일적 원인에 대하여 획일적 결과만 수반되는 농사가 아닌 것이다.

농부는 무심코 씨를 뿌린다. 길에도, 바위 위에도, 가시덤불 위에도, 좋은 땅에도. 이 네 가지 상황은 모두 인간의 상황이다. 물론 앞의 세 상황은 좌절의 상황이다. 마지막 한 번만이 성공의 상황이다. 그러나 인간의 문제는 어떠한 경우에도 좌절의 고뇌가 없이 성공이 보장되지 않는다. "아버지의 나라"는 좌절을 거치지 않고 곧바로 성공만 보장되는 그러한 인간상황이 아닌 것이다.

땅에 떨어진 씨를 새가 쪼아먹는다는 것은 아주 자연스러운 사태이다. 새가 악마일 수는 없다. 벌레가 먹든, 뿌리를 못 내리든, 그모든 것이 자연적 과정(natural process)이다. 바위에 떨어진 씨가 결실을 맺지 못하는 것도, 좋은 땅에 떨어진 씨가 풍요로운 수백 배의결실을 맺는 것도 모두 다 자연스러운 것이다. 하늘나라는 결국 자연의 순리를 따르는 삶의 과정이다. 계속 씨를 뿌린다. 좌절을 체험함으로써, 좋은 땅에서 결실을 얻는 기쁨을 맛보는 과정인 것이다. 우리는 실패와 좌절을 겸허하게 수용하면서 풍요로운 수확을 기다려야 한다.

하나님의 나라, 천국은 묵시나 계시를 통하여 오지 않는다. 신앙이란 피안의 세계에 있는 초월적 존재를 믿는 것이 아니라, 나의 씨뿌림의 체험을 통하여 성취되어가는 연속적 과정이며 기다림이다. 여기 모든 악조건 위에 뿌려지고 있는 씨야말로 "천국의 임재성"을 상징하고 있다. 이 모든 씨가 천국인 것이다. 모든 씨가 결국 자라나고 풍요로운 결실을 맺듯이 하나님의 나라는 이 땅에 임하고있는 것이다. 그 기다림의 인내가 우리 신앙의 본질이 되어야 하는것이다.

도마복음의 언어는 우리의 선입견이 배제된 그 언어 자체의 정합성 속에서 해석되어야 한다. 알레고리의 개입이 있어서는 아니된다.

10 나는 이 세상에 불을 던졌노라

> [1]예수께서 가라사대, "나는 이 세상에 불을 던졌노라. 그리고 보라! 나는 그 불이 활활 타오를 때까지 그 불을 지키노라."

沃案 도마복음은 풍요로운 메타포로 가득차 있다. 이 로기온자료는 문자 그대로 해석하면 된다. 의미의 꼬임이 별로 없다. 그러나 우리는 기독교에 대한 선입관 때문에 역사적 예수의 혁명적 정열, 그리고 그의 솔직한 심사를 읽어내지 못한다. 시대를 앞서간 우리의 혁명시인, 신동엽申東曄, 1930~1969은 죽기 얼마 전에 「서울」이라는 시를 썼다. 나는 그의 시의 세계 전체를 평론할 만큼 깊은 공부는 못했지만, 대학교시절부터 이 「서울」이라는 시를 읽을 때마다 가슴이 울렁거렸다. 반문명적 사유의 극치를 맛보는 짜릿함이 있었다.

초가을, 머리에 손가락 빗질하며
남산(南山)에 올랐다
팔각정(八角亭)에서 장안을 굽어보다가
갑자기 보리씨가 뿌리고 싶어졌다.
저 고층 건물을 갈아엎고
그 광활한 땅에 보리를 심으면
그 이랑이랑마다 얼마나 싱싱한
곡식들이 사시사철 물결칠 것이랴.

서울을 갈아엎어 그 광활한 땅에 보리를 심으면 그 이랑이랑마다 얼마나 싱싱한 생명의 푸른빛이 물결칠 것이냐! 여기 예수의 말씀은 신동엽의 전복적 심사와 크게 다름이 없다. 싹그리 불살라버리고 싶다는 예수의 말씀은 신동엽보다도 더 격렬하다. 내 책을 읽은 사람 중에는 도마복음은 외경이니 예수의 말이 아닐 것이라고 자신의 생각을 위로하는 경건한 사람들이 있을지도 모르겠다. 그러나 누가복음 12장 49절을 펴보라!

> **나는 불을 이 땅에 던지러 왔노라. 불이 이미 지펴졌다면 내가 무엇을 더 바라리오.**
> I came to cast fire upon the earth; and would that it were already kindled!

　49절의 뒷 구절이 개역판에 좀 애매하게 번역되어 있는데, 희랍어 원문을 직역하면, "그것이 이미 지펴졌기를 얼마나 내가 바랐는가!"의 뜻이 된다. 이것은 예수는 이 땅에 불을 지르러 왔는데, 불이 아직 붙지 않았다, 즉 불이 타오르지 않고 있다고 개탄하는 뜻이 된다. 성서주석가들이 누가복음의 이 구절을 온전하게 해석할 수가 없었다. 그런데 그 다음에 또 이런 말이 나온다(눅 12:50~51).

> **"나는 내가 받아야 할 세례가 있다. 내가 이 일을 다 겪어낼 때까지 나의 답답함이 어떠하겠느냐? 내가 세상에 화평을 주려고 온 줄로 아느냐? 내가 너희에게 이르노니, 아니라! 도리어 분쟁케 하려 함이로라."**

"화평을 주러 온 것이 아니라 분쟁케 하려 내가 왔다"는 예수의 로기온은 기독교인들 사이에서도 매우 자주 인용되는 말이다. 그런데 이 말의 진정한 의미는 해석이 제대로 될 길이 없다. 왜 예수가 화평의 예수가 아니라 분쟁의 예수인가? 분쟁과 싸움이라는 의미에는 궁극적으로, "재림의 심판"이라는 사태가 끼어들지 않을 수 없다. 종말론적인 언급인 것이다.

그리고 그 앞에 있는 "내가 받아야 할 세례가 있다"는 것도 해석이 어렵다. 그런데 여기 "세례"는 세례 요한의 오리지날한 죄사함의 희망적 메시지가 아니라, 이미 예수화된, 예수 실존의 문제화된, 예수의 독특한 비극적 고뇌를 나타낸다고 주석가들은 견해를 모은다. 즉 종말론적 맥락을 떠나지 않는다. 이것은 예수가 자신의 수난과 죽음과 부활을 예견하는 맥락에서 "세례"를 언급한 것으로 보는 것이다. 물속으로 들어가듯이, 자신의 고난과 죽음에 뛰어든다는 것을 "세례"라는 말로 표현한 것이다. 이것은 예수의 독특한 어법일 수도 있다.

이 세례의 종말론적 맥락에 따라 누가복음에 있는 "불"도 종말론적 심판(judgement)으로 해석되는 것이 일반적 주해방식이었다. 그렇다면 심판의 불을 이 세상에 던지러 온 권능자인 예수가 왜 "불이 지펴지기만 한다면 오죽 좋으랴!" 하고 발을 동동 구르고만 있단 말이냐! 이러한 문제가 명료하게 해석될 길이 없었다.

그런데 누가 12:49~53의 내용은 마태 10:34~39에도 나온다. 이것은 Q자료에 속하는 것이다. 마태에는 누가의 분쟁

(division=*diamerismon*)이 칼(sword=*machaira*)로 되어있다(※ 화평이 아니요, 칼을 주러 왔다). 그런데 재미있게도 마태자료에는 이 불에 관한 이야기가 생략되어 있다. 본시 Q자료에는 이 불에 관한 이야기가 있었다고 사료된다. 불에 관한 이야기는 큐복음서와 도마복음서에 공통된 자료였고 그것을 누가가 계승한 것이다.

자아! 이제 도마복음 10장을 살펴보자! 누가는 "불을 땅에 던지러 왔다"로 되어있다. 그러나 도마에는 "왔다"가 없다. "왔다"는 것은 "밖에서 이 세상으로 왔다"는 뜻이다. "심판"의 의미가 들어 있다. 그러나 도마에는 그런 말이 없다. 도마의 예수는 밖에서 온 이방인이 아니라, 이 땅에서 태어나 이 땅에 불을 지핀 한 인간의 이미지밖에는 없다.

"이 세상에서 태어나서 이 세상에 이미 불을 던졌다"이다. 현재완료형으로 되어있다. 불을 이미 붙인 것이다. 누가처럼 불이 안 붙었다고, 안 타오른다고, 발을 동동 구르는 그러한 모습이 없다. 민중 속에서 불을 던진 매우 상식적이고, 전문적이며, 조직을 수반한 혁명가의 모습이 부상된다.

그 불은 이 세계를 부정하는 심판의 불이 아니라, 생명의 불이요, 양심의 불이요, 어둠에 대한 "밝음의 불"이요, "촛불"의 불이다. 그 불을 받아들이는 사람들은 대형교회, 광신적 신흥교단의 사람들이 아니라 갈릴리 농촌의 소외당한 오클로스였다.

따라서 예수의 사명은 그 불이 타오를 수 있도록 그 불을 지키고 보호하는 일이었다. 일시에 세계를 초토화시키는 심판의 불이 아니라 작은 천국운동을 살리는 불씨였다. 그의 말씀이야말로 그가 던지는 불씨였다. 우리는 민중의 말씀이 이 세계를 변혁시킬 수 있다는 그 현실의 추이를 지켜보았다. 그것은 조선민중의 민주적 역량의 거대자산이 되었다. 도마복음 82장에는 이런 말이 있다: "누구든지 나와 가까이 있는 자는 불과 가까이 있는 것이니라."

전통적으로 누가 12:49의 말씀자료는 그 족보를 가늠할 수 없는 퍼즐이었다. 도마복음의 출현은 그 퍼즐에 명백한 해답을 주었다. 도마복음이 그 어느 자료보다도 더 오리지날한 자료라는 것은 두말할 나위도 없다.

11 하늘 위에 있는 저 하늘도 사라지리라

¹예수께서 가라사대, "이 하늘도 사라지리라. 그리고 이 하늘 위에 있는 저 하늘도 사라지리라. ²죽은 자들은 살아있지 아니하다. 그리고 살아있는 자들은 죽지 아니하리라. ³너희가 죽은 것을 먹던 그날에는 너희는 죽은 것을 살아있는 것으로 만들었도다. 너희가 빛 속에 거하게 되었을 때는 과연 너희는 무엇을 할 것이냐? ⁴너희가 하나였던 바로 그날에는 너희는 둘이 되었도다. 그러나 너희가 둘이 되었을 때 과연 너희는 무엇을 할 것이냐?"

沃案 언뜻 이 장을 대하면 또다시 오리무중에 들어가는 기분이 든

다. 무슨 중요한 통신에서 불현듯 채취한 암호를 풀어야 하는 임무를 떠맡은 것과도 같은 부담감을 느끼게 된다. 그러나 차분하게 앉아서 읽고 또 읽다 보면 그렇게 황당한 이야기도 아니다. 열 장을 통해 축적된 도마 예수에 대한 느낌만으로도 암호가 풀리게 되는 것이다.

페르시아문명권의 영향을 받은 메소포타미아·팔레스타인 지역의 사람들에게 공통된 세계관, 우주론의 특징은 하늘이 여러 층으로 되어있다는 것이다. 영지주의문서에도 하늘을 통과하는 영혼은 여러 층차의 하늘문을 패스해야 한다. 우리 동아시아문명권의 사람들은 천지코스몰로지(*T'ien-ti* Cosmology)의 우주론적 틀 속에서 하늘이나 땅이나 모두 음양일기陰陽一氣의 기능적 극極(Pole)이라 생각했기 때문에 미시적 코스몰로지가 개입할 여지가 없었다.

보통 중동문명권의 사람들은 하늘을 하나님의 거소居所(The dwelling place of God)라고 믿었고, 그곳은 여러 층차의 최고층이었다. 고린도후서 12:2에 보면 바울이 제3천(셋째 하늘The Third Heaven)에 붙들려 올라갔다 내려온 기독교인 한 명에 관한 이야기를 하는 대목이 있다. 보통 유대교전통 속에서도 하늘의 층차는 2층부터 10층까지 다양하게 언급되며, 제일 많이 언급되는 양태가 일곱 하늘이다(서방사람들은 "하늘"이라 말할 때 보통 복수를 쓴다). 아마도 바울은 제3천이 가장 높은 하늘이라 여겼던 것 같다.

제1절에 나오는 "이 하늘도 사라지리라! 이 하늘 위에 있는 저 하늘도 사라지리라!"라는 예수의 말씀은 쉽게 그냥 액면 그대로 해

석하면, 도마의 예수가 얼마나 미신적 세계관, 그리고 하나님의 "실체화reification"에 반감을 느끼고 있었나 하는 것을 말해준다. 그는 실체화된 하나님의 거소로서의 하늘은 사라져야 한다고 가르치고 있는 것이다. 역사적 예수의 혁신적 모습을 말해주고 있다. 마가복음 13장 31절에도 예수의 말씀 중에 이런 말이 있다:

"하늘과 땅은 사라지겠으나 내 말은 사라지지 아니하리라."

천지는 없어져도 리理는 없어지지 않는다는 주희朱熹의 말이 연상된다. 하늘과 땅의 물리적 영원성은 보장되는 그 무엇이 아니었다. 그것은 기氣의 집적태일 뿐이다. 보다 중요한 것은 "살아있는 인간"이었다. 제2절의 "죽은 자들은 살아있지 아니하다"의 주어 "죽은 자"는 물리적으로 죽은 자가 아니라, 앞서 말한 바대로, 죽음을 맛보는 자들이다. 다시 말해서 물리적으로 살아있다 해도 죽음을 먹고있는 자들, 살아있어도 생명의 맥박이 없는 자들이다. 이들은 살아있는 것이 아니다.

어제 길거리에서 우연히 큰 고전역서를 낸 어릴 때 친구를 만났는데, 반가워서 내가 이재명과 토론한 것을 보았냐 하니까 대뜸, 아무 생각 없이, 이재명은 윤석열보다 더 나쁜 놈이라고 지껄이는 것이다. 이재명이 한 일을 지적함이 없이 그냥 "윤석열보다 더 나쁜 놈"이라고 환상적으로 지껄이는 것이다. 지은 구체적 악업이 많은 윤석열을 "좋은 놈"이라 말할 수는 없으니 이제 윤석열은 빼버리고 이재명을 그 자리에 앉혀놓고 "더 나쁜 놈"이라고 말하는 것이다. 그는 허언의 파괴적인 개념을 먹으면서 자기 몸의 세포를 다 죽음으로 이끌고 있는 것이다. 그는 학문을 했다 하지만 살아있는 학문을 하지 않았다.

내가 즉시 호통을 쳤다: "생멸문과 진여문이 일심一心이라고 말하는 그대가 어찌 그런 망언을 일삼는가!" 그는 끽소리 못하고 낯빛을 가리웠다. 이제 독자들은 이 말을 쉽게 이해할 것이다: "죽은 자들은 살아있지 아니하다." 예수시대에도 아무 생각 없이 "이재명 나쁜 놈"이라 말하는 사람들이 많았던 것이다.

다음에 "살아있는 자들은 죽지 아니하리라"라고 한 말도 쉽게 이해가 갈 것이다. 여기 "살아있는 자들"은 끊임없이 마음의 문을 열고 말씀들의 해석을 발견하는 자들이다. "죽지 아니하리라"는 제1장의 "죽음을 맛보지 아니하리라"는 말의 다른 맥락적 표현이다. 진정으로 살아있는 자들은 죽지 아니한다. 그들이 추구한 생명의 말씀은 몸의 물리적 해체와 무관하게 진리로서 지속되는 것이다.

"너희가 죽은 것을 먹던 그날에는 너희는 죽은 것을 살아있는 것으로 만들었도다"는 제7장의 메타포, "복되도다 사자여! 사람이 그대를 먹어삼키기에 그대는 사람이 되는도다"의 해석에서 이미 논의된 것이다. 사자 같은 욕정을 삼켜 나의 생명의 에너지로 만드는 순간 나의 몸에서는 죽음이 삶으로 전환한다. 상향上向의 부활이 이루어지는 것이다. 어둠이 빛으로 화化하게 된다. 너희가 빛 속에 거하게 되었을 때 과연 너희는 무엇을 할 것이냐? 인간의 행동은 해탈 후가 더 큰 문제다!

유대교적 전통 속에서는 "우먼woman"은 "맨man"에서 분화된 존재이다. 하나 된 인간이 둘로 분화되면서 모든 인간의 비극이 발생했다. 아니마와 아니무스의 분열이 모든 인간 에로스의 원천이다. 우리는 하나 됨을 추구하지만 "둘 됨"의 세상이 참된 우리의 현실이다. 하늘과 땅이 분화되고, 빛과 어둠이 나뉘고, 남자와 여자가 분리되고, 선과 악이 대립하는 이 현실 속에서 우리는 살아가지 않을 수 없다. 천국, 해탈, 열반이란 이 현실의 부정이 아니다. 궁극적으로 우리는 "둘" 속에서 살아가야 한다. 그대는 땅을 밟고 있다. 예수는 묻는다: "너희가 둘이 되었을 때 과연 너희는 무엇을 할 것이냐?"

12 당신이 죽은 후에 누가 우리의 지도자가 되오리이까?

[1]따르는 자들이 예수께 말하였다: "당신이 언젠가 우리를 떠나리라는 것을 우리가 아나이다. 누가 우리의 지도자가 되오리이까?" [2]예수께서 그들에게 말씀하시었다: "너희가 어느 곳에 있든지, 너희는 의로운 자 야고보에게 갈 것이니라. 그를 위하여 하늘과 땅이 생겨났느니라."

沃案 제일 첫머리에 나오는 "따르는 자들"은 예수운동에서 쓰이던 보편적인 개념이며, 이미 제6장 첫머리에 나왔다. 실제로 "12제자"라는 개념은 예수생애에는 없었던 것으로 보인다. 12제자는 유대인 12지파를 상징하는 유대적인 개념이며 갈릴리 사람 예수에

게는 낯선 장치였다. 그냥 그를 가깝게 따르는 사람들이 있었을 뿐
이다. 대강 한 칠십 명 정도의 그룹이 있었던 것으로 사료된다(눅
10:1). 이들은 매우 소신 있는 무소유의 철학을 지닌 사람들이며 상
당히 고등한 식견의 소유자들인 것으로 보인다. 12제자라는 장치
는 마가와 같은 드라마작가들이 드라마적인 요소를 강화하기 위하
여 유앙겔리온 속에 도입한 것으로 보인다.

"당신이 언젠가 우리를 떠나리라는 것을 우리가 아나이다." 이
것은 공관복음서의 감각으로는 제자들의 종말론적 관심을 부과
한 언사로 해석될 것이다. 그러나 도마의 예수는 수난, 죽음, 부활
에 대한 예견을 비치지 않는다. 그에게 종말론적인 관심이 있다면
그것은 자아의 신성에 관한 통찰을 의미하는 것이라고 쾨스터는
말한다(※ Helmut Koester, 1926~2016. 불트만의 제자. 하바드대학 신학대학
Divinity School의 동량이 된 신약학교수. 내가 하바드대학에 수학할 때 강의하고
있었다. *Introduction to the New Testament* 2, p.153).

우리는 떠난다는 것은 종말론적 사건이 아니며, 자연적인 생사
별리에 관한 소박한 질문이다. 예수와 같은 강력한 카리스마의 주
축이 사라질 때 우리는 어떻게 해야 하냐고 따르는 자들(followers)
이 묻는 것이다. 이것은 지상에서의 현실적인 대처에 관한 것이다.
재림 따위의 공상적 얘기가 아닌 것이다.

"누가 우리의 지도자가 되오리이까?" 이에 대하여 예수는 "의로
운 자 야고보"에게 갈 것을 권유한다.

이것을 보면 예수가 죽은 후에 현실적으로 예루살렘교회의 주도

권을 야고보(예수의 형님 혹은 동생?)가 잡고 계승하고 있었던 것은 확실해 보인다.

AD 49년(혹은 AD 50년), 예루살렘공의회를 소집한 사람은 베드로가 아닌 야고보였다(행 15:13). 야고보는 예루살렘교회의 리더십을 장악했고, 그는 유대인정통주의를 고집하는 입장이었기 때문에 할례를 거부하는 바울과는 노선이 달랐다. 바울의 선교는 안티옥을 중심으로 야고보의 예루살렘 리더십과는 별도로 이루어진 것이다. 여기 도마복음에 야고보가 예수의 말로서 언급된 것은 예수 생전의 상황이라기보다는, 예수 사후의 교단의 리더십문제와 관련된 어떤 인식구조가 예수의 말씀에 덮어씌워진 것으로 보인다. 도마는 야고보에게도 바울에게도 예속되지 않은 독자적인 운동그룹이었다. 이러한 문제에 관하여 쾨스터는 이렇게 말하고 있다:

> "도마복음서 제12장과 제13장에 나타난 도마와 야고보의 대비는 도마복음서의 저자가 야고보의 권위에 대항하여 도마전통의 권리를 보호하고 강화하려는 의도를 지닌 초기기독교 써클에 속한 사람이라는 추측을 가능케 한다. 단지 교권의 자질구레한 문제에 있어서는 야고보의 리더십을 부인하지 않는 것으로 보인다."(*Introduction to the New Testament* 2, pp.152~3).

유세비우스Eusebius of Caesarea, AD c.260~AD 339는 『교회사』에서 야고보에 관해 다음과 같이 보고하고 있다. 도마복음서에 "의로운 자"라고 말한 것의 의미를 알 수 있게 한다.

"우리의 스승의 동생인 야고보는 사도들의 교회의 리더십을 장악했다. 우리 스승의 시대로부터 오늘날까지 그는, 야고보라는 이름이 많았기 때문에 의로운 자 야고보라는 칭호로써 불리었다. 같은 성모의 자궁 속에서부터 그는 성스러웠다. 그는 술과 강한 음료를 먹지 않았고 고기도 먹지 않았다. 그는 머리에 면도날을 대지 않았고, 기름을 머리에 붓는 일도 없었다. 그는 목욕도 하지 않았다. 그는 양털을 입지 않았고 린넨을 입었기 때문에, 오직 그만이 지성소에 들어가는 것이 허락되었다. 그는 홀로 예루살렘성전에 들어가 항상 무릎 꿇고 중생들을 위하여 기도하였기 때문에 그의 무릎은 낙타가죽처럼 갈라 터졌다. 무릎 꿇고 사람들을 위하여 하나님께 기도하는 그의 모습은 어디서나 발견되었다. 이러한 특출난 의로운 성격 때문에 그는 의로운 자로 불리었고, 또 오블리아스라고 불리었는데 희랍어로 사람과 의義의 보호자라는 뜻이다"(2. 23. 4~7).

과연 예수는 그를 따르는 자들에게 내가 없을 때는 너희들은 의로운 자 야고보에게 가라고 권유하고 있는 것일까?

"누가 우리의 지도자가 되오리이까?"라는 질문 자체가 도마가 제시하는 예수상에서는 좀 동떨어진 저급한 수준의 질문이다. 예수가 말하는 천국운동에서는 천국의 도래는 인간의 깨우침, 예수의 말씀이 드러나는 진리의 체화에 의존하는 것이지, 예수를 대치하는 어떠한 외재적 카리스마를 요구하는 것이 아니다. 이러한 따르는 자들의 수준 낮은 질문에 대하여 예수는 "굳이 지도자를 원한다면 의로운 자 야고보에게 갈지어다"라고 말한 것에 지나지 않는다. 여기 야고보를 형용하는 "그를 위하여 하늘과 땅이 생겨났다"라는 말도 유대인 지혜문학에서 누구를 칭송할 때 쓰는 관용구적인 표현일 뿐이다.

주석가 발란타시스는 이러한 표현도 결코 야고보를 칭송하는 맥락에서 해석할 수 없다고 말한다. 제11장에서 "이 하늘도 사라지리라"라고 말한 맥락에서 보면 야고보를 위하여 하늘과 땅이 생겨났다는 표현 자체가 그는 사라질 뿐인 범용한 존재라는 어떤 부정적 맥락을 시사하고 있다는 것이다. 야고보에게 가라는 이야기는 외재적 리더십을 요구하는 낮은 차원의 사람들에게 발한 부차적 명제로 전락하고 만다.

13 내가 무엇과 같은지 말해 보라! 가이사랴 빌립보에서의 대화

¹예수께서 그의 따르는 자들에게 가라사대, "나를 무엇엔가 비교해보아라. 그리고 내가 무엇과 같은지 말해보라." ²시몬 베드로가 예수께 말하였다: "당신은 의로운 천사 같나이다." ³마태가 예수께 말하였다: "당신은 현명한 철학자 같나이다." ⁴도마가 예수께 말하였다: "스승님이시여! 제 입은 지금 당신이 무엇과 같은지 전혀 언표言表할 수 없나이다." ⁵예수께서 가라사대, "나는 그대의 스승도 아니로다. 그대는 내가 보살펴온, 부글부글 솟아오르는 광천샘으로부터 직접 많이 마셨기에 취하였도다." ⁶그리고 예수께서 도마만을 데리고 은밀한 곳으로 가시었다. 그리고 도마에게 세 마디 말씀을 전하였다. ⁷도마가 그의 친구들이 있는 곳으로 되돌아왔을 때에, 그들이 도마에게 물었다: "예수께서 너에게 무엇을 말씀하셨느뇨?" ⁸도마가 그들에게 대답하여 말하였다: "내가 예수께서 나에게 하신 말씀 중 하나만 너희에게 이야기해도, 너희들은 돌을 주워 나를 쳐죽이려고 할 것이다. 그리하면 너희 손에 있는 그 돌로부터 불길이 솟아 너희들을 삼켜버릴 것이다."

沃案 이 파편은 한국의 기독교인에게도 잘 알려져 있는 공관복음서 공통자료에 속한다(마 16:13~28, 막 8:27~38, 눅 9:18~27). 이 세 자료 중에서는 마가자료가 제일 오리지날한 자료라는 것은 쉽게 알

아차릴 수 있다. 마태의 자료는 베드로의 인가認可를 극적으로 강화하기 위하여 마가를 변형시킨 것이 분명하다. 나중에 로마에 베드로성당이 만들어지는 그 전거가 이 대화에 근거한 것이다. 가이사랴 빌립보Caesarea Phillippi라는 지명은 누가복음에는 나타나지 않는데, 마가와 마태에는 명료하게 기술되어 있다. 그러나 도마복음에는 매우 긴 대화를 수록하고 있음에도 불구하고 그 배경이 되는 지명은 나타나지 않는다. 대체로 마태가 마가자료를 충실히 계승하면서 확대하는 모양새를 갖추는데 비해, 누가는 도마에 친화성을 보인다. 누가는 도마계열의 자료를 본 것 같다.

『논어』의 열한번 째 편인 「선진」편의 제일 마지막 장을 보면, 공자와 그의 제자 4명과 대화하는 장면이 실려있는데, 도마복음 13장은 그 장면과 매우 유사한 구성과 성격을 깔고 있다. 앞서 말했지만, 예수를 따르는 자들(followers)이 반드시 12제자에 국한되지는 않는다. 그리고 보통 예수의 제자 중에서는 베드로가 으뜸가는 수제자로서 어필되는데 여기 도마복음서에서는 가장 천박하게 스승의 상을 그리는 좀 모자라는 인간으로 묘사되고 있다. 마가의 베드로는 "그리스도시니이다"라고 기독론적인 규정Christological definition을 가하는데, 마태의 베드로는 그 위에 "하나님의 아들"이라는 규정성을 보완하고 있다: "주는 그리스도시요, 살아계신 하나님의 아들이시니이다."

사실 예수가 살아있을 당시에는 "그리스도"라는 말은 통용되질 않았다. "기름부음을 받은 자"라는 의미가 전달되지 않았다. 여기 공관복음서의 로기온은 예수사후에 초대교회에서 베드로의 우위가 확보된 후에 베드로파에서 만들어진 파편임이 분명하다.

그러나 도마복음에는 그러한 초대교회의 압력이나 패거리의식이 없다. 시몬 베드로가 맨 처음에 말하는데, 예수는 "의로운 천사" 같다고 말한다. 좀 멍청한 대답이다. 메이어는 천사 대신 "메신저 messenger"라는 표현을 썼다. 그리고 다음에는 마태가 예수께 말한다: "당신은 현명한 철학자 같나이다." 여기 쓰인 단어 "철학자"는 오늘 우리가 쓰는 "필로소퍼philosopher"와 동일한 단어이다. "지혜를 사랑한 사람"이다. 당시 예수는 보통사람들에게 "의로운 천사," "의로운 메신저," "지혜를 사랑하는 사람" 정도로 인식되었다는 것을 알 수 있다.

마가복음에서는 이 로기온의 동일한 서막부분에서 "세례 요한류의 사람," "엘리야," 혹은 "선지자 중의 하나"라는 예수상이 나열되고 있다. 이 범용의 판단을 깨는 그 유명한 말이 바로 베드로의 고백이다: "주는 그리스도시니이다. You are the Christ."

그런데 도마복음에서 베드로는 맨 먼저 멍청한 대답을 해버렸으니, 다시 끼어들 수 없다. 마가·마태복음에서는 베드로는 그리스도 고백을 통하여 인류사에 아무도 넘나볼 수 없는 지고한 제자의 자리를 선점하였다. 도마에서는 베드로의 자리가 없다. 그리고 그리스도고백이 이루어져야 할 아무런 계파적 압박이나 종말론적 분위기가 깔려있지 아니하다. 이때 등장하는 캐릭터가 바로 "쌍둥이 도마"이다. 도마는 말한다:

"스승님이시여! 제 입은 지금 당신이 무엇 같은지 전혀 언표言
表할 수 없나이다."

여기 두 마디가 중요하다. "스승"은 제자를 전제로 한다. 스승과
제자 사이를 오가는 매체는 "말"이다. 언어를 통하여 문답이 성립
한다. 여기 "언표할 수 없다"는 표현은 콥트어를 직역하면 이러하
다: "당신이 누구와 비슷한지 말하는 것을 제 입이 견디지 못할 것
입니다."

예수는 이에 자신의 "스승됨"을 부정한다: "나는 그대의 스승도
아니로다." 언표될 수 없다는 것과 스승이 아니라는 것은 상통하는
의미가 있다.

여기 "도마"는 3인칭화 되어있다. 이 장의 도마는 나레이터가 아
니라, 예수드라마에 직접 참여하고 있는 캐릭터이다. 도마의 예수
인식은 여타 따르는 자들과는 차원이 다르다. 예수는 말한다: "그대
는 부글부글 솟아오르는 광천샘으로부터 직접 많이 마셨기에 취하
였도다." 이 말은 결코 부정적인 함의를 지니고 있지 않다. 그 샘은
예수가 보살펴온 샘이다. 도마가 언표할 수 없는 것은, 취했기 때문
이다. 도마의 취함은 예수의 말씀을 다이렉트하게 많이 마셨기 때문
이다. 도마는 예수의 말씀을 통하여 깨달음을 얻은 자이기 때문에
자신의 깨달음을 언어로 표현할 수 없는 것이다. 이것은 영지주의
나 신비주의의 황홀경이 아니다. 서구의 신학적 지성은 이 말이 노
자가 말하는 "도가도道可道, 비상도非常道"의 경지를 말한 것임을
깨닫지 못한다. 지금 이 담화는 "예수가 누구냐"는 규정성에 관한

것이다. 도를 도라고 말할 수 있다면 그 말하여진 도는 참다운 도일 수 없듯이, 예수를 예수라 말할 수 있다면 그 말하여진 예수는 참다운 예수가 아닌 것이다. 예수의 신적인 경지(divine realm)는 인간의 언어를 초월하는 것이다.

나그함마디 라이브러리에 들어있는 문헌인 『제8천과 제9천에 관한 담론』에는 이런 말이 있다:

> "모든 권능을 초월하는 권능의 시작을 나는 발견했노라. 그것은 시작도 없다. 나는 생명으로 부글부글 솟아오르는 샘을 본다. 나는 마음이로다. 나는 보아왔노라! 인간의 언어는 이것을 드러낼 수 없나니라. I have found the beginning of the power that is above all powers, the one that had no beginning. I see a fountain bubbling with life. I have said, my son, that I am Mind. I have seen! Language is not able to reveal that."(*NHLE*, pp.324~5).

제6절 이하는 결코 신비주의적 미스테리를 말하는 것이 아니다. 언어를 초월하는 경지를 나타내는 관용구적 표현들이다. 『바돌로매복음서*Gospel of Bartholomew*』 2:5에도 비슷한 표현이 있다. 진리를 묻는 제자들을 향해 마리아가 말한다:

> "나에게 이 신비에 관해 묻지 말라. 내가 그것을 말하기 시작하면, 나의 입으로 불길이 솟아 이 세상을 다 불사르리라. Ask me not concerning this mystery. If I begin to tell you, fire will issue forth out of my mouth and consume all the world."(*The Apocrypal New Testament*. tr. by M. R. James. Oxford, 1924. p.170).

언표될 수 없는 궁극적 진리에 대한 단절을 상징하는 표현들이다. 나는 이 대화가 이루어진 현장인 가이사랴 빌립보를 직접 가보았다. 백두산보다도 더 높은(해발 2,814m) 장엄한 헤르몬산의 물이 지하암반으로 숨어들었다가 이곳에서 콸콸 솟아오르는데 수량이 많고 청정하기 그지없다. 이스라엘에서는 물이 콸콸 쏟아지는 곳은 거의 구경하기 어려운데 이곳은 녹음방초가 우거지고 동굴 속에서도 물이 솟아나고 냇갈이 있고 여기저기 폭포가 있다. 이 물이 헤르몬강이 되었다가 요단강을 이루고 또 갈릴리호수로 들어갔다가 다시 요단강이 되어 사해에 이른다. "부글부글 솟아오르는 광천샘"이라는 말이 실감이 난다.

알렉산더대왕이 이 지역을 함락한 후, 이집트왕 프톨레미 3세와 셀레우코스왕조의 안티오쿠스 3세는 이 지역을 놓고 전쟁을 벌였다(BC 198). 승리자 안티오쿠스 3세는 갈릴리의 수원지이며, 고대로부터 중요한 카라반 루트의 휴식지인 이곳의 동굴을 그리스신화의 목동들의 신 판Pan에게 바치고 파네인Panein이라고 명명하였다. 그래서 이 부근 동네를 파니아스Paneas라고 부르게 되었다. 지금은 바니야스Banyas라고 부른다. 로마통치시절에 아우구스투스 황제가 이 땅을 헤롯 대왕에게 관할토록 했는데, 헤롯은 아우구스투스 황제에 보답하는 의미로 대리석으로 아름다운 아우구스투스 신전과 판 신전을 지었다. 과거의 찬란하게 아름다운 모습을 연상케 하는 유적이 지금도 남아있다. 이곳은 거대한 판 성황당인 셈인데 예수는 이곳에서 제자들과 대화를 나눈 것이다. 역사적 예수는 판 신전과 같은 토착신앙에 대해서도 타부가 없었던 것으로 보인다.

마가의 기술에 의하면, 예수는 두로, 시돈, 데가볼리 지방을 거쳐 갈릴리호수로 돌아왔다가, 다시 벳새다를 거쳐 가이사랴 빌립보로 갔다. 가이사랴 빌립보는 예수의 예루살렘여정의 기점이었다. 인간에 의한 "그리스도이심"의 최초의 고백이 이루어진 장소가 판신의 성황당이었던 것이다.

14 너희를 더럽히는 것은 너희 입으로부터 나오는 것이니라

¹예수께서 그들에게 가사라대, "너희가 금식禁食한다면, 너희는 너희 자신에게 죄를 자초自招하리라. ²그리고 너희가 기도한다면, 너희는 정죄定罪되리라. ³그리고 너희가 구제救濟한다면, 너희는 너희 영혼에 해악害惡을 끼치리라. ⁴너희가 어느 땅에 가든지, 한 시골동네를 거닐게 될 때에, 사람들이 너희를 영접하면, 그들이 대접하는 음식을 그대로 먹으라, 그리고 그들 가운데 있는 병자病者를 고쳐주어라. ⁵너희 입으로 들어가는 것은 너희를 더럽힐 수 없기 때문이다. 차라리 너희를 더럽히는 것은 너희 입으로부터 나오는 것이니라."

沃案 논란의 대상이 되기 쉬운 장이다. 공관복음서의 입장에서 보면 1절에서 3절은 금식·기도·구제에 관한 예수말씀이다. 그것은 마태 6:1~18에 나오고 있다. 4절은 예수운동의 사역자 파송 때의 당부말씀이며 Q자료에 속한다. 5절은 입으로 들어가는 것, 입에서

나오는 것에 관한 예수말씀으로서 마태 15장과 마가 7장에 있다.

Ⅰ	1~3절	금식·기도·구제에 관한 예수 말씀	마태 6:1~18
Ⅱ	4절	예수운동의 사역자 파송 때의 당부 말씀	Q30. 마태 10:8~12 누가 10:5~9
Ⅲ	5절	입으로 들어가는 것, 입에서 나오는 것에 관한 예수 말씀	마태 15:11~20 마가 7:15~23

  도마복음 연구자 중에는 이 14장에 대한 피상적 인식으로 인하여, 14장의 언어가 현행 공관복음서인 마태·마가·누가자료로부터 짜집기된 것처럼 말하는 사람도 있으나 문헌학적으로 그러한 생각은 쉽게 논파된다. 이 자료는 AD 50년 이전에 성립한 역사적 예수의 말씀전승이며, 공관복음서·Q자료에 선행하는 자료임이 분명하다. 그 역방향일 수는 없다. 우리는 공관복음서의 맥락에 의한 분할과 관계없이, 1·2·3부 전체를 토탈한 융합적 맥락에서 읽어야 한다. 도마복음서를 만든 도마공동체가 있다면 그 공동체의 강령 전체를 나타내는 언어일 것이다.

  하이델베르그대학의 교수이며, 성서신학에 사회사적 방법론을 도입한 게르트 타이쎈Gerd Theissen, 1943~ (본대학 박사, 코펜하겐대학 교수 역임)은 도마기독교의 특징을 "방랑자래디칼리즘

Wanderradikalismus"이라 표현했다. 패터슨Stephen J. Patterson은 도마 공동체 사람들의 행동패턴의 특징을 다음과 같이 표현했다:

1) **끊임없이 방랑과 홈리스**(Wandering and Homeless)
2) **가족인연을 끊음**(Cutting Family Ties)
3) **스스로 원하는 빈곤과 구걸**(Willful Poverty and Begging)
4) **경건과 순결을 상황적으로 인식**(Relativizing Piety and Purity)
5) **국가권력에 대한 비하**(The Deprecation of Officialdom)
6) **최소한의 조직**(Minimal Organization)
7) **여성제자의 존재**(Women Disciples in Thomas)

이러한 철학에 대한 총체적 비젼을 담은 로기온이 바로 14장의 언어라는 것이다.

1~3절은 마태복음 6:1~18의 말씀을 전제로 하여 읽어야 한다. 마태복음은 유대교의 전통적 미덕에 관하여 4가지를 제시했다: 1) 금식Fasting 2) 기도Prayer 3) 구제Alms 4) 음식금기Diet. 이 문제는 이미 제6장에서 제기되었다. 예수가 가장 싫어하는 것은 선행을 가장한 위선이다. 본 장에서 예수는 그러한 위선적 선행이 가져오는 해악을 곧바로 이야기한다.

3절과 4절 사이에 현행 복음서에는 단절이 있으나, 도마방랑자들은 대체적으로 치유의 능력이 있었기 때문에 치유자로서 시골동네를 갈 경우, 그곳에서 대처하는 윤리가 자연스럽게 접합되고 있다. 대접받는 음식을 분별심 없이 감사히 먹으라는 이야기는 현재도 소승불교 사회에서 통용되고 있는 윤리이다. 그러한 식사문제에 뒤이어 더러운 것은 "입으로부터 나오는 것"이라는 명제가 접합되는 것은 이 장의 내용이 하나의 정합적 윤리구조를 지닌 정체整體라는 것을 말해주는 것이다.

이 마지막 구절(제14장 5절)도 마가 7:15, 마태 15:11과 비교해보면, 도마의 명제가 훨씬 오리지날하다는 것을 알 수 있다. 도마에서는 더럽히다(to defile)의 목적이 제자들 "자신"이 되어있다. 그런데 마가·마태에서는 "타인"이 되어있다. "내가 말할 것이 나를 더럽힌다"고 하는 도마의 언어는 끊임없이 목회자 본인의 반성을 촉구하는 것이다. 마가·마태에서는 목회자 자신의 반성을 타인의 문제로 외재화시키고 있는 것이다. 그리고 먹은 것은 항문으로 다 빠져나가고 마음으로 들어가는 것이 아니며, 입에서 나오는 것은 마음에서 나오는 악한 생각이라는 구질구질한 해설을 첨가하고 있다. 이미 심신이원론적인 헬레니즘의 철학적 논설이 복음서기자들에 의하여 가필되었다는 것을 알 수 있다. 마치 그것이 예수 자신의 말인 것처럼. 결국 도마 14장은 네 가지 종교적 행위에 관하여 연속성을 지니는 가장 오리지날한 담론이라는 것을 알 수 있다. 도마와 공관복음서의 언어를 비교해보면 오리지날 도마가 어떻게 변형되어 공관복음서의 맥락으로 안착되는지 그 궤적을 추적할 수 있다.

15 여자에게서 태어나지 않은 자

> ¹예수께서 가라사대, "너희가 여자에게서 태어나지 않은 자를 볼 때에는 너희 얼굴을 땅에 대고 엎드려 그를 경배하라. 그이가 곧 너희 아버지니라."

沃案 이 장은 해석에 어려움이 없다. 있는 그대로 읽으면 된다. 그러나 "있는 그대로"가 실상 매우 어렵다. 우리는 예수의 말씀을 항상 초대교회의 기독론적(Christological) 의식 속에서 수용하고 의미규정을 내려왔기 때문이다. 역사적 예수 본인은 자신이 "그리스도," 즉 "메시아"라는 의식이 없다. 메시아는 하느님의 아들이어야 한다. 그러기 위해서는 인간의 인성을 초월하는 신성을 확보해야 한다. 신성은 "죽음과 부활"이라는 비자연인과적 사태를 통하여 드라마틱하게 예시된다. 이것이 초대교회 사람들의 믿음이었다. 역사적 예수 본인은 이러한 부활사건을 거부한다. 예수는 철저히 인간이었다(human, all too human).

여기 예수의 로기온에서 핵심적인 단어는 "여자에게서 태어나지 않은 자"이다. 즉 "여자의 자궁으로부터 생겨나지 않은 자"이다. 신성은 자궁으로부터 태어날 수 없다는 것이다. 자궁의 근거가 있는 한, "인간임"을 벗어날 수 없다.

예수는 왜 이런 말을 하고 있는가? 너희가 경배해야 할 대상은 하나님이다. 즉 하나님은 "여자에게서 태어나지 않은 자"이다. 왜 이 말을 하는 것일까? 경배의 대상은 여자에게서 태어난 인간일 수 없다는 것이다. 이것은 곧 역사적 예수 자신이 "나 예수는 인간이다," 즉 "나 예수는 여자가 낳았다"는 것을 선포하고 있는 것이다. 예수는 그를 따르는 자들에게 정직하게 자신의 아이덴티티를 천명하고 있는 것이다: "나는 경배의 대상이 아니다. 나는 여자에게서 태어난 자이다. 경배의 대상은 오직 아버지이실 뿐이다. 그는 여자에게서 태어나지 않은 자이다."

바울의 언어 속에서도 바울이 예수의 인성을 확고하게 인정하는 대목이 있다. 그의 서신 중에서 가장 저작성이 확실한 갈라디아서에 이런 말이 있다.

> **"때가 차매 하나님이 그 아들을 보내사 여자의 몸에서 나게 하시고, 율법 아래 나게 하신 것은 ⋯⋯"(갈 4:4).**

여기서 충격적인 것은 바울이 전혀 "동정녀 마리아의 신화"를 모르고 있다는 것이다. 그리고 "율법 아래 나게 하신 것은"이라는 것은 바울의 의식 속에서 예수는 유대인으로 태어났다는 것을 의미한다. 즉 예수는 여자의 자궁에서 정상적인 생리과정을 통하여 태어난 유대인이라는 사실을 바울이 확고하게 인정하고 있는 것이다. 역사적 예수는 갈릴리 사람이지, 바울이 생각하는 협애한 개념의 유대인이 아니었다. 바울은 이 언급을 하나님께서 당신의 아들을 우리에게 보내시었다는 신적인 맥락에서 하고 있지만 동시에 예수의 인성(humanity)과 신체성(physicality)을 확인하고 있는 것이다.

또한 "여자에게서 태어나지 않은 자"라는 도마복음의 문구와 겹치는 공관복음서의 문구를 고찰하지 않을 수 없다. 이 자료는 큐복음서에 속한다:

> **"내가 진실로 너희에게 말하노니 여자가 낳은 자 중에 세례 요한보다 더 큰 인물은 없도다. 그러나 하나님의 나라에서는 극히 작은 자라도 그 사람보다 크니라."** (마 11:11, 눅 7:28, Q24, Th.46 참고).

역사적 예수는 세례 요한의 제자임이 분명하다. 이미 프로토 복음이라 말할 수 있는 마가복음에서 예수의 공생애는 세례 요한으로부터 세례받는 것으로부터 시작한다. 예수의 천국운동은 세례 요한의 세례운동에서 계발을 받았다. 그리고 그 민중적 성격, 죄사함의 해방론적 성격이 예수사상의 기저가 되었다. "여자가 낳은 자 중에서 세례 요한보다 더 큰 이가 없다." 역사적 예수는 겸손하게 세례 요한의 위대성을 시인하고 있다. 세례운동을 통하여 요한은 선지자와 율법의 시대에 종언을 고한 것이다. 세례 요한은 자기보다도 더 큰 인물이라고 시인하고 있는 것이다.

그러나 세례 요한이 아무리 위대하다 할지라도 경배의 대상이 될 수는 없다. 물론 예수 본인도 경배의 대상이 아니다. 경배할 대상은 오직 "아버지"일 뿐이다. 아버지는 여자에게서 태어날 수 없는 존재이다. 도마복음의 사상체계에서는 요한복음의 수육受肉(incarnation, 말씀이 육신이 되어 우리 가운데 거한다. 요 1:14) 사상도 거부된다. 아버지는 물화(embodied)된 존재로서 국한되어질 수 없다.

"하나님의 나라에서는 극히 작은 자라도 저보다 크니라."라고 말한 것은 하나님의 나라가 진정으로 이 땅에 임하게 되면, 극히 보잘것없는 자라도 세례 요한보다 더 크다는 것이다. 곧 평등한 세상이 도래한다는 것이다. 온갖 차별과 분별이 사라지게 된다는 것이다. 예수는 자신을 포함하여 모든 인간이 아버지 앞에서 평등하다는 것을 가르친 사상가였다. 역사적 예수는 "하나님"이라는 표현보다 "아버지"라는 표현을 선호했다. "하나님"은 종족신 화化된 개념이다. "아버지"는 거창한 개념적 규정이 거부되는 무분별의 느낌이다.

"여자에게서 태어나지 않은 자"는 과연 무엇일까? 쉽게 생각해 보라! 나무 한 그루가 과연 여자의 자궁에서 태어났는가? 스스로 그러한 대자연의 존재가 모두 경배의 대상이다. 하나님 아버지는 네 안에 있고 동시에 네 밖에 있다. 제3장의 말씀을 다시 새겨보라! "진실로, 나라는 너희 안에 있고, 너희 밖에 있다."

나는 생각한다. 내가 역사적 예수의 말씀을 들었다면, 어린아이의 천진난만한 웃음 속에서, 봄철에 피어나는 나무의 움틈에서, 활짝 웃는 꽃송이에서, 풀 한 포기에서 여자에게서 태어나지 않은 하나님을 볼 것이다. 그리고 엎드려 경배하리라! 대한민국이 하늘나라를 맞이할 수 있도록!

16 홀로 서기, 가족과의 충돌

¹예수께서 가라사대, "아마도 사람들은 내가 이 세상에 평화를 던지러 온 줄로 생각할 것이다. ²그들은 내가 이 땅위에 충돌을 던지러 온 줄을 알지 못한다: 불과 칼과 싸움을 선사하노라. ³한집에 다섯이 있게 될 때, 셋은 둘에, 둘은 셋에, 아비는 아들에게, 아들은 아비에게 대항할 것이기 때문이니라. ⁴그리고 그들은 각기 홀로 서게 되리라."

沃案 이 장의 메시지는 기존의 복음서에 있는 로기온자료로서 꽤 잘 알려져 있다. 예수의 메시지로서는 매우 아이러니칼하고, 신랄하기 때문에 극우나 극좌의 정치성향을 가진 인간들에게 잘 회자된 예수의 말씀이다. Q복음서에 속하는 자료이며 마가에는 없지만 마태와 누가에 나타난다.

	마태복음 10:34~36
제16장과 관련된 자료들	누가복음 12:49~53
	도마복음 10장

한국에서도 개봉된 영화인데 『메리 크리스마스』(2005)라는 작품이 있다. 독일군이 점령한 프랑스 북부전선에서 100m도 안되는 거리를 두고 독일·프랑스·스코틀랜드 세 나라 군대간에 숨막히는

접전이 벌어진다. 젊은이들은 이 이유 없는 전쟁 속에서 크리스마스를 맞이하여 임시휴전을 선포하고 서로를 돕는다. 크리스마스가 지나고 이들은 더이상 상대방에게 총부리를 겨눌 수 없었다. 상층부에서는 이들을 모두 전출시키고 새로 주교를 부임시킨다. 이 스코틀랜드 주교는 새로 파견되어 온 병사들에게 마태의 구절을 읽는다: "내가 세상에 화평을 주러 온 줄로 생각치 말라. 화평이 아니라 검을 주러 왔노라!"

과연 기독교는 이 세상의 평화를 깨뜨리고 전쟁과 분쟁을 일으키기 위하여 존재하는 종교일까? 예수는 진실로 전쟁을 사랑하는 주전파 사상가일까? 윤석열파면사태에서 보여준, 극우이념을 자랑스럽게 표방하는 한국의 몇몇 교단의 행태는 이러한 예수의 말씀을 실천하는 것일까?

도마자료는 큐자료의 원형에 가까운 것으로 보인다. 그러니까 큐자료로서 보다 원형을 반영한다고 하는 누가자료가 도마자료에 더 근접하고 있다. 누가는 도마자료의 10장과 16장을 합성하고 있다. 그렇지만 누가는 동사형으로서 "주다"라는 셈족어의 용법을 사용하고 있는데 반하여, 오히려 마태는 "던지다*bállō*"라는 도마의 용법을 계승하고 있다. 여기서 우리는 마태, 누가, 큐, 도마 4텍스트 간의 다이내믹한 관계를 엿볼 수 있다.

가장 결정적인 차이는 도마자료의 총결론이자, 핵심적인 사상인 "홀로서다"라는 마지막 구절을 마태・누가가 빼버렸다는 것이다. 그들의 기독론적 케리그마에 부합되지 않기 때문이다. 화평이 아니라 분쟁, 검을 말하는 것은 종말론적 환난을 전제로 한 것이다.

이 장의 언어들은 앞서 타이쎈이 말한 "반데르라디칼리스무스 *Wanderradicalismus*"(극단적 방랑수행주의)의 윤리를 전제로 할 때 바르게 이해될 수 있는 것이다. 우리가 "스님"을 영어로 "monk"라 하는데, 이 영어표현은 후기 라틴어 "모나쿠스*monachus*"에서 온 말이며 이것은 희랍어 "모나코스*monakhos*"에 유래한다. 여기 본 장의 "홀로 선다"의 "홀로"는 "모나코스*monachos*"인데, 시리아어의 그리스어 번역으로 "혼자인 사람," "독신인 사람"을 뜻한다.

여기 "서다"라는 개념도 키에르케고르가 말하는 바 실존주의적 단독자의 모습에까지 이어지는 기나긴 수행승의 전승을 나타내고 있다. 도마복음에서 "서다"는 태초의, 본래 하나인 원융한 인간으로 실존한다는 뜻을 함축한다. 제4장의 "하나된 자"를 기억할 것이다.
여기 "홀로 서다"는 가족관계를 끊고 세속적 가치를 전도시키고 하나님 앞에 단독자로서 서있는 자를 말하는 것이다.

본 장의 언어는 홀로 방랑하는 자가 겪는 내면의 충돌을 말하고 있는 것이다. 이미 제1장에서 "해석의 발견"을 이야기하였고, 제2장에서 구함을 그치지 말 것을, 그리고 찾았을 때는 고통스러우리라는 것을 말했다. 이 고통은 주로 가정사와의 충돌을 내포하는 것이다. 결국 가정사에 집착 말고 홀로 서라는 것이다.

이 장은 결코 세속적인 주제인 전쟁과 평화를 말하는 것이 아니다. 내 마음의 평화는 가족관계에 집착하지 않을 때에 이루어진다는 것이다. 도마복음의 이해로부터 우리는 공관복음의 언어의 진의를 순조롭게 이해할 수 있는 것이다. 제3절의 "셋은 둘에, 둘은 셋에"는 감관의 대결로 보는 주석도 있다(Robert M. Grant). 둘은 안식眼識과 이식耳識으로 보고, 셋은 비식鼻識·설식舌識, 신식身識으로 보는 것이다. 그러나 평범한 맥락으로 따져보면 둘은 아버지와 엄마를, 셋은 아들과 딸과 며느리를 뜻하는 것으로 볼 수 있다.

17 눈이 보지 못한 것, 귀가 듣지 못한 것, 손이 만지지 못한 것

¹예수께서 가라사대, "나는 너희에게 여태 눈이 보지 못한 것, 귀가 듣지 못한 것, 손이 만지지 못한 것, 사람의 마음에 떠오르지 아니한 것을 주리라."

沃案 우리의 감각(sensation)을 초월한 것에 대한 인식이라는 문제가 나오면 서구의 사상가들은 그냥 신비주의(mysticism)라는 상표를 붙여버린다. 그러나 우리 동방인에게는 초감성적인 것은 감성에 내재하는 것이다. 인간의 인식은 외재적 충차를 갖지 아니한다. 신비는 내면의 초월일 뿐이다. 『노자도덕경』 제14장을 보라!

視之不見, 名曰夷; 聽之不聞, 名曰希; 搏之不得, 名曰微。此三者, 不可致詰, 故混而爲一。其上不皦, 其下不昧。繩繩不可名, 復歸於無物。是謂無狀之狀, 無物之象。是謂惚恍。

보아도 보이지 않는 것을 이름하여 이夷라 하고, 들어도 들리지 않는 것을 이름하여 희希라 하고, 만져도 만져지지 않는 것을 이름하여 미微라 한다. 이·희·미, 이 셋은 꼬치꼬치 캐물을 수 없다. 그러므로 뭉뚱그려 하나로 삼는다. 그 위는 밝지 아니하고, 그 아래는 어둡지 아니하다. 이어지고 또 이어지는데 이름할 수 없도다. 다시 물체 없는 데로 돌아가니, 이를 일컬어 모습 없는 모습이요, 물체 없는 형상이라 한다. 이를 일컬어 홀황惚恍하다 하도다.

  이 노자의 말은 놀라웁게도 예수의 말과 일치하고 있다. 볼 수 없는 것(the invisible), 들을 수 없는 것(the inaudible), 만질 수 없는 것(the itangible), 이 이夷, 희希, 미微 삼자는 논리적으로 꼬치꼬치 따져 규명할 수 없다는 노자의 말은, 예수에게는 눈으로 보지 못하는 것, 귀로 듣지 못하는 것, 손으로 만지지 못하는 것으로 나타나고 있다. 시각 → 청각 → 촉각의 순서마저 동일하다. 이것은 노자사상이 예수에게 어떤 루트를 통하여 전달되었다는 뜻이 아니라, 깨달은 사람들의 사유의 궁극에는 어떤 공통점이 있다는 것을 지적하는 것일 뿐이다. 노자는 우리의 인식체계가 모습 없는 모습(無狀之狀), 물체 없는 형상(無物之象)으로 돌아가는 것을 "황홀경"이라 표현했다. 예수도 그의 천국운동을 따르는 자들에게 황홀한 경지를 선사하겠다고 선포하고 있는 것이다. 붓다나 예수나 노자나 인간인식의 고양高揚이라는 면에서는 같은 경지를 말하고 있는 것이다.

  잠깐, 바울이 이러한 테마와 관련하여 언급한 대목을 살펴보자! 고린도전서 2:9에 이와 같은 말이 있다.

기록된 바, "하나님께서 자기를 사랑하는 자들을 위하여 예비하신 모든 것은 눈으로 보지 못하고, 귀로도 듣지 못하고, 사람의 마음으로도 생각지 못하였다"함과 같으니라.

여기 바울이 "기록된 바"라고 하여 인용한 이 구절은 성경에 존재하지 않는다. 바울은 4복음서가 쓰여지기 이전에 죽은 사람이다. 고린도전서는 AD 54~55년경에 쓰여졌다(Bornkamm, *Paul*, p.241). 그렇다면 이 인용구는 AD 55년 이전에 어떠한 방식으로든지 성문화되어 있었다는 얘기가 된다. 바울의 메시지는 4복음서와 직접적인 관련이 없다. 이사야 64:3에 비슷한 얘기가 있으나 그 의미맥락이 전혀 다르다. 바울의 이 인용문은 도마복음서에 기초하고 있다고 보아야 한다는 것이, 나그함마디 라이브러리의 출현 초기로부터 가장 많은 연구를 감행한 사계의 권위, 로빈슨 교수James M. Robinson, 1924~2016(클레어몬트대학원대학 명예교수, 지저스 세미나의 주축멤버, Q복음서·나그함마디 문서에 관하여 전위적인 연구를 감행, 사계의 권위가 되었다)의 주장이다(*The Fifth Gospel*, p.108). 도마복음서의 직접 인용이 아닐지라도 도마복음서의 자료가 된 어떤 전승을 공유하고 있다고 말할 수밖에 없다.

서구신학계에서는 도마복음서의 연구가 진행될수록 도마복음서를 영지주의와 관련시키고 후대 2세기에 성립한 문헌으로 내려잡는다. 그 이유는 도마복음서의 언어의 경지가 너무 높고 조직적이어서 1세기 전반에 그러한 문헌이 성립했을 리 없다는 인상론적 주장이고, 또 기존 4복음서의 권위를 확보하기 위한 신앙론적 우려 때문에 도마복음이 4복음서의 가치를 능가하는 예수말씀의 원형이라는 주장을 받아들일 수 없기 때문이다. 그리고 마지막으로 도마복음의 언어를 분해하려면 그 언어를 총체적·융합적 가치 속에서 편견 없이 다원적으로 분석하는 동·서 개방적 인식의 지평이 확보되어야 하는데 그러한 실력이 서구신학자들에게는 부족하기 때문이다. 안병무 선생과 같은 신학자가 도마복음의 연구를 수행했다고 하면 매우 명쾌한 결론에 도달했을 것이다.

큐복음서 제33장(마 13:16~17, 눅 10:23~24)에 나오는 예수의 말씀도 도마복음의 본 장과 관련이 있다:

> "지금 너희가 보고 있는 것을 보는 그 눈은 복되도다! 내가 너희에게 말하노니 많은 선지자와 임금이 너희가 지금 보는 바를 보고자 하였으되 보지 못하였으며, 너희가 지금 듣고 있는 바를 듣고자 하였으되 듣지 못하였으니라."

윤석열의 파면을 고대하며 밤을 지새우던 조선의 민중에게 고하노라!: 많은 이 땅의 선지자와 대통령이 지금 너희가 보는 바를 보고자 하였으되 보지 못하였도다! 이 땅에는 봄이 오고 있다! 새로운 지도자가 탄생하고 있다! 조선대륙에는 황홀이 찾아오고 있다. 우리나라의 타락한 기독교는 보이는 것에 집착하여 예배당만 크게 짓고 보이지 않는 것을 예수에게서 선물 받으려 하지 않는다! 깨어나라!

18 우리의 종말은 항상 시작에 있다

¹따르는 자들이 예수께 가로되, "우리의 종말이 어떻게
될 것인지 우리에게 말하여 주옵소서." ²예수께서 가라
사대, "너희가 시작을 발견하였느뇨? 그러하기 때문에
너희가 지금 종말을 구하고 있느뇨? 보아라! 시작이 있는
곳에 종말이 있을지니라. ³시작에 서있는 자여, 복되도다.
그이야말로 종말을 알 것이니, 그는 죽음을 맛보지 아니
하리라."

沃案 이 장도 피상적인 인식으로 인하여 종말론적 관점에서 해석
하기 마련이다. 그러나 도마에는 종말론이 없다. 종말과 무관하다.

20세기의 신학사조는 1세기의 초대교회의 모습에 대하여 오리
지날리티를 인정하고 그것이 기독교의 진정한 출발이라고 암암리
전제하여 왔다. 그리고 초대교회를 종말론적 회중으로서 규정짓고
있었다. 그러나 도마복음의 출현은 이러한 가설에 새로운 입각점
을 도입하게 만들었다. 원점을 거슬러 새로운 원점을 모색하지 않
을 수 없게 만들었던 것이다.

예수운동Jesus Movement은 기독교 이전의 사태이며, 기독교의 전
제들에 물들지 않은 원초적 성격의 사회운동이었다. 예수운동에
서 기독교에로의 전환에는 불과 3·40년의 시간개입이 있을 뿐이
지만, 그 시간 속에는 크게 보아 두 가지 왜곡된 설정이 있었다. 그

하나가 기독론(Christology)이고, 또 하나가 종말론(Eschatology)이다. 기독론은 메시아사상으로서 유대인 자체의 전통에 속하는 것이다. 그래서 유대인 혈통과 무관한 예수가 다윗의 후손으로 인지되고, 다윗이 태어난 베들레헴에서 태어나는 설화구조가 만들어진다.

그러나 종말론은 유대인 사상이 아니다. 유대인의 예언자 전통에서 "끝"은 현재적이며 현세적이다. 하나님의 심판은 오늘 현세의 부정적 사태에 대한 준엄한 심판이지 미래의 사라짐을 뜻하지 않는다. 종말론은 거개가 모두 조로아스터교(Zoroastrianism)에 근원하고 있다. 빛의 세력인 아후라 마즈다Ahura Mazdā와 어둠의 세력인 앙그라 마이뉴Angra Mainyu간의 우주적 대결로서 설정된 코스믹 드라마에서, 어둠의 세력의 종국적 멸망을 의미하는 시점을 시간의 종말로서 인지하는 사유는 구약의 세계에서는 오히려 생소한 것이다.

그러나 BC 587/586년의 솔로몬성전의 멸망, 바빌론유치 시대를 거치면서 페르시아문명의 사상이 유대인의 사유 속으로 깊게 침투하였고, 그 뒤 하스몬왕조(the Hasmonian Kings)의 문란한 통치에 대한 실망감, 로마제국의 지배, 그리고 AD 70년의 예루살렘멸망으로 종말론의 분위기는 가중되어만 갔다. 예수시대에 이미 기존해 있었던 쿰란공동체의 극심한 종말론적 성향을 고찰할 줄 안다면, 초대교회가 이러한 종말론적 분위기를 계승한 것, 바울이 선교의 동력으로 활용한 것은 너무도 당연한 시대적 요청이었다는 것을 깨닫게 된다. 그러나 종말론이란 허구적 망상이다.

종말을 묻는 제자의 질문에, 종말은 끝에 있는 것이 아니라, 시작에 있다고 설파하는 예수의 역설은 과연 무엇을 의미하는가?

공자의 사랑하는 제자 안회顔回가 죽었다. 안회의 장례를 치르고 난 직후에 자로가 공자에게 불쑥 묻는다: "죽음에 관하여 감히 여쭙고자 하옵니다敢問死." 이에 공자는 조용히 대답한다: "아직 삶도 다 모르는데, 어찌 죽음을 알겠느냐?未知生, 焉知死."

지금 여기 예수를 따르는 자들의 질문을 보면, 공자와 공자제자 간에 이루어진 문답과 차원이 다르지 않다. 따르는 자들이 물은 것은 우주의 종말이나, 시간의 끝, 대우주적 재앙의 사태를 물은 것이 아니다. 그것은 "우리의 종말"이다. 즉 살아있는 인간의 실존적 종말이다. 그것은 "죽음" 아닌 다른 거창한 것을 묻고 있지 않다.

예수는 말한다: "너희들이 나에게 너희들의 종말에 관해 묻고 있는 것인가? 그렇다면 너희들은 이미 너희들의 시작을 발견하였느뇨? 시작을 발견하였기 때문에 너희가 지금 종말을 구하고 있는 것인가?" 예수는 결코 "직선적 시간관linear time"에 사로잡힌 종말론자가 아니다. 끝(end)은 삶의 목표(end=goal)이며 그 목표는 오늘의 삶을 삶답게 만드는 가치의 원천이다. 미래의 끝을 이해한다는 것은 오늘에 존재하는 시작으로 회귀하는 것이다.

노자의 이희미夷希微 사유에 있어서도 "복귀어무물復歸於無物"(물체가 사라지는 무無에로 돌아간다)이라는 표현을 썼는데 노자가 말하는 "복귀어무물"도 결국 시작의 원융한 카오스로 돌아간다는 의미이다. "시작이 있는 곳에 종말이 있을지니라." 시작은 오리진의 원초이며 그 원초는 시간을 통하여 지속되는 것이다. 삶의 목적, 삶의 종말은 결국 나의 삶의 근원의 시작으로 돌아가는 것을 의미한다. 종말은 시간의 종료가 아니라, 나의 삶의 완성(consummation)을 의미하는 것이다.

공자가 죽음을 삶으로 이동시켰다면, 예수는 종말을 시작으로 이동시키고 있는 것이다. 예수는 도반들의 사유의 혁명을 요청하고 있는 것이다. 예수의 당대에 이미 천박한 종말론이 성행하고 있었을 것이다. 예수는 그러한 종말론의 종말을 선포하고 있는 것이다.

"시작에 선다"라는 말에서 "선다"의 오묘한 함의는 제16장에서 해설하였고, "죽음을 맛보지 아니하리라"라는 구절은 제1장에서 충분히 논의되었다.

19 존재하기 이전에 존재한 자, 파라다이스의 다섯 나무

¹예수께서 가라사대, "존재하기 이전에 존재한 자여, 복되도다. ²너희가 나의 따르는 자들이 되어 내 말을 듣는다면, 이 돌들도 너희를 섬기게 되리라. ³왜냐하면 너희를 위하여 파라다이스에 다섯 그루의 나무가 준비되어 있나니, 그 나무는 여름과 겨울에 따라 변하지도 아니하며, 그 잎사귀는 떨어지지도 아니하기 때문이다. ⁴그 나무들을 아는 자는 누구든지 죽음을 맛보지 아니하리라."

도마복음은 철저히 상식적이고 합리적인 사유에 기반하고 있지만 때로는 신화적 메타포를 사용하기도 한다. 본 장은 문자 그대로 해석하기가 난감하다. 지난至難의 수수께끼로 가득차 있는 느낌을 받는다. 114개의 로기온 파편이라는 것이 첫인상으로는 상당히 적은 분량이라고 느낄 수도 있지만 제대로 달라붙어 이해하려고 하면 방대한 말씀세계의 컬렉션이라는, 매우 압도적인 위용에 현기증을 느끼게 된다. 114개의 로기온은 결코 적은 분량이 아니다. 수집과정이 긴 시간에 걸쳐 이루어졌을 수도 있고, 짧은 시간에 기적적으로 모아진 것일 수도 있다. 수집의 주체가 개인일 수도 있고, 집단일 수도 있다. 하여튼 예수의 말씀의 전승은 다양한 루트를 통하여 보존되고 있었는데 이 도마의 컬렉션은 오리지날한 예수운동의 성격을 반영하고 있다는 것이 사계의 공통된 의견이다.

이 장은 신화적 코스몰로지의 어휘를 많이 사용하고 있는데, 우선 "존재하기 이전에 존재한 자"라는 표현이 상식적인 어휘로는 잘 이해되지 않는다.

창세기의 천지창조신화를 보면 창조는 두 겹으로 이루어졌다. 창세기 1:1부터 2:3까지에 걸친 제1차 창조가 있고, 2:4절부터 뒤로 이어지는 제2차 창조가 있다. 이것은 문헌들의 합성에서 생긴 중복일 수도 있지만 일반인들은 이것을 중복된 창조로 이해한다. 인간의 창조는 1차와 2차에 걸쳐 중복적으로 이루어지는데, 제1차 창조는 하나님의 모습대로 사람을 지어냈고, 여자와 남자도 다 온전하게 동시에 창조되었다. 그러니까 제1차 창조는 완벽한 창조였다.

그런데 제2차 창조는 불완전한 창조였다. 진흙으로 빚어 사람을 만들고 코에 입김을 불어넣었다. 이 아담은 에덴에서 살았는데 짝이 없어 적적한 것을 보고 갈빗대 하나를 뽑아 그것으로 여자를 만들었다. 제1차 창조에는 "아담"이라는 말도 없다. 흙과의 관련성이 없기 때문이다. 그러니까 "존재하기 이전에 존재한 자여, 복되도다!"라는 것은, 제2차의 불완전한 존재 이전의 제1차의 완전한 존재를 가리킨다고 사료된다. 인간이라는 존재는 불완전한 모습과 완전한 모습이 공재共在한다는 것이다. 그런데 완전한 존재가 되기를 희구한다는 것이다.

요한복음 1:14의 "말씀이 육신이 되어 우리 가운데 거하시매"라든가, 8:58의 "아브라함이 태어나기 전부터 내가 있었다"라든가 하는 것이 이렇게 겹으로 분열된 창조신화에서 유래되는 것이다.

존재−전−존재	로고스	본체
존재	코스모스	현상

이러한 세계관에 영지주의가 깔려있다고 말해도 구태여 부정할 이유는 없다. 고린도전서 15:44~49를 펴보면 바울도 "첫 사람 아담the first man Adam"과 "마지막 아담the last Adam"을 대비시키면서, 첫 사람 아담을 육의 인간이며 땅의 사람이라고 말한다. 그리고 마지막 아담 즉 부활한 인간을 영의 인간이며 하늘의 인간이라고 말한다. 도마의 존재−전−존재는 오히려 바울의 마지막 아담과 상통한다.

첫 사람 아담	코스모스	존재	육의 사람
마지막 아담	로고스	존재-전-존재	영의 사람

요한은 로고스를 예수에게만 국한시킨다. 그러나 도마의 예수는 그러한 가능성을 모든 인간에게 허용한다. 그래서 존재하기 이전에 존재한 자들이야말로 복되도다라고 말한 것이다.

로고스적인 가능성을 소유한 인간이 나를 따르는 자가 되어 내 말을 듣는다면(깨우친다면), 이 돌들도 너희를 섬기게 되리라. 즉 온전한 인간이 되면, 존재-전-존재가 되면, 인간과 돌 사이에 있는 모든 존재의 하이어라키가 사라진다는 것이다. 큐자료에 속하는 마태 3:9(눅 3:8)에도 "돌들을 가지고도 아브라함의 자손을 만들어 낼 수 있다"라는 식의 표현이 있고, 광야시험 장면에서도 사탄은 예수에게 "돌을 떡으로 만들라"고 유혹한다(마 4:3, 눅 4:3). 마태 7:9에는 "누가 아들이 떡을 달라는데 돌을 주겠는가?"라는 식의 표현이 나온다.

4복음서의 표현은 돌과 떡을 대비시키며 무생명적인 돌을 비하시킨다. 또 영에 대하여 육의 욕구인 떡조차도 부정적으로 보고 있다. 그러나 도마는 돌이야말로 떡이라고 하는 생명의 일체감을 암시하고 있다. 나는 매일 낙산에 올라 삼각산의 인수봉을 쳐다보면서 그것이 나의 숨(생명)의 일부라고 생각한다.

파라다이스의 다섯 그루의 나무라는 표현은 다양한 해석이 가능하다. 창세기 2:9에는 "야훼 하나님께서 보기좋고 맛있는 열매를 맺는 온갖 나무를 에덴의 땅에 돋아나게 하셨다"라고 했다. "파라다이스"라는 표현은 원래 페르시아말로서 "정원"의 뜻이다. 그 페르시아말이 셉츄아진트 번역자들을 통하여 에덴의 동산을 가리키는 말로서 유대문화권에 들어왔다.

신약에서는 지상의 정원이 아닌, 지상의 모든 죄악이 말소된 새로운 차원의 낙원을 의미한다. 예수는 같이 십자가에 못박힌 죄수에게, "오늘 네가 나와 함께 파라다이스에 있으리라. Truly, I say to you, today you will be with me in Paradise."(눅 23:43)고 말한다.

또 창세기 2장에 보면 에덴에서 강 하나가 흘러 나와 네 줄기로 갈라진다(비손, 기혼, 티그리스, 유프라테스). "파라다이스 다섯 그루의 나무"는 이 에덴의 본류와 네 줄기의 강들을 합친 다섯 강을 의미한다고 볼 수도 있다. 인간의 타락 이전의 에덴 상태로의 복귀를 말하고 있는 것이다. 도마에는 요한복음 로고스기독론의 선구적 사상이 깃들어 있다고 말할 수 있다. 그 역은 성립하지 않는다.

도마복음은 그 로고스를 모든 인간의 가능성으로서 개방시킨다. 길거리 돌멩이 하나도 신성으로서 바라볼 수 있는 인식체계가 없는 사람은 영원히 도마복음을 이해할 수 없다. 죽음을 맛보지 않는 사람이 될 수 없다.

20 겨자씨의 비유

> [1]따르는 자들이 예수께 가로되, "하늘나라가 어떠한지 우리에게 말하여 주소서." [2]그께서 그들에게 일러 가라 사대, "그것은 한 알의 겨자씨와 같도다. [3]겨자씨는 모든 씨 중에서 가장 작은 것이로되, [4]그것이 잘 갈아놓은 땅에 떨어지면 그것은 하나의 거대한 식물을 내니, 하늘의 새들을 위한 보금자리가 되나니라."

沃案 여기 도마복음에 나타나는 겨자씨의 비유는 씨뿌리는 자의 비유와 함께 예수의 비유로서 손꼽히는 대표적 비유담론에 속한다. 겨자씨의 비유는 우리가 서로 비교해볼 수 있는 텍스트가 5개가 있다. 마태·마가·누가·Q복음서·도마복음서에 이 비유가 다 들어있는 것이다. 마태와 누가의 자료는 Q에 속하는 것인데, 왜 마가를 공관자료로 간주하지 않고, 마태·누가와 별도의 자료로 나열하는 것인가? 이 경우, 마태·누가의 공통자료와 마가의 자료는 전혀 계보를 달리한다고 보기 때문이다. 마태·누가의 공통자료가 마가에서 유래하지 않았다는 것을 의미하는 것이다.

예를 들면, 마태·누가에 비해 마가는 더 장문長文이며, 마태·누가는 개인의 채마밭에 겨자씨를 심는 경작(horticulture)을 배경으로 하고 있는데 반해, 마가는 겨자씨 한 알이 그냥 땅에 떨어진 상황, 즉 야생의 상황을 전제로 하고 있다.

Ⅰ. 마태 13:31~32

또 비유를 베풀어 가라사대, "천국은 마치 사람이 자기 밭에 갖다 심은 겨자씨 한 알 같으니, 이는 모든 씨보다 작은 것이로되, 자란 후에는 나물보다 커서 나무가 되매 공중의 새들이 와서 그 가지에 깃들이느니라."

Ⅱ. 누가 13:18~19

그러므로 가라사대, "하나님의 나라가 무엇과 같을꼬? 내가 무엇으로 비할꼬? 마치 사람이 자기 채전에 갖다 심은 겨자씨 한 알 같으니, 자라 나무가 되어 공중의 새들이 그 가지에 깃들였느니라."

Ⅲ. 마가 4:30~32

또 가라사대, "우리가 하나님의 나라를 어떻게 비하며, 또 무슨 비유로 나타낼꼬? 겨자씨 한 알과 같으니 땅에 심길 때에는 땅 위의 모든 씨보다 작은 것이로되, 심긴 후에는 자라서 모든 나물보다 커지며 큰 가지를 내니, 공중의 새들이 그 그늘에 깃들일 만큼 되느니라."

이 세 개의 문장을 잘 비교해보면 누가가 가장 담박하며 오리지날하다는 느낌이 든다. 아무래도 수식이 없이 소박한 것이 오리지날에 속한다. 마가에서 유래하지 않은 큐복음자료의 경우, 항상 마태보다는 누가가 더 큐복음의 원형에 가깝다는 것이 정설이다.

이 경우, 누가에는 마가에 있는 최상급적 표현이 없다. "땅위의 모든 씨보다 작은 것"으로부터 "모든 나물보다 커지며"에 이르는 최상급적 표현이 누가에는 없다. "가장 작은 것"으로부터 "가장 큰 것"으로의 트랜스포메이션transformation이 누가에는 없는 것이다. 누가의 "자기 채전his garden"이 마태에는 "자기 밭his field"으로 되어 있으며, 누가에 없는 "나물shrub"이라는 중간단계가 마태에는 나타나고 있는 것이다. 이것은 마태 저자가 큐원형인 누가자료에다가 마가자료를 첨가하여 마태자료를 구성하였다는 매우 명백한 사실을 관찰할 수 있다. 마가에는 "땅에 심겨 짐→자람→나물→큰 가지"라고 표현됨으로써 트랜스포메이션의 과정이 상세히 적혀있다.

그런데 여기 "나물"은 채소가 아니라 주간主幹이 없이 여러 가지가 다발로 뻗어가는 관목灌木을 의미한다. 여기 "겨자씨"라는 것도 작은 씨의 상징으로 내세운 것인데, 겨자씨는 결코 작은 씨가 아니다. 포공영의 씨나, 질경이씨인 차전자車前子에 비하면 턱없이 큰 씨이다. 그리고 이런 초본의 씨가 관목으로 성장하여 또다시 전나무와 같은 교목으로 변화한다는 것도 식물의 생리체계에 맞지 않는 표현들이다. 성서에 나오는 큰 나무라 하면 대체로 이런 장면이 연상된다. 다니엘이 바빌론의 왕, 느부갓네살의 꿈을 해몽하는 장면에 다음과 같은 표현이 나온다.

> 왕의 보신 그 나무가 자라서 **견고하여지고** 그 높이는 하늘에 닿았으니 땅 끝에서도 보이겠고, 그 잎사귀는 아름답고 열매는 많아서 만민萬民의 식물食物이 될 만하고, 들짐승은 그 아래 거하

며 공중에 나는 새는 그 가지에 깃들이더라 하시오니, 왕이여! 이 나무는 곧 왕이시라. 이는 왕이 자라서 견고하여지고 창대彰大하사 하늘에 닿으시며 권세는 땅 끝까지 미치심이니이다(단 4:20~22).

에스겔Ezekiel에게 나타난 야훼의 예언에는 다음과 같은 표현이 있다.

나 주 야훼가 말하노라. 내가 또 백향목 꼭대기에서 높은 가지를 취하여 몸소 심으리라. 내가 그 높은 새 가지 끝에서 연한 가지를 꺾어 높고 빼어난 산에 심되 이스라엘 높은 산에 심으리니, 그 가지가 무성하고 열매를 맺어서 아름다운 백향목을 이룰 것이요, 각양 새가 그 아래 깃들이며 그 가지 그늘에 거할지라(겔 17:22~23).

결국 겨자씨의 트랜스포메이션이 지향하는 종국에는 레바논의 백향목의 이미지가 있었다는 것을 알 수 있다. 그것은 사실적 트랜스포메이션이라기보다는 심볼릭한 의미를 지니고 있다. 에스겔 31장에 나오는 야훼의 예언을 한번 살펴보자!

"너 사람아! 이집트 왕 파라오와 그 무리에게 일러라! 네 큰 위엄威嚴을 무엇에 비교할까? 가지가 멋지게 우거져 그늘이 좋고 키가 우뚝 솟아 꼭대기 가지는 구름을 뚫고 뻗은 레바논의 백향목만큼이나 크다고 할까?"(겔 31:2~3).

솔로몬은 레바논의 백향목으로 하나님의 성전을 지었다. 그래서 유대인들의 관념 속에는 백향목은 지상의 왕인 동시에 신적인 권위의 구현체였다. 따라서 공관복음서의 주석가들은, 공중의 새들이 그 그늘에 깃들일 만큼 거대한 나무야말로, 하나님의 나라의 구현이며, 세계수世界樹이며, 메시아왕국이며, 묵시문학적 나무(the great apocalyptic tree)라고 해설한다.

여기에 함축되어 있는 확실한 의미는 천국의 사소한 출발과 장대한 결실이다. 앞에 나온 "씨뿌리는 자의 비유"는 천국의 수평적 확산을 말하고 있지만 여기 "겨자씨의 비유"는 수직적 성장을 말하고 있다. "수직적 성장"이란 무엇을 의미하는가?

도마를 잘 살펴보면 이 비유는 따르는 자들의 질문으로부터 시작하고 있다. 따르는 자들이 예수에게 도대체 하늘나라가 어떠한 것인지, 어떻게 생겨먹은 것인지를 물었다는 것 자체가 예수는 천국운동가였다는 사실을 확인시켜주는 언급이다. 천국을 주축으로 하여 모든 운동을 진행시켰기 때문에 따르는 자들의 궁금증이 천국에 집중되어 있는 것이다. 예수는 따르는 자들의 질문에 대하여 "천국은 한 알의 겨자씨와 같도다"라고 말한다.

여기 겨자씨는 흑겨자인데, 학명이 브라씨카 니그라*Brassica nigra*라고 하는 것으로써 우리가 먹는 황갈색의 겨자와는 근본적으로 종이 다른 것이다. 흑겨자는 벌레나 이파리 병을 타지 않으며 악조건의 기후에도 자유롭게 번식한다. 이 종자는 거대한 평원에서 잡초로서 자유롭게 자라나지 않으면 안되는 종자인 것이다.

이러한 팔레스타인 야생겨자의 특성을 생각할 때, 예수의 비유는 본시 매우 상식적인 의미맥락에서 이루어진 메타포였을 것이다. 자기가 선포하는 천국운동의 잡초적 성격, 즉 아무 데나 씨를 던지기만 해도 무성하게 자라 평원을 휘덮고 만다는 대중운동적 신념을 말한 것이다. 보통 겨자씨의 비유는 천국운동이라는 사회적 맥락에서만 해석되어왔다. 천국운동의 작은 씨라도 뿌려만 놓으면 결국 레바논의 백향목이 우거지듯 거대한 결실을 맺고야 만다는 뜻으로 해석하여 온 것이다.

　그러나 도마복음을 잘 살펴보면 "그것이 잘 갈아놓은 땅에 떨어지면 ……"이라는 조건절이 붙어있는 것을 발견하게 된다. 사회적 확산만을 말한 것이 아니라, 인간의 정신내면에서 일어나는 정신의 고양, 아주 질적인 트랜스포메이션을 언급하고 있다는 것을 깨달을 수 있다. 초본→관목→교목에로의 질적 비약은 "잘 갈아놓은 땅"에서 일어나는 것이다.

　『장자』「소요유」편을 보면 곤鯤이라 이름하는 물고기가 새로 화化하여 9만 리 장천長天을 소요하는 장쾌한 이야기가 나온다. 그런데 이 곤은 물고기의 작은 어란 하나를 말하는 것이다. 이 마이크로코스모스의 어란이 대붕으로 화하여 우주를 소요하는 모습이 그려지고 있다. 날개짓을 한번 하면 3천 리의 물결이 일어나고, 떴다 하면 9만 리를 날아간다. 겨자씨에서 백향목으로의 트랜스포메이션이 "잘 갈아놓은 땅"을 전제로 한다는 것은 곤의 대붕화, 날개를 펴면 그 등이 몇천 리인지를 알 수 없는 그 거대한 새로의 트랜스포메이션과 상통한다고 말할 수 있다.

　그리고 도마복음은 백향목에 깃드는 새를 "공중의 새"라 말하지 않고 "하늘의 새"라고 말하고 있다. "하늘의 새"는 천국운동의 궁극적 의미를 상징하고 있다고 보아야 한다. 천국은 대붕의 소요와도 같은 인간정신의 도약을 전제로 하는 것이다. 초기기독교운동 연구의 대가인 크로쌍John Dominic Crossan은 도마자료는 마태·마가·누가자료보다 선행한 순결한 자료라는 것을 여러 각도의 치열한 연구를 통하여 입증하고 있다(*In Parables: The Challenge of the Historical Jesus*, Polebridge, 1992. pp.44~51).

　도마는 수평적 확산을 말한 소박한 예수의 말씀을 인간정신의 고양이라는 내면적 성격으로써 해석하였다. 공관복음서의 기자들은 도마의 내면적 성격에다가 바울의 부활론(썩을 것으로 심고 썩지 아니할 것으로 다시 살며 …… 육의 몸으로 심고 신령한 몸으로 다시 사나니 …… 고전 15:42~44)과 함께 종말론적 맥락을 첨가한 것으로 보인다.

21 옷을 벗어라, 이 세상을 경계하라, 익은 곡식을 추수하라!

¹마리아가 예수께 여쭈어 가로되, "당신의 따르는 자들이 어떠하오니이까?" ²예수께서 가라사대, "그들은 그들의 것이 아닌 밭에서 사는 아해들과 같도다. ³그 밭의 주인들이 올 때에, 그 주인들은 '우리의 밭을 우리에게 돌려다오'라고 말할 것이다. ⁴아해들은 주인들 앞에서 그들의 옷을, 주인들에게 밭을 돌려주기 위하여, 벗어버릴 것이다. 그리고 아해들은 그들의 밭을 주인들에게 돌려줄 것이다. ⁵이러한 연유로 내가 이르노니, 한 집의 주인이 한 도적이 오고 있다는 것을 안다면, 그 주인은 그 도적이 도착하기 이전에 방비태세에 있을 것이요, 그 도적이 그의 소유인 집을 뚫고 들어와 그의 물건을 훔쳐 내가지 못하도록 할 것이다. ⁶그렇다면 너희들이야말로 이 세상에 대하여 방비태세에 있으라. ⁷너희 자신들을 강건한 힘으로 무장하여, 도둑들이 너희에게 도달하는 길을 발견할 수 없도록 할 것이다. ⁸왜냐하면 너희가 기대하는 환난이 결국 닥치고야 말 것이기 때문이라. ⁹너희들 가운데 내 말을 이해하는 한 사람이 있기를 바라노라. ¹⁰곡식이 익었을 때가 되면, 곧 그 사람이 손에 낫을 들고 와서 그것을 추수하였나니라. ¹¹들을 귀가 있는 자들이여! 누구든지 들어라."

沃案 이 장은 4개의 독립된 파편이 합성된 텍스트라는 느낌을 준다.

I	제1절~4절	마리아와 예수의 대화 제자됨의 아이덴티티에 관하여
II	제5절~9절	도둑이야기 세상에 대한 경계
III	제10절	추수이야기
IV	제11절	참 뜻에 대한 경청과 이해 초기 기독교문헌의 관용구적 어법

여기 "마리아"는 예수 엄마 마리아가 아니고 예수의 최측근 친구로서 알려진 막달라 마리아Mary Magdalene이다. 보통 공관복음서에서 독자들이 받는 이미지는 막달라 마리아는 죄 많은 창녀로서 천박한 여인인데, 예수의 용서와 사랑을 받으며 측근에 있는 여인처럼 그려진다. 그러나 자세히 뜯어보면 그러한 이미지는 전적으로 무고誣告에 속한다. 문헌적 근거가 없다. 대체로 우리가 근거하는 텍스트는 누가 7:36~50인데, 그곳에도 "행실이 나쁜 여자"(공관), "죄인인 여자"(개역한글)라고만 했지, 그 여자가 막달라 마리아라는 것은 지칭함이 없다. 후기 성화에서도 머리카락이 무릎 위에까지 내려오는 여인은 막달라 마리아이다(머리카락으로 예수 발위에 떨어뜨린 눈물을 씻음).

"막달라 마리아"라는 뜻은 마리아가 막달라Magdala라는 도시에서 온 여인이라는 의미인데, 막달라는 갈릴리호수 북서코너의 해변의 도시인데 갈릴리바다 주변으로 있는 10개의 도시 중에서는 가장 큰 도시이다. 부촌이고 교양이 있는 문화도시이며 북방문화에 대해 개방적인 도시이다. 막달라 마리아는 이곳 부유한 가정에서 자라난 교양있는 여인이며 예수운동(Jesus Movement)에 재정적 지원을 아끼지 않은 예수의 인너써클이었다.

막달라 마리아를 창녀로 비하시킨 것은 후대 카톨릭에서 베드로의 사도정통성을 강조하기 위하여 상대적으로 스케이프 고트를 막달라 마리아에서 찾은 것이다.

그러나 요한복음만 해도 부활하신 예수를 가장 처음 만나는 유일한 단독자가 막달라 마리아였다(마가복음에는 막달라 마리아, 야고보의 어머니 마리아, 살로메, 세 여인이 언급된다. 16:1). 요한복음 20장에 나타나는 새벽 무덤 속에서 막달라 마리아와 예수의 상봉장면은 하나의 드라마로 볼 때에도 최상의 감동을 선사하는 장면이다. 마리아가 외치는 "라뽀니"라는 말은 연상할 때마다 눈물을 흘리지 않을 수 없는 짙은 감정의 축약태이다. 그 말 속에는 메시아에 대한 경외감, 뜻밖의 해후, 인간적 고백, 한 여인의 진심으로 사랑하는 대상에 대한 애정과 공경과 반가움이 다 스며있다. 하여튼 막달라 마리아는 예수써클 내에서는 큰 인물이었다.

도마복음에서 막달라 마리아의 위치는 확고하다. 막달라 마리아는 베드로의 사도정통성을 초월하는 주축으로 세워져 있는 것이다. 이러한 막달라 마리아의 이미지는 예수운동 써클 내에서는 여성의 지위가 높았다는 것을 말해준다. 그러나 초대교회가 로마 정통성으로 흡수되면서 남성중심의 가부장적 교회권위구조로 제도화되어 갔고 이러한 예수운동의 발랄함은 사도중심의 정통성으로 변질되어 갔다. 그래서 텍스트에서 막달라 마리아가 높은 포지션에 있는 것을 발견하면 그것을 "이단적 영지주의heterodoxical Gnostic Christianity 문헌"이라고 간주해버리고 마는 것이다.

여기 마리아의 질문은 예수를 따르는 자들(속칭 "제자들")의 아이덴티티에 관한 것이다. 다시 말해서 마리아는 예수에게 따르는 자들의 자질을 물어볼 수 있는 권위로운 인간이다. 예수는 마리아의 질문에 대해 따르는 자들을 객체화시켜 대답한다: "그들은 그들의 것이 아닌 밭에서 사는 아해들과 같다."

이것은 분명 "정신적 미숙함"을 말해주는 것이다. "자기의 것이 아닌 터전에서 사는 사람"이란 아무래도 불안한 상태의 사람들이다. 본래적인 자아가 아닌 비본래적인 자아의 상태 속에서 사는 사람들이다. 여기 4절의 주인에게 밭을 돌려준다는 것은 부정적인 의미맥락에서는 해석하기 어렵다. 긍정적으로 해석할 수 밖에 없다.

초기불교에서 말하는 "수행"이란 "해탈"을 위한 것이다. 욕망에서 해탈되고 세속적 부귀공명을 벗어버리는 것이다. "解"는 "풀 해"이고, "脫"은 "벗을 탈"이다. 도마복음에서 말하는 "옷"도 모든 분별과 차별의 근원이다. 발가벗으면 그러한 구별이 사라진다. 옷을 입는다는 것은 사회적 차등을 입는다는 것이다(Clothing signifies socialization. Valantasis, *The Gospel of Thomas*, p.93). 내 밭이 아닌 밭을 본래의 자리로 돌려놓는다는 것은 "옷을 벗는다"는 것이다.

제2부의 도둑이야기는, 앞의 제2장에서 "찾았을 때 너는 고통스러우리라"라는 말씀을 상기하는 것이 좋겠다. 결국 진리에 도달하는 것은 고통스러운 것이고, 고통스럽다는 것은 나의 실존을 구성하는 환경과의 마찰을 전제로 하고 있다.

제10절의 추수이야기는 마가에도 나온다: "열매가 익으면 곧 낫을 대나니, 이는 추수 때가 이르렀음이니라."(막 4:29). 마가복음의 "추수"는 "때가 이름"을 상징한다. 아무래도 그것은 종말론적 심판을 전제로 하고 있다는 느낌을 떨쳐버릴 수 없다. 그러나 도마복음에는 그러한 전제가 없다. 도마에서는 따르는 자들의 이해가 깊어지면 진정한 제자그룹으로 편입된다는 것을 상징하고 있다. 내면이 성숙한 인간들의 유대감 속에서 예수운동이 확산되어가는 모습을 그리고 있는 것이다.

22 네 속에서 둘이 하나가 될 때 너는 나라에 들리라

[1]예수께서 몇 아기들이 젖을 빨고 있는 것을 보시었다. [2]예수께서 그의 따르는 자들에게 이르시되, "이 젖을 빨고 있는 아기들이야말로 나라에 들어가는 자들과 같나니라." [3]그들이 예수께 가로되, "그리하면 우리는 아기로서만 나라에 들어갈 수 있겠삽나이까?" [4]예수께서 그들에게 일러 가라사대, "너희들이 둘을 하나로 만들 때, 그리고 너희들이 속을 겉과 같이 만들고, 또 겉을 속과 같이 만들고, 또 위를 아래와 같이 만들 때, [5]그리고 너희가 남자와 여자를 하나된 자로 만들어 남자가 남자 되지 아니하고 여자가 여자 되지 아니할 때, [6]그리고 너희가 눈 있는 자리에 눈을 만들고, 손 있는 자리에 손을 만들고, 발 있는 자리에 발을 만들고, 모습 있는 자리에 모습을 만들 때, [7]비로소 너희는 나라에 들어가게 되리라."

沃案 도마복음이 말하는 예수는 분열과 대립이 종식된 혼융한 카오스에 대한 동경이 있다. 아마도 그가 산 시대가 분열의 골이 너무 깊고, 로마식민지라는 비극적인 정치상황 속에서 우리나라 "내란세력"과도 같은 배신자가 너무도 많았기 때문이리라. 뿐만 아니라 바리새인, 사두개인, 예루살렘 하이어라키의 종교적 위선이 너무도 증오스러웠으리라.

도마복음을 읽으면 노자가 말하는 유무有無, 동출이이명同出而異

名(유와 무가 같은 데서 나와 이름을 달리했을 뿐이다)이 생각나고, 칼 구스타프 융이 말하는 아니마(남성 속의 여성성)와 아니무스(여성 속의 남성성)의 융합, 인간 본래의 원초성으로의 복귀가 생각난다. 복귀어무물復歸於無物(혼융한 무의 경지로 되돌아간다. 『노자도덕경』 14장)이 그것이다.

"여기 젖을 빤다"는 표현도 매우 적나라하다. 초기기독교 성화를 보면 마리아가 젖을 내밀고 아기 예수가 엄마 젖통을 만지작거리며 열심히 빨고 있는, 우리가 어릴 때 기찻간에서도 쉽게 볼 수 있는 그런 광경이 여실히 그려져 있다. 이것은 어떤 섹슈얼한 함의가 있는 것이 아니라 젖을 빨음으로써 새로운 몸을 획득하는 본질적인 성장의 의미를 지니고 있다. 젖을 빠는 아기들이야말로 나라(=천국)에 들어갈 수 있다.

천국과 아기들의 관계를 논한 구절은 공관복음서에도 있다:

> 사람들이 예수의 만져주심을 바라고 어린아이들을 데리고 오매 제자들이 꾸짖거늘, 예수께서 보시고 분히 여겨 이르시되, "어린아이들이 내게 오는 것을 용납하고 금하지 말라. 하나님의 나라가 이런 자의 것이니라. 내가 진실로 너희에게 이르노니, 누구든지 하나님의 나라를 어린아이와 같이 받아들이지 않는 자는 결단코 들어가지 못하리라" 하시고, 그 어린아이들을 안고 저희 위에 안수하시고 축복하시니라(막 10:13~16).

이 마가의 기사는 마태 19:13~15, 누가 18:15~17에도 나오고 있다. 누가는 마가를 충실히 베꼈고, 마태는 간결하게 축약하였다. 마가자료 중 15절은 원자료에 없는 것을 첨가한 것으로 보인다. 누가에는 마지막 안수와 축복의 기술이 없다. 그리고 이 기사의 병행구가 마가 9:36~27(내 이름으로 어린아이 하나를 영접하면 곧 나를 영접함이요, 누구든지 나를 영접하면 나를 영접함이 아니요 나를 보내신 이를 영접함이니라)에 나오고 있다(마 18:2~5, 눅 9:47~48).

이러한 기술에 전제되어 있는 어린이의 이미지는 어디까지나 천진무구한 순진한 마음이다. 그러나 도마의 "아기들"은 그러한 도덕적 순결의 대명사라기보다는 원초적 합일의 상징이다. 도마의 기술에는 그리스도적 권위도 배제되어 있다. 분별되기 이전의 무분별한 혼융의 상태로의 복귀를 곧 "아기와 같음"이라고 말하고 있다. "아기와 같음"은 곧 "천국에 들어감"이다. 분별의 의식이 나라에서는 허용되지 않는다.

"아기로 상징되는 새로운 몸"은 모든 둘을 하나로 만드는 몸이어야 한다. 양은 양으로서 실체화될 수 없으며, 음은 음으로서 실체화될 수 없다. 음이 곧 양이며, 양이 곧 음이다. 아니마와 아니무스는 일체一體 속에 혼재混在한다. 일음, 일양의 순환의 과정이 곧 도道이다(一陰一陽之謂道).

"남자와 여자를 하나된 자로 만들어"라는 표현에 있어서 "하나된 자a single one"는 자웅동체의 신화적 아담을 말하는 것이 아니다. 남자와 여자의 분별이 사라진 새로운 주체의 탄생을 지칭한다.

"눈 있는 자리에 눈을 만들고"라는 표현은 "눈 대신에 눈을 만들고”라고도 번역할 수 있다. 눈 대신에 눈을 만든다는 이야기는, 금욕적 수행의 과정을 통하여 기존의 눈이 사라지고 새로운 눈이 생겨나는 신체의 혁신을 상징한다. 새로운 눈, 새로운 손, 새로운 발을 거쳐, 최후에는 “새로운 모습”에 이르게 된다. 즉 나의 내면적 세계가 혁명된 새로운 자아상을 확립하게 되는 것이다. 그때 바로 우리는 “나라”에 들어가게 되는 것이다.

본 장의 내용은 제4장과 긴밀하게 연결되어 있다. 제6절의 “모습”은 83·84장에도 나온다. 남·여의 하나됨에 관하여 갈라디아서 3:28과 비교하기도 하지만 그 의미맥락은 전혀 다르다. 갈라디아서는 그리스도 안에서 남·여의 차등이 없다는 것을 말했을 뿐이다. 남·여의 원초적 융합을 말하지 않았다. 여기서 “하나된 자”는 노자가 말하는 “무명無名”이나 “박樸”을 연상하는 것이 그 원의에 잘 접근할 것이다.

23 하나된 자로 서라

> ¹예수께서 가라사대, “내가 너희를 택하리라. 천 명 가운데서 하나를, 만 명 가운데서 둘을. ²그리고 그들은 하나된 자로서 서있게 되리라.”

沃案 도마복음서에서 나타나는 각자覺者들의 모습은 기본적으로 고독한 실존이다. 깨달음이란 내면적 사태이기 때문에 집단적일

수 없다. 도마복음 속의 살아있는 예수의 말씀은 해석의 대상이며 발견의 대상이며 추구의 대상이다. 그것은 개인의 고독한 주체(the solitary subjectivity of an individual)를 전제로 하는 것이다.

그리고 많은 사람들 가운데 극히 소수만 선택되어 구원에 이르게 된다는 사상은 모든 종교에 기본적으로 깔려있는 정서이다. 지극한 경지를 말하면 필연적으로 비의성祕儀性을 배제할 수 없고, 비의성을 강조하는 것은 오의奧義를 깨닫는 자가 소수라는 전제가 있다. 마태 22:14를 보라.

청함을 받는 자는 많되 택함을 입은 자는 적으니라.

마태의 이 구절은 Q자료(69)인 "혼인잔치의 비유"에 부속된 언어이며 독립된 메시지를 전하는 말이 아니다. 혼인잔치의 비유는 마태 22:1~14와 누가 14:16~24에 실려있는데, 이 비유의 원형이 도마 64장에 실려있다. 누가가 도마를 베꼈고, 또 마태가 누가를 베끼는 과정에서 이 도마 23장의 사유가 스며들었다.

플라톤의 『파에도』에도 다음과 같은 구절이 있다.

사실상, 용기와 자기절제와 정직함, 그러니까 진실한 도덕성을 확립하게 만드는 것은 지혜이다. 쾌락이나 공포와 같은, 그따위 느낌이 있고 없고는 도덕과는 별 상관이 없다. 상대적인 감정적 가치에 기초한 도덕성의 체계라는 것은 단순히 환영에 불과한 것이다. 그 자체로서 진실성이나 건전성이라고는 아무것도 없는 철저히 세속적인 관념일 뿐이다. 진실한 도덕적

이상이라고 하는 것은 그것이 자기절제이든 정직이든 용기이든, 결국은 모든 세속적 감정으로부터의 정화를 의미한다. 그러니까 지혜라는 것 자체가 결국은 정화(purification)인 것이다.

대부분의 종교적 수행을 하는 자들은 이러한 경지로부터 멀리 떨어져 있지 않다. 그들의 이론의 배후에 깔린 은유적 의미는, 수행하지 아니하고 깨닫지 못한 채 다음 세상으로 들어간다는 것은 고통의 수렁에서 헤매게 된다는 것이며, 정화되고 해탈된 상태로 다음 세상에 도달한다는 것은 신들 사이에서 아름답게 산다는 것이다. 종교적 이니시에이션을 실천하는 자들은 다음과 같이 외친다: "바카스의 지팡이를 휘두르는 자는 많으나 진정으로 바카스신에게 헌신하는 자는 적다." 내 생각에는 신에게 헌신하는 자들이란 결국 정도正道 속에서 철학적 삶을 실천해온 자들이다. 나는 내 인생을 통하여 이들과 같이 하려고 나의 최선을 다했으며, 이 목표를 달성하기 위하여 하지 않은 일이 없다. 이러한 나의 포부가 정당했는지, 내가 과연 무엇인가를 성취했는지에 관하여서는 우리가 저 세상에 도달했을 때 신의 도움으로 확연하게 알 수 있을 것이다(*Phaedo*, 69b~d).

소크라테스의 입을 빌린 이러한 플라톤의 기술 속에서 우리는 헬라스시대의 종교적 성향의 일반적 분위기를 감지할 수 있다. 감정과 도덕의 대립, 정화와 해탈, 철학적 삶과 저승의 관계, 이 모든 주제들이 매우 일목요연하게 정리되어 있다. "바카스의 지팡이(나르테코스νάρθηκος)를 휘두르는 자는 많으나 진정으로 바카스신에게 헌신하는 자는 소수이다"라는 말은, 곧 본 장의 주제를 말해주는 동시에 도마복음서의 예수운동가들의 삶의 목표나 양태에 관해 많은 구체적 내용을 전해주고 있는 것이다.

"천 명 가운데서 하나를, 만 명 가운데서 둘을"이라는 표현은 구약의 언어에도 나타나는데 다자와 소수를 강조하는 데 쓰이는 일종의 정형구이다. 신명기 32:30에 "어떻게 혼자서 천 명을 몰아내고, 둘이서 만 명을 쫓아낼 수 있었으랴"라는 표현이 있고, 전도서 7:28~29에는 "일천 남자 중에서 하나를 얻었거니와 일천 여인 중에서는 하나도 얻지 못하였느니라. 나의 깨달은 것이 이것이라. 곧 하나님이 사람을 정직하게 지으셨으나 사람은 많은 꾀를 낸 것이니라"라고 되어 있다.

1785년 영국박물관에 의하여 구매된 아스큐 코우덱스(The Askew Codex) 콥틱문헌인 『피스티스 소피아*Pistis Sophia*』에도 막달라 마리아와 예수 사이에서 이루어지고 있는 대화 속에 비슷한 표현이 나온다.

> 마리아가 가로되, "주여! 누가 과연 이 세상에서 살면서 죄를 안 지을 수 있겠나이까? 모든 죄악으로부터 완벽하게 순결할 수 있겠나이까? 한 가지에 순결해도 다른 것에 순결치 못할 수 있지 않겠사옵나이까?"
> 구세주께서 대답하여 마리아에게 가로되, "내가 너에게 이르노니, 제1의 신비의 신비를 달성한 자로서, 천 명 가운데서 하

나를, 만 명 가운데서 둘을 발견할 수 있으리라"(Ch.134).

본 장에서 가장 문제가 되는 것은 "그들은 하나된 자로서 서있게 되리라"라는 제2절의 표현이다. 발란타시스 교수는 선택받은 소수들이 하나의 공통된 집단적 아이덴티티를 갖게 된다는 뜻으로 풀이했는데, 그것은 과도한 해석이다. "그들-하나"의 관계를 복수적 집단의 단수화로서 해석할 필요는 없다. "하나된 자"는 모든 대립이 초월된 무분별의 원융한 존재이다(4·22·106장). 이 세상의 가치와 타협하지 않는 고독한 실존(16·49·75장)으로서 "그들" 개인 모두에게 적용되는 독립개념적 술어로서 풀어야 마땅하다. 도마복음은 역시 집단보다는 개체의 내면에 강조점이 있다.

그리고 "서다"(to stand)는 16·18·28장에서 예시되고 있듯이 어떤 신적인 경지의 "당당함"을 나타내는 "섬"이다. 세속에 흔들리지 않는 확고한 실존의 자세를 나타낸다. 이 장의 의취意趣는 비의적祕儀的으로 해석되어서는 아니 된다. 선종의 각자覺者나 유교의 인자仁者는 도달키 어려운 것이기는 하나 철저히 비의성을 거부한다. 도마의 "하나된 자"도 그런 비의성 속에 갇혀있는 단독자로서 해석되어서는 아니 된다. 도마의 예수는 인성(humanity)이 곧 신성(divinity)이라는 생각을 가지고 있다(Elaine Pagels, *The Gnostic Gospels*, Phoenix, 2006, pp.131~132).

24 그것이 빛나지 아니하면 그것은 곧 어둠이니라

¹그의 따르는 자들이 가로되, "당신이 계신 곳을 우리에게 보여주소서. 우리가 그곳을 찾아야 하겠나이다." ²예수께서 저희에게 가라사대, "귀가 있는 자들이여! 누구든지 들어라. ³빛의 사람 속에는 반드시 빛이 있나니, 그 빛은 온 세상을 비추나니라. 그것이 빛나지 아니하면 그것은 곧 어둠이니라."

沃案 제자들의 추구는 예수가 있는 곳으로의 여행이다. 이것은 곧 그들 자신의 본래적 정체성을 찾아 나서는 영적 여행인 것이다. 이러한 여행에 대한 예수의 화두는 너 자신의 내면에 존재하는 빛 속에 곧 내가 있다고 하는 선포이다. 나의 존재의 자리는 곧 너희들 인간 속에 내재하는 빛이라는 것이다.

많은 사람들이 기독교 하면 아무 생각 없이 성악설을 떠올린다. 기독교가 원죄론(Original Sin)을 전제하고 있는 것처럼 생각한다. 그러나 예수는 원죄를 말한 적이 없다. 예수는 인간의 본성을 도덕적으로 규정하려는 생각이 근원적으로 없다. 기독교를 원죄론과 관련시키는 것은 바울의 신학에서 유래한 것이다. 바울은 아담의 원죄와 죄의 삯으로서의 사망을 예수의 죽음과 부활을 정당화하는 논리적 전제로서 사용하고 있다. 아담 한 사람의 죄로 인하여 인류 전체가 죄인이 되었다는 것이다. 그래서 죽을 수밖에 없는 흙의 인간이 되었다는 것이다. 마지막 아담인 예수 한 사람으로 인하여 우리는 하늘의 형상을 입게 되었다는 것이다. 우리는 아담의 죄에 대하여 죽음으로써 그리스도 안에서 영생을 획득한다는 것이다(로마서 5~7장, 고린도전서 15장 참조). 바울기독교에서는 십자가와 부활의 정당성을 위해서라도 원죄가 요청되는 것이다.

여기 "빛의 사람"이라는 예수의 말은 인간 그 자체를 빛으로 규정하려는 표현이다. 맹자가 인간의 본래적 도덕성을 전제하는 것과도 같다. "포스φῶς"라는 희랍어는 빛(light)과 사람(a man)을 동시에 의미할 수 있다. 이제 마태복음 5:14~16의 말씀이 새로운 시각에서 조명될 수 있을 것이다.

너희는 세상의 빛이라. 산 위에 있는 동네가 숨기우지 못할 것이요 사람이 등불을 켜서 됫박으로 덮어두지 아니하고 등경 위에 얹어 두나니, 이러므로 집안 모든 사람에게 비취느라. 이같이 너희 빛을 사람 앞에 비취게 하여 저희로 너희 착한 행실을 보고 하늘에 계신 너희 아버지께 영광을 돌리게 하라.

여기서도, 그러니까 공관복음서에서도 인간 존재가 빛으로 규정되고 있는 것이다. 그러나 제4복음서인 요한복음서 제1장은 예수를 로고스(말씀)로 규정하고, 그 말씀을 다시 빛으로 규정한다. 그리고 그 빛은 어둠인 세상(코스모스)과 대비된다: "참빛, 곧 세상에 와서 각 사람에게 비취는 빛이 있었나니……"(요 1:19). 이러한 논리의 문제점은 빛은 빛, 어둠은 어둠으로써만 실체화된다는 데 있다. 빛은 영원히 빛이며, 어둠은 영원히 어둠이다. 요한복음에서는 예수는 전적으로 빛이며, 세상은 전적으로 어둠이다. 본 장 3절에서 말하는 "그것이 빛나지 아니하면 그것은 곧 어둠이니라"와 같은 일음일양의 전환이란 있을 수 없다. 인간도 빛으로 규정되며 빛이 빛나지 아니하면(빛으로서의 실천을 하지 않으면) 곧 어둠이 되어버리고만다. 요한복음의 사상보다는 역시 도마복음의 구원관이 더 고차원적이다.

이 어두운 세상에 갇혀 사는 인간은 오직 자그마한 빛의 파편을 가지고 있을 뿐이다. 그 작은 빛의 파편을 어둠의 세계로부터 해방시킬 수 있는 자는 오직 전적인 빛, 예수일 뿐이다. 불트만의 요한복음강해도 이런 시각에서 쓰여졌다.

도마의 예수는 "나만이 빛이다"라고 말하지 않는다. 예수 자신과 주변의 예수말씀을 듣는 사람들 모두가 다같이 빛일 뿐이다. 그런데 빛이란 반드시 이 세상을 비추어야 한다. 온 세상을 다 비추어야 한다. 어둠이란 세상에 대한 고정적 규정이 아니다. 나의 내면으로부터 발하는 빛이 빛나기를 멈추는 상태일 뿐이다. 마지막 문장, "그것은 곧 어둠이니라"의 주어인 "그것"은 "빛의 사람"이다. 세상이 어두운 것이 아니라 사람이 어두운 것이다. 빛나는 사람들이 모여사는 세상은 곧 빛나는 세상이고, 어두운 사람들이 모여사는 세상은 곧 어두운 세상이다.

신약에 쓰인 "죄"에 해당되는 단어는 "하마르티아hamartia"인데 그것은 궁술에서 쓰이는 스포츠용어이며, 과녁을 빗나간다는 뜻이다. 죄는 고정된 실체가 아니라, 하나님의 영광을 찬양하기 위하여 스스로 세운 도덕적 목적에 미달하거나 어긋나는 상태일 뿐이다. "원죄"라는 개념은 성립하지 않는다. 이제 마태복음에 있는 말씀이 새롭게 들릴 수 있을 것이다.

> **눈은 몸의 등불이니, 그러므로 네 눈이 성하면 온몸이 밝을 것이요, 눈이 나쁘면 온몸이 어두울 것이니, 그러므로 네 안에 있는 빛이 어두우면 그 어두움이 얼마나 심하겠느뇨!**(마 6:22~23).

예수의 원래 사상은 예수 자신만을 인간의 길, 진리, 생명으로서 소외시켜 제시하는 것이 아니라, 길, 진리, 생명이 바로 우리 인간 개개인에게 내재하는 빛이라는 것을 선포하는 것이었다. 예수의 죽음을 AD 33년경으로 추론한다면 AD 30·40년대를 거쳐 바울 신학에 이르기까지, 그리고 바울신학의 영향을 받은 초대교회 종말론적 회중의 사상에 이르기까지의 변화는 지극히 폐쇄적이고 교조주의적·교회권위주의적인 것이었다. 도마복음서는 그러한 교조화 이전의 AD 30·40년대의 예수상을 우리에게 전해주고 있다.

오늘날 한국에서 도마복음을 대하는 태도는 "영지주의 문헌"이라는 터무니없는 낙인을 찍어놓고, 그것이 현행 4복음서의 원형을 소급해보게 만드는 조형적 텍스트라는 엄밀한 문헌학적 사실을 묵과하려고 노력한다. 프린스턴대학의 종교학 교수 엘렌 페이겔스의 말대로 도마복음이 몇 세기만 일찍 발굴되었더라면 그것이 밝히는 진실 때문에 도마복음은 화형에 처해졌을 것이다.

예수는 성악性惡을 말하지 않는다. 인간은 빛의 존재임을 말할 뿐이다. 빛과 어둠의 실체적 대비도 없다. 빛이 빛을 잃어가면 어둠이 찾아올 뿐이다. 예수의 원래적 사상의 내면에는 예수와 인간과 하나님의 동일성이 자리잡고 있다.

25 네 형제를 네 눈의 동자처럼 보호하라

¹예수께서 가라사대, "네 형제를 네 영혼과 같이 사랑하라. ²그 사람을 네 눈의 동자처럼 보호하라."

沃案 여기 "형제"라는 말은 콥트어로 단수로 표기되어 있다. 이 도마 예수의 말씀은 곧 기독교의 제일 계명으로 여겨져 온 "네 이웃을 네 몸과 같이 사랑하라"는 명제를 연상케 된다. 기독교는 이러한 명제 때문에 인간세에서 고등종교로서의 면모를 유지해온 것이다. 공관복음서에서 이 명제가 등장하는 전체 맥락을 다시 한번 살펴볼 필요가 있다.

²⁸서기관 중 한 사람이 저희의 변론하는 것을 듣고, 예수께서 대답 잘하시는 것을 보고 나아와 묻되, "모든 계명 중에 첫째가 무엇이니이까?" ²⁹예수께서 대답하시되, "첫째는 이것이니, 이스라엘아, 들으라! 주 곧 우리 하나님은 유일한 주시라. ³⁰네 마음을 다하고 목숨을 다하고 뜻을 다하고 힘을 다

하여 주 너의 하나님을 사랑하라 하신 것이요. [31]둘째는 이것이니, 네 이웃을 네 몸과 같이 사랑하라 하신 것이라. 이에서 더 큰 계명이 없느니라."

[32]서기관이 가로되, "선생님이여, 옳소이다. 하나님은 한 분이시오, 그 외에 다른 이가 없다 하신 말씀이 참이니이다. [33]또 마음을 다하고 지혜를 다하고 힘을 다하여 하나님을 사랑하는 것과 또 이웃을 제 몸과 같이 사랑하는 것이 통째로 드리는 모든 번제물과 기타 제물보다 나으니이다."

[34]예수께서 그 지혜 있게 대답함을 보시고 이르시되, "네가 하나님의 나라로부터 멀지 않도다" 하시니, 그 후에 감히 묻는 자가 없더라(막 12:28~34, 마 22:34~40, 눅 10:25~37).

유대교의 율법주의자들과 예수와의 변론적 마당이 설정되어 있는 이 단화短話는 기존의 신학계에서도 어떤 핵심적 예수의 로기온자료가 선행하였고, 그것이 확대되어 나간 것으로 분석되어 왔다. 우리는 도마복음서의 출현으로 그 프로토 자료의 성격을 규탐할 수 있게 된 것이다.

우선 첫째·둘째 계명이 다 예수 본인의 말씀이 아니고 구약의 인용이라는 사실이 묵과될 수 없다. 첫째는 신명기 6:4~5에서 왔다: "이스라엘아 들으라. 우리 하나님 야훼는 오직 하나인 야훼이시니, 너는 마음을 다하고 성품을 다하고 힘을 다하여 네 하나님 야훼를 사랑하라." 둘째는 레위기 19:18에서 왔다: "원수를 갚지 말며 동포를 원망하지 말며 네 이웃을 사랑하기를 네 몸과 같이 하라.

나는 야훼니라."

이 단화短話를 구약의 율법에 대한 유대교 율법사와 예수와의 이성적 합의로 해석하면 기독교는 설 자리가 없다. 신약이 결국 구약화되어 버리고 말 것이기 때문이다. 신명기는 야훼의 유일신임을 강조하고 율법의 근본정신이 하나님에 대한 사랑에 있다는 것을 강조한다. 레위기의 자료는 바빌론유치 이후에 예루살렘의 권위를 확립하고 이스라엘민족의 단합을 과시하기 위하여 편찬한 사제문서(P)에 속하는 것이다. 따라서 레위기에서 말하는 "이웃"은 유대인 동포에 한정된 말이다. 야훼의 유일성도 궁극적으로 유대인의 종족 신앙의 합리화일 뿐이다. 유대교의 문제는 보편주의의 결여에 있다.

따라서 예수의 말씀을 구약과 무관하게 해석할 수도 있으나 율법사(서기관)와의 논쟁적 성격이 깔려있으므로 구약의 출전을 배제하기 어렵다. 누가는 이 두 계명을 예수가 말하는 것이 아니라, 율법사가 스스로 토라를 인용하여 대답하고 그것을 예수가 시인하는 것으로 드라마의 구성을 바꾸어놓았다. 누가에는 첫째 계명과 둘째 계명의 분립分立이 없다. "이웃"이 과연 무엇을 뜻하는 것인가에 대한 율법사의 반문이 이어진다. 여기에 "선한 사마리아인"의 이야기가 예수의 대답으로서 진술된다. "이웃"의 개념을 종족적 한계로부터 탈출시켜야 한다는 누가복음서 저자의 신념이 드러나 있다. 누가는 국제적이다.

불트만은 그가 쓴 예수전, 『예수와 말씀Jesus and the Word』 속에

서 이 두 계명의 문제를 매우 심각하게 다루고 있다(제3장 7절 "사랑의
계명"). 내가 생각하기에, "모든 계명 중에 첫째"를 묻는데, 첫째, 둘
째로 나누어 대답한 것은 좀 이상하다. 텍스트의 전승에 왜곡이 있
는 것으로 생각된다. 그러나 불트만은 이웃에 대한 사랑이 신에 대
한 사랑에 종속되는 것으로 생각한다. 신사랑에 대한 정신에 따라
이웃사랑에 대한 정신도 결정되는 것이지, 이웃사랑을 통해 신사
랑이 결정되는 것이 아니라고 주장한다. 이웃사랑을 통해 신사랑
을 증명할 뿐이다. 이웃사랑은 신에 대한 절대적 복종의 증표라는
것이다. 불트만의 해석은 매우 하나님중심적이다. 그러나 보통 기
독교의 정신은 "네 이웃을 네 몸과 같이 사랑하라"는 정언명령에
있는 것으로 사료되는 것이다.

  도마에는 이웃사랑에 앞선 신사랑의 전제가 없다. "이웃"도 "형
제"라는 말로 그 외연이 축소되어 있다. 즉 예수운동에 참가하는
"형제"들간의 단합을 호소하는 공동체정신이 강조되어 있는 것이
다. 『히브리인 복음서』에도 이런 예수의 말씀이 있다: "너의 형제
를 사랑으로 돌볼 때만이 너는 기뻐할 자격이 있다."

  공관복음서에는 예수운동의 소박한 동지적 성격을 초대교회의
유대인 커뮤니티의 공동체적 성격으로 확대하기 위하여 신명기
와 레위기의 율법적 명제의 도입이 이루어졌고, 또다시 유대인 커
뮤니티의 당파적 폐쇄성을 타파하기 위하여 사마리아인의 무조건
적 베풂이 이웃사랑의 전범으로 제시되었다. 그리고 이 계명이 이
방선교의 보편주의적 명제로 해석되면서 "이웃사랑"이 신에 대한

사랑과 동일한 자격을 지니는 정언명령으로서 재해석된 것이다.

그러나 그 프로토 타입인 도마의 명제는 추구하는 도반끼리의 보호를 의미하는 것이었다. 거창한 보편적 행위가 아니었다. 이웃 사랑은 가까운 데서 출발하는 것이다. 예수운동에 가담한 방랑자들의 삶이 각박했음을 말해주는 말씀이기도 하다.

26 네 자신의 눈으로부터 들보를 빼라

¹예수께서 가라사대, "너는 네 형제의 눈 속에 있는 티는 보는도다. 그러나 너는 네 자신의 눈 속에 있는 들보는 보지 못하는도다. ²네 자신의 눈으로부터 들보를 빼낼 때에야 비로소 너는 밝히 보리니. 그제야 너의 형제의 눈으로부터 티를 빼줄 수 있으리라."

沃案 큐복음서에 나오는 핵심자료를 도마복음서에 발견하는 것은 경이롭고 즐거운 일이다. 초기예수운동으로부터 초기기독교가 형성되어간 루트를 명료하게 더듬어 볼 수 있기 때문이다.

여기 "너"는 콥트어로 단수형을 취하고 있으며, 따라서 구체적인 실존을 가리키고 있다. "너"는 예수 곁에서 예수운동에 참여한 도반들(followers)이다. 앞 25장에서 "이웃"이라는 개념이 "형제"라는 개념으로 그 외연이 축소되어 있는 사실을 지적했듯이 여기서도 "너 – 형제"의 관계는 작은 공동체 내의 관계정황이다. 그러니까 "너 – 형제"라는 관계설정은 예수운동에 참여하는 도반들 사이에서 일어난 문제에 대한 예수의 훈계임을 알 수 있다. 그리고 이 로기온은 개인의 실존적 문제이기보다는 예수운동 참여자들의 그룹 아이덴티티(corporate identity)에 관한 문제라는 것을 알 수 있다. 먼저 큐자료를 살펴보자!

(마 7:3~5) ³어찌하여 형제의 눈 속에 있는 티는 보고 네 눈 속에 있는 들보는 깨닫지 못하느냐? ⁴보라! 네 눈 속에 들보가 있는데 어찌하여 형제에게 말하기를 나로 네 눈 속에 있는 티를 빼게 하라 하겠느냐? ⁵외식하는 자여! 먼저 네 눈 속에서 들보를 빼어라. 그 후에야 밝히 보고, 형제의 눈 속에서 티를 빼리라.

(눅 6:41~42) ⁴¹어찌하여 형제의 눈 속에 있는 티는 보고 네 눈 속에 있는 들보는 깨닫지 못하느냐? ⁴²너는 네 눈 속에 있는 들보를 보지 못하면서 어찌하여 형제에게 말하기를, "형제여, 나로 네 눈 속에 있는 티를 빼게 하라" 할 수 있느냐? 외식하는 자여! 먼저 네 눈 속에서 들보를 빼라! 그 후에야 네가 밝히 보고, 형제의 눈 속에 있는 티를 빼리라.

마태, 누가에 들어있는, 자기 눈의 들보는 보지 못하면서 남의 눈의 티를 빼어주겠다는 호의를 베풀려고 하는 행위("나로 네 눈 속에 있는 티를 빼게 하라")에 관한 것은 문맥상 리던던트redundant(불필요하게 중복됨)한 것이다. 문맥을 잘 더듬어 보면 이 리던던트한 부분을 큐자료에서 도마가 빼내버리고 기술하였다고 보기는 어렵다. 오히려 도마자료에다가 큐의 기록자가 이 부분을 강조하기 위하여 첨가한 것으로 볼 수밖에 없다. 이런 측면에서도 도마자료가 큐자료보다 앞서는 원사료임은 분명해진다.

오늘날 기독교에 대한 인상은 열렬한 전도주의, 과도한 구세주의를 표방하는 것처럼 생각된다. 그러나 예수운동은 이러한 전도주의나 구세주의를 거부하고 있었다는 실상이 여기 드러나고 있는 것이다.

눈에 티가 있어도 시력에 별 지장이 없다. 그런데 공연히 남의 눈의 티를 제거한다고 달려들었다가, 그 눈에 말뚝을 박아 영원히 시력을 상실케 하는 많은 사례를 오늘 우리 주변의 신흥종교운동에서 목도하고 있다. 심지어 눈멀게 하면서 신도의 재산을 갈취하는 사례가 한둘이 아니다. 예수는 예수운동의 도반들에게 타인의 구원이 아닌 자기의 반성을 강렬하게 요구하고 있는 것이다. 길에 지나가는 수려한 여인의 얼굴을 더 이쁘게 해주겠다고 꼬여 결국 그 여인의 천연의 미모를 망쳐놓는 성형외과 뚜쟁이의 오류를 대부분의 종교운동가들이 범하고 있는 것이다.

공자의 로기온자료에도 다음과 같은 말씀이 『중용』에 적혀있다.

활쏘기는 군자의 덕성에 비유될 만하다. 활을 쏘아 정곡에서 빗나갔으면, 항상 그 오류를 되돌이켜 자기 몸에서 찾는다.
射, 有似乎君子。失諸正鵠, 反求諸其身。(『중용』14장).

그리고 또 말한다.

> 군자는 항상 자기 내면을 살펴보아 티가 없어야, 그 마음에서
> 발출하는 뜻에 부끄러움이 없다. 범인들이 군자에 도저히 미
> 치지 못하는 점은 바로 사람들이 쳐다보지 않는 홀로만의 내
> 면의 덕성에 있다.
> 君子內省不疚, 無惡於志。君子之所不可及者, 其唯人之所不見
> 乎! (『중용』33장).

『논어』에도 관련된 언급이 전자의 경우 「팔일」7·16에 있고, 후
자의 경우 「안연」4에 있다. 동·서·고·금의 사상은 하나로 상
통한다.

총괄하여 말하면, 25장과 26장에 똑같이 "눈"에 관한 비유를 포
함하고 있다는 것은 주목할 만한 텍스트의 사실이다. "네 이웃을
네 몸과 같이 사랑하라"고 하는 공관자료의 표현이 도마 25장에서
는 "그 사람을 네 눈의 동자처럼 보호하라"로 되어있고, 그에 연이
은 26장에서는 "눈의 티를 빼다"라는 주제로 연결되어 있다. 25장
은 예수운동 참여자들의 호상적 보호를 말하였고, 26장은 예수운
동의 참여자들의 내성을 통한 정신적 고양을 말하고 있다. 둘 다 예
수운동 참여자들의 그룹 아이덴티티와 관련된 로기온이다. 이 시
기가 인도에서는 대승불교의 반야사상이 흥기하던 시기고 초기 반
야경전이 만들어지고, 공空사상에 의한 수행자들의 방랑이 깊이를
더해가던 시기였다.

27 이 세상으로부터 금식하라

¹(예수께서 가라사대) **"너희가 이 세상으로부터 금식
하지 않는다면, 너희는 나라를 발견하지 못하
리라. ²너희가 안식일을 안식일으로서 지키지
않는다면, 너희는 아버지를 볼 수 없으리라."**

沃案 제1절의 "이 세상으로부터 금식한다to fast from the world"라
는 뜻은 "세속적 관심으로부터 자신을 유리시킨다to separate oneself
from worldly concerns"는 뜻이다. "이 세상에 대하여 금식한다to fast
against the world"라고도, "이 세상에 관하여 금식한다to fast as regards
the world"라고도 번역할 수 있다. 『자치통감』의 저자, 사마광司馬
光, 1019~1086은 『대학』에 나오는 "격물格物"을 해석하는 데 있어
서, "격格"을 "한어扞禦한다"라고 풀이했다. 세속적 물사物事로부
터 철저히 자신을 방어한다, 즉 물物의 유혹이 나에게 접근하지 못
하도록 차단시킨다는 뜻으로 풀이했다(cf. 도올 김용옥, 『대학·학기
한글역주』 pp.80~96). 여기 "이 세상으로부터 금식한다"는 표현은
정확하게 "물폐物蔽를 한어扞禦한다"는 사마광의 격물해석과 일
치한다. 세속적인 물사物事로부터 자신을 멀리한다는 금욕주의적
자세를 가리키고 있다.

금식의 문제는 이미 6장과 14장에 나왔다. 앞에서는 경건주의를
가장한 종교적 위선을 경계하는 맥락에서 부정적으로 언급되었지
만, 여기서는 그러한 부정적 맥락은 없다. 오히려 진실한 금욕의 상

징으로 언급되고 있다.

"세상으로부터 금식한다"는 뜻은 세상을 식사라고 생각할 때, 세상의 일 중 어떤 것은 취하고 어떤 것은 취하지 않는 것을 의미한다. 나라(천국)의 발견이란 세상으로부터의 물러남(a disengagement from the world)을 요구하는 것이다.

두 개의 센텐스를 전관全觀하며 절묘한 파라렐리즘parallelism이 성립하고 있다. "세상으로부터 금식함"과 "안식일을 안식일로서 지킴"이 병행구조로서 의미가 상통하며, "나라를 발견함"과 "아버지를 봄"이 또 하나의 병행구조로서 의미가 상통하고 있다.

	조건절	주절
병행구	세상으로부터 금식함 To fast from World	천국을 발견함 To find the Kingdom
	안식일을 안식일로서 지킴 To observe the Sabbath as a Sabbath	아버지를 봄 To see the Father

"안식일"에 대한 우리의 통념은 세속화된 교회의 논리, 즉 아우구스티누스 같은 교부철학자의 교회론 이후에 성립한 개념의 아류들이다. 안식일의 본래적 의미는 세사世事의 번뇌로부터 완벽하게 손을 떼고 피정避靜하는 시간을 갖는다는 의미이다. "안식일을 안식일로서 지킨다"는 것은 안식일이라는 형식적 의미를 넘어서서 그 본래의 피정避靜적 의미, 세사世事로부터의 리트리트를 삶 속에서 구현한다는 의미가 된다.

마르빈 메이어Marvin Mayer는 콥트어의 "안식일을 안식일로서"라는 용례에 있어서 앞의 안식일은 "삼바톤*sambaton*"이라는 단어가 쓰였고 뒤의 안식일은 "사바톤*sabbaton*"이라는 단어가 쓰였는데, 이 두 개의 단어가 의미론적으로 과연 명료하게 구분이 될 수 있을지는 의문이지만, 그 전체의미는 다음과 같이 해석될 수도 있는 가능성이 있다고 한다: "한 주일 전체를 안식일로서 지킨다"(To observe the whole week as the sabbath).

테르툴리아누스(Tertulianus, c.160~after220: 카르타고 중심으로 활약한 교부)는 『유대인을 반박함*Against the Jewish People*』4에서 다음과 같이 말하고 있다: "우리는 모든 비열한 행동으로부터 항상 안식일을 지켜야 한다. 제7일에만 지킬 것이 아니라 모든 시간에 걸쳐 지켜야 한다."

위의 도표에서 알 수 있듯이 "안식일을 안식일로서 지킨다"는 것은 곧 "아버지를 본다"는 것의 전제조건이다. 즉 아버지를 보기 위해서, 아버지를 만나기 위해서는 세상으로부터 물러나 안식을 취하는 삶을 구현하지 않으면 안된다는 것이다. 다시 말해서 안식일적 쉼이란 하나님의 비젼의 절대적 요청이다(The Sabbath rest is a prerequisite to the vision of God). 결국 안식일을 안식일로서 지킨다는 것과 세상으로부터 금식한다는 것은 결국 같은 의미이다.

세상으로부터 금식한다는 것에 관하여 알렉산드리아의 클레멘트(Clement of Alexandria, c.150~c.215)의 『잡록雜錄*Stromateis*』(3.15.99.4)에 다음과 같은 지복수훈至福垂訓(a beatitude)이 실려있

다: "하늘나라를 위하여 자신으로부터 모든 죄악을 거세한 자들은 복이 있도다. 그들은 이 세상으로부터 금식하는 자들이도다. Those who have castrated themselves from all sin for the sake of heaven's kingdom are blessed: They are the ones who fast from the world."

"나라"를 발견한다는 것은 "아버지"를 만난다는 것이다(to find the Kingdom is to see the Father). 다시 말해서 "나라"는 어떤 로칼리티 즉 장소의 개념이 아니다. "나라의 발견"은 곧 "아버지와의 만남"이다. 아버지와 만날 수 있는 상태는 세상으로부터 금식하고, 안식일을 안식일로서 지킬 때만이 가능해지는 것이다. 이러한 금욕주의적 사상을 후대의 영지주의적 분위기의 반영으로서 주해하는 사람들도 있지만, 나는 예수운동의 오리지날한 성격 속에 이미 함장되어 있다고 본다. 또다시 영지주의를 실체화하는 오류를 범해서는 아니 된다.

세속에 대한 부정이 없이 천국운동을 운운할 수는 없는 것은 구태여 영지주의를 논할 필요가 없는 진실이다. 이것은 멸집滅執을 니르바나Nirvana로 해석하는 불교의 사상과도 대차가 없다. 본 27장은 42장의 대명제에 관련하여 이해되어야 할 것이다: 예수께서 가라사대, "방랑하는 자가 되라." *Jesus said, "Be passerby."*

28 술에 취하여 목마름조차 느끼지 못하는 자들이여!
생각을 바꾸어라!

¹예수께서 가라사대, "나는 이 세상 한가운데 자리를 잡았다. 그리고 나는 육신으로 세상사람들에게 나타났다. ²나는 그들이 모두 술에 취하였음을 발견하였다. 나는 그들 어느 누구도 목마른 자를 발견할 수 없었다. ³나의 영혼은 사람의 자식들을 위하여 고통스러워 하노라. 왜냐하면 그들은 그들의 가슴속이 눈멀어 보지를 못하기 때문이요, 또 텅 빈 채 이 세상으로 왔다가, 텅 빈 채 이 세상을 떠나기만을 갈구하기 때문이다. ⁴그러나 지금 이 순간 그들은 확실하게 취해 있도다. 그들이 그들의 술을 뒤흔들게 될 때에는 그들은 그들의 생각을 바꾸게 되리라."

沃案 이 장의 언어를 접하는 신학도들은 대뜸 "이거야말로 영지주의다!"라고 환호성을 지를지도 모르겠다. 그러나 그 내용을 차분하게 들여다보면 영지주의와는 무관한 지극히 상식적인 논의이며, 기존의 파편들과 연속성을 지니는 사상적 기저를 깔고 있다는 것을 알게 된다.

초기 기독교공동체에서 문제가 되는 영지주의라는 것은 기실 요한복음 1장의 "구속신화redeemer myth"에 요약되어 있다. 영과 육의 분리, 세계(코스모스)와 하늘나라의 대비, 어둠과 빛의 실체적 대

립이라는 우주론적 세팅 속에서 인성에 내재하는 빛의 파편을 해
방시킨다는 구속사적 사건에 대하여 불트만은 특별한 신화적 세계
관의 산물로 해석하여 과도한 의미를 부여하였다. 그러나 구약의
초월적 인격신관, 그리고 지혜문학전통을 플라톤철학과 결합시켜
창조적으로 오석誤釋하면 영지주의적 사유의 기저는 저절로 생겨
나게 마련이다.

플라톤의 이데아론이나 "동굴의 비유"와 같은 세계관은 헬레니
즘시대에 신화적 담론으로 세속화되어 보편적 인식구조를 형성
하였던 것이다. 영지주의는 구약과 플라톤의 창조적 오석(a kind of
creative misinterpretation both of Plato and the Bible)이라고도 규정할 수
있다. 이 오석을 또다시 오석하면, 기독교류의 1세기 후반의 다양
한 종교운동이 생겨나는 것이다.

제1절의 "이 세상 한가운데 자리를 잡았다"라는 표현은 도마
16:4의 "홀로서다"와 상통한다. "서다"는 확고한 존재의 결단을
나타낸다.

"나는 육신으로 세상사람들에게 나타났다. I appeared to them in
flesh."라는 표현은 예수가 자신의 출생을 선포하는 매우 상식적인
어법이다. 이 표현은 영과 육, 세상안과 세상밖이라는 이원적 대립
을 전제로 하지 않는다. 그 말 그대로 "나타남"에 대한 긍정적인 표
현이다.

요한복음 1:14에 있는 "말씀이 육신이 되어 우리 가운데 거하시
매 우리가 그 영광을 보니, 아버지의 독생자의 영광이요, 은혜와

진리가 충만하더라"라는 문구에서 명백한 사실은, 예수는 로고스(빛)이며, 하나님의 유일한 아들이며, 그는 자기 스스로의 결단에 의하여 세상에 나타난 것이 아니라, 어디까지나 하나님에 의하여 어둠(세상=코스모스) 속으로 파견되었다는 것이다(요 3:17. 여기의 "세상"의 희랍원어가 "코스모스"이다). 이러한 "파견"의 사상이 영지주의의 핵심이다. 그러나 파견의 사상이 도마복음에는 나타나지 않는다.

예수는 스스로의 결단에 의하여 이 세상 한가운데 자리를 잡았고(민중 한가운데 삶의 자리를 마련하였다), 영만이 아닌 육신으로 세상사람들에게 나타난 것이다. 도마의 예수는 가현적 존재(docetic being)가 아니다. 도마복음의 소박한 프로토타입적인 사유가 요한복음의 신화적 로고스기독론으로 발전해나간 경로를 쉽게 추론할 수 있다. 그 역방향은 불가능하다는 것이 텍스트상에서 증명되는 것이다. 도마의 예수는 중립적이며 자신의 실존적 사실만을 기술하고 있다. 자신을 하나님의 독생자라고 떠벌이지 않는다. 기독론의 개입이 없다.

도마 13:5에서 "취함"(intoxication)은 긍정적인 함의를 지녔지만, 여기서의 취함은 진리를 인지할 능력이 사라진 비합리적 탈선(disorientation)의 상태를 가리킨다. 허나 "취함"은 "깨임"을 내포한 일시적 상태이다. 취한 인간은 깨어날 수 있는 것이다. 도마복음은 인간을 선악의 개념으로써 절대적으로 규정하지 않는다. 취한 인간을 볼 때, 예수는 안타까운 것이다. 인간은 깨임의 가능성을 스스로 구비한 존재이다.

"술에 취함"과 "목마르지 않음"은 의미가 상통되는 표현들이다. 둘 다 부정적인 사태이다. "목마르지 않음"의 반대인 "목마름"은 "진리에 대한 갈망"이며 바람직한 것이다. 도마 1장에 "말씀들의 해석을 발견하는 자"라는 표현이 있었고, 제2장에는 "구하는 자는 찾을 때까지 구함을 그치지 말지어다"라는 표현이 있었다. 도마복음은 첫머리에서부터 발견과 추구를 내걸었다. 여기서 말하는 목마름 즉 진리에 대한 갈망과 관련되어 있다. 술에 취하였다는 것은 잘못된 방향으로 갈증이 충족되어 있다는 것을 의미한다. 그래서 술에 취하여 있는 세상사람들은 목마름을 느끼지 않고 있는 것이다. 몽롱한 탈선상태인 것이다.

3절에서 예수는 이 세상 한가운데 서있는 이유, 그 실존적 고뇌를 고백하고 있다. 여기 "사람의 자식들the sons of men"은 인자人子 담론(※ 공관복음서에 72번 나오는 예수의 자칭용어)과는 무관하며, 그냥 보통사람들을 가리킨다. 그들이 취하여 깨어날 줄을 모르기 때문에 고통스러워한다는 것이다. 이것은 싯달타가 "자비慈悲"를 말하는 것과 다름이 없다. 깨달은 자는 고통스러운 것이다.

"눈"은 눈 자체로 시력이 없다. 그것은 시신경을 통하여 뇌로 연결될 때만이 시력을 보유한다. 즉 가슴속이 눈먼 자는 보지를 못한다. 진리를 보지 못하면 눈이 있어도 그는 장님이다.
"빈 채로 이 세상에 왔다가 빈 채로 이 세상을 떠난다"는 표현은 도가적 허虛를 말하는 것이 아니며 긍정적 내포가 없다. 골빈당으로 태어나서 골빈당으로 세상을 하직하기만을 바라는 보통인간들의 슬픈 현실을 개탄하는 것이다. 그렇다고 그들을 의타적으로 구원에 이르게 할 수도 없다. 인간은 스스로 취함에서 벗어나야 한다. 예수는 술을 뒤흔들어야 한다고 선포한다.

헤라클레이토스의 단편 125를 펼쳐보면 다음과 같은 명언이 있다.

> **술은 저어지고 있을 때만 술이다. 저어지고 있지 않으면**
> **그것은 분리된다.**

희랍인들의 술은 포도주인데, 옛 포도주는 알콜도수가 아주 낮았고 막걸리처럼 걸쭉했다. 퀴케온*kykeōn*(막걸리형 포도주)은 휘젓지 않으면 요소들이 분리되어 제맛이 나질 않는다. 우리도 막걸리를 먹을 때 흔들어 마신다. 헤라클레이토스는 모든 대립적 요소들이 융합되어 끊임없이 투쟁하고 있는 상태를 살아있는 우주의 상태라고 생각하였다. 그의 사유는 변증법의 시초이며, 플라톤의 이데아론에 반대되는 생성의 논리를 주창하였다. 우주의 실상은 존재(Being)가 아니라 생성(Becoming)이다. 도마 28장의 마지막 절은 파르메니데스의 전통이 아닌 헤라클레이토스의 전승을 엿보게 한다.

마지막 구절을 연구자들이 "그들은 회개하리라. then they will repent"라고 번역하곤 하는데, 그것은 잘못된 번역이다. 여기 콥트어는 희랍어 단어를 차용하여 쓴 "메타노이에인*metanoiein*"이다. 마태복음 3:2에 세례 요한이 한 말, "회개하라, 천국이 가까왔느니라." 그리고 마가복음 1:15에 예수가 한 말, "때가 찼고 하나님

나라가 가까웠으니 회개하라. 그리고 복음을 믿으라"에서 "회개하라"로 오역된 말과 동일하다.

메타노이아(μετάνοια)는 생각(노이아)의 바꿈(메타)일 뿐이다(參見. 도올 김용옥, 『큐복음서』, pp.64~69). 영·육이 분리되어 있는 상태를 잘 휘저어 하나로 만들면 생각의 변화가 일어난다는 뜻이다. 생각의 변화가 일어나면, 즉 술취한 상태에서 깨어나면, 즉 진리를 인식할 수 있는 마음의 상태가 되면 곧 이 세계는 천국으로 변하게 되는 것이다. "천국"은 장소개념이 아니라 "아버지의 나라"이다. "나라"는 "다스림reign" "질서"를 의미하는 말이라는 것은 이미 누차 상설하였다. 아버지의 질서가 지배하는 세계, 빈 채로 왔다가 빈 채로 떠나는 속세가 아니라 진리와 의미로 충만한 세계로 화化하게 되는 것이다.

요한복음은 헤라클레이토스의 로고스를 철저히 플라톤화 시킨 것이다. 그러나 도마복음은 헬레니즘세계에 있어서 헤라클레이토스적인 건강한 사유와 그 홀리스틱한 측면(holistic aspect)을 보전保全하고 있다고 보아야 할 것이다.

29 어떻게 이토록 위대한 부유함이 이토록 빈곤함 속에 거하느뇨?

[1]예수께서 가라사대, "육신이 영혼으로 인하여 존재케 되었다면, 그것은 기적이로다. [2]그러나 영혼이 몸으로 인하여 존재케 되었다면, 그것은 기적 중의 기적이로다. [3]그러나 진실로 나는 어떻게 이토록 위대한 부유함이 이토록 빈곤함 속에 거居하게 되었는지 불가사의하게 생각하노라."

沃案 본 장은 제28장과의 연속적 흐름 속에서 파악되어야 한다. 이 장의 내용 역시 많은 사람들이 영육이원론의 영지주의적 담론으로 해석하려 들 것이다. 그러나 영육이원론Mind-Body Dualism은 영과 육을 대립적인 실체로 전제하고 그 대적적 관계를 따진다. 그러나 이 말씀은 "부유함이 빈곤함 속에 거하고 있는" 현실태에 관한 경이로움의 표현이다. 양자는 대적적 관계가 아니며, 양자는 인간 실존에 있어서 방편적으로 구분되어질 수는 있으나 분리될 수는 없다(distinguishable but not separable). 세 절의 문장 속에서 우리는 다음과 같은, 상호관련된 항목을 추출해낼 수 있다.

육신 via 영혼	기적
영혼 via 몸	기적 중의 기적
부유함 in 빈곤	불가사의

인간이라는 존재는 영혼과 육신이 하나로 결합되어 있는 한에 있어서만 인간이며, 그 결합된 모습이야말로 인간의 현존태*Da-sein*(Being-There)이다.

1절 → 2절 → 3절로 진행되어 가는 과정은 점차 그 경이로움의 도수가 진해지는 방향으로 그 주절의 표현이 이루어져 있다. "기적 → 기적 중의 기적 → 불가사의"라는 표현은 경탄의 도수가 강해지고 있는 것을 나타내고 있다.

제1절은 "육신이 영혼으로 인하여 존재케 됨"에 관한 것이다. 제2절은 "영혼이 몸으로 인하여 존재케 됨"에 관한 것이다. 이 두 사태는 강조점에 차이가 있을 뿐 동일한 사태를 다르게 표현하고 있는 것이다. 제1절은 육신이 영혼을 담지하기 위하여, 그러니까 육신이 영혼의 집으로서 존재케 되었다는 것이다. 육신이 영혼을 담지하기 위하여 존재케 된 것은 매우 경이로운 사건이라는 것이다. 여기서도 영혼은 육신이라는 담지자가 없이 고립적으로 존재할 수 없다는 생각이 깔려있다. 제28장의 "나는 육신으로 세상사람들에게 나타났다"는 메시지를 다시 한번 강조한 것이다.

제2절의 주체는 어디까지나 "영혼spirit"이다. "영혼이 몸으로 인하여 존재케 되었다"는 것은 바로 앞 장의 표현 중에서 "세상사람들에게 나타났다"라는 측면을 강조한 것으로 해석할 수 있다. 앞 절의 "육신flesh"이 여기서는 "몸Body"으로 달리 표현되어 있는데, 이 절의 "몸"은 실제로 "세상사람들"을 지칭할 수도 있다. 이것은

나의 영혼이 세상사람들로 인하여 구원의 미션을 가지고 이 취한 세상 속에 존재케 되었다는 사실이야말로 기적 중의 기적이라는 것을 선포하고 있는 것이다. 그리고 영혼이 육신으로 인하여 존재케 되었다는 것은 육신의 가치를 영혼 이상으로 높인 것일 수도 있다.

이 두 사태에 대한 최종적 경이는 무엇인가? 이 최종적 경이에 대하여 예수는 "불가사의"라는 표현을 쓰고 있다. 그 불가사의란 이토록 위대한 부유함이 이토록 빈곤함 가운데 거하고 있다는 사실이다. 다시 말해서 위대한 영혼이 빈곤한 육신 속에 자신의 안식처를 만들어놓고 있다는 인간 실존의 사태야말로 최종적 불가사의라는 것이다. 빈곤한 육신이야말로 위대한 풍요로운 영혼의 영원한 동반자이며 고향이며 지향점이며 구속의 대상이다.

이 불가사의는 예수의 실존적 모습인 동시에 우리 모든 인간의 실존적 모습인 것이다. 이런 의미에서 예수는 인간을 대상화하지 않는다. 구원의 수단으로 비하하지 않는다. 하나님의 독생자라는 구세주의 의식을 가지고 인간을 굽어보지 않는다. 자신을 포함한 인간 모두의 실존적 모습에 대한 경이로움을 표현하고 있을 뿐이다. 나 역시 위대한, 풍요로운 철학적 사유 속에서 희희덕거리다가도 빈곤하기 그지없는 나의 신체적 조건 속에 무릎 꿇는 모습을 보면, 나를 객화하게 되고, 또 인간 보편에 대한 비통한 심정을 가릴 수 없다. 이것은 결코 영·육이원론에 대한 비탄이 아니다. 하루하루 살아가는 인간 실존에 대한 비애로움과 경이로움에 대한 끊임없는 자성自省의 념念이다.

30 나는 그 한 명과 함께 하노라

> [1]예수께서 가라사대, "세 명의 신들이 있는 곳에선, 그들은 신들일 뿐이다. [2]두 명이나 한 명이 있는 곳에선 나는 그 한 명과 함께 하노라."

沃案 많은 독자들이 도마복음서의 이런 구절을 대할 때에 황당한 느낌을 받는다. 그 말씀의 구체적 맥락이 우리의 체험 속에서 공감되지 않을 뿐더러, 예수에 대한 과도한 상념 때문에 그의 소박한 언어를 소박한 대로 용인하지 못하기 때문이다. 예수에게는 기독교라는 것이 없었고, 교회의 도그마라는 것이 없었다. 예수에게는 "하나님"이라는 것도 교조화된 실체가 아니었다. 그냥 그의 느낌일 뿐이었다. 예수에게는 다신론적 환경이 부재했을까? 민중이 믿는 하나님이 오직 예수가 믿는 하나님, 하나뿐이었을까? 민중이 모시는 성황당 하나님들은 없었을까? 예수는 "하나님"을 거의 말하지 않는다. 예수는 오늘날 우리가 생각하는 "유일신론자"가 아닌 것이다. 그는 우주를 지배하는 유일한 하나님이라는 전제로부터 자신의 실존을 도출하지 않는다. 그는 하나님이라는 존재보다는 천국의 도래를 간구할 뿐이다. "천국"도 그는 "나라" 혹은 "아버지의 나라"라고 말할 뿐이다.

우리가 읽고 있는 도마복음 텍스트는 1945년 12월 나그함마디 엘 카스르 지역에서 발굴된 것으로 콥트어로 쓰여진 것이다. 그런데 콥트어사본 발견이전에 도마복음서의 희랍어 파편이 발견된 사실이 묵과되고 있었다.

카이로에서 나일강을 따라 룩소르 쪽으로 약 200km를 올라가면 나일계곡과 사하라사막이 만나는 접점지역에 엘 바나사El Bahnasa 라는 작은 도시가 나온다. 이 도시는 람세스2세가 영화를 구가한 제 19왕조의 고색창연한 옛 도시였는데 옥시린쿠스Oxyrhynchus라고 불렀다. 1897년부터 1907년까지 이집트탐험기금(Egypt Exploration Fund)의 도움을 받아 영국의 고고학자 그렌펠Bernard P. Grenfell과 헌트Arthur S. Hunt가 이끄는 탐사팀이 옥시린쿠스를 발굴했는데 엄청난 파피루스 서류 쓰레기더미가 기적적으로 보존되어 있는 현장을 목도하기에 이른다. 이 옥시린쿠스 파피루스는 BC 250년경부터 AD 700년경에 이르는 문서들로서 주로 희랍어와 라틴어로 쓰여졌지만, 이집트 디모틱문자, 콥트어, 히브리어, 시리아어, 아랍어로 쓰여진 것도 있었다. 이 자료는 1983년에 이르러서야 50권의 책으로 영역되어 출간되었다(3400여 개의 항목에 해제와 주석이 붙어있다).

이 옥시린쿠스 사본 속에 있는 3편이 도마복음의 희랍어 텍스트라는 것을 밝힌 사람은 나그함마디 라이브러리를 세상에 드러나게 만든 콜레즈 드 프랑스Collège de France의 학생 장 도레스Jean Doresse의 스승 앙리 샤를 뛰에쉬Henri-Charles Puech였다. 뛰에쉬는 도마복음서의 완정한 모습을 보자마자 옥시린쿠스의 로기아 파편과 관련이 있다고 생각했다.

양자를 대비한 결과 POxy(Popyrus Oxyrhynchus의 약호)654는 도마복음서의 서론과 1~7번에 해당되고, POxy1은 도마복음서의 26~29번, 30번, 77번, 31~33번에 해당되고, POxy655는 도마복음서의 24번, 36~39번에 해당된다는 사실을 알아낸다. 현재 옥시린쿠스의 도마자료는 마르빈 메이어 교수의 번역으로 쉽게 찾아볼 수 있다(Marvin Meyer, *The Gospel of Thomas*, HarperSanFrancisco, 1992, pp.65~75: *The Gospel of Thomas, The Greek Fragments*).

이 30장에 해당되는 옥시린쿠스 사본(POxy1.23~30)의 내용은 다음과 같다.

> ¹예수께서 가라사대, "세 명이 있는 곳에선, 그들은 신과 함께 하지 못한다. ²그리고 오직 한 사람만 있는 곳에선, 나는 말하노라, 내가 바로 그 한 사람과 같이 하리라. ³돌을 들어보아라! 너는 거기서 나를 발견하리라. 장작을 쪼개 보아라! 나는 거기에 있으리로다."
>
> Jesus says, "Where there are three, they are without God, and where there is only one, I say, I am with that one. Lift up the stone, and you will find me there. Split the piece of wood, and I am there."

이 옥시린쿠스 사본 파편에서 제3절은 도마복음 77장 후반(2·3절)에 해당되는 것이므로(※ 그 앞과 정합적 구조가 있다), 일종의 착간으로 간주되는 것이다. 따라서 1·2절과 3절은 분리해서 생각하는 것이 좋을 것이다. 옥시린쿠스 사본의 1·2절은 도마복음서 30장 1·2절과 일치하는 내용이지만 텍스트의 변형이 있다. 옥시린쿠스 사본과 도마복음서 콥트어 사본의 관계는 희랍어 사본인 옥시린쿠스 사본이 콥트어 사본에 선행한다고 보는 것이 대체적인 견해이겠지만, 반드시 그렇지만은 않다.

예수는 아람어(Aramaic)로 말한 사람이고 예수 생전의 말씀을 기억하고 기술하는 사람들 사이에 말씀의 다른 전승이 있었을 것이다. 그리고 수록자들의 주관에 의한 취사선택이 개입된다. 따라서 콥트어 도마복음서와 옥시린쿠스 희랍어사본의 관계는 A를 B로 바꾸는 단순한 번역이 아니라, A1, A2, A3의 다른 전승들을 자기 텍스트화하는 좀 복잡한 양상이 개재되었을 수도 있다.

따라서 나는 일자에 의거하여 타자를 거부하는 해석은 불가하다고 생각한다. 옥시린쿠스 사본에는 신성(divinity)이 없고, 콥트어 사본에는 신성이 있다. 옥시린쿠스 사본 그 자체가 매우 불안정한 텍스트이므로 부정사를 제거하는 방안을 제시하는 주해자도 있다 (without God → with God).

POxy. 세 명이 있는 곳에선, 그들은 신과 함께 하지 못한다.
Copt. 세 명의 신들이 있는 곳에선, 그들은 신들일 뿐이다.

그러면 양자의 의미가 얼추 비슷하게 된다. 그러나 신성의 유·무에 관한 것이 이 구문의 핵심이 아니다. 더 중요한 것은 "세 사람"과 "한 사람"의 대비이다. 세 사람이 있다 해도 그들은 신과 함께 하지 못한다. 오직 한 사람, 진정한 하나의 따르는 자야말로 예수와 같이 할 수 있다. 즉 "개인의 득도"가 "단체의 득도"에 선행한다는 것을 명료하게 주장하고 있는 것이다. 이것은 교회지상주의를 표방하는 기독교 이전의 사상이다.

일본의 신약성서학자 아라이 사사구荒井 獻(1930~2024. 독일 신학박사, 동경대학 명예교수. 일본학사원 회원)는 여기 "세 명"이라는 것은 유대교의 "신의 임재(셰키나)"사상이 기독교화된 표현이라고 본다. 유대교의 랍비문헌에 의하면 "3인"이란 법정을 성립시키기 위하여 필요한 최소한도의 "세 명의 재판관"을 의미한다. 재판관이란 하나님의 이름에 의거하여 그 직분을 맡았으며, 또한 하나님의 의지를 대행하여 재판을 행한다. 이러한 재판관이 세 명이 모여야만 합법적인 법정이 열릴 수 있다. 세 명의 재판관이 모여 법정을 열 때만이 비로소 하나님은 그 자리에 임재臨在하게 된다는 것이다.

이러한 임재(셰키나) 사상적 해석은 마태복음에 관련된 예수의 말씀이 있다. 이것은 구약적 임재사상에 관한 두 개의 다른 전승이다. 초기기독교 공동체 내의 유대인 크리스챤에 의한 다른 전승들이 마태와 도마에 각각 기록되었다고 보는 것이다.

> ¹⁹진실로 다시 너희에게 이르노니, 너희 중에 두 사람이 땅에서 합심하여 무엇이든지 구하면 하늘에 계신 내 아버지께서 저희를 위하여 이루게 하시리라. ²⁰두 사람 혹은 세 사람이 내 이름으로 모인 곳에는 나도 그들 중에 있느니라(마 18:19~20).

자아! 이제 마태 기사를 읽어보면 비로소 도마 30장의 의미가 선명하게 부각되는 동시에 양자간에 분명한 관계가 있다는 것을 문맥상으로 명백히 느낄 수 있다. 마태 기사는 기본적으로 복수사태를 긍정하고 있다. 복수사태의 긍정은 교회공동체라는 맥락 속에서 다수의 결속을 강조하고 있다. 그러나 옥시린쿠스 사본은 그러한 다수 속에 하나님이 임재한다는 것을 정면으로 거부하고 있다: "세 명이 있는 곳에선, 그들은 신과 함께 하지 못한다." 신의 임재는 다수 속에 있지 아니하다. 다수의 연계 속에 신이 있는 것이 아니다. 그러한 느슨한 인적 연계(loose association)는 신의 임재의 자리가 아니라고 말하는 것이다.

도마의 "살아있는" 예수는 더 나아간다: "오직 한 사람만 있는 곳에, 나는 바로 그 한 사람과 같이 하리라!" 도마는 모두冒頭에서 "살아있는 예수"를 말했고, "해석의 발견"을 말했으며, "찾을 때까지 구함"을 말했다. 이 발견과 추구의 과정은 오직 한 사람의 내면 속에서만 이루어지는 것이다. 고독한 실존의 투쟁을 통해서만 계시(revelation)와 깨달음(enlightenment)은 성취될 수 있는 것이다.

마태와의 이념적 상치를 놓고 도마가 후대에 영지주의적으로 마태사상을 전도시켰다고 보는 학자들도 있지만, 원래 예수사상에 인간의 고독한 실존과 자각에 대한 깊은 성찰이 있었다고 보는 것이 역사적 실상에 더 접근하는 이해일 것이다. 예수는 고독한 아라한과 같이한다고 선언하고 있는 것이다.

세 명의 신들이 있는 곳에 예수는 관심이 없다. 세 명의 신들은 그냥 신들일 뿐이다. 구원의 대상일 수가 없다. 제식적 권위 속에서 사는 사람들, 재판하는 사람들, 이런 자들은 예수의 관심 밖이다. 대법원장이라고 하면서 민중의 판단을 거부하고 신의 소리를 왜곡하는 자들, 예수가 이들의 삶의 진로에 개입할 여지가 없다. 예수가 함께 하고자 하는 것은 신이 아닌 인간이다. 인간도 떼지어 행동하지 않는 고독한 인간이다. "함께 하노라"라는 표현도 구원론적 독단을 전제로 하지 않는 아름다운 표현이다. 겸손한 표현이다.

"세 명이 있는 곳에선, 그들은 신들일 뿐이다." 임재사상으로 해석하면, 세 명이 있는 곳에 신神이 임재하므로 그 세 명은 신들일 뿐이다. 완전한 존재임을 가장하는 세 명의 인간들이며 세 명의 신들이다. 예수는 신들에게 관심이 없다. 그가 관심을 가지는 것은 "술 취한 인간"이며, "가슴의 눈이 멀어 보지 못하는 인간"이며, "텅 빈 채 왔다가 텅 빈 채 떠나는 외로운 인간"이다(28장). 예수는 이들 때문에 고통스러워하는 위대한 영혼이다.

본 장의 대의는 개인의 해탈·득도가 단체에로의 신의 임재보다 더 중요하다는 것이며, 이것은 예수운동의 갈구하는 깨인 개체들에 대한 격려를 함의하고 있다.

31 선지자가 고향에서 환영을 받지 못한다

¹예수께서 가라사대, "선지자가 고향에서 환영을 받는 자가 없느니라. ²의사는 그 의사를 아는 자들을 고치지 아니한다."

沃案 도마복음의 이 로기온자료는 4복음서에 공통으로 나오는

말씀의 원형이다. 우선 4복음서의 문구들을 살펴보자!

> (마 13:57) 예수를 배척한지라 예수께서 저희에게 말씀하시되, "선지자가 자기 고향과 자기 집 외에서는 존경을 받지 않음이 없느니라."

> (막 6:4) 예수께서 저희에게 이르시되, "선지자가 자기 고향과 자기 친척과 자기 집 외에서는 존경을 받지 않음이 없느니라."

> (눅 4:23~24) 23예수께서 저희에게 이르시되, "너희가 반드시, '의원아! 너를 고치라' 하는 속담을 인증하여 내게 말하기를, '우리의 들은 바 가버나움에서 행한 일을 네 고향 여기서도 행하라' 하리라." 24또 가라사대, "내가 진실로 너희에게 이르노니 선지자가 고향에서 환영을 받는 자가 없느니라."

> (요 4:43~45) 43이들이 지나매 예수께서 거기를 떠나 갈릴리로 가시며, 44친히 증거하시기를 선지자가 고향에서는 높힘을 받지 못한다 하시고, 45갈릴리에 이르시매 갈릴리인들이 그를 영접하니……

이 4개의 로기온자료에서 도마복음자료에 가장 근접하는 것은 누가자료이다. 마태와 마가는 모두 "…… 밖에서는 존경을 받지 않음이 없다"라는 이중부정의 표현을 취하여, 고향 외에서는 존경 받는다는 사실에 대한 강조를 나타내고 있다. 이 메시지는 고향에서 배척당한 사실을 전제로 하고 있으므로 이러한 이중부정의 표현은 심히 에두른 표현일 뿐 아니라 문맥을 명료히 드러내지 않는다. 마태와 마가는 누가와는 다른 전승에 기초해 있거나, 누가계열의 로기온을 오사誤寫하거나 와전시킨 것일 수 있다. 그리고 재미있는 사실은 마태와 마가에는 "의원"에 관한 말씀이 빠져있는데, 누가에는 들어가 있다는 것이다. 공관복음서 중에서는 누가가 가장 오리지날한 것이라고 볼 수밖에 없다.

요한복음은 공관복음과는 이 자료가 등장하는 맥락이 다르다. 요한복음은 공관복음서의 의미맥락을 객관화시키면서 그 메시지를 부정한다. 선지자가 고향에서 존경을 받지 못한다는 통념에 대한 반역을 일으킨다. 예수는 이러한 통념과는 달리 고향에서 영접을 받았다는 것이다. 요한복음 기자는 공관복음서의 논리를 여유롭게 역전시킬 수 있을 만큼, 거리를 가지고 자기의 드라마를 만들어 나가고 있다. 그러나 선지자가 고향에서 대접받지 못한다는 예수의 메시지는 빼놓을 수 없을 만큼 중요하게 회자되었던 로기온 자료였음에 틀림이 없다.

선지자가 고향에서 대접을 받지 못한다거나, 의사가 자기를 너무도 잘 아는 환자를 잘 고치지 못한다는 일반적 논의와 관련하여 예수의 말씀자료가 등장하는 맥락은 상식적으로 있을 수 없는 기적, 인과적으로 설명이 되지 않는 이변을 일으키는 예수의 행위이다. 자기들이 잘 알고 있는 동네 목수가 사방을 쏴다니면서 이상한 짓들을 하고 다닌다는 것이 믿기지 않는 것이다.

공자도 말년에 자기 고향에 돌아왔을 때 국부國父로서 대접을 받았다. 선각자들이 반드시 고향에서 환영을 받지 못하는 것은 아니다. 고향촌로들의 상식이 문제가 아니라 예수의 기적이 더 큰 문제일 수도 있다. 도마의 예수는 기적을 행하지 않는다. 기적으로써 자신의 아이덴티티를 규정하지 않는다.

그렇다면 여기 예수의 말씀이 등장하는 맥락은 인식의 차이, 경지의 차이라고 할 수 있다. 요셉의 아들인 동네 목수와 지금 "아버지의 아들"로서 은밀한 말씀을 전하고 나라를 선포하고 있는 예수는 동차원에서 인과를 논할 수 없는 것이다. 예수가 말하는 진리는 이러한 가족관계로부터의 단절과 해탈을 배경으로 하고 있다(도마복음 16, 55, 99, 105장 참고).

따라서 여기 궁극적 주제는 단독자인 예수의 실존적 고독이다. 예수는 자기가 살아가고 있는 세상의 사람들의 인식의 한계와 투쟁하고 있는 것이다. 사람들의 거짓된 인식과 타협하지 못하는 예수의 고독이 여기 묘사되고 있는 것이다. 이러한 고독은 예수라는 실존의 고독인 동시에 예수운동에 참여하는 모든 방랑자의 고독이기도 했다.

32 높은 산 위에 지어진 요새

¹예수께서 가라사대, "높은 산 위에 지어진, 요
새처럼 강화된 동네는 무너질 수 없고, 또한 숨
겨질 수도 없다."

沃案 큐복음서에 나오는 자료(Q22. 마 7:21~27, 눅 6:46~49)의 간결
한 원형(prototype)을 엿볼 수 있다. 참으로 도마복음서는 정경正經
(Canon)이라 아니 말할 수 없다. 매 장마다 그 로기온이 기존의 4복
음서와 관련되지 않은 것이 거의 없다. 도마복음서는 4복음서의 프
로토타입이기에 앞서 4복음서의 가치를 높여주는 위대한 정경자
료인 것이다. 본 장을 자세히 살펴보면 큐자료는 도마자료의 일면
만을 분립分立시켰다.

> (마 7:24~25) 그러므로 누구든지 나의 이 말을 듣고 행하는 자는
> 그 집을 반석 위에 지은 지혜로운 사람 같으리니, 비가 내리고 창수
> 漲水가 나고 바람이 불어 그 집에 부딪히되 무너지지 아니하나니,
> 이는 주초를 반석 위에 놓은 연고니라.

> (눅 6:47~48) 내게 나아와 내 말을 듣고 행하는 자마다 어떤
> 사람 같은지를 너희에게 보여주리라. 집을 짓되 깊이 파고 주초를
> 반석 위에 놓은 사람과 같으니, 큰물이 나서 탁류가 그 집에 부딪
> 히되 잘 지은 연고로 능히 요동케 못하였나니라.

마태·누가가 공통된 이 큐자료의 특성은 도마의 메시지 중에서 난공불락의 견고성(invincibility)의 한 면만을 부각시키고 있다는 것이다. 그러나 도마자료는 견고성과 동시에 "숨겨질 수 없음," 즉 명명백백함, 당당함, 개방성(openness), 그리고 보편성(universality)을 표방하고 있다. 마태, 누가자료에는 이 개방성이 드러나고 있지 않다. 견고성만 강조되어 있다. 도마자료의 견고성의 측면이 마태, 누가자료로 확대된 것이다. 이 견고성은 외부로부터의 공격을 전제로 하고 있다. 윤석열일당이 날뛰던 시대에 한국의 민주세력이 당하고 있던 정황과 다를 바 없다.

그런데 도마자료의 개방성(숨겨질 수 없음)은 마태 5:14에 분립되어 나타난다.

> (마 5:14~15) ¹⁴너희는 세상의 빛이라. 산 위에 있는 동네가 숨기우지 못할 것이요. ¹⁵사람이 등불을 켜서 됫박 속에 숨기지 아니하고 등경 위에 두나니, 이러므로 집안 모든 사람에게 비취느니라.

"높은 산 위에 있는 동네는 숨기우지 못한다"라는 메시지는 도마에서는 "마사다 같은 성채의 높음과 강함"의 융합된 표현이다. "빛의 비유"에 종속된 메시지는 아니었다. 그런데 재미있게도 마태 5:15의 메시지는 큐자료(Q42)에 속하는 것으로 도마의 다음 장인 제33장에 등장하고 있다. 그러니까 마태는 도마복음 32장의 전반부(산 위에 있는 동네가 숨기우지 못할 것이요. 마 5:14)와 33장(빛의 비유)을 합성하여 그 유명한 산상수훈의 일부로 활용한 것이다.

예수의 말씀의 은밀함은 비밀스러움이 아니다. 심오할 뿐이다. 심오하면서도 그 궁극적 성격은 드높고 명명백백하며, 개방적이면서도 무너지지 않는 것이다. 바로 이러한 측면 때문에 도마복음서는 밀교적 밀의에 속할 수 없는 위대성을 과시하고 있는 것이다.

33 귀로 듣는 것은 타인의 귀로 전파하라! 등불은 등경 위에!

¹예수께서 가라사대, "너의 귀로 네가 듣는 것을, 너희 집 지붕 위에서 타인의 귀로 전파하라. ²그 어느 누구도 등불을 켜서 됫박 아래 감추거나, 숨겨진 장소에 두거나 하지 않는다. ³오히려 그것을 등경 위에 올려놓나니, 이는 집안에 들어오고 나가는 모든 사람들로 하여금 그 빛을 보게 하려 함이니라."

沃案 이 도마 로기온자료도 1절과 2·3절이 각기 분화되어 두 개의 Q자료가 되었다. 1절은 Q45로 발전하였고, 2·3절은 Q42로 발전되어 나갔다.

1절과 관련된 공관자료는 다음과 같다.

(마 10:27) 내가 너희에게 어두운 데서 이르는 것을 광명한 데서 말하며, 너희가 귓속으로 듣는 것을 집 지붕 위에서 전파하라.

(눅 12:3) **너희가 어두운 데서 말한 모든 것이 광명한 데서 들리고, 너희가 골방에서 귀에 대고 속삭인 것이 집 지붕 위에서 전파되리라.**

도마복음의 대전제는 "살아있는 예수의 은밀한 말씀"이었고, 그것은 그 말씀을 이해할 수 있는 소수의 해석자들에게 은밀히 전한 것이다. 그러므로 그 과정은 에소테릭esoteric한 분위기가 배제될 수 없다. 예수를 따르는 자의 깨달음은 결국 추구하는 자들의 내면의 과정이므로 에소테릭(내밀內密)하지 않을 수 없다. 그러나 예수의 위대한 비젼은 비전祕傳의 밀교적 분위기에 제자들을 가두지 않는다는 데 있다. 일단 깨닫고 나면 반드시 그 깨달은 바를 공적으로 선포해야 하는 것이다. 예수는 내면적 깨달음(internal enlightenment)과 외면적 선포의 사명(external mission)을 동시에 설교하고 있다.

예수는 영지주의자가 아니다. 영지주의는 비전祕傳을 핵으로 삼는다. 예수의 영지(*Gnosis*=Science)는 비전적인 영지가 아니다. 영지는 반드시 공적인 정보체계로 환원되어야 한다. 모든 영지는 공공의(public) 옥상에서 선포됨으로써 주변 사람들에 의하여 검증되어야 한다. 이러한 공적 검증과 관련하여 2·3절의 "빛의 비유"가 동원되고 있는 것이다. 도마의 예수에게는 은밀함과 공개성의 양측면이 공존한다. 2·3절의 내용은 공관복음서에도 나오고 있다.

(마 5:15) **사람이 등불을 켜서 됫박 아래 두지 아니하고 등경 위에 두나니, 이러므로 집안 모든 사람에게 비취느니라.**

(막 4:21) 또 저희에게 이르시되, 사람이 등불을 가져오는 것은 됫박 아래나 평상 아래 숨기려 함이냐? 등경 위에 두려함이 아니겠느뇨?

(눅 8:16) 누구든지 등불을 켜서 그릇으로 덮거나 평상 아래 두지 아니하고 등경 위에 두나니, 이는 들어가는 자들로 그 빛을 보게 하려 함이라.

(눅 11:33) 누구든지 등불을 켜서 움 속에나 됫박 아래 두지 아니하고 오히려 등경 위에 올려놓나니, 이는 집안에 들어가는 자로 하여금 그 빛을 보게 하려 함이니라.

34 눈먼 자가 눈먼 자를 인도하면

¹예수께서 가라사대, "눈먼 자가 눈먼 자를 인도하면 둘이 다 구덩이에 빠지리라."

沃案 본 로기온도 큐복음서(Q19)의 의미맥락과 병행한다. 그러나 주어의 설정이 다르다. 도마와 마태의 "눈먼 자"는 예수 본인이 아니라 제3의 지도자들이다. 누가자료만이 주어가 예수로 설정된다.

(눅 6:39) 또 비유로 말씀하시되, 눈먼 자가 눈먼 자를 인도할 수 있겠느냐? 둘이 다 구덩이에 빠지지 아니하겠느냐?

(마 15:14) 그냥 두어라. 저희는 눈먼 자가 되어 눈먼 자를 인도하는 자로다. 만일 눈먼 자가 눈먼 자를 인도하면 둘이 다 구덩이에 빠지리라.

누가자료는 큐복음서의 원형을 보존하고 있다고 사료된다. 누가 6:40에 나오는 "제자와 선생"에 관한 이야기가 소경의 비유에 연접되어 있는 텍스트 형태로 볼 때, 누가자료가 큐자료의 원형에 더 가깝다고 간주된다. 누가자료에는 문장이 반문형태를 취하고 있는데, 이 문장에서 앞의 "눈먼 자"는 예수 자신을 가리킨다. "만약 내가 눈먼 자가 되어 너희 눈먼 사람들을 인도한다면 결국 다같이 구덩이에 빠지고 말 것이 아니겠느냐?"라는 반문인 것이다. 즉 나 예수는 눈먼 자가 아니라는 자신감, 확신감을 내보이는 것이다. 예수는 "눈뜬 자"이며 아버지의 질서를 보는 자이다.

마태자료는 도마자료와 거의 일치하고 있다. 마태는 도마계열 자료를 계승한 것이다. 도마와 마태에서는 앞의 "눈먼 자"가 예수 자신을 가리키는 것이 아니라, 예수와 예수를 따르는 자들 사이에 개입되기 쉬운 "이끄는 자"(Th.3), 즉 "지도자"를 자칭하는 인간들이다. 예수는 브로커들을 싫어한다. 예수가 전파하는 나라는 **브로커들의 개입이 없는 천국**이다.

이 장에서 말하는 "눈멂"이란 단순한 시력의 결여가 아니라 영적인 비젼이 결여된 "스피리츄알 블라인드니스spiritual blindness"이다. 이러한 영적 비젼의 결여에 해당되기 쉬운 존재가 오늘의, 제도 속에서 자신의 권위를 규정하는 목사님들 같은 분들이다. 목사한 사람의 잘못된 맹목성 때문에 너무도 많은 신도들이 맹목에 빠지고 마는 비극을 우리는 너무도 많이 목도하였다. 이런 눈먼 자들이 이제는 세속적 정치마저 장악하려고 하고 있다. 우리는 알아야 한다. 예수의 시대에는 목사라는 것이 없었다. 그러한 제도가 부재했다. 성서는 목사라는 존재의 전제가 없이 읽혀야 한다.

35 지혜롭게 약탈하라

> ¹예수께서 가라사대, "누구든지 강한 자의 집에 쳐들어가, 그의 양손을 결박하지 않고서는, 그 집을 늑탈하지 못하리라. ²결박한 후에야 강한 자의 집을 샅샅이 약탈할 수 있으리라."

沃案 본 장도 공관복음서 전부에 병행구가 있다. 예수의 병고치심을 "바알세불의 권능"이라고 매도하는 스토리 속에 그것을 항변하는 반증의 담론으로 이 말씀이 삽입되어 있다. 보통 큐복음서를 재구再構하는 학자들은 이 구절을 큐자료(Q37)에서 제외시키지만, 큐자료일 가능성도 있다(메이어의 주석).

> (마 12:29) 사람이 먼저 강한 자를 결박하지 않고서야 어떻게 그 강한 자의 집에 들어가 그 세간을 늑탈할 수 있겠는가? 결박한 후에야 그 집을 늑탈할 수 있으리라.

(막 3:27) 사람이 먼저 강한 자를 결박하지 않고서는 그 강한 자의 집에 들어가 세간을 늑탈하지 못하리라. 결박한 후에야 그 집을 늑탈할 수 있으리라.

(눅 11:21~22) 강한 자가 무장을 하고 자기 집을 지킬 때에는 그 소유가 안전하되, 더 강한 자가 와서 그를 이길 때에는 그가 믿던 무장을 빼앗고 그의 재물을 나누느니라.

마태와 마가가 동일계열의 자료를 공유하고 있는데 도마는 마가에 가깝다. 여기 밀집되어 있는 로기온자료들(Th.31~36)이 공관복음서 어느 하나에 집중되어 있지 않고 마태·마가·누가에 골고루 그 친화성이 있는 것을 보아도, 도마가 마태·마가·누가 이전의 원자료라는 것이 방증된다.

여기 중요한 것은 이 장의 내용의 해석이다. 예수의 병고치심의 대부분이 병자의 몸에서 귀신을 몰아내는 엑소시즘exorcism의 형태였기에 여기 바알세불의 권능이니 하는 말들이 논의되고 있는 것이다. 그러나 도마의 예수는 엑소시스트가 아니다. 이 35장의 로기온에서 도둑놈은 결코 부정적 의미에서 사용되고 있지 않다. 여기 "강한 자"는 문자 그대로 강한 자이다. 즉 세속적으로 권세와 부를 손아귀에 쥐고 있는 강자들이며 예수를 따르는 빈곤하고 소외된 자들을 탄압하는 자들이다. 예수운동(Jesus Movement)은 강자에 의하여 억압받는 소외계층을 위한 운동이다. 윤석열의 계엄령사태가 연출해낸 끔찍한 민중의 수난의 역사를 생각해도 이 로기온이 쉽게 이해될 것이다.

　여기 강자의 집으로 들어간다는 것은, 강자의 집 속에 약탈할 가치가 있는 귀중품이 있다는 것을 말해주고 있다. 그런데 강자는 손이 풀려있으며 자유롭게 자신의 강권을 발동하여 귀중품을 보호할 수 있다. 이것은 오늘날의 기득권자들(the Establishment)의 상황을 생각해보면 쉽게 이해할 수 있다. 강자들은 자신의 권익을 보호할 수 있는 자유로운 수단들을 확보하고 있는 것이다. 따라서 이 강자들의 집을 약탈하기 위해서는 먼저 강자의 풀려있는 손을 묶어야 한다. 그들이 두 손을 쓰지 못하도록 그들을 결박하는 전략을 먼저 구사해야 하는 것이다. 만약 그들의 양손을 묶어버리는 데 성공한다면 그들의 집을 강탈하는 것은 쉽게 성공할 수 있다.

　이 메시지는 예수의 사회운동가로서의 전략적 측면을 말해주고 있다. 강자와의 그냥 머리를 디미는 무모한 대결은 백전백패의 결과만을 가져올 것이다. 예수운동의 리더들은, 그들이 당면하고 있는 강자들의 사회 네트워크를 대항하는 방식에 있어서 매우 현명하고 재치있는 전략을 구사할 필요가 있다. 그 가장 좋은 방법은 강자들의 두 손을 묶는 것이다. 살아있는 예수의 은밀한 말씀을 해석하고 추구하는 사람들은 우선 사태를 정확하게 이해하고, 기획해야 하며, 교묘한 지혜를 발휘하여 그들이 소기하는 목적을 달성해야 하는 것이다. 예수운동의 오리지날한 성격이 단순히 소극적인 수행자전통과는 다른 강렬한 사회참여적 성격이 있었다는 것도 여기서 엿볼 수 있다.

또한 4복음서의 성립과정이 단순한 상상력에 의거한 것이 아니라, 기존의 자료와의 연속성을 매우 심각하게 고려한 것이었음을 알 수 있다. AD 1세기의 기독교문화의 전개과정은 진실로 인류지성의 찬란한 개화인 동시에, 끝없이 이어지는 미로迷路의 남상濫觴이었다.

36 무엇을 입을까 염려하지 말라

> ¹예수께서 가라사대, "아침부터 저녁까지, 그리고 저녁부터 아침까지 무엇을 입을까 염려하지 말라."

沃案 이 로기온자료도 큐자료(Q51)와 병행한다. 그리고 옥시린쿠스사본에도 나타난다.

> (마 6:25) 그러므로 내가 너희에게 이르노니, 목숨을 위하여 무엇을 먹을까 무엇을 마실까, 몸을 위하여 무엇을 입을까, 염려하지 말라. 목숨이 음식보다 중하지 아니하며, 몸이 의복보다 중하지 아니하냐?

> (눅 12:22~23) 또 제자들에게 이르시되, "그러므로 내가 너희에게 이르노니, 너희 목숨을 위하여 무엇을 먹을까, 몸을 위하여 무엇을 입을까, 염려하지 말라. 목숨이 음식보다 중하고, 몸이 의복보다 중하니라."

(POxy 655) 예수께서 가라사대, "아침부터 저녁까지, 그리고 저녁부터 아침까지 음식에 관하여서는 무엇을 먹을까, 의복에 관하여서는 무엇을 입을까, 염려하지 말라. 너희는 실을 보풀리어 길쌈하는 수고를 하지도 않고도 저렇게 아름다운 백합보다도 더 고귀하니라. 너희가 옷이 없다 한들, 과연 무엇을 너희 스스로 몸에 걸칠 수 있으리오? 누가 과연 너희 수명을 연장시킬 수 있으리오? 저들을 기르시는 분은 바로 그 분께서 너희에게 너희 옷을 주시리라."

도마와 이 세 자료를 비교해보면 도마는 간결하지만 옥시린쿠스 사본과 그 문맥구조가 가장 근접하고 있다는 것을 알 수 있다. 그러나 옥시린쿠스에 있는 "음식" 이야기가 도마에는 없으며, 또 옥시린쿠스에서 연이어 지고 있는 "백합" 이야기가 없다. 백합이야기에 연접되면 주제의 강조가 "하나님의 섭리"(Providence)로 옮아 가버린다.

도마로기온의 강조점은 "하나님의 섭리"에 있는 것이 아니라 예수 도반들(followers)의 "세속사에 대한 무관심"에 있다. "의복"이란 사회적 분별(social distinction)이다. 의복에 대한 무관심은 사회적 분별로부터의 해탈이요 해방이다. 예수가 "무엇을 입을까 걱정한다"고 했을 때 유대교 경전에 있는 사람들은 종교적인 신분을 상징하는 예복을 지칭했을 것이다. 예수는 그의 도반들이 일체 이러한 종교적 전통으로부터 해방된 인간이기를 바랐던 것이다.

여기 옷을 벗어버린 인간, 종교적·사회적 기대나 제약으로부터 자유로운 인간은, 바로 앞 장(Th.35)에서 사회에 대한 앙가쥬망의 방법론이나 기민한 전략에 관해 고민하는 인간과 매우 대조적이다. 그러나 도마복음서의 위대성은 바로 이렇게 대조적이고 대척점에 있는 것들이 결코 모순적 관계에 있는 것이 아니라 궁극적으로 인간 실존 속에서 통합되어야 하는 가치들이라는 것을 예시하는 데 있다. 진리를 추구하는 자들에게 있어서는 사회적 관심과 사회적 무관심은 궁극적으로 통합되어야 하는 가치인 것이다.

　이러한 가치의 양면성에 대한 예수의 통찰은 노자의 무위無爲를 연상케 한다. 무위는 동시에 무불위無不爲인 것이다. 노자의 아나키즘anarchism은 강력한 사회적 액션이기도 하다.

37 부끄러워 말고 발가벗어라

> [1]그를 따르는 자들이 여쭈어 가로되, "언제 당신은 우리에게 드러나게 되오리이까? 그리고 언제 우리가 당신을 보게 되오리이까?" [2]예수께서 가라사대, "너희가 부끄럼 없이 발가벗을 때, 그리고 너희가 어린 아해들처럼 너희 옷을 벗어 발 아래 두고 짓밟을 때, [3]비로소 너희는 살아있는 자의 아들을 보게 되리라. 그리고 너희는 두렵지 않게 되리라."

沃案 우선 예수를 따르는 자들의 질문이 심상치 않다. "언제 우리가 당신을 보게 되오리이까?"는, 예수가 그들 앞에 있는데 마치 없는 것처럼 질문하고 있다는 것이다. "진짜 당신의 모습은 언제 나타나오리이까?"라는 식의 기대는 "종말론적 기대"를 깔고 있다는 것이다. 그러나 이것은 과도한 해석이다. 본 장의 질문을 반드시 종말론적 배경 속에서 해석해야 할 당위성은 없다.

매우 상식적인 시각에서 보면 "본질적인 해후"(intrinsic encounter)를 추구하는, 해석의 발견자들(Th.1)의 고충이 표현된 말이라고 이해하는 것으로 족하다.

"언제 당신을 볼 수 있소"라는 질문에 대하여 "어린애처럼 발가벗어라"라는 명령은 가히 선禪문답적인 급전急轉이다. "봄"의 대상인 예수가 주어로 등장하는 것이 아니라, 보려고 노력하는 도반들의 내면적 상태가 갑자기 도마 위로 올려진다. "어린 아해"의 비유는 이미 4장, 22장에서 인간의 새로운 아이덴티티를 지시하는 긍정적인 테마로 등장한 바 있다.

"부끄럼 없이 발가벗어라"라는 표현에 관하여 서양의 주석가들은 난감한 표정을 짓는다. 그러나 우리 일상언어인 "해탈解脫"은 매우 평이하게 그 의미를 전달한다. "해"는 "푼다"는 말이요, "탈"은 "벗는다"는 뜻이다. 노자도 "수컷됨을 알고서도 암컷됨을 지키면 천하를 포용하는 낮은 계곡이 된다. 계곡이 되면 우주의 항상스러운 덕성이 떠나질 않는다. 그리하면 다시 갓난아기로 되돌아간다.知其雄, 守其雌, 爲天下谿。爲天下谿, 常德不離, 復歸於嬰兒。"(『도덕경』 28장). 예수는 노자의 본의와 상통하는 사유구조를 가지고 있다.

그런데 서구 주석가들은 창세기 2:25에 있는, "아담 내외는 알몸이면서도 서로 부끄러운 줄을 몰랐다"라는 구절에 의거하여 신화적으로 해석한다. 선악과를 따먹고 타락(The Fall)하기 이전의 무분별 상태로 복귀한다는 신화적 맥락에서 해석하는 것이다.

또 혹자는 "발가벗는다"는 초대교회의 세례(baptism)의식과 관련되어 있다고 본다. 세례의 욕조에 들어가기 전에 피세례인은 옷을 벗어 발아래 두고 알몸으로 들어가게 되는데, 알몸으로 들어가는 곳은 곧 "육체적 몸의 제거the removal of the freshly body"를 상징한다. 그리고 옷을 어린애처럼 짓밟는 행위는 어린애 같은 천진성과 순결성을 획득하는 것을 의미한다. 육체적 몸을 갈기갈기 찢어버리는 것을 의미하기도 한다. 같은 나그함마디문서인 『빌립복음서 Gospel of Philip』에는 다음과 같은 구절이 있다: "살아있는 물은 하나의 신령한 몸이다. 살아있는 인격을 새로 입는다는 것이 중요하다. 그러므로 세례 시 물속으로 들어가려고 할 때 그는 옷을 다 벗어버려야 하는데, 그것은 살아있는 인격을 새롭게 입기 위한 것이다."(75, 21~25).

하여튼 여기 "옷을 벗는다"는 사태는 우리 몸에 걸친 사회적 분별을 나타내는 의상을 벗는다는 차원에 그치는 문제가 아니라 그 옷이 곧바로 우리 육신에 내재하는 가치적 측면을 의미한다는 데 그 상징적 특수성이 있다. "옷벗음"은 궁극적으로 우리 육신이 "몸"의 본 모습으로 되돌아 가는 것을 의미한다. 육욕의 부정이라는 세속적인 테마를 말하는 것이 아니다. 사실 이러한 논리는 이미 복음서 성립 이전에 활약한 바울의 서한 속에서도 나타나고 있다. 고린도후서 5:1~4를 한번 보자!

> ¹만일 땅에 있는 우리의 장막집이 무너지면 우리에게는 하나님께서 지으신 집이 있나니, 그것은 사람의 손으로 만든 것이 아니요 하늘에 있는 영원한 집이라. ²과연 우리가 여기 있어 탄식하며 하늘에 있는 우리의 집을 덧입기를 간절히 사모하노니, ³이렇게 입음은 발가벗은 모습으로 발견되지 않으려 함이라. ⁴이 땅의 장막에 있는 우리가 무거운 짐에 짓눌린 것 같이 탄식하는 것은 벗고자 함이 아니요 오직 덧입고자 함이라. 이는 죽을 것이 생명에게 삼킨 바 되게 하려 함이라(고후 5:1~4).

이 바울의 유명한 메시지 속에서도 "발가벗은 모습으로 발견된다to be found naked"라는 것은 결코 긍정적인 의미맥락을 가지고 있지 않다. 바울은 여기서 티베트 밀교에서 말하는 중유中有(antarā-bhava)의 시기와 같은 중간기를 거치지 않고 곧바로 재림사건을 맞이하기를 갈구하고 있다(바울은 "중간기"의 상태를 "발가벗은 모습으로 발견된다"라고 표현한다). 발가벗은 모습으로 발견되지 않기를 갈구하면서, 현존의 땅의 장막 속에서 살고 있다가 곧바로 하늘의 집을 "덧입고" 싶다는 것이다.

바울의 레토릭에 있어서는 영과 육을 아주 이원론적으로 실체화하고 있는 듯이 보이지만, 그는 "온전한 몸"에 항상 관심이 있다. 영적인 몸이 된다고 해서 육신이 사라지는 "허깨비"를 말하고 있지 않다. 영·육의 미분리 상태는 암암리 바울의 사유 저변에 항상 깔려있다. 따라서 마지막 심판의 날에도 땅의 집 위에 하늘의 집을 "덧입을" 뿐이다. 죽을 것이 생명에게 삼킨 바 되어도 죽을 것이 완벽하게 무화無化되는 것이 아니다.

도마의 "발가벗음"은 종말론을 전제로 하지 않은 "자각적 해탈론"이다. 그런데 바울은 이러한 지혜를 허용할 수가 없었다. 바울의 신념 속에서는 모든 것이 철저히 "종말론적 의인론義認論" 속에서 해석되어야 하기 때문이다. 예수의 부활을 "믿음"으로써만이 인간은 해탈할 수 있으며 영적인 몸을 얻을 수 있다. 그러나 역사적 예수 본인은 예수의 부활을 전제하지 않는 발가벗음을 이야기하고 있었다.

본 장에서 마지막으로 명료하게 해야 할 구문은 "살아있는 자의 아들을 보게 되리라"라는 표현이다. 질문이 "언제 예수 당신을 볼 수 있습니까?"였으므로, 대답에서 봄의 대상은 예수가 되는 것이 자연스럽다. 그렇다면 "살아있는 자the living one"는 하나님이 되어야 하고, "살아있는 자의 아들"은 "하나님의 아들"로서의 예수가 될 것이다. 예수의 하나님 이해가 어떤 고정불변의 이데아적 개념이 아니라(유일신론이 헬레니즘세계에서는 플라톤화 되었다), 단지 "살아있는 자"를 의미했다는 것도 가능한 규정이다. "살아있는 자"라는 개념 속에서 예수와 하나님이 동일시되었다고도 볼 수 있다.

그러나 도마복음 전체의 맥락에서 볼 때, "살아있는 자"는 예수를 의미할 수밖에 없다. 제1장에서 이미 "살아있는 예수"를 말했고, 제3장에서도 "살아있는 아버지의 아들"은 예수 자신이 아닌 예수 도반들을 향한 말이었다. 그리고 제108장에는 "내 입으로부터 흘러나오는 것을 마시는 자는 나와 같아지리라"라고 선포하고 있다. 따라서 예수를 언제 바라볼 수 있겠느냐는 도반들의 질문에 대한 예수의 대답은 바로 "살아있는 자의 아들," 즉 "나 예수의 아해들"인 너희 자신을 바라보라!라는 선禪적 회향을 일으키고 있는 것이다. 그리하면 너희는 두렵지 않게 되리라. 너희 삶에 닥치는 모든 환난을 용감하게 대면하는 살아있는 나의 도반이 되리라고 선포하고 있는 것이다. "살아있는 자의 아들"의 이중성은 이 로기온의 해석을 오묘하게 만든다.

38 나를 발견치 못하는 그런 날들이 있으리라

¹예수께서 가라사대, "여러 번 너희는 내가 지금 너희에게 하고 있는 이 말들을 듣기를 갈구하였도다. 그리고 너희는 이 말들을 나 이외에 어느 누구로부터도 들을 수 없도다. ²너희가 나를 구하고자 하나 나를 발견치 못하는 그런 날들이 있으리라."

沃案 기존의 복음서에 익숙한 독자들은 "나를 발견치 못하는 그런 날들"이라는 표현을 접할 때는 곧 종말론적 함의를 연상할 것이다. 그러나 도마의 예수는 종말을 전제로 하지 않는다. "발견치 못하는 날들"의 황당함과 공허함은 오직 추구와 발견의 고귀함, 그 강도를 높여줄 뿐이다.

본 장을 통하여 도마와 같은 원 로기온자료들이 어떻게 복음서 기자들에 의하여 활용되는지 그 전변轉變의 샘플을 발견할 수 있을 것이다.

> (마 13:17) 내가 진실로 너희에게 이르노니, 많은 선지자들과 의로운 사람들이 너희가 보는 바를 보고자 갈구하였어도 보지 못하였고, 너희가 듣는 바를 듣고자 갈구하였어도 듣지 못하였느니라.

> (눅 10:24) 내가 너희에게 말하노니 많은 선지자들과 임금들이 너희 보는 바를 보고자 갈구하였어도 보지 못하였고, 너희가 듣는 바를 듣고자 갈구하였어도 듣지 못하였느니라.

(눅 17:22) 그리고 예수께서 제자들에게 이르시되, "**너희가 인자의 영광스러운 날 중 단 하루를 보고자 갈구하여도 그것을 보지 못하는 그런 날들이 다가오고 있다.**"

(요 7:33~36) 예수께서 이르시되, "**내가 너희와 함께 조금 더 있다가 나를 보내신 이에게로 돌아가겠노라. 너희가 나를 찾아도 나를 만나지 못할 터이요, 나 있는 곳에 오지도 못하리라**" 하신대, 이에 유대인들이 서로 묻되, "**이 사람이 어디로 가기에 우리가 저를 만나지 못하리요? 헬라인 중에 흩어져 사는 다이애스포라로 가서 헬라인이라도 가르칠 터인가? '나를 찾아도 나를 만나지 못할 터이요, 나 있는 곳에 오지도 못하리라' 한 말이 도대체 무슨 말이냐?**" 하니라.

먼저 마태자료와 누가자료는 큐복음서에 속하는 자료이다(Q33). 우리는 여기서 도마자료와 큐자료의 성격이 일치한다는 놀라운 사실을 발견할 수 있다. 큐자료에도 종말론적 전제가 배제되어 있다.

도마의 본 장 1절의 외침은 이것이다! 너희는 지금 나의 말을 듣고 있다. 그리고 너희는 나의 말을 듣기를 갈구하고 있다. 그래서 너희들은 축복된 존재이다. 여기서 가장 중요한 단어는 "갈구 desire"이다. 예수의 도반들은 예수의 말씀을 듣기를 갈구하는 존재들이다. 그 갈구가 있는 한 그들은 축복받은 존재들이다. 그리고 이러한 상황을 보다 절실하게 만들기 위하여 예수는 말한다: "너희는 이 말들을 나 이외의 어느 누구부터도 들을 수 없다."

이 명제는 예수의 자신감, 진리에 대한 확신을 나타내주는 명언 明言이다. 그리고 예수 도반들과 예수 사이의 친밀감(intimacy), 유대감(solidarity), 유일함(uniqueness)을 강조하고 있다. 이 주제를 발전시켜 큐자료는 많은 선지자들과 의로운 사람들(마태), 많은 선지자들과 임금들(누가)이 보고자 갈구하였어도 보지 못했고, 듣고자 갈구하였어도 듣지 못한 유니크한 사태라고 선언한 것이다.

도마의 원문을 잘 살펴보면 1절은 "들음"을 말하고 있고 2절은 "봄"을 말하고 있다. 이 들음과 봄의 표현이 함께 압축되어 마 13:16~17, 눅 10:23~24의 큐자료로 변형되었다. 그리고 1절의 주제는 큐자료로 가고, 2절의 주제는 "발견치 못하는 그런 날들"이라는 표현 때문에 종말론적으로 변형되어 눅 17:22와 요 7:33~36으로 발전되어 간 것이다. 도마가 4복음서의 아키타입을 이루는 어떤 원자료의 전승을 간직하고 있다는 사실은 이러한 표현의 갈래들을 비교해보면 명백히 드러나는 것이다.

도마의 로기온은 4복음서 이외로도 이레나에우스 등의 저작물에서도 그 변형된 표현들을 찾아볼 수 있다. 이레나에우스의 『이단들에 대하여 *Against Heresies*』(1. 20. 2) 속에 예수가 말한 것으로 인용된 구절인데 다음과 같은 좀 변형된 표현이 있다.

여러 번 그들은 이러한 말들의 하나라도 듣기를 갈구하였다. 그러나 그들은 나와 같은 말을 해줄 수 있는 어느 누구도 가지고 있지 않았다.

『마니교 시편Manichaean Psalm Book』(187. 28~29)에도 다음과 같은 말이 있다.

> 나는 말할 것을 가지고 있다. 그러나 그 말을 할 수 있는 어떤 자도 내 곁에 있지 않다.

『요한행전Acts of John』(98)에는 예수가 요한에게 다음과 같이 말한다.

> 요한이여! 그 누군가 나에게서 이 말을 들어야 한다. 나는 이 말을 들어야 할 사람을 필요로 하기 때문이다.

카르타고의 키프리안(Cyprian of Carthage, ca.200~258)이 쓴 『퀴리누스에게로의 증언 세 책Three Books of Testimonies to Quirinus』(3.29)에도 다음과 같은 말이 있다.

> 네가 나를 찾을 날이 오리라. 너와 너 뒤에 오는 자들이 지혜와 깨달음의 말들을 나에게서 듣고자 할 것이다. 그러나 너희는 결단코 나를 발견하지 못하리라.

우리가 본 장에서 가장 정확히 해석하고 가슴에 새겨두어야 할 예수의 말씀은 마지막 구절(제2절)이다. 마지막 말씀인 "너희가 나를 구하고자 하나 나를 발견치 못하는 그런 날들이 있으리라"는 메시지 속에서 예수는 "구함seeking"의 대상이 나 예수가 되어서는 아니 된다는 것을 암시하고 있다. "구함"은 나 밖에 있는 예수가 되어서는 아니 된다. 도반들은 예수를 자기 속에서 그리고 그들이 살고 있는 세계 한복판 속에서 추구해야 한다. 자기 밖으로 예수를 찾으러 다니면 예수는 거기 있지 않다. 결국 도반들의 추구는 자기 내면의 원초적 융합(the primordial Beginning)으로 돌아가는 것이 되어야 한다는 것을 말하고 있는 것이다. 앞 장(Th.37)과 주제의 연속성이 있다고도 말할 수 있을 것이다(cf. Stevan Davies, *The Gospel of Thomas*, Skylight paths, 2002, p.50: 데이비스는 카톨릭계열의 미세리코르디아대학 종교학 교수. 2015년 은퇴. 현재 명예교수이다. 데이비스는 도마복음을 영지주의 계열의 작품으로 보는 관점을 철저히 배격하고, 공관복음서의 조형적 로기온자료로 본다).

39 뱀처럼 지혜롭고 비둘기처럼 순결하라

¹예수께서 가라사대, "바리새인들과 서기관들은 지식의 열쇠들을 움켜쥐고 그것들을 숨겨버렸다. ²그들은 그들 자신이 (지식의 세계로) 들어가지도 않았고 또 들어가고자 하는 자들이 들어가도록 허락하지도 않았다. ³그러므로 너희는 뱀처럼 지혜롭고 비둘기처럼 순결하라."

沃案 본 장의 1·2절은 큐복음서와 겹친다(Q44). 마태는 3절을 분리시켜 다른 맥락에서 활용하였다(마 10:16). 본 장이 공관복음서에 선행하는 원자료라는 것은 명백하다. 그 역의 상황은 있을 수 없다.

(마 23:13) **화 있을진저! 외식하는 서기관들과 바리새인들이여! 너**
희는 천국문을 사람들 앞에서 닫고, 너희도 들어가지 않고, 들어
가려고 하는 자도 들어가지 못하도록 막는도다.
(눅 11:52) **화 있을진저! 너희 율법사여! 너희가 지식의 열쇠를**
가져가고, 너희도 들어가지 않았고 또 들어가고자 하는 자들도
막았느니라 하시니라.

누가자료가 도마자료에 더 충실하다는 것을 알 수 있다. **"지식의**
열쇠"라는 표현이 공통될 뿐만 아니라 종말론적 함의를 노골적으
로 드러내지 않는다. 누가의 "지식의 열쇠*tēn kleida tēs gnōseōs*"는
"지식이라는 열쇠the key that is knowledge"로 해석될 가능성도 있다.
누가만 해도 "지식의 열쇠"를 천국과 관련시키지 않았다. 그러나
마태는 그것을 "천국문을 사람들 앞에서 닫는다"라고 말하여 "천
국문의 열쇠"라는 뜻으로 변형시켰다. 이러한 표현은 마 16:19에
도 나타나고 있다.

시리아에서 성립한 『클레멘트 위서*Pseudo-Clementine Recognitions*』
(2. 30. 1)에도 다음과 같은 구절이 있다: **"이와 마찬가지로 또한 예수께**
서 그의 가르침의 마지막 시기에 서기관들과 바리새인들을, 그들의 부적절
한 행동과 부정확한 가르침을 야단치시면서 공격하시었다. 그리고 그들이
모세로부터 물려받은, 그것에 의하여 천국의 문이 열릴 수도 있는, 지식의
열쇠를 감추고 있는 것을 호되게 야단치시었다."

4복음서에는 유대인 지도자들, 서기관, 바리새인, 율법사, 제사

장, 헤롯당원, 사두개인에 대한 비판이 가득 실려있다. 예수의 패션 드라마를 만드는 데 중요한 요소로서 등장시켰다. 예수의 적대세력으로서 이들을 활용한 것이다. 그러나 재미있게도 도마복음서에는 이들에 대한 적대적 언급이 거의 없다. 본 장과 102장이 유일한 것인데, 이 두 장에서조차 예수의 적으로서 그려져 있지는 않다. 예수의 비판은 주로 자내적인 것이다. 즉 예수 도반들의 무지에 관한 것이다.

여기서 말하는 영지, 즉 그노시스라는 것은 신비스러운 그 무엇이 아니다. 그노시스는 영어로 "사이언스Science"로 번역되는데 그것은 그냥 "지식"의 뜻이다. 바리새인이나 서기관, 율법사들의 지식은 하늘의 문을 여는 신비로운 열쇠가 아니라, 토라에 관한 것이다. 토라는 모세오경이다. 그들은 모세오경의 전문가들인 것이다. 사두개인들은 토라에 대한 구전oral tradition을 인정하지 않았지만 바리새인들은 토라의 끊임없는 해석을 가능케 하는 구전에 대하여 개방적이었다. 바리새인들의 이러한 구전에 대한 너그러운 태도가 미쉬나와 탈무드를 가능케 한 것이다.

예수는 "바리새인들과 서기관들이 지식의 열쇠를 가지고 있다"는 사실을 인정한다. 그리고 그것을 결코 부정적인 맥락에서 지칭하지 아니한다. 토라에 관해서 그들은 풍요로운 전승을 지니고 있다는 것이다. 그들의 문제는 그러한 지식을 가지고 있다는 사실에 있는 것이 아니라, 그러한 지식을 숨기고 있다는 사실에 있다. "숨김"은 지식의 독점monopoly of knowledge이며, 권위의 과시이다. 우리가 도마복음서를 읽을 때 가장 감명을 받는 것은 역사적 예수의 개방적 자세에 관한 것이다.

　예수는 일체의 권위에 대해 도전적이었다. 기존의 야훼의 권위에 대해서도 예수는 도전적이다. 예수는 하나님의 나라를 말하지 않는다. 그냥 "나라"를 말할 뿐이다. "나라"는 새로운 "질서Order"이며 새로운 "지배Reign"일 뿐이다. 바울은 철저히 "야훼의 나라"를 생각했고, "야훼의 지배"를 생각했다. 유대교적 유일신론(Jewish monotheism)의 전제하에 새롭게 인류를 묶어낼 수 있는 보편주의를 구상한 것이다. 그러나 예수는 유대교적 유일신론을 사고의 전제로 가지고 있지 않다. 예수는 결코 유일신론자(monotheism-theorist)가 아닌 것이다. 그는 단지 "아버지"만을 말한다.

　예수의 이토록 철저한 비권위주의는 예수의 사상에 개방성을 초래한다. 모든 것은 이미 예수의 도반들에게 열려져 있다. 아무도 지식을 숨길 수 없고, 지식의 열쇠를 독점하고 있다고 클레임할 수 없는 것이다. 지식은 높은 산 위에 지어진 요새(Th.32)처럼, 등경 위에서 모든 사람에게 비추어지고 있는 등불의 빛(Th.33)처럼, 발가벗은 아해(Th.37)처럼 개방적인 것이다.

　지식을 숨기는 자들은 그들 자신, 지식의 세계로 들어갈 수도 없고, 지식의 세계로 들어가고자 갈구하는 타인도 들어가도록 허용하지 않는다. 이러한 지식의 훼방꾼들 앞에서 예수의 도반들은 어떻게 처신해야 하는가? "뱀처럼 지혜롭고 비둘기처럼 순결하라"고 권유한다.

뱀은 소리를 내지 않으며 자기가 가는 곳을 남에게 알리지 않고 여유롭게 움직인다. 여기 "지혜롭다wise"는 말은 "교활하다shrewd" "빈틈없다"라는 뜻을 내포한다. 희랍어의 "프로니모이phronimoi"는 "신중하다"라는 뜻도 내포하고 있다. 뱀처럼 지혜롭고 교활하고 신중한 반면, 인간은 비둘기처럼 순결해야 한다. 교활한 지혜는 반드시 성실한 순결을 전제로 해야 하고, 순결이 무지나 나이브함에 빠지지 않으려면 교활한 지혜를 전제로 해야 하는 것이다.

마태는 이 도마의 마지막 구절이 지식의 훼방꾼에 대처하는 말인데, 다른 맥락(제자 파송 시의 당부말씀the Mission Speech)에서 활용하였다: "보라! 내가 너희를 보냄이 양을 이리떼 가운데로 보냄과 같도다. 그러므로 너희는 뱀 같이 지혜롭고 비둘기 같이 순결하라"(마 10:16).

40 아버지 밖에 심어진 한 그루의 포도나무

¹예수께서 가라사대, "한 그루의 포도나무가 아버지 밖에 심어졌다. ²그 나무는 견고하지 못하므로, 그것은 뿌리채 뽑힐 것이며, 멸망할 것이다."

沃案 병행구가 마태복음에 있다. 그리고 그 내용적 맥락을 암시하

는 구절이 요한복음에도 있다. 그리고 이사야서 5:1~7에도 포도
밭의 노래가 있다. 참고할 만하다.

> (마 15:13) 예수께서 대답하여 가라사대, "하늘에 계신 나의 아버
> 지께서 심지 않으신 나무는 모두 뽑힐 것이다."

> (요 15:6) 사람이 내 안에 거하지 아니하면, 잘려나간 가지처럼 밖
> 에 버려져 말라지나니, 사람들이 이것을 모아다가 불에 던져 사
> 르느니라.

도마의 원문을 보면 "한 그루의 나무"가 과연 무엇을 의미하는
지 결정할 수가 없다. 그 의미를 결정케 하는 맥락이 결여되어 있기
때문이다. 그것은 개인일 수도 있고, 어떤 당대의 신앙공동체나 운
동공동체일 수도 있다. 개인이라면 예수의 도반들을 향한 말일 것
이요, 공동체라면 예수운동공동체와 비슷한 타 공동체에 대한 비
판적 언급이 될 것이다.

영역자들은 "아버지 밖에"를 다음과 같이 다르게 표현했다:outside
the father(B. Layton), away from the father(M. Mayer), outside of the
father(T.O.Lambdin). 그런데 "아버지 밖에"라는 의미가 요한복음 제
1장의 신화구조에 있어서처럼 이 "세계cosmos"를 의미하는 것으
로서 타자화될 수도 없다. 유일신론을 전제로 한다 해도 이 "세계"
가 하나님의 "밖"일 수가 없다. 이 세계야말로 하나님의 유일한 창
조물이기 때문이다. 그러므로 본 장의 "아버지"는 세계와 세계밖

의 대립을 전제로 하는 초월적 유일신관의 주체일 수도 없다. 예수는 "아버지"를 말했을 뿐이다. **그것은 나 존재의 심연일 뿐이다.** 그리고 아버지와 아무런 관련 없이 이 세계 속에 심어지고 있는 포도나무(사람)에 대해 염려를 표현했을 뿐이다. 요한복음의 구절은 도마의 직접인용으로 볼 수는 없겠지만 그것은 분명히 상호내거(the mutual indwelling)의 논리에 의하여 초기기독교 신앙공동체의 결속을 촉구하는 언사이다.

마태의 구절은 명백하게 바리새인들을 지칭하는 맥락에서 쓰여지고 있다. 아버지께서 심지 않으신, 뽑혀버리고 말 수밖에 없는 모든 나무는 바리새인을 가리킨다. "입에 들어가는 것이 사람을 더럽게 하는 것이 아니라, 입으로부터 나오는 것들이 사람을 더럽게 한다"는 로기온과 "소경이 소경을 인도하면 둘이 다 구덩이에 빠진다"(Q19)는 로기온 사이에 이 도마의 로기온이 삽입되어 있는데, 사실 주석가들은 이러한 로기온들을 부드럽게 연속되는 의미체계로서 해설하고 있지만, 그 로기온 파편들 사이의 단절은 양식사학적 논의를 정당하게 만든다. 전혀 관련없는 파편들의 어색한 연접일 수가 있는 것이다. "입에서 나오는 것이 더럽다"와 "하늘에 계신 아버지께서 심지 않은 나무는 뽑힌다"와 "소경이 소경을 인도하면 둘 다 구렁텅이에 빠진다"가 하나의 연속된 비유가 될 수는 없는 것이다. 도마복음의 출현은 이러한 **틈새의 짜깁기 상황**을 여실하게 드러내주고 있는 것이다.

본 장의 전체적 의미맥락은 명료하다. 살아있는 예수의 은밀한 말씀을 해석하고 추구하는 진실한 도반들 이외의, 껍쩍대는 연약한 자들은 결코 견고하게 이 땅에 뿌리를 내릴 수 없기 때문에, 결국 패망하고 만다는 것이다. 예수의 말씀을 추구하는 자들은 아버지 밖에 뿌리를 내려서는 아니 된다. 종교란 결국 인간의 체험의 심층차원(depth dimensions)에 관한 담론이다. 그것을 살아있는 예수는 "아버지"라고 표현한 것이다. 아버지라는 심층차원을 확보할 때 우리는 이 세상 한가운데 확고하게 뿌리를 내릴 수 있을 것이다.

41 가진 자가 더 가지게 될 뿐

¹예수께서 가라사대, "손에 무엇이라도 가진 자는 더욱 받게 될 것이요, ²그리고 가지지 못한 자는 그가 조금 가지고 있는 것마저 빼앗기게 될 것이다."

沃案 우선 공관복음서에 나오는 다양한 병행구를 살펴보자.

(마태 13:12) 무릇 가진 자는 받아 넉넉하게 되되, 무릇 가지지 못한 자는 그 있는 것도 빼앗기리라.

(마가 4:24~25) ²⁴또 가라사대, "너희가 듣는 것을 소중히 여기라. 너희가 남을 헤아리는 그 헤아림으로 너희 자신이 헤아림을 받을 뿐 아니라 더 많은 헤아림을 받을 것이다. ²⁵가진 자는 더욱 받게

될 것이요, 그리고 가지지 못한 자는 그가 가지고 있는 것마저 빼앗기리라."

(누가 8:18) 그러므로 너희가 어떻게 듣는가를 조심하라. 누구든지 가진 자는 더욱 받게 될 것이요, 그리고 가지지 못한 자는 그가 가지고 있다고 생각하는 것까지도 빼앗기리라.

이 공관자료들은 모두 천국에 관한 말씀을 받아들이는 자에게는 그 "비밀"의 앎이 주어지겠지만, 그 말씀을 거부하는 자에게는 더 이상 그러한 기회가 주어지지 않을 뿐 아니라, 그가 가지고 있다고 생각하는 앎마저 빼앗기게 되리라는 것을 말하고 있다. 이 세 구절을 비교하면 도마에 가장 가깝게 오는 것은 막 4:25이다. 막 4:24를 마 7:2(너희가 남을 비판하는 그 비판으로 너희 자신이 비판을 받을 것이요, 너희가 남을 헤아리는 그 헤아림으로 너희가 헤아림을 받을 것이다)와 같은 맥락으로 해석한다면 막 4:24와 막 4:25 사이에는 전혀 연접되기 어려운 의미의 단절이 있다. 막 4:25는 도마자료를 내면적 의미의 충분한 고려가 없이 그냥 수사학적인 외면적 구조의 유사성 때문에 병치시켜 놓은 것이다. 누가는 마가자료를 이러한 단절 때문에 더욱 애매하게 변형시켜놓고 있다.

이 외로도 큐복음서에 속하는 자료가 더 있다(Q82). 그 유명한 "달란트의 비유" 끝머리에 나온다.

(마 25:29) 무릇 가진 자는 더욱 받아 풍족하게 될 것이요, 그리고

무릇 가지지 못한 자는 그가 가지고 있는 것마저 빼앗기게 되리라.

(눅 19:26) 주인이 가로되, 내가 너희에게 말하노니, 무릇 가진 자는 누구든지 더 받게 될 것이나, 가지지 못한 자는 그가 가지고 있는 것마저도 빼앗기리라.

　여기서 우리는, 도마복음의 한 개의 로기온자료가 얼마나 다양한 맥락에서 복음서 창작자들의 의도에 따라 제멋대로 활용되고 있는지를 살펴볼 수 있다. 도마 원자료의 오리지날한 의미는 예수 도반들의 영적 추구에 관한 상식적인 과제상황을 일깨우는 것이다. 여기 키워드는 "가진 자"와 "가지지 못한 자"이다. 가진 자와 가지지 못한 자에 관하여 우리는 공평(fairness)을 운운한다. 인간세의 문명의 발전이란 가진 자와 가지지 못한 자의 갭을 좁히는 방향에서의 도덕의 증대를 의미하는 것이다. 인간세의 문명의 특징이 동물세계의 약육강식과 다른 것은 결국 "복지"라는 분배와 구휼救恤사업이 있다는 것이다. "이어오병"을 5천 명의 군중과 나누어 먹는 "나눔"의 실천이야말로 예수의 천국운동이 소기한 바였다.

　그러나 여기 예수는 이와 정반대의, 공평이 전적으로 무시되는 원리를 그의 도반들에게 제시하고 있다. 분배란 어디까지나 물질의 분배이다. 내가 가진 물질을 못 가진 자들과 공유하는 것은 이 땅에 아버지의 지배를 가능케 하는 미덕이다. 그러나 진리를 추구하는, 살아있는 예수의 은밀한 말씀을 추구하는 영적 세계에 있어서는 "가진 자"와 "가지지 못한 자" 사이에 타협적인 연속성의 단계(gradation)가 존재할 수가 없다. "가짐"은 전적으로 "가짐"이며, "가지지 못함"은 전적으로 "가지지 못함"이다. 진리의 깨달음에 어떤 수준의 타협이 있을 수 없는 것이다. 진실하게 깨달으려고 노력하는 자에게는 더욱더 풍요로운 깨달음이 주어질 것이며, 깨달음의 바탕이 없는 자에게는 모든 것이 상실될 것이다. 영적인 세계에 있어서는 "가짐"과 "가지지 못함"은 절대적 기준에 의한 실존적 선택의 결과일 뿐이다. 물질적 생활세계에 있어서는 적당한 분배가 미덕이지만 진리추구의 정신세계에 있어서는 치열한 찾음이 있을 뿐이다. 구도의 비상에는 더욱더 거대한 세계가 열리게 된다.

42 방랑하는 자가 되어라

¹예수께서 가라사대, "방랑하는 자들이 되어라."

沃案 도마복음 전체를 통틀어 가장 대표적인 구절 하나를 뽑으라고 한다면 많은 주석가들이 이 42장의 로기온을 꼽을 것이다. 나도 이 장의 짤막한 이 한 구절이야말로 역사적 예수를 이해하는 데 가장 기본적으로 전제되어야 할 에토스의 총화라고 말할 것이다. 도마복음이 이 42장의 경구로 인하여 유명해졌다고 해도 과언이 아닐 것이다. 언제, 누구에게, 어떤 정황에서 한 말일까? 이에 답하기 위하여 마가는 내러티브 복음서를 창작하였다. 그러나 그러한 내러티브가 없이 우리에게 던져지는 이 한마디는 훨씬 더 포괄적이

고 순결한 감동을 준다.

독자들은 이미 제27장에서 "이 세상으로부터 금식한다to fast from the world," "안식일을 안식일로서 지킨다to observe the Sabbath as a Sabbath"는 표현의 포괄적 함의를 접했으며, 제36장에서 "아침부터 저녁까지, 그리고 저녁부터 아침까지 무엇을 입을까 염려하지 말라"는 예수의 메시지를 접했다. 여기 "방랑하는 자가 되라"는 명제는 구체적으로 예수운동에 참여한 도반들이, 예수 자신을 포함하여, 끊임없이 갈릴리 지역의 이 동네 저 동네로 다니면서 방랑하던 견유학파적인 카리스마들(Cynic itinerants)이었다는 사실과도 관련이 있다.

이들의 삶의 방식에 관한 율장律藏적인 훈계들은 누가복음 9:27~10:16에 잘 기록되어 있다(Q28. 29. 30. 31). 그리고 제자파송에 관한 공관복음자료(마가 6:7~13, 마태 10:5~15, 누가 9:1~6)도 잘 읽어볼 필요가 있다. 여기 방랑하는 자들의 실생활의 모습이 잘 묘사되어 있다. 예수운동의 도반들에게 무소유(재산 포기), 무주택(집 없음), 무가정(가정 포기)은 필수의 요건이었으며, 그들은 모든 기득권을 포기해야만 했다.

여행을 위하여 지갑이나, 배낭이나, 신발(샌달)을 가지고 다닐 수도 없었으며, 여벌의 속옷도, 지팡이도 가져올 수 없었다. 뱀이 많은 이 지역에서 지팡이나 신발조차도 없이 걸어다닌다는 것은 극도의 자기부정의 고행을 의미하는 것이었다(※ 마가복음에서는 지팡이와 신발은 허용한다). 여기 "방랑하는 사람이 되라"는 메시지에서 가장 중요한 것은 추구하는 도반들의 아이덴티티가 그룹 아이덴티티가 아닌, 개인의 내면적 주체성을 그 핵심으로 놓고 있다는 것이다. 그리고 여기 "방랑"이란 세계로부터의 떠남(departure)을 의미하는 것이 아니라 세사世事에 연루되지 않는 탈脫앙가쥬망(disengagement)을 의미하는 것이다. 그러나 탈앙가쥬망은 세상을 버리는 것이 아니라, 세상에 대한 다른 방식의 앙가쥬망을 의미하는 것이다. 탈앙가쥬망을 통하여 새로운 앙가쥬망으로 진입하는 가장 결정적 이유는 "자유의 획득"을 위한 것이다.

바울은 이러한 자유의 신학을 "십자가"와 "부활"의 테마로서 발전시켰다. 그러나 여기 예수는 바울과 같은 그러한 종말론적인 십자가나 부활의 전제를 전혀 말하고 있지 않다. 나의 육신을 포함하는 모든 세속적 가치를 십자가에 못박아 죽여버림으로써 새로운 부활의 생명을 얻는 하나님의 의를 말하고 있지 않다.

나는 도마복음 42장의 로기온을 생각할 때마다, 이 로기온보다 약 400년 정도 앞서서 성립한 원시불교경전으로서 살아있는 붓다의 생생한 말씀을 전하고 있는 『숫타니파타』(팔리어 남전대장경 소부 *Khuddaka-nikāya*의 다섯 번째 경전: 숫타*Sutta*는 경經의 뜻이고 니파타*nipāta*는 집성集成의 뜻)의 "코뿔소의 외뿔*khaggavisāṇssutta*"이 생각난다.

여기 코뿔소(*khagga*)는 "혼자서 걸어가는 수행자," "혼자서 깨달은 사람*paccekabuddha*"을 의미한다. 뿔이 두 개로 짝지어 있지 않고 하나로 되어있기 때문에, 명예나 치욕, 사랑과 저주, 칭찬과 폄하, 선과 악 등 인간세의 이분적 가치에 흔들리지 않고 자신의 확신에 따라 깨닫고 생활하는, 이른바 후대의 불교 교학에서 말하는 "기린麒麟의 뿔에 비유되는 생활을 하는 독각獨覺"을 의미한다. 중국사람들은 "코뿔소rhinoceros"를 보지 못했기 때문에 자기들의 신화적 상서로운 동물인 기린으로 번역했던 것이다. 그리고 기린을 외뿔의 동물로 만들어버렸다. 독각獨覺에도 두 종류가 있는데 부행독각部行獨覺과 인각유독각麟角喩獨覺이 있다. 부행독각은 수행자의 그룹을 짜서 같이 수행하는 독각이다. 인각유독각은 여기서 말하는 홀로 방랑하는 수행자이다. 이 인각유독각이야말로 홀로 깨닫는 사람(paccekasambuddha)이며, 최초기 불교와 최초기 기독교의 공통된 이상이었다.

재미난 사실은 『숫타니파타』에는 절깐에 앉아 있는 수행자의 모습이 없다는 것이다. 나무 아래, 동굴 속에서 사는 수행자들의 자연스러운 풍광을 배경으로 하고 있다. 사원이 생겨나기 이전의 불교의 모습인 것이다. 그리고 비구니, 즉 여승이 등장하지 않는다. 여승제도가 생겨나기 이전의 불교의 모습인 것이다(BC 300년경 희랍인 메가스테네스가 인도에 와서 비구니를 본 것을 기록해놓고 있으므로 BC 300년 이전의 불교의 모습을 전하고 있다). 그리고 스투파塔의 숭배, 그리고 챠이티야塔院의 숭배가 전혀 언급되질 않는다. 탑숭배 이전의 불교의 모습인 것이다. 그리고 원시불교의 핵심교리라고 말하여지는 사성제四聖諦의 설이 일체 나타나지 않는다. 우파니샤드의 전통을 잇는 그냥 "진실" 정도의 의미를 전하는 "사짜sacca"라는 용어만 쓰여지고 있는데, 이 말은 "사제四諦"의 설과는 별 관련이 없다.

그리고『숫타니파타』속의 싯달타는 어떠한 특수한 종교의 개조
開祖라는 자의식이 전혀 없다. 그냥 사람으로서 걸어야 할 길을 진
솔하게 말하는 한 사람일 뿐이다. 그리고 불교 특유의 전문용어가
거의 전무하다는 것도 놀라운 일이다. 도마복음서가 바울에 의하
여 교리화되고 에클레시아가 조직화되기 이전의 "예수운동"의 모
습을 전하고 있다고 한다면,『숫타니파타』는 불교가 승단의 조직
을 구비하게 되고 교리화되고 권위화되기 이전의 "싯달타운동"의
모습을 전하고 있다고 할 것이다. 내가 인용하는 구절들의 놀라운
상통점을 통하여 헬레니즘문명권 속의 인도적 사유와 팔레스타인
적 사유의 거리가 멀지 않다는 것을 확인할 수 있을 것이다.

52. 추위와 더위, 굶주림과 목마름, 바람과 태양의 뜨거
    움, 모기떼와 독사들, 이런 모든 것들을 참고 견디며,
    저 광야를 가는 코뿔소의 외뿔처럼 홀로 가거라.

53. 어깨가 딱 벌어져 연꽃처럼 늠름한 거대한 코끼리
    가 그의 무리를 떠나 가고 싶은 대로 숲속을 노닐
    듯, 저 광야를 가는 코뿔소의 외뿔처럼 홀로 가거라.

54. 연회를 즐기는 사람에게는 잠시 동안의 해탈에조차
    이를 겨를이 없다. 태양의 후예(홀로 깨달은 자)인 나
    싯달타가 하는 이 말을 명심하고, 저 광야를 가는
    코뿔소의 외뿔처럼 홀로 가거라.

55. 서로 다투는 철학자들의 논쟁을 초월하여 진정한
    깨달음에 이르는 길을 발견한 수행자는, "나에게는
    지혜가 생겼다. 이제 누구에게도 다시 이끌려가지

않으리라"고 자신을 다지면서, 저 광야를 가는 코뿔소의 외뿔처럼 홀로 가거라.

56. 탐내지 말라. 속이지 말라. 갈망하지 말라. 잘 보이기 위하여 자신을 가리지 말라. 혼탁과 미망을 벗어던지고, 세상의 온갖 집착에서 벗어나, 저 광야를 가는 코뿔소의 외뿔처럼 홀로 가거라.

57. 의롭지 못한 것을 보고, 그릇되고 굽은 것에 사로잡힌 나쁜 친구를 멀리하라. 탐욕에 빠져 게을러빠진 사람을 가까이하지 말고, 저 광야를 가는 코뿔소의 외뿔처럼 홀로 가거라.

58. 배운 것이 풍성하며 진리를 분별할 줄 아는, 그런 고매하고 명민한 친구를 가까이하라. 그러한 사귐은 여러 가지로 도움이 되나니, 모든 의혹을 잘라버리고, 저 광야를 가는 코뿔소의 외뿔처럼 홀로 가거라.

59. 세상의 유희나 오락, 또는 쾌락에 젖는 일이 없도록, 마음을 이끌리지 말라. 몸의 장식을 벗어버리고 꾸밈없는 진실을 말하며, 저 광야를 가는 코뿔소의 외뿔처럼 홀로 가거라.

60. 아내도 자식도, 부모도, 재산도 곡식도, 친척이나 그 외의 모든 욕망까지도 다 버리고, 저 광야를 가는 코뿔소의 외뿔처럼 홀로 가거라.

71. 큰 소리에도 놀라지 않는 사자처럼, 그물에 걸리지 않는 바람처럼, 진흙에 더럽혀지지 않는 연꽃처럼,

저 광야를 가는 코뿔소의 외뿔처럼 홀로 가거라.

73. 자비와 평정과 연민과 해탈과 기쁨을 적당한 때를
    따라 익히고, 세간世間 모든 것을 저버림이 없이, 저
    광야를 가는 코뿔소의 외뿔처럼 홀로 가거라.

74. 탐욕과 혐오와 미망을 버리고, 마음의 속박을
    다 끊어버려라. 목숨을 잃는 것을 두려워 말고,
    저 광야를 가는 코뿔소의 외뿔처럼 홀로 가거라.

43 나의 말로써도 내가 누구인지를 모르느냐?

[1]그의 따르는 자들이 그에게 여쭈었다: "당신이 도대체
뉘시길래 이 같은 일들을 우리에게 말씀하시나이까?"
[2](예수께서 대답하시었다:) "너희는 내가 너희에게 말하는
것으로부터 내가 누구인지를 알아차리지 못하는도다.
[3]차라리 너희는 유대사람들처럼 되어버렸구나. 그들은
나무를 사랑하면서 그 열매를 증오하기도 하고, 열매를
사랑하면서도 그 나무를 증오하기도 하기 때문이다."

沃案 이런 말씀자료를 대할 때, 오늘날의 독자들은 있는 그대로
소박하게 그 의미를 접할 줄을 모른다는 것이 진실로 해석의 장벽
이 된다. 여기 예수는 하늘의 비밀을 이야기하고 있는 것이 아니요,
그가 일상적으로 부닥치는 실존적 고민거리를 이야기하고 있는 것
이다.

도마복음서는 기적도 없고, 처녀탄생의 내러티브도 없고, 십자가도 없고, 부활도 없다. 오직 예수의 말씀이 있을 뿐이다. 이러한 정황에서 그의 고민은 그가 일상적으로 부닥치는 오해의 오뇌懊惱일 뿐이다. 어떤 위대한 인격이 이 세상을 살아갈 때 그의 말씀이 듣는 자들에게 충격적인 혹은 탁월한 내용을 전하거나, 양심을 자극하는 날카로운 비판을 던지거나, 보편적 선을 위하여 수용하지 않을 수 없는 위대한 말이지만 기존의 체제를 무너뜨리는 독소를 내포하고 있거나, 혹은 듣는 자의 자존심을 무너뜨리거나 할 때, 그들은 그 "말씀" 그 자체를 있는 그대로 받아들이기를 거부한다. 이때 인간에게 작용하는 것은 "권위주의"이다. 도대체 그대는 무슨 권위의 근거 위에서 이런 말을 하는가? 말씀의 주체의 배후에 어떤 또다른 권위의 주체가 있는가를 묻는 것이다.

4복음서의 예수는 이런 상황에 봉착하게 되면, 반드시 예수를 이 땅에 보내신 하나님의 권위를 끌고 들어온다. 하나님의 권능에 힘입어 나는 너희에게 진리를 설파하노라 하고 자기 권위의 배경을 밝히는 것이다. 예수를 이 땅에 보내신 하나님의 권위를 물고 들어오는 것이다. 요한복음의 저자는 하나님의 독생자로서의 예수의 자의식을 하나님과 예수 사이의 상호내거相互內居의 논리에 의하여 치열하게 논증한다:

"그러면 당신은 누구요?" 하고 유대인들이 묻자 예수께서 이렇게 대답하셨다. "처음부터 내가 누구라는 것을 내가 너희에게 말하지 않았느냐? 나는 너희에 대해서 할 말도 많고 판단할 것도 많지만, 나를 보내신 분은 참되시기에 나는 그 분에게서 들은 것을 그 대로 이 세상에 선포할 뿐이로다"(요 8:25~26).

그러나 도마의 예수는 하나님의 권위를 빌어 상대방을 설득하려 하지 않는다. 4복음서 내러티브 속의 예수는 이미 바울신학의 필 터를 거친 예수다. 그러나 신화적 내음새가 빠진 도마의 예수는 과 감하고, 진실하다. 실존으로부터 절대적인 명제를 끄집어낸다.

왜 나의 배후를 캐는가? 왜 내가 말한 것으로부터 내가 누구인지 를 깨닫지 못하는가? 나를 따르는 도반들이여! 그대들이 진정 진리 를 추구하려고 한다면 나의 "말씀" 그 자체의 논리에 의하여 나의 진리를 판단하라! 도마의 예수는 진솔하고 자신이 있다. 실존 그 자 체로부터 하나님을 드러낸다. 거기에 구구한 신성을 덧붙이지 않 는다.

여기 "유다이오스*Ioudaios*"란 말이 나오는데, 유다이오스가 오 늘날의 "유대인Jews"의 개념인지, "유대 지방에 사는 사람들the Judeans"이라는 로칼한 개념인지, 명확히 구분되지 않는다. 단지 "유다이오스"라는 하나의 개념이 있을 뿐이다. 그러나 명백한 것 은 여기 역사적 예수의 자기인식에 있어서, 예수는 유대 지방의 사 람이 아닌 갈릴리 지방의 사람이라는 자의식을 노출시키고 있다는 것이다. 여기 비판의 대상이 되고 있는 것은 "유다이오스"가 아니 라 예수의 도반들이다. 그러나 너희들이 내가 말하는 것으로부터 내가 누구인지를 알아차리지 못한다면 너희 놈들은 이미 유대사람들이 다 되어버렸다. 유대놈들은, 우리 갈릴리사람들과는 달라서, 나무와 열매를 갈라서 생각하는 자들이기 때문이다. 나무와 열매는 결코 둘이 될 수 없는 하나의 유기체일 뿐이다. 나무를 좋아하고 열매를 싫어할 수 없으며, 열매를 좋아하고 나무를 싫어할 수는 없는 것이다. 여기 예수의 아이덴티티를 "나무"라고 한다면 예수의 말씀은 "열매"이다. 그 나무와 열매가 따로따로 놀 수가 없는 것이다. 열매를 보면 그 나무를 알 수가 있고, 나무를 보면 그 열매를 알 수 있는 것이다.

예수는 유대인 아이덴티티를 가진 사람이 아니었다. 예수는 갈릴리사람이었기에 그토록 용감하게 예루살렘 성전에서 그 판을 뒤엎는 행동을 할 수 있었다. 갈릴리의 민중들에게 예루살렘 성전은 경제적 착취와 종교적 허구의 상징이었다.

나무와 열매에 관한 이야기는 마 7:16~20, 눅 6:43~45, 그리고 마 12:33~34를 참고하라. 팔레스타인 언어에 내장되어 있는 흔한 속담류의 비유법일 것이다. 공관복음서는 이 비유법이 위선자들, 거짓 예언자들의 언행불일치나, 그들 위인(a person)과 행동(his action)의 괴리를 비판하는 데 동원되고 있으나, 여기서는 예수 도반들의 무지를 깨우치기 위한 통합적 사고를 나타내는 반증의 논리로서 제시되고 있다.

44 성령에 대해 모독하는 자는 용서받을 수 없다

¹예수께서 가라사대, "누구든지 아버지에 대해 모독하는 자는 용서받을 수 있다. ²그리고 누구든지 아들에 대해 모독하는 자도 용서받을 수 있다. ³그러나 누구든지 성령에 대해 모독하는 자는, 이 땅에서도 저 하늘에서도, 용서받을 수 없다."

沃案 도마복음서의 로기온 파편을 읽어보면 읽어볼수록 역사적 예수, 인간 예수의 실상實相을 발견하게 되고 가슴으로부터 우러나오는 공경심을 느끼게 된다. 예수는 픽션이 아니다. 예수를 픽션으로 만드는 것은 오늘 우리가 받들고 있는 신앙의 성스러운 측면(holy aspects)이다. 이 44장을 읽는 사람은 즉각적으로 "성부 – 성자 – 성신"이라는 삼위일체를 연상하게 된다. 그렇게 되면 성부, 성자, 성신은 모두 성화(sacralization)되고 부父, 자子, 신神은 모두 실체(ousia)화 된다. 그렇게 되면 도마복음을 AD 4세기 삼위일체논쟁 이후의 작품이라고 우겨댈 것이다. 그러나 여기 예수는 성부, 성자, 성신을 말하고 있지 않다. 오직 "아버지," "아들," "성령"이라는 일상용어(비교리적, 실체화될 수 없는 생동하는 언어)를 이야기하고 있을 뿐이다.

공관복음서가 성립하기 이전에 활약한 바울의 사상에 이미 아버지, 아들, 성령의 사상이 자리잡고 있었다. 그러니까 이 세 개념은 이미 AD 50년대 원시기독교 교계에 있어서 익숙한 개념이었다.

바울사상의 핵심은 예수의 "죽음과 부활"이다. 예수의 죽음과 부활은 오직 예수를 "하나님 아버지의 아들"로서만 인식할 때 의미를 가지는 것이다. 예수는 하나님 아버지의 아들로서 아버지에 의하여 이 세상으로 인간의 육신의 탈을 쓰고 태어난 것이다.

이 아버지는 과거부터 유대인들이 생각해왔던 진정한 유일신(the monotheistic God)이다. 이 유일한 하나님은 아들을 파견함과 동시에 또 하나님의 영을 아들의 영으로서 파견한다. 이 하나님의 영은 아들의 영인 동시에 인간과 하나님을 매개시킬 수 있는 영이다. 따라서 아들의 영은 우리 믿는 자들의 영이 되는 것이다.

바울의 서신 중 매우 신빙성 있는 저작인 고린도전서 12장 3절을 펴보라!

> "하나님의 영으로 말하는 자는 누구든지 '예수는 저주받을 놈이다' 이런 식으로 말할 수 없다. 또 성령에 의거하지 아니하고는 누구든지 '예수는 주님이시다'라고 고백할 수 없다. 은사는 여러 가지이나 성령은 하나이며 직분은 여러 가지이나 주님은 하나이다."

성령(Holy Spirit)이야말로 인간을 묶는 공통분모인 것이다. 바울은 하나님의 영(*pneuma*)을 단수로서만 쓴다. 그것은 인간에로의 하나님의 임재이다. 그것은 나에게 깃들인 아버지의 증표이며 아들의 증표이다. 바울의 가장 리얼한 서신 중의 하나인 갈라디아서 4장을 펴보라!

때가 차매, 하나님이 그 아들을 보내사 여자에게서 나게 하시고 (*바울은 동정녀 마리아 탄생설화도 몰랐다), 또 율법의 지배 속에서 태어나게 하신 것은(*즉 예수는 유대인으로 태어났다는 관념이 바울에게는 있다), 율법의 지배를 받고 사는 사람들을 속량하시고 우리로 하여금 아들의 명분을 얻게 하려 하심이라. 너희가 아들인 고로 하나님이 그 아들의 영(the Spirit of his Son)을 우리 마음 가운데 보내사, "아바! 아버지!"라고 외칠 수 있게 하셨나니라(갈 4:4~6).

이 문장에서 우리는 이미 "아버지"와 "아들"과 "성령"의 개념이 명료하게 구원론적 차원에서 드러나고 있음을 볼 수 있다. "아버지 – 아들 – 성령"의 소통된 일체야말로 진정한 유일신의 진정한 계시가 되는 것이다. 이때 성령은 어떤 의인화된 실체는 아니다. 그것은 부활하신 역사적 예수를 하늘에 계신 주 하나님과 결합시키는 어떤 추상적 힘이다. 역사적 예수의 썩을 수 있는 육체성과 부활하여 하늘로 들리우신 예수의 소원함을 극복케 하는 생명력이며, 그 생명력은 그리스도를 신앙하는 모든 인간들의 일상성 속에 임재하는 것이다.

성령은 아버지와 아들을 그리스도를 신앙하는 자들에게로 임재케 하는 네트워크 같은 것이다. 갈라디아서의 성립시기를 AD 51년 전후로 추정한다면(※ 성립시기에 관한 다양한 설이 있다) 여기 도마복음서에 아버지, 아들, 성령이라는 개념이 등장하는 것은 조금도 어색하지 않다. 더구나 이 장의 병행구가 큐복음서자료와 마가자료에 명료하게 나타나고 있다.

(마 12:31) 그러므로 **내가 너희에게** 이르노니, 사람의 모든 죄와 모독은 용서받을 수 있으나, 성령에 대하여 모독하는 것은 용서받을 수 없다.

(마 12:32) 또 누구든지 말로 인자人子를 거역하면 용서받을 수 있으나, 누구든지 말로 성령을 거역하면, 이 세상에서도, 앞으로 올 세상에서도, 용서받을 수 없다.

(막 3:28~29) **내가 진실로 너희에게** 이르노니, 사람이 저지르는 죄와, 또 (하나님에 대하여) 말로 모독하는 것은 용서받을 수 있다. 그러나 누구든지 성령에 대하여 모독하는 것은 결코 용서받을 수 없나니, 그것은 영원한 죄에 처하여지느니라.

(눅 12:10) 누구든지 말로 인자人子를 거역하면 용서받을 수 있다. 그러나 누구든지 성령에 대해 모독하는 자는 용서받을 수 없다.

이 4개의 파편을 비교해보면 눅 12:10과 마 12:32는 큐자료(Q48)에 속한다는 것을 알 수 있다. 이 두 개의 자료 중 누가자료가 큐자료의 원모습에 가깝게 간다. 그러나 마태에는 도마의 원형을 간직하는 삽입구가 종말론적 형태로 변형되어 나타나고 있다. "이 땅에서도 저 하늘에서도"가 "이 세상에서도 앞으로 올 세상에서도"로 변형되어 나타난다. 그러니까 마태는 누가자료(큐자료) 이외의 어떤 도마와 같은 원형자료를 보고 있다는 사실이 입증되는 것이다. 그리고 마태 12:31은 마가자료에서 옮아간 것임을 알 수가 있다. 그러나 마가자료에는 "인자(아들)에 대한 모독"이 빠져있다. 그러니까 마태는 큐자료와 마가자료를 같이 참고했으나, 그 외로도 어떤 원자료가 있었다는 것이다.

이 모든 자료를 비교해 볼 때 아버지, 아들, 성령, 이 세 항목이 모두 구비된, 그리고 문장의 명료한 파라렐리즘이 유지되고 있는 자료는 도마자료이다. 그렇다면 혹자는 이렇게 말할 것이다. 이 모든 자료에서 공통점을 뽑아서 말끔하게 정리한 것이 도마자료이다 라고. 과연 그럴까? 그것은 정말 억지춘향에 불과한 것이다. 도마가 원자료이고, 이 원자료를 활용하는 과정에서 이렇게 들쭉날쭉한 인용방식이 생겨났다고 보아야 한다. 원래 도마의 소박한 사상에는 후대교회에서 액면 그대로 받아들이기에는 괴로운 측면들이 있었기 때문일 것이다.

1절에서 2절, 2절에서 3절로 진행하는 문장들 사이에는 모종의 느낌의 크레센도crescendo가 있다. 그러니까 시시한 것으로 말하자면 아버지가 제일 시시한 것이고, 그 다음으로 시시한 것이 아들이다. 그러나 엄청나게 중요한 최후의 사태는 성령이다.

"아버지"에 대해서 모독하는 것은 별로 중요하지 않다. 그것은 단순히 말로써 이루어지는 허구적 사태일 수 있기 때문이다. 그리고 아버지는 인간이 모독한다고 모독되는 존재가 아닐 것이다. 그것은 크게 보면 용서할 수 있는 차원의 것이다. 여기 도마가 사용한 단어가 "하나님"이 아니고 "아버지"라는 사실에 우리는 좀 충격을 느낄 수도 있다. "아버지"야말로 도마에게 있어선 "하나님"처럼 객화될 수 없는 소중한 존재이기 때문이다. 그러나 도마는 인간의 언어에 그다지 큰 비중을 두지 않는다. 아버지도 실체화된다면 그 아버지에 대한 모독이 대역죄일 수는 없다.

그리고 나 예수에 관하여 모독하는 것도 용서될 수 있는 것이다. 그들이 모독하는 예수는 어디까지나 그들에게서 외재화되어 있는 예수이며, 인간의 탈을 쓴 예수이며, 예수의 본질로부터도 외면화되어 있는 예수이기 때문이다. 예수가 자기 인간 예수를 못 알아보고 모독한다고 모독하는 자들을 다 벌한다면 그러한 예수는 날강도 같은 예수일 것이다. 자기를 싫어한다고 그들을 다 벌할 수는 없는 것이다. 그러므로 누구든지 아들에 대해 모독하는 자는 용서받을 수 있다.

그러나 누구든지 성령에 대해 모독하는 자는, 이 땅에서도 저 하늘에서도, 영원히 용서받을 수 없다. 왜냐? 그것은 자신의 내면에 대한 기만이기 때문이다. 성령을 모독하는 것은 자기를 기만하는 것이기 때문이다. 예수를 모독할 수는 있으나 나 살아있는 예수의 은밀한 말씀 속에 내재하는 성령을 모독할 수는 없는 것이다. 전태일을 욕할 수는 있다. 그러나 그의 몸부림에 내재하는 성령, 그 진실을 욕할 수는 없다! 그것은 그대 자신의 실존의 내면에서 우러나오는 진리이기 때문이다.

이렇게 본다면 본 장의 예수의 외침은 전혀 삼위일체론적 발상과는 별개의 것이다. 도마의 예수는 삼위일체를 말하기 이전에 삼위를 체화(體化: 실체화)하는 것을 거부한다. 성령은 체화體化될 수 없는 것이다.

많은 주석가들이 예수에게 있어서 "성령"은 세례 요한으로부터
세례를 받았을 때 부여받은 권능이라고 말하지만, 그러한 성령은
메시아의 시대(Messianic Era)의 도래를 예견하는 상징적 사건이며
수난드라마의 결구 속에서 의미를 갖는 것이다. 도마의 예수와는
별 관련이 없다.

45 포도는 가시나무에서 수확되지 않는다

¹예수께서 가라사대, "포도는 가시나무에서 수확되지
않고, 무화과는 엉겅퀴에서 수확되지 않나니, 이것들은
열매를 맺지 않음이라. ²선한 사람은 창고로부터 선한
것을 내온다. ³나쁜 사람은 가슴속에 있는 나쁜 창고로
부터 나쁜 것들을 내오고 또 나쁜 것들을 말한다. ⁴왜냐
하면 나쁜 사람은 가슴에 쌓여 넘치는 것으로부터 나쁜
것들을 내올 수밖에 없기 때문이다."

沃案 불교의 가장 근본적인 교설로서 "연기paṭiccasamuppāda"라는
것이 있다. 삼라만상의 사건을 본체와 현상으로 이원화하지 않고
원인과 결과의 관계(relation)로서 설명하는 독특한 교설이다. 그 교
설의 핵심은 "이것이 있기 때문에 저것이 있고, 이것이 일어나기
때문에 저것이 일어난다. 此有故彼有, 此起故彼起"라는 것을 말한 것

이다(『雜阿含經』卷第十五, 369, 『大正』2~101. 『달라이라마와 도올의 만남』 제1권, p.152).

예수도 제1절(a)에서 포도가 가시나무에서, 무화과가 엉겅퀴에서 생겨날 수 없다는 연기를 말함으로써 자연의 인과를 명료하게 제시하고 있다.

2·3·4절(b)은 선인善因에서 선과善果가 나오고, 악인惡因에서 악과惡果가 나온다는 것을 말하고 있는데, 이것은 도덕의 인과를 제시하고 있다. 도덕의 인과는 자연의 인과와 연접되어 있다는 것을 예수는 말하고 있다.

그런데 본 로기온은 큐복음서에 들어가 있다(Q21). 그런데 마태 자료는 a(자연의 인과)와 b(도덕의 인과)를 나누어 다른 맥락에서 활용하였다.

> (마 7:16~18) [16]그들의 열매로 그들(거짓 선지자들)을 알지니, 가시나무에서 포도를, 또는 엉겅퀴에서 무화과를 따겠느냐? [17]이와 같이 좋은 나무마다 아름다운 열매를 맺고, 못된 나무가 나쁜 열매를 맺나니, [18]좋은 나무가 나쁜 열매를 맺을 수 없고, 못된 나무가 아름다운 열매를 맺을 수 없느니라.

> (마 12:33~35) [33]나무도 좋고 실과도 좋다 하든지, 나무도 좋지 않고 실과도 좋지 않다 하든지 하라. 그 실과로 그 나무를 아느니라. [34]독사의 자식들아! 너희는 악한데 어떻게 선한 말을 할 수 있

겠느냐? 이는 가슴에 쌓여 넘치는 것으로부터 입은 말할 수밖에 없기 때문이다. [35]선한 사람은 그 쌓은 선에서 선한 것을 내고, 악한 사람은 그 쌓은 악에서 악한 것을 내느니라.

이에 비하면 누가는 큐복음서의 원형을 보존하고 있는데, 이것은 a와 b가 연접된 것으로 도마복음 원자료의 형태를 계승한 것이다.

> (눅 6:43~45) [43]못된 열매 맺는 좋은 나무가 없고, 또 좋은 열매 맺는 못된 나무가 없느니라. [44]나무는 각각 그 열매로 아나니, 가시나무에서 무화과를 벌 수 없고, 또한 찔레에서 포도를 따지 못하느니라. [45]선한 사람은 마음의 쌓은 선에서 선을 내고, 악한 사람은 그 쌓인 악에서 악을 내나니, 이는 가슴에 쌓여 넘치는 것으로부터 그의 입이 말하기 때문이니라.

도마의 원의는 "가슴속에 있는 창고"라는 표현에서도 알 수 있듯이 인간의 내면에 축적되는 것과 그 외면으로 표출되는 것과의 인과적 필연성을 말하고 있다. 도마의 강조는 어디까지나 추구하는 도반들(seekers)의 내면적 축적에 관한 것이다. 그리고 외면으로 표출되는 악한 행동과 모독적 언사는 앞 장에서 말하는 "성령에 대한 모독"과 일맥상통하는 것임을 알 수 있다. 예수의 도반들은 선업이 내면에 쌓여 저절로 선행善行과 선언善言이 흘러넘치는 선인善人이 되어야 하는 것이다.

바울에게 있어서 율법(토라의 세계)과 믿음(그리스도에 대한 믿음)

의 대비는 시간을 타고 흐르는 내면의 축적이나 공로를 의미 없게 만든다. 믿음은 "쌓여 흘러넘치는 것"이 아니라 일시적인 결단(*Entscheidung*)이며, 전적인 삶의 전향이며, 하나님의 의(the righteousness of God=the justification by God)의 구현이다. 이러한 바울의 사상이 돈頓적인 세계를 말하고 있다면, 여기 예수의 사상은 점漸적인 축적을 말하고 있다. 도마의 예수에게는 바울과 같은 종말론적 전제(eschatological premises)가 없기 때문이다.

예 수	바 울
역사적 Historical	신화적 Mythical
삶 Life	죽음 Death
점漸 Gradual	돈頓 Sudden
현존재의 축적	하나님의 판결의 구현
끊임없는 추구	믿음에 의한 구원
현세론 Existentialism	종말론 Eschatolology
예수운동 Jesus Movement	그리스도론 Christology

46 아기가 세례 요한보다 더 위대하다

¹예수께서 가라사대, "아담으로부터 세례 요한에 이르기까지 여자가 낳은 자 중에서 세례 요한보다 더 위대한 이는 없도다. 그러므로 세례 요한의 눈길은 돌려져서는 아니 된다. ²그러나 이미 나는 말했노라. 너희 중에서 누구든지 아기가 되는 자는 나라를 알 것이요, 요한보다 더 위대하게 되리라."

沃案 이 로기온도 큐복음서와 병행한다(Q24).

(마 11:11) 내가 진실로 너희에게 말하노니, 여자가 낳은 자 중에서 세례 요한보다 더 위대한 이가 일어남이 없도다. 그러나 하늘나라에서는 극히 작은 자라도 요한보다 더 위대하니라.

(눅 7:28) 내가 너희에게 말하노니, 여자가 낳은 자 중에서 요한보다 더 위대한 이가 없도다. 그러나 하나님의 나라에서는 극히 작은 자라도 요한보다 더 위대하니라.

마태와 도마는 요한을 칭할 때 "세례 요한"이라 했고, 누가는 그냥 "요한"이라 했다. 그리고 도마의 "아담으로부터 세례 요한에 이르기까지"가 마가, 누가에는 다 빠져있다. 그리고 도마는 그냥 "나라"라고만 했는데 마태는 "하늘나라the kingdom of heaven"라고 했고, 누가는 "하나님나라the kingdom of God"라고 했다. 도마의 현실적 개념이 종말론화된 것임을 알 수 있다. 그리고 도마의 "아기"

가 마태·누가에서는 "극히 작은 자"로 되어있다. 도마의 "아기" 사상이 공관복음서 저자들에게는 근원적으로 결여되어 있기 때문일 것이다.

첫 구절인 "아담으로부터 세례 요한에 이르기까지"라는 표현은 바울이 로마서에서 말하고 있는 "아담과 그리스도"라는 대비개념을 연상시킨다(로마서 5:12~21절과 고린도전서 15:13~50절을 자세히 살펴볼 것). 이런 개념적 대비가 바울의 영향이라고 말할 자들이 많으나, 기실 도마복음은 바울에게 영향을 준 당대의 다양한 개념들을 예시하고 있다.

제45장이 선인과 악인의 인간론적 하이어라키를 말하고 있다면, 여기 46장의 논의는 구시대적 인간과 새시대적 인간의 하이어라키를 말하고 있다고 볼 수 있다. 다시 말해서 아담으로부터 세례 요한에 이르는 시대는 구시대로서 여자가 낳은 평범한 인간들의 시대이다. 이 시대는 세례 요한에 이르러 극점에 달했다. 그러니까 여자가 낳은 사람 중에서 세례 요한보다 위대한 이는 있을 수 없다.

세례 요한은 예수의 선배였고, 선각자였고, 스승이었고, 예수운동에 선행하는 세례운동의 주창자였다. 그리고 예수는 세례 요한에 대한 깊은 존경심을 잃지 않는다. 그러나 요한의 세례운동과 예수의 나라운동은 본질적인 갭이 있었다. 그것을 복음서 저자들은 "물의 세례"와 "불의 세례"로 대비시켰다. 그러나 여기 도마의 예수는 그러한 대비조차 허용하지 않는다. 단지 세례 요한의 위대성을 인정하는 동시에 그 한계를 그을 뿐이다. "눈길을 돌리다"라는 표현은 더 큰 권위자 앞에서 겸손하게 눈길을 돌리는 것을 의미한다. "눈길을 낮춘다"는 정도의 의미일 것이다. "세례 요한의 눈길은 돌려져서는 아니 된다"는 것은 세례 요한이야말로 그 어떤 권위에도 굴복할 필요가 없는 위대한 인물이라는 것이다. 그러나 그의 위대성은 아담의 시대에 속한다.

여기 도마는, 바울처럼 죽음과 부활의 상징체인 "그리스도"의 개념을 삽입하여 아담의 시대와 그리스도의 시대의 논의를 진행시키지 않는다. 암암리 공관복음서 기자들은 이미 바울적 논리의 영향을 받아 "하늘나라"를 운운하고 있는 것이다. 그러나 도마는 단지 "아기"를 말하고 있을 뿐이다. "나라" 즉 "새로운 질서"는 마지막 아담(The Last Adam: 예수를 가리킴, 고전 15:45, 롬 5:14)이 가져오는 것이 아니라, "아기"와 같은 상태일 뿐이다. "아기"란 이미 22장에서 말했듯이 모든 분별이 사라진 원초적 융합의 상태, 남·여의 구분조차 있을 수 없는 아담 이전의 상태를 말하는 것이다. 따라서 바울처럼 종말의 천국을 말하는 것이 아니라, 그 정반대로 원초의 혼융된 "나라"를 말하고 있는 것이다. 아기된 자는 요한보다 더 위대하다! 노자가 말하는 "영아嬰兒," 그리고 "혼돈混沌"으로 복귀할 때 우리는 비로소 아버지의 나라를 볼 수 있게 되는 것이다.

우리는 도마문헌의 출현으로 4복음서의 자연스러운 조형을 발견할 수 있고 그 조형으로부터 4복음서의 언어가 어떻게 연변演變되어온 것인지를 료연하게 알 수 있다.

47 새 포도주는 낡은 가죽부대에 부어넣지 않는다

[1]예수께서 가라사대, "한 사람이 동시에 두 말 위에 올라탈 수 없고, 한 사람이 동시에 두 활을 당길 수 없다. [2]그리고 한 종이 두 주인을 섬기지 못한다. 그렇게 되면 그 종은 한 주인은 영예롭게 할 것이나 또 한 주인은 거스르게 되리라. [3]그 어느 누구도 오래 묵은 (양질의) 포도주를 마시고 나서 금방 새 포도주를 마시기를 원치 아니한다. [4]그리고 새 포도주는 낡은 가죽부대에 넣지 않는다. 낡은 가죽부대가 터져버릴 수 있기 때문이다. 그리고 오래 묵은 (양질의) 포도주를 새 가죽부대에 쏟아붓지도 않는다. 그 (양질의 포도주의) 맛을 버릴 수 있기 때문이다. [5]낡은 천 조각을 새 옷에다가 기워 붙이지 않는다. 그것은 새 천에 안 맞아 다시 터질 것이기 때문이니라."

沃案 제1절은 아그라파*agrapha*라고 한다. 4복음서에서 발견되지 않는 예수의 말이라는 뜻이다. 제2절부터 진행되는 논리의 탁월한 서론적인 아포리즘aphorism(잠언箴言, 경구)이라 할 수 있다.

제2절은 마태와 누가에 병행구가 있으며, 큐복음서에 속한다 (Q74).

(마 6:24) 한 사람이 두 주인을 섬기지 못할 것이니, 혹 이를 미워하며 저를 사랑하거나, 혹 이를 중히 여기며 저를 경히 여길 것이기 때문이니라. 너희가 하나님과 재물을 겸하여 섬기지 못하느니라.

(눅 16:13) 한 종이 두 주인을 섬길 수 없나니, 혹 이를 미워하고 저를 사랑하거나, 혹 이를 중히 여기고 저를 경히 여길 것이기 때문이니라. 너희가 하나님과 재물을 겸하여 섬기지 못하느니라.

마태에는 "종"이라는 표현이 없고, 도마와 누가는 "종"이라는 표현이 공통된다. 그리고 도마에는 마태와 누가에게 공통으로 나타나는 "하나님과 재물"이라는 해설적 언급이 없다. 도마에게서 과연 두 주인이 "하나님과 재물(mammon: 돈 신으로 의인화됨)"을 의미하는 것인지는 알 수가 없다. 고대사회에서 한 종이 두 주인에 속할 수 없도록 제도화되어 있었던 것은 아니다. 노예가 두 주인에게 소유될 수 있는 상황은 얼마든지 있었다. 여기는 이러한 제도적 사실에 근거한 논의가 아니며, 노예가 주인에게 향하는 전심의 헌신(the exclusive loyalty)에 관한 것이다. 콥트어 텍스트에서 쓰고 있는, "종" "섬긴다" "영예롭게 한다 – 거스른다"에 해당되는 낱말은 모두 아람어 계통의 말이며, 따라서 도마의 문장이 희랍어 큐복음서보다 더 오래된 전승이라고 사료된다.

제3절의 "묵은 포도주 aged wine"는 나쁜 술이 아니다. 아주 양질의 고급 포도주라는 의미를 내포하고 있다. 요즈음 오래된 연도의 술이 더 고가인 것과 똑같다. 그러나 제3절의 뜻은 발렌타인 30년을 마신 뒤끝에 바로 연이어 싸구려 쐬주로 입가심할 바보는 없다는 뜻이다. 여기 문장에서는 분명 새것에 대비되는 묵은 것에 대한 예찬이 있다. 즉 예수 도반들이 추구하는 지식을 오랜 세월 동안 숙성된 묵은 술에 비유하고 있는 것이다. 이것은 "새 술은 새 부대에"라는, 새로운 메시아시대에 대한 예찬으로서 해석되는 공관복음서

의 기독론 입장과는 매우 다른 표현이다. 그러나 누가복음에는 도마의 제3절의 구절이 쌩뚱맞게 비정합적非整合的 문맥에 들어가 있다. 다시 말해서 눅 5:38에 "새 포도주는 새 부대에 넣어야 할 것이니라"라고 끝나는 문장 다음에 논리적 연결이 없이 연접되어 있는 것이다. 도마의 문장의 선후가 바뀌어 있다.

(눅 5:39) **아무도 묵은 포도주를 마신 후에 새 포도주를 원하지 않는다. 그는 묵은 포도주가 좋다고 말하기 때문이라.**

여태까지의 모든 성서주석가들은 이 파편의 어색한 단절성을 인정하지 않고, 적당히 부정적인 맥락에서 땜질하여 왔다. "묵은 포도주"를 낡은 관습에만 집착하거나 율법만을 예찬하는 보수적 인간들의 상징으로 해석한 것이다. 이러한 성서해석이 이제는 도마의 원래 형태가 밝혀짐으로써 바로잡혀야 한다. 누가가 도마의 원자료를 베낄 때 자신의 해석의도에 따라 변형을 일으켰거나, 후대의 주석가들의 적당한 오석誤釋을 우리가 정설로 받아들이고 있는 오류의 한 예증이라 할 것이다. 이와같이 도마의 출현은 성서해석의 새로운 지평을 연다.

다음, 4절과 5절의 경우는, 마가·마태·누가에 4절과 5절의 순서가 뒤바뀐 형태로 나타나고 있다. 먼저 4절의 경우를 보자.

(마가 2:22) **새 포도주를 낡은 가죽부대에 넣는 자는 없나니, 만일 그렇게 하면 새 포도주가 부대를 터뜨려 포도주와 부대를 버리게 되리라. 오직 새 포도주는 새 부대에 넣느니라.**

(마태 9:17) 새 포도주를 낡은 가죽부대에 넣지 아니하나니, 그렇게 하면 부대가 터져 포도주도 쏟아지고 부대도 버리게 됨이라. 오직 새 포도주는 새 부대에 넣어야 둘이 다 보전되느니라.

(누가 5:37~38) 새 포도주를 낡은 가죽부대에 넣는 자는 없나니, 만일 그렇게 하면 새 포도주가 부대를 터뜨려, 포도주가 쏟아지고 부대도 버리게 되리라. 새 포도주는 새 부대에 넣어야 할 것이니라.

상기의 3 병행구를 비교해보면, 마태와 누가는 마가자료를 활용하면서도 마태와 누가에 공통된 큐자료가 또 있다는 것을 짐작케한다. 그러나 이 경우 도마자료를 계승한 것은 마가라고 볼 수 있다. 그러나 도마자료는 "새 포도주−낡은 가죽부대"의 용례를 다시 역전시켜 "묵은 포도주−새 가죽부대"를 병치시키는 "대구역병행법對句逆竝行法"을 쓰고 있는데, 이 용례에서 마가는 "새 포도주−낡은 가죽부대"의 용례만을 활용함으로써, "새것"에 의하여 "헌것"이 지양止揚된다고 하는 자신의 주제를 명료하게 부각시키고 있다. 도마의 양면성을 그대로 수용하기에는 복음서 기자의 종말론적 관심과 괴리가 발생하기 때문이다. 그래서 도마의 양면성을 일면화해 버렸다.

그러나 도마는 "묵은 포도주"의 우수함을 계속 부각시키고 있다. 묵은 포도주는 양질의 고급 술인데 그것은 역시 있던 통에 그대로 있어야지 새 부대에 담으면 새 가죽의 냄새가 그 맛을 변질시켜 버린다는 것이다. 새 포도주는 가스가 왕성히 발생하는 성질이 있어

낡은 가죽부대에 넣으면 낡은 가죽부대를 터뜨릴 수가 있다. 그러니까 새 포도주를 낡은 부대에 넣는 것이나, 묵은 양질의 고급 포도주를 어설픈 새 부대에 넣는 것이나 모두 나쁜 것이다. 그러니까 도마의 사상에는 새것이 좋은 것이고 헌것은 다 나쁜 것이라는 분별적 사유, 직선적 사유, 이분적 사유가 없는 것이다. "새 포도주는 새 부대에"라는 우리의 통념은 이 4절의 표현에 한정하여 보면 좀 유치한 왜곡일 수가 있다. 묵은 술은 묵은 부대에 보전되는 것이 아름다운 것이다. 단지 도마는 새 것과 묵은 것의 양립불가능성을 말하고 있을 뿐이다.

그런데 마지막 제5절에는 이러한 사유의 약간의 반전이 일어난다.

> (도마 47:5) 낡은 천 조각을 새 옷에다가 기워 붙이지 않는다. 그것은 새 천에 안 맞아 다시 터질 것이기 때문이다.

> (마가 2:21) 생베 조각을 낡은 옷에 기워 붙이는 사람은 없나니, 만일 그렇게 하면 기운 새 것이 낡은 그것을 당기어 헤짐이 더하게 되느니라.

> (마태 9:16) 생베 조각을 낡은 옷에 붙이는 사람은 없나니, 이는 기운 것이 그 옷을 당기어 헤짐이 더하게 되기 때문이라.

> (누가 5:36) 또 비유하여 이르시되, 새 옷에서 한 조각을 찢어 낡은 옷에 붙이는 사람은 없나니, 만일 그렇게 하면, 새 옷을 찢을 뿐이요, 또 새 옷에서 찢은 조각이 낡은 것에 합하지 아니하리라.

마태와 누가는 마가자료를 원형으로 하고 있다고 보여지지만, 누가는 마가자료에서 본질적으로 빗나가 있다. 마가자료는 "생베 조각"을 말했을 뿐이며, 그것을 낡은 옷에 기워 붙이기 어렵다는 것을 말했을 뿐이다. 생베 조각(새 것)이 낡은 옷(오래된 것)에 비해 더 좋은 것이라는 특정한 가치판단을 명백히 내리고 있지 않다. 마태는 이러한 마가의 논조를 있는 그대로 계승한데 비하면 누가는 가치판단을 명백하게 하고 있다. 우선 "조각" 자체가 온전한 새 옷에서 찢어낸 조각이라는 사실이다. 이것은 온전한 새 옷마저 이미 버린 후의 사태라는 것을 암시하고 있다. 그리고 "새 옷에서 찢은 조각이 낡은 것에 합하지 않는다"고 말함으로써 새 옷은 낡은 옷보다 본질적으로 "좋은 것"이라는 것을 나타내고 있다.

여기 "새 옷"은 새로운 기독교(new Christianity)를 말하고 "낡은 옷"은 유대교와 유대인들의 낡은 삶의 방식(the old life of Judaism)을 의미한다. 그러니까 새로운 기독교의 천 조각을 낡은 유대교에 기워 붙이는 것은 넌센스라는 것이다. 병행구의 내면적 성격으로 볼 때 이 구절은 누가가 도마에 더 근접하고 있다. 아마도 누가와 도마는 공통의 어떤 자료를 각각 다르게 전승했을 수도 있다.

여기 천은 대개 양털로 짠 것인데, 양털은 물에 들어가면 심하게 수축한다. 그러니까 수축한 적이 없는 새 천은 심하게 수축하므로 주변의 천들을 잡아당겨서 망가뜨린다. "생베 조각"이라고 번역된 것은 영어로 "a piece of unshrunk cloth"이다. "수축되어 본 적이 없는 천 조각"이라는 뜻이다. 그런데 도마자료는 새 천 조각과 낡은 옷의 관계가 역으로 되어있다. "낡은 천 조각을 새 옷에다 기워 붙이지 않는다"로 되어있다. 수축의 결론은 결국 똑같지만, 터지는 것은 낡은 조각이다. 도마의 문맥도 완전히 스무드하게 연속적으로 진행된다고 볼 수는 없다. 그러나 1~4절에서는 양립불가능성만을 말하다가 제5절에 와서는 역시 새로 얻는 내면적 주체성이나 정체성(the new subjectivity and identity)은 낡은 삶의 방식으로 땜빵되어서는 아니 된다는 것을 말함으로써 "새 것"에 대한 무게를 실었다고 보아야 할 것이다.

이 장은 고경텍스트 변형의 좋은 사례이다.

48 둘이 평화를 이룩하면 산을 움직일 수 있다

¹예수께서 가라사대, "한 집안 속에서 둘이 서로 평화를 이룩할 수 있으면, 그들이 산을 보고 '여기서 움직여라!'라고 말하면, 산이 움직이리라."

沃案 관련된 문구들이 기존 복음서 여기저기에 있다. 그리고 비슷한 내용을 전하는 로기온이 106장에도 있다.

(마 18:19) 진실로 다시 너희에게 이르노니, 너희 중에 두 사람이 땅에서 합심하여 무엇이든지 구하면, 하늘에 계신 내 아버지께서 저희를 위하여 이루게 하리라.

여기 마태복음의 메시지는 예수의 제자들이 "땅에서" 합심하여 무엇이든지 구하면 "하늘에 계신 내 아버지께서" 그것을 이루어 주신다는 것을 말하고 있다. 예수 제자들(＝초대교회)의 내적 결속력이 강조되어 있고, 또 "땅의 제자들"과 "하늘에 계신 내 아버지my Father in heaven" 사이에서 이루어지는 초월주의적 구원론이 전제되어 있다. 다음에 산 보고 "움직여라" 운운하는 것은 큐복음서에 있다(Q79).

> (마 17:20) 가라사대, "너희 믿음이 적은 연고니라. 진실로 너희에게 이르노니, 너희가 만일 믿음이 한 겨자씨만큼만 있으면 이 산을 명하여 '여기서 저기로 옮기라' 하여도 옮길 것이요, 또 너희가 못할 것이 없으리라."

> (눅 17:6) 주께서 가라사대, "너희에게 겨자씨 한 알 만한 믿음이 있었더라면, 이 뽕나무더러 '뿌리가 뽑혀 바다에 심기라'라고 말하여도, 그것이 너희에게 순종하였으리라."

이것은 모두 "믿음"을 강조하는 타력신앙적 사유 속에서 인용되고 있다.

> (마 21:21) 예수께서 대답하여 가라사대, "내가 진실로 너희에게 이르노니, 만일 너희가 믿음이 있고 의심치 아니하면, 이 무화과나무에서 일어난 이런 일만 할 수 있을 뿐 아니라, 이 산 보고 '번쩍 들려라! 그리고 바다에 빠져라!'라고 말하여도 너희 말대로 될

것이니라."

(막 11:23) **내가 진실로 너희에게 이르노니, 누구든지 이 산더러 '번쩍 들려라! 그리고 바다에 빠져라!'라고 말하면서, 그 말하는 바가 이루어지리라고 믿고 마음에 의심치 아니하면, 그대로 되리라.**

이 모든 공관복음서의 말씀들은 "믿음"과 "기적을 일으키는 권능"을 연결시키는 논리를 강화하는 목적으로 쓰여졌다. 바울에 있어서는 "믿음"의 논리가 "기적"과 곧바로 연결되지는 않는다. 그러나 복음서의 저자들은 훨씬 더 용이하게 믿음과 기적을 연결시키고 있는 것이다. 초대교회의 신앙결속력이 아주 시급한 문제였을 것이다.

"산이 움직인다"는 것과도 같은 말은 예수의 특유한 말이라기보다는 중동지역에 사는 사람들의 격언·속담 같은 것이다. 모래바람으로 산이 움직일 수 있다. 사막에서는 자연이 불안정한 것이다. 사도 바울의 편지인 고린도전서 13장 사랑의 장에도 다음과 같은 말이 있다.

내가 예언하는 능력이 있어, 모든 비밀(뮈스테리아)**과 모든 지식**(그노시스)**을 알고, 또 산을 옮길 만한 모든 믿음**(피스티스)**이 있을지라도 사랑**(아가페)**이 없으면, 나는 아무 것도 아니다**(고전 13:2).

여기 바울의 논리는 "산을 옮길 만한 모든 믿음"에 대해 부정적이다. 그것이 대수로울 것이 없다는 입장이다. 여기서 우리는 기독교적 케리그마의 창시자인 바울이 오히려 복음서 저자들의 논리를 부정하고 있다는 인상을 받는다. 기독교 신화를 만든 바울이 복음서 저자들보다 오히려 덜 신화적이라는 인상을 받게 된다. 바울이 여기서 예수의 말을 인용하고 있다고 생각되지 않는다. 바울은 예수의 로기온을 거의 알지 못했다. 따라서 바울의 명제는 초대교회 당대의 천박한 믿음, 믿음만 있으면 기적도 마구 일어날 수 있다고 믿는 천박한 믿음을 비판하고 있는 것이다. 이제 우리는 도마복음의 로기온, 그 자체의 원의를 논해야 한다.

우선 여기 "한 집안 속에서 둘이 서로 평화를 이룬다"라는 표현을 집단적으로 해석하면 마태 18:19의 의미가 가장 도마에 근접할 것이다. "한 집안"을 도마공동체, 혹은 예수운동의 도반들, 혹은 추구자들(seekers)의 집단으로 해석하면, 본 로기온은 그들 자신간에 평화를 도모하면 예수운동이 사회적으로 막강한 힘을 발휘하게 되리라는 상징적 표현이 될 것이다. 그러나 여기 "한 집안"이라는 것의 공동체적 주체성을 말하는 것이 결코 아니다. "한 집안"이란 "오직 하나인 이 집this one house"(Lambdin)이라는 뜻을 내포하며 그것은 제4장에 나타난 "하나된 자a single one"의 다른 표현일 뿐이다. 이 주제는 4장뿐 아니라, 22장, 23장, 106장 등등에 나타나고 있다.

도마복음서에는 이 원초적 하나의 융합을 아담과 이브가 분화되기 이전의 원초적 아담이라는 말로 표현하고 있다. 그것은 선・악의 분별적 사유가 분화되기 이전의 "아기"로도 표현되고 있다(Th.46). "둘이 서로 평화를 이룬다"라는 표현은 그러한 원초적 융합의 상태로 복귀하는 것을 의미한다. 그것은 "에덴에서 아포칼립스까지"를 주장하는 섭리사관적・구속사적 직선시간을 말하는 것이 아니라, "아포칼립스가 없는 에덴"이며, "아포칼립스가 근원적으로 거부되는 에덴"이다. 나라(천국)는 미래에 있질 않고 항상 존재의 원점에 있다. 노자가 말하는 "원왈반遠曰反"의 "반反"(시작으로 돌아감, 『도덕경』 25장)에 있는 것이다.

그러한 내면적 융합을 이룩할 때 산을 보고 "움직여라" 외치면 산이 움직일 것이라는 말은 "기적의 권능"을 말하는 것이 아니요, 제2장의 "모든 것을 다스리게 되리라"는 말씀의 상징적 표현으로 해석해야 할 것이다. 그것은 원효가 체험한 "일체개유심조一切皆唯心造"와도 같은, 그러한 식識의 작용으로 해석되어야 할 것이다.

"산을 움직인다"는 이러한 표현 때문에 과도한 독선, 과도한 전도주의, 과도한 용감성, 과도한 전쟁도발의 행동이 인류사를 물들여온 기독교의 죄악인 역사를 반성하지 않으면 안된다. 모든 종교는 평화를 상실하면 종교宗敎(=으뜸되는 가르침)의 자격을 잃는다.

49 너희는 나라에서 왔고 나라로 돌아간다

> ¹예수께서 가라사대, "복이 있을지어다! 홀로 되고 선택된 자여! 너희는 나라를 발견할 것이기 때문이라. ²왜냐하면 너희는 나라에서 왔고, 또 다시 나라로 돌아갈 것이기 때문이니라."

沃案 기존의 복음서에 병행구가 없다. 여기 핵심적인 "단독자"와 "선택받은 자"이다. 이들은 나라(천국)를 발견한다. 이들은 바로 도마복음 제1장에서 말한 "말씀들의 해석을 발견하는 자들"이며 제2장에서 말한 "구하는 자들"이다. 단독자는 이미 "방랑자"의 개념(Th.42)에서 충분히 설명되었다. 나라를 발견할 수 있는 자들은 "단독자이며 선택받은 자"이다. 이 두 조건이 같이 구비된 사람들일 것이다. 단독자에 관해서는 4, 16, 23, 75장을 참고하고, 선택받은 자에 관해서는 8, 23, 50장을, 나라를 발견함에 관해서는 22, 46, 99, 114장을 참고하라. 본 장의 의미에 관해서는 이미 앞 장의 해설과의 연속성 속에서 이해하면 충분할 것이다.

제2절의 "너희는 나라에서 왔고, 또 다시 나라로 돌아가리라"는 단독자(monachos)의 오리진origin과 운명(destiny)을 가리키고 있다. 그것은 인간 존재의 궁극적 아이덴티티와 관련된다. 이 "나라"라는 개념을 초월적으로 해석하여 영지주의적 세계관과 연결시키는 것은 넌센스이다. 너는 본시 나라에서 왔고 너는 다시 나라로 돌아가리라는 말은 그러한 신화적 틀을 말하는 것이 아니라 맹자의 성

선性善과도 같은 신념체계를 말하는 것이다. 너는 본시 선한 질서에서 왔고, 또 다시 그 선한 질서로 돌아가게 되리라는 것이다. 제3장에서 말했듯이 나라는 너희 안에 있고 너희 밖에 있는 것이다.

50 우리는 빛의 자녀들이다.
생명의 증표는 운동이요 안식이로다

[1]예수께서 가라사대, "만약 그들이 너희에게 묻기를, '너희는 어디서 왔느뇨?' 하면 그들에게 말하라: '우리는 빛에서 왔노라. 빛이 스스로 생겨나는 곳에서 왔노라. 빛은 스스로 존재하며, 자립하며, 그들의 형상으로 자신을 드러내는도다.' [2]만약 그들이 너희에게 묻기를, '그 빛이 너희뇨?' 하면 그들에게 말하라: '우리는 빛의 자녀들이다. 그리고 우리는 살아있는 아버지의 선택된 자이다.' [3]만약 그들이 너희에게 묻기를, '너희 아버지께서 너희 속에 계시다는 증표가 무엇이뇨?'라고 하면 그들에게 말하라: '그것은 운동이요, 안식이로다.'"

沃案 이 문답을 영지주의적 신화구조 속에서 해석하는 주석가들이 있다. 독일신학자 불트만은 『요한복음강해』에서 빛의 파편이 육신의 감옥에서 해방되어 하늘나라로 돌아갈 때 구중천의 관문을 통과할 때마다 제시해야 하는 암호, 즉 그노시스의 열쇠를 운운하는데, 여기 문답을 그러한 그노시스의 열쇠를 확인하는 문답처럼

해석하는 주석가들이 있는 것이다. 여기 묻는 사람들은 구중천 관문의 파수꾼이 아니라 평범한 세속적 인간들이다.

　본 장의 빛은 제49장의 "나라"를 달리 표현한 것일 뿐이다. 묻는 "그들"은 추구하는 도반들과 대비되는 세속의 인간들일 뿐이다. 인간이 본시 나라에서 왔고, 다시 나라로 돌아가리라 했으니, 인간은 빛에서 왔고 빛으로 돌아간다. 요한복음에서는 그 빛을 "예수"에게만 허용하였고, 어두운 세상의 감옥에 갇힌 인간은 오직 그 일부 소량의 파편만을 간직한 것으로 묘사하였지만, 여기 도마는 모든 인간에게 예수와 동일한 빛의 자격을 부여한다.

　빛은 "스스로 생겨난다." 그것은 자생하는 것이며 타생적 존재가 아니다. 타자에 의하여 피조되는 것이 아니라 존재의 근원이다.

　"스스로 존재하며, 자립한다"는 표현도 16장의 "홀로 선다"라는 표현과 상통한다. 그리고 "그들의 형상으로 자신을 드러낸다"는 것도 이미 28장에서 나왔던 표현이다. 83장도 같이 참조하라.

　"빛의 자녀들"이라는 표현도, 빛의 파편만을 포함한 미미한 존재, 그래서 전적인 빛인 예수, 그 로고스의 구원의 역사를 기다려야만 하는 존재라는 뜻이 아니라, 너희야말로 전적으로 빛이며, "살아있는 아버지의 선택된 자the chosen of the living father"라는 것을 확언하고 있는 것이다. "살아있는 아버지의 선택된 자"는 예수와 동급이다.

　전 대화에서 가장 결정적인 구문은 마지막 대답이다. 그러나 안타깝게도 서양의 주석가들은 대체적으로 이 구문을 바르게 해석하지 못하고 있다.

"너희 속에 계신 아버지의 증표"(직역. 본문은 약간 의역되어 있다)가 무엇이냐고 묻는 말에 대한 대답은 참으로 명언이다: 그것은 "동動과 정靜. It is motion and rest."

여기서 말하는 "빛"은 광학적인 빛이 아니라, "생명"의 근원을 말하는 것이다. 빛이 없으면 생명은 멸절된다. 생명의 특징은 "움직임(動)"이다. 그러나 움직임은 반드시 "쉼(靜)"을 요청한다. 쉼은 움직임을 위한 쉼이지, 절대적인 정지라는 것은 없다. 화이트헤드는 "이성의 반대는 피로이다. Fatigue is the antithesis of Reason"라고 했다. 쉼이란 엔트로피의 감소를 위한 생명의 요청이다. 중국의 대유大儒 왕선산王船山, 1619~1692은 "정靜은 정지정靜之靜이 아니라, 동지정動之靜일 뿐"이라고 했다. 노자가 말하는 "반자도지동反者道之動"(항상 돌아가는 것이 생명의 도의 끊임없는 움직임이다)이라는 것도 여기 50장의 사상과 대차가 없다.

본 장의 내용을 요약하면 다음과 같다: "광光은 동動이다." 빛은 움직임을 창조한다. 그런데 그 창조는 생명의 창조이기 때문에 반드시 "쉼"을 요청하는 것이다. 제27장의 "안식일을 안식일로서 지킨다"라는 말도 이와 같은 맥락에서 료해되는 것이다. 우리의 존재의 가장 구극적인 아이덴티티는 빛이며, 그 빛은 예수이며 아버지이며 생명이며 동과 정인 것이다. 여기 본 장을 유치한 영지주의 신화구조 속에서 해석할 여지는 전무한 것이다. 정靜, 즉 안식

安息은 동動을 포섭하는 것이며 동의 목표이기도 한 "해탈"을 의미하는 것이다. 그러나 정을 동의 텔로스*telos*로서 파악할 필요는 없다. 정과 동의 이분법적 사고를 근원적으로 융합시키는 데서 우리는 빛의 리얼리티를 확인하게 되는 것이다.

51 새 세상은 이미 와 있노라

> [1]그의 따르는 자들이 그에게 여쭈어 가로되, "언제 죽은 자의 안식이 이루어지리이까? 그리고 언제 새 세상이 오리이까?" [2]그가 그들에게 가라사대, "너희가 기다리는 것은 이미 와 있노라. 단지 너희가 그것을 알지 못할 뿐이니라."

沃案 "죽은 자의 안식"이라는 말이 오해를 불러일으킬 수도 있다. 그러나 이미 예수시대에도 "죽은 자의 부활"이라는 개념은 팽배되어 있었다. 그것은 제2성전시대(the time of the Second Temple ※ 제2성전은 BC 520~515년에 건축됨)로부터 매우 보편화된 유대교 신앙의 형태였으며 바리새인들이 그것을 신앙하였다. "죽은 자의 안식"과 "새 세상"의 대망에 관한 질문이 여기 도반들에 의하여 예수에게 제기되었다고 해서 어색할 것은 하나도 없다. 예수시대에 유대인 제자들에 의하여 제기될 수 있는 매우 흔한 질문에 속하는 것이다.

그러나 이미 "죽은 자의 안식"이라는 개념은 제50장에서 언급하였듯이 착오적 개념에 속하는 것이다. "안식"은 죽은 자를 위한 것이 아니라, 산 자를 위한 것이며, 그것은 생명의 본질적 특성이다. 그러므로 그것은 대답될 가치가 없다. 도마복음 제1장에 "이 말씀들의 해석을 발견하는 자는 누구든지 죽음을 맛보지 아니하리라"라고 말하였으므로, 예수에게서 "삶"이란 "죽음" 이전에 온전히 실현되는 것이다. 따라서 추구하는 자들에게 중요한 것은 현재이다. 진리를 추구할 수 있다고 하는 생명의 현존의 이 순간이 소중한 것이다. 인간의 삶, 그 빛의 생명은 과거에 있는 것도 아니요, 미래에 있는 것도 아니다. 따라서 그의 대답은 명료하다: "너희가 기다리는 것은 이미 와 있노라. 단지 너희가 그것을 알지 못할 뿐이니라." 도마에 있어서는 **메시아 대망사상은 부정되는 것이다.** "나라"는 우리의 현존에 내재할 뿐이다.

> (눅 17:20~21) 바리새인들이 하나님의 나라가 어느 때에 임하나이까 묻거늘, 예수께서 가라사대, "하나님의 나라는 볼 수 있게 임하는 것이 아니요, 또 여기 있다 저기 있다고도 못하리니, 하나님의 나라는 너희 안에 있느니라."

> (요 5:24~25) 진실로 진실로 내가 너희에게 이르노니, 내 말을 듣고 또 나를 보내신 이를 믿는 자는 영생을 얻고 심판에 이르지 아니하나니, 그는 이미 사망에서 생명으로 옮겨져 있느니라. 진실로 진실로 내가 너희에게 이르노니, 죽은 자들이 하나님의 아들의 음성을 들을 그때가 오고 있나니, 지금이 바로 그때라! 듣는 자는 살아나리라.

불트만은 『케리그마와 신화Kerygma and Myth』(p.20)에서 다음과 같이 말하고 있다.

"요한복음은 아포칼립틱한 종말론의 모든 흔적을 말끔히 제거하였다. 최후의 심판은 더 이상 임박한 우주적 사건이 아니다. 왜냐하면 그것은 이미 예수의 오심과 그에 대한 신앙을 호소하심 속에서 이미 실현되고 있기 때문이다. 믿는 자는 지금, 여기에서 생명을 얻는다. 그들은 이미 사망에서 생명으로 옮겨져 버렸다. 외면적으로는 모든 것은 예전과 같아 보인다. 그러나 내면적으로는 믿는 자의 세계와의 관계는 래디칼하게 변화한 것이다."

불트만의 말대로 요한은 "종말의 현재화"를 말한다. 그러나 요한과 도마는 근원적으로 다르다. 도마의 예수에게는 현재화시킬 종말이라는 건덕지가 근원적으로 부재하다. 사람들이 기다리는 것이 지금 여기에 이미 와 있다는 현존적 사실에 대한 자각만이 그들을 구원할 것이다. "나라"는 오직 너희 안에 있다(Th.3). 본 장의 테마는 제11장과도 관련된다.

52 이스라엘의 스물넷 예언자들은 죽은 자들이다

> [1] 그의 따르는 자들이 그에게 가로되, "스물넷 예언자들이 이스라엘에서 예언하였나이다. 그리고 그들이 모두 당신을 지목하여 말하였나이다." [2] 그께서 그들에게 이르시되, "너희가 너희 면전에 살아있는 자를 보지 아니하고, 죽은 자들만을 이야기하는구나!"

沃案 여기 "스물넷 예언자들twenty-four prophets"은 『에스드라스 제2서2 Esdras』(14:45)에는 구약 전체의 문헌을 "24서"로 표현하고 있으므로, 여기 "스물넷 예언자들"이란 24서의 24주인공을 의미한다고 볼 수 있다(구약의 책들을 세는 방식이 다르다. 토라[모세오경] 5, 네비임[전예언서+후예언서] 8, 케투빔[성문서] 11, 도합 24). 이들이 예언한 내용이 모두 예수 당신을 메시아로 지목하고 말하고 있다고 도반들이 생각하여 예수에게 여쭌 것이다. 도반들은 구약의 예언의 권위에 의하여 예수의 메시아됨의 확고한 근거가 구성될 수 있다고 생각한 것이다. 예수의 대답은 바로 이러한 구성(construction)을 전면적으로 거부하고 파기하는 것이다.

고린도후서 3:14~16에 있는 바울의 메시지에 한번 귀를 기울여 보자!

> 그러나 저희 마음이 완고하여 오늘날까지 구약(the old covenant)을 읽을 때에 모세가 뒤집어쓴 너울을 벗지 못하고 있다. 오직 그

리스도를 통하여서만 그 너울은 벗겨질 수 있기 때문이다. 그러하도다! 오늘날까지 모세의 글을 읽을 때에 그 너울이 그 마음을 덮었도다. 그러나 누구든지 주께로 돌아갈 때에는 그 너울이 벗겨지리라(고후 3:14~16).

"신약"이란 "새로운 계약"이다. 예수라는 중개자를 통하여 하나님과 새로운 계약을 맺은 것이다. 계약이 새롭게 되었으면 당연히 "헌 계약"은 파기되어야 한다. 구약은 그리스도 신앙인들에게는 재미있는 참고서는 될 수 있을지언정, 결코 신앙의 대상이 될 수 없다. 구약을 강독하면서 연보돈을 강요하는 목사는 목사가 아니다. 그는 율법사의 말류도 되지 못하는 모리배일 뿐이다. 히브리서 8:7을 보라!

저 첫 계약이 하자가 없었더라면 둘째번 계약을 요구할 하등의 이유가 없었느니라(히 8:7).

구약은 유대민족의 투쟁전략일 뿐이다(N. T. Wright, *What Saint Paul Really Said*, p.63). 도마의 예수는 말한다:

나는 과거 스물넷 예언자들이 이스라엘에서 나를 지목하여 메시아라고 했다고 해서 내가 메시아가 되는 것은 아니다. 그들은 모두 죽은 자들이다. 나는 살아있는 자이다. 어찌하여 너희는 너희 면전에 우뚝 서있는 살아있는 자를 무시하고 죽은 자들의 예언에 의거하여 나를 쳐다보려 하느뇨? 나는 살아있는 자이니라!

도마복음의 제일 앞 서장에서도 "살아있는 예수"를 말하였다. 우리는 지금 이 시점에서도 살아있는 예수를 만나야 한다. 그렇지 아니하면 우리는 예수를 지금도 기독론적 구도 속에서 구약화하고 있는 것이다. "너희 면전에 있는 살아있는 자를 보라"라는 사상은 이미 AD 50년 전후에 있었던 사상흐름이었을 것이다. 이러한 흐름은 후에 요한복음에도 일부 반영되었을 것이다(요 5:37~40; 8:52~53).

"풍류신학" "제3교회" 등을 말하며 우리의 토착적 신학을 추구하는 소금素琴 유동식柳東植 선생의 사상도 그리스도를 매개로 하나님과 인간이 하나가 되는 삼태극적 통전統全(엡 4:6)을 말하고 있다. 영성을 매개로 인간과 예수와 하나님은 하나가 된다는 것이다. 영원히 살아있는 예수를 나의 실존의 본래성과 동일시할 때만이 예수는 우리 삶의 의미체가 된다. 예수는 결코 구약의 예언자들이 말하는 메시아가 아니다. 그의 메시아됨을 철저히 거부함으로써 오히려 그의 아들됨의 순결성을 드러내고 있는 것이다.

내가 해설하는 말 중에 "메시아"라는 단어를 쓰기는 하였으나 도마 본문 속에 "메시아"라는 말은 나타나지 않는다. 즉 도마복음의 저자에게는 메시아사상이 관념화되고 있질 않다. "당신을 지목하여 말하였다"라고만 했지, 당신을 "메시아로 추대하였다"라는 사상은 반영되어 있지 않다. 구약에서도 신약적인 메시아사상은 매우 드물다.

53 차라리 영 속에서의 진정한 할례야말로 온전하게 유용하리라

¹그의 따르는 자들이 그에게 가로되, "할례가 유용합니까, 유용하지 않습니까?" ²그께서 그들에게 이르시되, "만약 할례가 유용하다면, 그 아기들의 아버지가 그 아기들을 그들 엄마의 태 속에서부터 이미 할례된 채로 낳게 하였으리라. ³차라리 영 속에서의 진정한 할례야말로 온전하게 유용하리라."

沃案 본 로기온의 주제는 바울의 서신을 통하여 이미 우리에게 널리 알려진 주제이다.

> (롬 2:28~29) 대저 표면적으로 유대인이라 하여 진정한 유대인이 아니요, 표면적 육신의 할례라 하여 진정한 할례가 아니라. 오직 내면적으로 유대인인 자만이 유대인이며, 진정한 할례는 마음에 해야 할지니, 그것은 신령에 있고 법조문에 있지 아니한 것이라. 이러한 참된 사람에 대한 칭찬은 사람으로부터 오는 것이 아니요, 오직 하나님으로부터 오는 것이니라.

할례에 대한 바울의 문제의식은 초대교회에 있어서의 유대계 기독교인들(Judaizers)과 이방인 기독교인들(Gentiles)과의 마찰을 해소시키기 위한 방편이었다. 그러나 도마의 문제의식은 앞 장(Th.52)의 문제의식을 이은 것이다. 즉 유대교의 율법에 의하여 예수를 이해하려는 모든 도반들의 의혹을 단절시키려는 것이다. 여기 "영 속에서의 진정한 할례"라는 개념은 매우 혁신적인 개념이며 유대교의 율법을 거부한 예수에게 있어서는 너무도 당연한 것이다. 사도행전 15:1에는 예수의 사후이지만 아직 예수운동의 초기에 해당되는 분위기를 반영하는 말로서 다음과 같은 유대지방 사람의 말이 실려있다: **"너희가 모세의 법대로 할례를 받지 아니하면 능히 구원을 얻지 못하리라."** 이러한 경직된 사유의 협박을 도마복음 속의 예수는 거부하고 있는 것이다.

54 가난한 자는 스스로 비운 자

¹예수께서 가라사대, "가난한 자는 복이 있나니, 하늘나라가 너희 것임이라."

沃案 유명한 산상수훈의 말씀이 여기에 나타나고 있다. 놀라웁게도 이것은 큐복음서에 속하는 것이다(Q9).

> (마 5:3) 심령이 가난한 자는 복이 있나니, 하늘나라가 저희 것임이라.

> (눅 6:20) 예수께서 눈을 들어 제자들을 보시고 가라사대, "가난한 저희는 복이 있나니, 하나님의 나라가 너희 것임이라."

이 세 개의 파편을 비교해보면 다양한 변화가 감지된다. 이 세 개의 파편 중에서 어느 것이 가장 오래된 것인지를 확정짓기는 어렵다. 우선 마태는 "심령이 가난한 자"라 하여 3인칭으로 쓰고 있는 데 반하여, 누가는 "가난한 너희는"이라 하여 2인칭을 쓰고 있다 (you poor[RSV], you who are poor[NRSV]: 우리말 번역은 2인칭을 빼버렸다). 도마는 3인칭을 쓰고 있다. 누가는 "하나님의 나라the kingdom of God"라는 표현을 쓴 데 반하여, 도마와 마태는 공통으로 "하늘나라the kingdom of heaven"라는 표현을 쓰고 있다. 그러나 도마가 "하늘나라" 즉 "천국"이라는 표현을 극력 피하는 성향이 있는 데 비하면(그냥 "나라" 혹은 "아버지의 나라"라고만 한다. 20장에 "하늘나라"가 한 번 나왔을 뿐이다. 그리고 114장에 또 나온다), 여기 "하늘나라"라는 표현은 좀 파격적일 수도 있다. 제3장에서 이미 말했듯이 "나라"는 하늘에 있는 것이 아니라 우리 안에 있는 것이다. 그것은 추구하는 자들의 본래적 자아의 회복일 뿐이다.

그리고 마태는 "저희 것임이라"로 되어있는데 도마와 누가는 "너희 것임이라"로 되어있다. 그리고 마태는 "심령이 가난한 자"라 하여, "가난한 자"에다가 "심령이in spirit"라는 표현을 덧칠하였다. 도마와 누가는 그런 덧칠이 없다. 대부분의 주석가들이 "심령의 가난"을 운운한 것은 마태의 첨가라고 말하지만, 상당수의 주석가들이 결코 그렇게만 단순하게 볼 수 없다고 주장한다.

"심령의 가난"이야말로 하늘나라의 전제조건이다. 심령의 파산 (spiritual bankruptcy)은 우리 인간으로 하여금 전적으로 신 앞에서의 인간의 하찮음을 고백하게 하고, 전적으로 메시아의 지배를 받아들이며, 메시아가 가져오는 축복을 향유하며, 천국의 삶에 참여하게끔 만드는 것이다. 어떤 의미에서 나는 "심령의 가난"을 노자의 "허虛"로도 해석할 수 있지 않을까 생각해본다. 마음이 찬(滿) 사람은 천국을 받아들일 수 없다. 노자의 "도道"도 마음이 빈 사람에게만 깃드는 것이다. 이러한 "심령의 가난"도 역사적 예수의 본래적 사상에 속하는 것이라는 주장이다(Carson, *The Expositor's Bible Commentary* 8. p.132).

그리고 재미있게도 마태와 누가가 모두 가난한 자의 축복, 즉 천국이 저희(너희) 것이라는 후반부가 현재형(*estin*)으로 되어있는 데 비하여, 다음에 이어지는 축복은 미래형(*estai*)으로 되어있다. 이에 대하여 원래 아람어에서는 현재형도 미래형을 나타낼 수 있으며, 이 가난한 자의 지복수훈은 그러한 아람어의 무시간적 구성 (timeless construction)의 형태를 반영하고 있다고 많은 주석가들이 주장한다. 그리고 가난한 자의 축복에 관하여서는, 천국이 이미 현재에 임재해 있으며, 그러한 현재성 속에 가난한 자들이 이미 참여하고 있다고 주장한다. 그러나 가난한 자의 축복이 하나의 단편으로서 독립된 형태로 도마에 나타나는 것으로 보아, 가난한 자의 축복은 지복수훈(beatitude) 전체로부터 독립된 독자적 전승일 수도 있다.

역사적 예수에 있어서 "가난한 자"에 대한 역설적인 축복(macarism)은 천국운동의 핵심적 사상임에는 틀림이 없다. 바울도 고린도교회에 보내는 편지에서 이와 같이 말한다.

그러나 하나님께서 세상의 미련한 자들을 택하사 지혜있는 자

들을 부끄럽게 하려 하시고, 세상의 약한 자들을 택하사 강한 자
들을 부끄럽게 하려 하시며, 하나님께서 세상의 천한 자들과 멸
시받는 자들과 없는 자들을 택하사 있는 자들을 폐하려 하시
나니, 이는 신체를 가진 인간은 그 누구도 하나님 앞에서 자랑
하지 못하게 하려 하심이라(고전 1:27~29).

그리고 야고보서 2:5에도 다음과 같은 말이 있다.

내 사랑하는 형제들아! 들을지어다! 하나님이 세상에 대하여는
가난한 자를 택하사 믿음에 풍요롭게 하시고, 또 자기를 사랑하는
자들에게 약속하신 나라를 유업으로 받게 하지 않으셨더냐?

하여튼 "가난"은 경제적 빈곤을 의미하는 동시에 "아만我慢"의
부재를 의미한다. 그래서 하나님께로의 절대적인 의존성이 초래된
다. 여기 "가난한 자들"에 해당되는 히브리어 "나윔*anāwîm*"은 "지
속되는 경제적 곤궁과 사회적 고통으로 인하여 오직 하나님에게
만 매달리는 자들"이라는 뜻이다. 이러한 맥락과 더불어 공관복음
서에는 메시아의 도래와 관련되는 종말론적 축복의 의미가 담겨져
있다. 그런데 여기 "가난한 자"의 헬라적 의미를 보다 깊이있게 분
석할 필요가 있다. 도마에 쓰인 말은 "헤케*hēke*"이고, 마태 · 누가
에 쓰인 말은 "프토코이*ptōchoi*"이다. 도마의 콥트어 헤케는 희랍
어의 프토코이에 해당된다.

희랍세계에 있어서 부의 신은 플루투스Plutus라고 부른다. 그리

고 이 플루투스에 상대적인 빈곤의 신은 여신이며 페니아Penia라고 부른다. 희랍에서 플루투스*ploutus*와 페니아*penia*는 부유와 빈곤을 나타내는 말로 쓰여진다. 그러나 플루시오스(*plousios*, 부자)이든 페네스(*penēs*, 빈자)이든, 이 단어들은 모두 일정한 수준의 재산이나 수입을 가진 사람들 사이에서 상대적인 빈곤을 나타내는 표현들이다. 페네스라 해도 농장이나 노예를 소유한 사람들이며 삶의 형태가 좀 각박할 뿐인 것이다.

이에 비하면 프토코스*ptōchos*라는 말은 "웅크리고 앉아 굽실거리는 자"라는 뜻을 내포하며, "거지a beggar"를 의미한다. 그러니까 프토코스는 페네스와는 달리 완벽한 무산자無産者이며, 영락한 자이며, 무소유자이며, 구걸하며 떠도는 홈리스인 것이다. 전통적으로 페네스는 신성의 대변자가 있었으나 프토코스는 전혀 신격화의 대상이 되지 않았다.

그러나 예수는 가치관이 달랐다. 예수가 여기 축복하고 있는 것은 실제로 "가난한 자"가 아니며 "영락한 자"이며, 빈곤이 아니라 구걸의 수준인 것이다(J. D. Crossan, *The Historical Jesus*, pp.270~4).

여기 도마복음의 맥락은 마태(심령이 가난한 자), 누가(물질적으로 영락한 자)의 맥락과는 또 다르다. 도마에서 말하는 "가난한 자"는 바로 42장에서 말한 "방랑하는 자"이다. "영락한 자"인 동시에 완벽한 "무소유의 실천자"인 동시에 스스로 "버린 자"이다. 그렇게 스스로 버린 자의 내면에는 천국은 항상 현재형으로 도래하고 있는 것이다. 이러한 문제의식은 바로 다음 장으로 연결되고 있다.

55 부모 · 형제 · 자매를 떠나라

¹예수께서 가라사대, "누구든지 그의 아버지와 그의 엄마를 미워하지 않는 자는 나를 따르는 자가 될 수 없나니라. ²그리고 누구든지 그의 형제와 그의 자매를 미워하지 아니하고, 또 나의 길에서 그 자신의 십자가를 걸머지지 아니하는 자는 내게 합당치 아니하리라."

沃案 이것도 큐복음서에 병행구가 있다(Q70). 그리고 101장에도 비슷한 내용이 있다.

(마10:37~38) 아버지나 엄마를 나보다 더 사랑하는 자는 내게 합당치 아니하고, 아들이나 딸을 나보다 더 사랑하는 자는 내게 합당치 아니하고, 또 자기 십자가를 지고 나를 좇지 않는 자도 내게 합당치 아니하리라.

(눅14:26~27) 무릇 내게 오는 누구든지 자기 아버지와 엄마와 아내와 자식과 형제와 자매와, 그리고 자기 목숨까지도 미워하지 아니하면 능히 나의 제자가 되지 못하리라. 누구든지 자기 십자가를 지고 나를 좇지 않는 자도 능히 나의 제자가 되지 못하리라.

여기 "십자가를 걸머지다"라는 표현이 있기 때문에 도마의 예수 또한 "수난 – 십자가 죽음 – 부활"이라는 내러티브 복음서의 구조 속에서 자신을 이해하고 있는 것이 아닐까 하고 의아하게 생각할 수가 있다. 도마의 이 표현은 전혀 케리그마화된 십자가사건 (crucifixion)을 말한 것이 아니다. 십자가처형 현장까지 죄수들이 기나긴 로마가도를 십자가를 지고 가는 모습은 예수 당대에도 잘 알려진 풍경이었다.

아피안 가도(the Appian Way)에 늘어선 6,000명이나 되는 스파르타쿠스Spartacus의 반란군 십자가처형(BC 71), BC 4년 헤롯 대왕이 죽었을 때 신권통치를 요구한 유대인반란을 진압하여 2,000여 명을 십자가형에 처한 사건 등, 무수한 사례가 열거될 수 있을 것이다. 따라서 "십자가를 걸머지고 가는 길"은 다시 돌아오지 못하는 길이다. "십자가를 진다"는 표현은 이러한 죽음의 행진을 불사할 수 있는 자기부정의 용기를 나타내는 상투적 관용어법이다.

본장에서 우리가 확실히 알 수 있는 사실은, 예수의 도반들은 가족관계를 단절한 사람들이며 세속적 핍박을 두려워하지 않는 사람들이었다는 것이다. 도마의 언어는 예수 당대의 상식적인 언어구조 속에서 이해해야 한다.

56 이 세상을 알게 된 자는
이 세상이 시체와 같다는 것을 발견한다

> [1]예수께서 가라사대, "이 세상을 알게 된 사람은 누구든지 시체를 발견하게 된다. [2]그리고 시체를 발견하게 된 사람에게는 누구든지 이 세상이 합당치 아니하다."

沃案 "이 세상을 알게 된 사람은 누구든지 시체를 발견하게 된다"라는 뜻은, 이 세계를 진정으로 알고 이해하게 되는 사람은 누구든지 이 세계가 시체와 같이 "죽어있는 세계"라는 것을 발견하게 된다는 뜻이다. 여기 "안다" "발견한다"는 제1장에서 말하는 예수 도반들의 "해석의 발견"을 의미하는 것으로 어떤 "정신적 고양spiritual elevation"을 암시하고 있다. 정신적 고양高揚의 상태에서 보면 이 세계는 송장과도 같다는 것이다.

그리고 세계가 송장과도 같다는 것을 발견한 자에게는 이미 이 세계는 그에게 합당한 가치를 지니지 아니한다. "아무개에게는 이 세상이 합당치 아니하다"라는 어법은 그 "아무개"를 공경하고 높이기 위해 동원되는 유대문학의 상투적 표현이다. 그러니까 세상이 합당치 않다고 세상을 깔보는 것보다는, 그의 고귀한 정신적 수준이 세상의 평균적 수준과 부합되지 않는다는 것을 말하는 것이다.

여기 우리가 항상 주의해야 할 것은 세상이 송장과도 같다 해서 세상을 전적으로 부정한다는 뜻은 아니다. 죽은 세상이라고 해서 세상이 전적으로 죽어있는 것은 아니다. 그것은 인간 인식의 고양의 단계를 나타내는 표현일 뿐이다. 바울이 영과 육을 항상 이원적으로 대비시킨다고 해서 그것을 육의 부정으로만 생각하면, 육이 부정된 영은 생명이 아닌 허깨비가 될 것이다. 영과 육을 말할 때에 바울은 "육적인 몸a physical body"과 "영적인 몸a spiritual body"을 말하고 있는 것이다: **육의 몸이 있은즉, 또 신령한 몸이 있느니라**(고전 15:44). 송장과도 같은 세상을 초월하여 또 다시 생명이 넘치는 세상을 발견하는 것이다. 합당치 아니한 것처럼 보이지만 그 속에서 새로운 생명력을 발견해가는 것이다.

57 좋은 씨와 가라지의 공존

¹예수께서 가라사대, "아버지의 나라는 좋은 씨를 (심은 밭을) 가지고 있는 사람과도 같다. ²그의 원수가 밤중에 몰래 와서 그 좋은 씨들 사이에 가라지를 덧뿌렸다. ³그러나 그 사람(밭의 주인)은 종들을 시켜 그 가라지를 뽑게 하지도 않았고, 오히려 그들에게 이와 같이 말했다: '내버려 두어라! 너희가 가서 가라지를 뽑으려 하다가, 가라지와 더불어 좋은 곡식까지 뽑을까 염려하노라.' ⁴왜냐하면 추수의 그날에는 가라지는 현저히 드러나게 마련이므로 뽑히어 불사르게 될 것이기 때문이다."

沃案 본 장에서 우리는 마태에만 나오는 그 유명한 "가라지의 비

유"의 원형을 발견하는 기쁨을 만끽할 수 있다. 마태라는 복음서의 저자가 도마의 원자료를 활용하여 어떻게 불리고 어떻게 종말론적 해석을 가했는지를 일목요연하게 대비적으로 검출해낼 수 있기 때문이다.

(마 13:24~30) [24]예수께서 그들 앞에 또 비유를 베풀어 가라사대, "천국은 좋은 씨를 제 밭에 뿌린 사람과 같으니, [25]사람들이 잘 때에 그 원수가 몰래 와서 곡식 가운데 가라지를 덧뿌리고 갔더라. [26]그리하여 싹이 나고 열매를 맺을 때에 가라지도 보이거늘, [27]집 주인의 종들이 와서 말하되, '주여, 밭에 좋은 씨를 심지 아니하였나이까? 도대체 가라지가 어디서 생겨난 것이오니이까?' [28]주인이 가로되, '원수가 이렇게 하였구나!' 종들이 말하되, '그러면 우리가 가서 이것을 뽑기를 원하시나이까?' [29]주인이 가로되, '가만 두어라! 가라지를 뽑다가 곡식까지 뽑을까 염려하노라. [30]둘 다 추수 때까지 함께 자라게 두어라. 추수 때에 내가 추수꾼들에게 말하기를, 가라지는 먼저 거두어 불사르게 단으로 묶고 곡식은 모아 내 곡간에 넣으라 하리라.'"

여기 마태의 기술은 기본적으로 도마의 논리를 충실하게 재현하고 있다. 그러나 도마의 간결한 논리구조를 마태교단의 사정과 관련하여 부풀리고 있다. 26절부터 28절까지의 종들과 주인의 대화양식은 마태의 확대부분이다. 뿐만 아니라 마태는 이 비유를 해석함으로써 최후의 심판이라는 종말론적 협박을 아주 명료하게 못박아놓고 있다. 제자들이 가라지의 비유를 쉽게 알아들을 수 있도록 간청하자 예수는 다음과 같이 말한다.

> (마 13:37~43) [37]대답하여 가라사대, "좋은 씨를 뿌리는 이는 인자人子요, [38]밭은 세상이요, 좋은 씨는 천국의 아들들이요, 가라지는 악한 자의 아들들이다. [39]그리고 가라지를 심은 원수는 마귀요, 추수 때는 세상끝이요, 추수꾼은 천사들이니, [40]그런즉 가라지를 거두어 불에 사르는 것같이 세상 끝날에도 그러하리라. [41]인자가 그 천사들을 보내리니 저희가 그 나라에서 남을 죄짓게 하는 자들과 악행을 일삼는 자들을 추려내어 [42]모조리 풀무 불구덩이에 처넣을 것이다. 그러면 그들은 거기에서 가슴을 치며 통곡할 것이다. [43]그때에 의로운 자들은 그들의 아버지나라에서 해와 같이 빛나리라. 귀 있는 자는 들으라!"

과연 마태가 해설하는 그런 시각에서 이 가라지의 비유가 이해되어야만 할 것인가? 과연 예수가 자신의 지혜로운 비유를 천국의 아들, 악한 자의 아들, 마귀, 천사, 세상끝, 이를 갊 등등의 천박한 언어로 해설을 했을 것인가? 비유가 비유를 말한 본인에 의하여 해석될 이유가 있는 것일까? 마태가 열정적으로 열불을 올리고 있는 것은, 세상이 끝나는 마지막 심판의 날에 선인과 악인이 갈리는 무서운 결말이 도래하리라는 그 결론적 사실에 대한 협박이다. 이러한 협박이야말로 초대교단에는 매우 절실하게 요구되는 종말론적 당위였다. 그러나 과연 긴박한 도래를 전제로 하는 그러한 분위기가 도마에게 있었을까?

여기 우선 도마의 비유에서 감지되는 아버지의 나라의 모습은 "시간적 긴박성"이 아니라 "여유로움"이다. "추수의 그날"이 마지막 심판의 날이라는 보장도 전혀 없다. 추수는 직선적 시간의 최종극점이 아니라 항상 반복되는 자연의 순환점이다. 여기 도마의 시간관은 직선적(linear)이 아니라 순환적(circular)이다. 그리고 가장 결정적인 사실은 선과 악의 공존에 대한 관용이다. 가라지는 "지자니아zizania"라고 부르는 것인데 레반트 지역에서 흔히 볼 수 있는 독초毒草로서 학명이 "롤리움 테물렌툼lolium temulentum"이라 하는데 보통 "다넬darnel"(毒麥, 독보리)이라고 부른다. 보리와 비슷하게 생겼는데 독성이 있다. 그것을 같이 거두어 빻으면 밀가루가 독성을 지니게 된다. 고도가 1천 피트 이상이면 안 자라는데 낮은 지대의 밀밭에는 아주 잘 자란다.

그런데 천국은 이러한 가라지마저도 포용한다. 그것이 공존하도록 둔다. 선과 악은 반드시 공존할 때만 선과 악일 뿐이다. 그것이 지금 악의 씨라고 해서 미친듯이 뽑아버리는 그러한 짓을 천국에서는 하지 않는다. 왜냐하면 그것이 완벽하게 성숙하기 전까지는 그 악함을 다 알 수가 없기 때문이다. 선한 씨와 같이 섞여서 자라나는 끝에 최종적으로 악한 것으로 판명되었을 때(현저하게 드러났을 때) 자연스럽게 제거되는 것이다.

이러한 오리지날한 예수의 사상의 온건한 측면은 후대 기독교에 너무도 전달되지 않았다. 마태의 해설이 강요하고 있는 악마와 천사의 대결만이 강조되고 있을 뿐이다. 4복음서의 과도한 알레고리적 해석의 죄악을 도마 원자료의 성격을 통하여 반추해보는 것도 21세기 기독교의 바른 모습을 위하여 매우 요긴하게 요청되는 일일 것이다. 하늘나라는 성급히 선과 악을 단죄하는 곳이 아니라 선과 악을 포용하면서 그것이 제각기 충분한 모습을 가지고 성장하기를 기다리는 여유로운 질서의 세계라는 것을 항상 생각할 필요가 있다. 원천봉쇄, 발본색원을 운운하는 기독자들의 성급한 논리가 항상 "빨갱이 박멸"을 운운하는 어리석은 우파의 논리와 굳게 결합되어 나타나고 있다는 현실도 깊게 반성해야 할 당위에 속하는 것이다.

도마는 예수의 참모습을 우리에게 전해준다. 도마의 출현으로 우리는 4복음서의 진실을 꿰뚫어볼 수 있게 되었다. 그 언어의 실상實相에 도달할 수 있게 되었다. 다행스러운 일이다!

58 고통을 겪기에 생명을 발견한다

¹**예수께서 가라사대, "고통을 겪기에 생명을 발견하는 자여! 복이 있도다."**

沃案 이와 같은 계열의 공관복음서 로기온을 들라면 역시 큐복음서에 속하는(Q13) 다음의 구절들을 들 수 있을 것이다.

(마 5:10~11) 의를 위하여 핍박을 받는 자는 복이 있나니 천국이

저희 것임이라. 나로 인하여 사람들이 너희를 욕하고 핍박하고 거짓으로 너희를 거스려 모든 악한 말을 할 때에는 너희에게 복이 있도다.

(눅 6:22) 인자人子를 인하여 사람들이 너희를 미워하며, 멀리하고, 욕하고, 너희 이름을 악하다 하여 버릴 때에는 너희에게 복이 있도다.

누가만 해도 어떤 정치적 핍박의 상황이 노골적으로 전제되어 있지 않다. 마태보다는 큐자료 원문에 더 가깝다고 사료되고 있다. 그러나 마태는 매우 노골적으로 크리스챤이 집단으로 당하는 정치적 박해상황을 전제로 하고 있다. "핍박persecution"이라는 단어는 큐복음서에서는 나타나지 않는데 마태에서는 주요한 주제로서 나타난다. 그러나 실상 마태의 시대에 그토록 "의를 위하여 핍박을 받고, 예수로 인하여 박해를 받았는지"에 관해서는, 실제적 역사상황과는 달리 과장된 표현이라는 것이 주석가들의 중론이다.

그러나 "가난한 자" 즉 "영락한 자"들은 쉽게 박해를 당할 수 있는 조건에 노출된 사람들이었다. "가난한 자야말로 복이 있다"고 외쳐대는 견유학파의 방랑자들(wandering charismatics)이야말로 증오와 험담의 대상이 되었을 수도 있다. 그러나 여기 도마의 로기온은 전혀 그러한 박해상황을 전제로 하지 않는다. 여기 "고통을 겪는다"는 표현은 "생명을 발견한다"라는 목적과 관련된 내면적 과정일 뿐이다. 나는 이 로기온을 읽을 때, 이런 생각이 퍼뜩 떠오른다: "해산의 고통을 치르고 있는 그대여 복이 있도다! 그대는 곧 생명을 탄생시킬 것이기 때문이로다!"(영어의 "labor"는 "해산의 수고"라는 뜻이 있다).

여기 "고통"은 "수고로움"이다. 이 수고로움은 자기의 내면을 트랜스폼시키는 수고로움이다. 자기 내면을 어둠에서 빛으로, 분열에서 통합으로, 사망에서 생명으로 변화시키는 수고로움이다. 콥트어의 "고통"은 "일을 많이 한다"라는 뜻이 내포되어 있다. 내면의 변화라는 것은 참으로 수고로운 과정인 것이다. 박해를 운운한다면 여기서는 어둠과 분열과 사망의 "자기"가 박해를 당해야 하는 것이다. 이러한 내면의 논리가 바울의 부활의 신화적 논리와 결합하였고 그것이 결국에는 초대교회의 박해상황에 대한 축복으로 둔갑되는 과정이 1세기 후반의 기독교의 역사였다고 말해도 대차가 없을 것이다.

그리고 여기 "고통을 겪는다" "수고롭다" "일을 많이 한다"는 의미를 문자 그대로 독립적 삶을 유지하면서 방랑하는 추구자, 예수 도반들의 엄청난 노동의 양(hard work)과 관련하여 해석할 수도 있다. 당나라 회창會昌 박해(AD 842) 이후 여러 법난의 상황에도 유독 선종禪宗만이 살아남을 수 있었던 것은 승려들의 자급자족의 노동 때문이었다. 모든 금욕주의적 삶의 배면에는 실제적인 생존을 위한 수고로운 노동이 자리잡고 있었다. 노동은 인간을 변화시킨다. 노동은 인간으로 하여금 자신의 순결한 내면을 발견케 하는 것이다: "노동하는 자여 복이 있으라! 그대는 그대 내면의 진정한 생명을 발견하리로다!"

59 너희가 죽은 후에는 나를 보지 못한다

> ¹예수께서 가라사대, "너희가 살아있을 동안에 살아있는 자를 주의깊게 보라. 너희가 죽어서는 아무리 살아있는 자를 보려고 하여도 그를 볼 수 없을 터이니."

沃案 간결하고 이해하기 쉬운 내용처럼 보이지만, 그 내용을 잘 뜯어보면 매우 혁명적인 사상이 숨어 있다. "살아있는 자the living one"는 예수 본인을 가리킨다. 서장에서 이미 예수는 "살아있는 예수"로 표현되었다. "살아있는 자"의 주제는 11장, 37장, 52장, 111장 등에서 반복적으로 나타나고 있다. 죽은 자는 살아있지 아니하고, 살아있는 자는 죽지 아니한다(Th.11). 따라서 살아있는 자는 오직 살아있는 자들만이 만날 수 있는 존재이다. 죽어서는 살아있는 자를 만날 수가 없다. 이것은 궁극적으로 사후의 세계를 부정하는 발언이며, 부활의 가능성을 차단해 버리는 언명이다.

"봄vision"이란 "삶life"과 연관되며, "볼 수 없음inability to see"은 "죽음death"과 연관되고 있는 것이다. 죽음 후의 참된 삶이란 오직 이 살아있는 이 삶 속에만 구현되는 것이다. 저승은 이승에서만 구현된다. "말씀들의 해석을 발견하는 자는 누구든지 죽음을 맛보지 아니한다"(Th.1). 죽음은 이미 예수 도반의 추구자들을 지배할 수 없다. 몸의 물리적 죽음 후에야 하나님 아버지를 만날 수 있다는 것은 환상이다. 여기 예수는 바리새인과도 같은 유대인들의 부활

관념을 모두 분쇄시켜 버리고 있는 것이다(※ 예수 당대의 바리새인들은 토라의 구전을 신봉하였고, 부활을 믿었으며 사후의 처벌과 보상을 믿었다).

공자의 수제자 중의 한 사람인 계로(季路: 자로子路)가 공자에게 여쭈었다. 이때 아마도 공자가 너무도 아끼던 수제자 안회顏回가 죽고난 직후였기 때문에 더욱 사후에 대한 관심이 생겨났을 것이다.

"감히 죽음에 관하여 여쭙고자 하옵니다. 敢問死。"

공자께서 말씀하시었다:

"아직 삶을 모르면서 어찌 죽음을 알겠느냐? 未知生, 焉知死?"

공자는 죽음, 즉 사후의 세계에 대한 인간의 관심을 철저히 "삶"으로 이동시키고 있다. 여기 도마의 예수도 마찬가지다. 나 "살아있는 자"는 너희가 죽은 후에는 볼 수가 없다. 오직 너희가 몸으로 살아있는 동안에만 나 살아있는 예수를 만날 수 있으리라. 살아있는 예수를 만나는 살아있는 자들이야말로 영원히 죽음을 맛보지 아니한다. "죽음을 맛보지 아니함"은 "삶의 환희"를 강조하는 표현이다(Th.1). 인류사에서 기독교는 죽음을 테마로 한 종교의 대명사이다. 그러나 도마가 전하는 예수운동은 삶의 환희를 타고 전개되었다. 기독교가 오늘날까지 생명력을 지니는 근본이유이다. 또 다시 도마를 죽음의 종교로 만드는 신학해설은 분쇄되어야 마땅하다.

60 사마리아 사람이 걸머진 양

¹예수께서 유대지방으로 가실 때 양을 들고가는 사마리아 사람을 보시게 되었다. ²그는 그의 따르는 자들에게 이르시되, "저 사람이 양을 메고 가는구나!" ³그들이 예수께 가로되, "분명 저 자는 그 양을 죽여서 먹을 것이외다." ⁴예수께서 그들에게 이르시되, "저 자는 저 양이 살아 있을 동안에는 먹을 수 없을 것이다. 반드시 죽여서 그것이 시체가 된 후에야 먹을 것이다." ⁵따르는 자들이 가로되, "딴 수가 없겠지요. 산 채로 먹을 수는 없지 않겠습니까?" ⁶예수께서 그들에게 이르시되, "그렇다면 너희 또한 그러하다. 너희 스스로 참된 안식의 자리를 구하라. 그렇지 아니하면 너희도 시체가 되어 먹히우리라."

沃案 상당히 신비스러운 느낌을 주는 대화이고, 좀 오묘하다. 그러나 과도한 해석은 금물이다. 있는 그대로 소박하게 해석하는 것이 상책이다. 제자들과 예수 사이에서 어떤 사건을 두고 스토리가 전개되는 식의 내러티브 형식은 기존 복음서에는 있다. 그러나 도마복음서에는 거의 등장하지 않는다. 그런 맥락에서도 좀 예외적인 측면이 있다. 처음에 내가 "유대지방으로 간다"는 주체를 예수로 못박았으나 콥트어의 문장구조에서 그 주체는 사마리아 사람이될 수도 있다. 어느 쪽으로 해석해도 의미는 대차가 없다. 그렇다면 사마리아 사람이 유대지방으로 양을 들고 간다라는 매우 이례적인 사건이 되고 만다. 사마리아 사람들은 예루살렘성전의 권위를 전

혀 인정하지 않기 때문이다. 따라서 나는 그냥 예수가 유대지방으로 가는 도중에 사마리아 지역에서 사마리아 사람이 양을 메고 가는 장면을 목격하게 된 어떤 우발적 역사사건에서 유래된 대화로 보았다. 그때 예수는 배가 고팠을까? 하나의 해프닝 이상의 과도한 의미부여는 곤란하다. "양"에 대한 상징적 해석도 여러가지가 가능하겠지만 그것은 모두 기존 복음서의 편견의 소산이 될 우려가 있다.

가축을 살아있을 동안에 산 채로 먹을 수 없다는 사실을 지적한 예수도 매우 재치가 있다. 반드시 죽은 시체가 되어야 먹을 수 있다. 이미 56장에 세상은 시체와 같다는 것이 지적된 바 있다. 여기 가장 중요한 테마는 시체와 같은 세상에 살면서 시체처럼 되어 먹히는 사람이 되지 말고 진정으로 "살아있는 자"가 되어야 한다는 것이다. 그러기 위해서는 "참된 안식의 자리"를 발견해야 한다. 이것은 또 동시에 앞 장(Th.59)의 테마와 연결되고 있다. 죽은 후에는 살아있는 나 예수를 만날 수 없다. 진정한 안식이 죽은 후에, 즉 시체가 된 후에나 찾아온다는 것은 착오에 불과하다.

안식은 죽은 후에 하늘에서 이루어지는 것이 아니라, 바로 시체와 같은 이 세상 속에서 발견해야 하는 것이다. 살아있는 자로서 이 세상 속에서 안식의 자리를 구해야 한다. 그리고 살아있는 예수를 만나야 한다. "안식의 자리"는 "아버지의 나라" 즉 천국과 동일한 의미가 될 것이다. 여기서 말하는 "자리"는 "나라"와 같은 의미맥락이다(Th.4, 24, 64).

61 침대에서 안식을 취하는 하나는 죽을 것이요, 하나는 살 것이니라

¹예수께서 가라사대, "둘이 한 침대에서 안식을 취하고 있다면 하나는 죽을 것이고, 하나는 살 것이니라." ²살로메가 가로되, "남자여! 당신은 도대체 뉘시니이까? 당신은, 마치 누가 보낸 아주 특별한 사람처럼, 내 침대에 올라와 동침하고 나의 식탁에서 식사를 하시나이다." ³예수께서 그녀에게 이르시되, "나는 분열되지 않은 전체로부터 온 사람이다. 나는 나의 아버지의 풍요로운 소유물을 부여받은 사람이다." ⁴살로메가 가로되, "나는 당신을 따르는 자이로소이다." ⁵예수께서 가라사대, "그러하기에 내가 너에게 말하노라. 누구든지 분열되지 않은 전체 속에 있으면 빛으로 가득차게 되고, 누구든지 분열되면 어둠으로 가득차게 되나니라."

沃案 매우 수수께끼 같은 장이다. 어느 주석가도 명료한 해석을 내리지 못한다. 상당부분의 주석이 추측작업으로 이루어질 수밖에 없다. 그러나 도마복음서 전체의 맥락에서 보면 그 대의는 명료하다. 우선 제1절은 큐복음서에도 병행문이 있다(Q81). 그러나 큐복음서는 이미 매우 종말론적 맥락에서 이 구절을 인용하고 있다.

(누가 17:34~35) ³⁴내가 너희에게 이르노니, 그 밤에 두 남자가 한 침대에 누워 있으며, 하나는 데려감을 당하고 하나는 버려둠을

당할 것이다. 35두 여자가 함께 맷돌을 갈고 있으매, 하나는 데려 감을 당하고 하나는 버려둠을 당할 것이다.

(마태 24:40~42) 40그때에 두 사람이 밭에 있으며, 하나는 데려감을 당하고 하나는 버려둠을 당할 것이요, 41두 여자가 맷돌을 갈고 있으매, 하나는 데려감을 당하고 하나는 버려둠을 당할 것이니라. 42그러므로 깨어있으라! 어느날에 너희 주께서 임하실런지 너희가 알지 못하기 때문이니라.

누가와 마태의 자료 중에서, 누가자료가 큐복음서의 원형을 보존하고 있다고 사료된다. 마태는 누가에 보존되어 있는 도마자료를, "침대"에서 "밭"으로 환치시킴으로써, 완전히 변형시켜 버렸다. 그리고 종말론적 맥락을 강화하는 언급(42절)을 첨가하였다. 도마와 누가를 비교하여 보면, "둘"이 "두 남자"로, "안식을 취하다"가 "누워있다"로, "죽을 것이다"가 "버려둠을 당할 것이다"로, "살 것이다"가 "데려감을 당할 것이다"로 변형되었다. 그리고 "그 밤에"가 첨가되었다. 맷돌 가는 두 여자는 친근함이나 밀착된 관계의 강도를 나타내고 있다. 맷돌을 갈 때 보통 두 여자가 맷돌자루를 같이 잡고 한 여자가 180° 밀면 상대편의 여자가 잡아당기고 하는 식으로 밀착되어 연쇄적으로 작동하게 되어있다. 그렇게 밀착되어 있는 두 여자의 경우도 심판의 날에는, 준비되어 있는 한 여자는 구원을 얻고 준비되어 있지 않은 한 여자는 버림을 받는다는 것이다.

이 "두 여자"에 상응하는 "두 남자"의 경우에도 같은 친밀한 관계를 나타내는 맥락에서 해석할 수 있겠으나, 전통적으로 주석가들은 "한 침대에 누워있는 두 남자"라는 표현에 관해 영 석연치 않은 부분이 있다고 불만을 토로해왔다. 그만큼 이 파편은 맥락적으로 어색한 부분이었다. 원래는 한 농부와 그 부인이, 타인들은 새벽이 되어 다 들판으로 나가는데, 아직도 늦잠을 자고 있는 상황을 의미했을 것이라고 보았다. 그리고 구원은 유월절 밤에 온다는 유대인 신앙과 관련하여 이 구절을 해석하기도 하였다.

또 누가자료는 도마자료와 비교하면 "그 밤에"가 첨가되어 있다. 그러나 "그 밤에"라는 구절만으로는 그것이 최후의 심판의 때를 가리키고 있다는 보장은 없다. 하여튼 이미 **누가와 마태는 이 도마의 로기온자료를 이미 종말론적 맥락 속에서 변형하여 활용한 것이다.**

그러나 과연 도마의 원의가 그러한 뜻이었을까? 물론 그러한 공관복음서의 변형의 맥락에서 도마를 해석할 수는 없다. 도마자료에는 그러한 종말론적 전제가 없기 때문이다. 제1절을 60장의 마지막 절과 연관시켜 해석하면 "안식을 취한다"는 것은 특별한 의미를 지니게 된다. 즉 이 세상에서 "안식의 자리"를 구한다는 뜻이 된다. 안식의 자리를 구하는 그러한 상황에서는 나의 분열이 있으면 안된다. 여기서 "둘"이란 심판의 날에 처해지는 두 사람의 뜻이 아니라, 분열된 자아의 모습이다. "하나는 죽을 것이요, 하나는 살 것이다." 비본래적인 자아는 죽을 것이요, 본래적인 자아는 살 것이다. 심판의 상황을 실존적 상황으로 바꾸어 말해도 마찬가지다. 하늘적인 자아는 구원을 얻을 것이요, 땅적인 자아는 버림을 받을 것이다.

이러한 이야기가 벌어지고 있는 무대가 바로 살로메의 침대 위이다. 살로메는 마가복음에만 등장하는 여인이다. 예수의 십자가 처형 장면을 쳐다보았던 세 여인 중의 한 사람(막 15:40)이요, 안식후 첫날 예수의 무덤으로 달려간 세 여인 중의 한 사람(막 16:1)이다. 살로메는 예수의 갈릴리 사역 시절부터 예수를 지원했던 격이 높은 여인이었을 것이다. 그런데 공관복음서에서는 여자는 "예수의 제자"로서 규정되지 않는다. 남성중심의 가치관이 복음서 저자들의 붓길을 지배하고 있다. 그러나 도마에서는 여자와 남자의 구분이 존재하지 않는다. 제자됨에 있어서 남성의 여성에 대한 우위는 여지없이 파괴된다(Th.114).

그런데 예수는 살로메의 침대에 올라와 있다. 나는 의역하면서 "동침"이라는 말을 첨가하였는데, 실상 "한 남자가 한 여인의 침대에 올라간다"는 것은 "성교"를 의미할 수도 있다. 그렇다면 여기 예수는 살로메의 섹스파트너일까? 그리고 "내 침대에 올라와 동침하고 나의 식탁에서 식사를 한다"라는 표현은 고대 헬레니즘 사회에 있어서 옆으로 기대어 누운 상태에서 식사하는 것은 보통 있는 관습이었다. 침대와 식탁은 연결된 전체이다.

이것은 예수의 성교장면을 암시하는 것이라기보다는, 예수와 살로메를 신랑과 신부에 비교하여 어떤 미분화된 "하나"의 경지로 들어가는 것을 상징적으로 나타내는 것이다. 살로메의 합방처소(bridal chamber)야말로 "나라"의 다른 표현일 수도 있다(Th.75, 104). 티베트 불교에서 말하는 합체불合體佛을 연상할 수도 있다. 반야(여성성)와 방편(남성성)이 하나가 된, 진제와 속제가 하나가 된 대자

대비의 부처의 모습이야말로, 여기 살로메와 합방하는 예수의 모습일 수도 있다.

이에 살로메는 "도대체 당신이 뉘시길래 나와 합체가 될 수 있는가?" 하고 예수의 아이덴티티에 관한 질문을 던진다. 그래서 예수는 살로메에게 자신의 아이덴티티를 밝힌다: "나는 분열되지 않은 전체로부터 온 사람이다." 이러한 예수의 정체성은 노자의 "통나무樸"를 연상시킨다. 그리고 모든 이름이 분화되기 이전의 "무명지박無名之樸"이다(37). 박이 흩어지면서 모든 만물의 기물이 생겨난다 (樸散則爲器。28). 그러기에 성스러운 인간은 그 만물의 분화가 일어나기 이전으로 돌아가야 한다(復歸於樸。28). 예수가 말하는 "전체what is whole"가 바로 노자가 말하는 "박樸"이다. 예수는 모든 분열을 초월한 원초적 통합자로서 자기정체성을 밝히고 있는 것이다.

그러니까 살로메는 그제서야 자기의 정체성을 밝힌다: "나는 당신을 따르는 자(제자)이로소이다." 그러니까 예수는 대답하는 것이다: "네가 바로 나의 제자이기 때문에 나는 말하노라. 한 인간이 전체의 상태에 머물러 있으면 그 인간의 내면은 빛으로 충만케 되고, 한 인간이 분열되면 그 인간의 내면은 어둠으로 가득차게 된다." 박樸 즉 무명無名의 세계가 예수에게 있어서는 빛이요, 명名의 세계가 오히려 어둠이 되는 것이다. 제24장에서 해설했듯이 빛과 어둠은 요한복음에서처럼, 세상과 하늘로 이원화되는 것이 아니라, 인간의 내면의 문제일 뿐이다. 나의 내면에 통합되면 빛이요, 분열되면 어둠일 뿐이다. 인간실존Da-sein의 매 순간에 있어서도 빛과 어둠은 왕래하는 것이다.

62 너의 왼손이 너의 오른손이 하고 있는 것을 알지 못하게 하라

¹예수께서 가라사대, "나는 나의 신비로운 가르침을 듣기에 합당한 자들에게만 나의 신비를 드러내노라. ²너의 왼손이 너의 오른손이 하고 있는 것을 알지 못하게 하라."

沃案 도마 속의 예수의 가르침은 결코 이해하기가 용이하지 않다. 앞 장에서도 우리가 알 수 있듯이, "둘이 한 침대에서 자고 있다. 하나는 죽을 것이요, 하나는 살 것이다." 이런 오묘한 명제를 맥락없이 갑자기 툭 던진다. 마치 조주趙州의 선문답과도 같다. 그러므로 예수 가르침의 신비로운 오의奧義는 반드시 그 해석이 발견되어야 하며, 그 이면의 뜻이 탐구되어야 하며, 그 깊이가 천착되어야 하며, 그 의미가 삶 속에서 실천되어야 한다. 예수의 오의는 그 오의를 듣기에 합당한 소수에게만 드러날 수밖에 없다. 돼지에게 진주를 던져봤자 돼지가 그것을 알아볼 리 만무한 것이다. 제62장은 제61장의 예수와 살로메의 문답을 마무리짓는 멘트일 수도 있다. 진리에 대한 깨달음이란 천박한 인간들의 세계일 수 없는 것이다. 진리의 깊이는 그 듣는 자의 인격의 깊이에 따라가는 것이다.

제1절은 공관복음서에 비유의 비의성에 관한 멘트로 나타나고 있다.

(막 4:11) 이르시되, 하나님 나라의 비밀을 너희에게는 주었으나,

외인外人에게는 모든 것을 비유로 하나니;

(마 13:11) 대답하여 가라사대, 천국의 비밀을 아는 것이 너희에게는 허락되었으나, 저희에게는 아니 되었나니,

(눅 8:10) 가라사대, 하나님 나라의 비밀을 아는 것이 너희에게는 허락되었으나 다른 사람들에게는 비유로 하나니, 이는 저희로 보아도 보지 못하고, 들어도 깨닫지 못하게 하려 함이니라.

도마는 살아있는 예수의 가르침 그 자체의 "심오함"을 말하고 있으나, 공관복음서에서 말하는 신비(비밀)의 대상은 하나님 나라에 관한 것이다.

제2절은 마태복음에 나타나고 있다.

(마 6:3) 너는 구제할 때에 오른손이 하는 것을 왼손이 모르게 하라.

마태 기사는 위선자들의 구제방식을 비판하는 것을 주제로 삼고 있다. 제자들이 구제라는 선행을 선전용으로 내거는 가식을 경계하는 말씀이다. 도마자료는 가르침의 오의를 알아들을 수 없는 자에게 함부로 전할 필요가 없다는 신중한 경계의 맥락을 타고 있다. 도마에는 가르침의 공개성과 제한성이 항상 공존한다는 것을 확인할 수 있다. 본 장은 그 제한성(exclusiveness)에 강조점이 있다.

63 세속적 부의 축적의 허망함

¹예수께서 가라사대, "돈을 많이 지닌 부자가 있었다. ²그가 말하기를, '나의 돈을 투자하여 뿌리고, 거두고, 심고하여 나의 곡창을 곡물로 가득 채우리라. 그리하여 부족함이 없이 살리라.' ³이것들이 바로 그 부자가 그의 가슴 속에 간직한 생각들이었다. 그러나 바로 그날 밤 그는 죽었다. ⁴귀 있는 자는 들어라."

沃案 도마의 예수는 "무소유"를 말하지만 결코 세속적 부 그 자체를 저주하지는 않는다. 단지 세속적 물질의 축적이 말씀의 해석이나 진정한 자기 삶의 발견보다 더 중요하다고 생각하는 자들의 가치관의 허망함을 깨우치고 있다. 논리의 흥미진진한 전개 끝에 아주 벼락같이 내려치는 간결한 결말! 역시 선禪이라 말하지 않을 수 없다. 마조馬祖의 도끼와도 같다. 그런데 이 장도 누가복음에 병행문이 있다. 누가에만 있는 구절이지만 큐복음서에 속한다(Q50).

> (눅 12:16~21) ¹⁶또 비유로 저희에게 일러 가라사대, "한 부자가 그 밭에 소출이 풍성하매, ¹⁷심중에 생각하여 가로되, '내가 곡식 쌓아둘 곳이 없으니 어찌 할고?' 하고, ¹⁸또 가로되, '내가 이렇게 하리라. 내 곳간을 헐고 더 크게 짓고 내 모든 곡식과 물건을 거기 쌓아 두리라. ¹⁹또 내가 내 영혼에게 이르되, 영혼아! 여러 해 쓸 물건을 많이 쌓아두었으니 평안히 쉬고 먹고 마시고 즐거워하자 하리라' 하였나니라. ²⁰하나님은 그 자에게 이르시되, '어리석

은 자여! 오늘 밤에 네 영혼을 도로 찾으리니, 그러면 네 예비한 것이 뉘 것이 되겠느냐?' 하셨나니라. ²¹자기를 위하여 재물을 쌓아두고 하나님께 대하여 부요치 못한 자가 이와 같으니라."

이 누가복음자료를 보고 도마가 간결하게 축약하며 만들었다고 하는 어리석은 신학자들의 텍스트비평에 대해서는 일언반구의 언급의 가치도 없다. 두 개가 전혀 다른 전승일 수도 있겠으나, 우리는 원 도마자료의 간결성이 어떻게 중언부언 지저분하게 정전복음서 저자들에 의하여 변형되어갔는가 하는 매우 극적인 실례를 여기서 목도할 수 있다. **"그날 밤 그는 죽었다"** 이 한마디가 "어리석은 자여! 오늘 밤에 네 영혼을 도로 찾으리니, 그러면 네 예비한 것이 뉘 것이 되겠느냐?"로 변형되는 문체의 전환에 내재하는 복음서 저자들의 드라마적 수법의 탁월함을 다시 한 번 반추하지 않을 수 없으나, 도마의 원형의 선적禪的 간결함을 재인식케 된다. 그리고 21절의 해석은 사족蛇足이다.

서양의 신학계는 아직까지도 도마자료가 4복음서의 원형을 이루는 오리지날 아키타입이라는 사실을 과감하게 시인하는 데 공포감을 느끼고 있다. 이러한 공포는 크게 두 가지 가설적 태도에 기인하고 있다. 그 첫째는 도마자료를 여태까지 발견된 외경적 자료와 나그함마디 문서에 깔려있는 영지주의라는 막연한 가설체계 속에 함몰된 상태로 두고 해석하기 때문이다. 도마의 상식적 구조를 어떤 신화적 심볼리즘의 맥락 속에서만 의미지우려 하는 것이다.

둘째는 이러한 태도를 유발시키는 보다 근원적 인식구조와 관련되고 있다. 그 인식구조란 역사적 예수에 대하여 새로운 상을 추구하는 합리적인 학자들까지 여태까지 2천 년 동안 서구역사 속에서 암암리 형성되어온 예수상을 근원적으로 거부하는 새로운 인식의 틀을 마련하지 못하고 있다는 사실과 관련되어 있다. 예수가 서구인이 아니라 아시아대륙의 사람이며, 예수의 역사적 실상이 동방적 가치를 포섭하는 매우 혁명적인 인간론을 주창한 인물이라는 사실이 구미신학자들에게 인식되기에는 그들의 인식범위가 너무 제한되어 있는 것이다. 하다못해 인도문명의 기나긴 수행자전통, 그 방랑자들의 문화적 심도와 예수를 연결시키는 것은 너무나도 당연한 당위에 속하는 것이다. 인식의 차이를 연대기적 선진·후진으로 돌려 생각하는 것은 유치하기 그지없다.

역사적 예수에 대한 근원적 인식의 틀을 혁명시키면 도마의 로기온자료들이 살아있는 예수의 말이라는 그 오리지날리티를 겸허하게 받아들이는 데 아무런 거부감을 느끼지 않게 되는 것이다. 도마의 성립연대는 궁극적으로 고증의 문제가 아니라, 일차적으로 이러한 인식의 틀과 관련되어 있는 것이다.

64 잔치에 초대된 자들

¹예수께서 가라사대, "한 사람이 손님을 받고 있었다. 그가 만찬을 준비한 후에 손님들을 초청하기 위하여 종을 내보냈다. ²그 종이 최초의 사람에게 가서, 그에게 말했다: '저의 주인께서 당신을 초청합니다.' ³그 사람이 말하였다: '몇몇 상인들이 나에게 빚을 지었습니다. 그들이 오늘 밤 나에게 오기로 되어 있습니다. 나는 가서 그들에게 상환의 지시를 해야만 합니다. 죄송하지만 만찬을 사양할 수 있도록 해주십시오.' ⁴그 종은 다음 사람에게 갔다. 그리고 그 사람에게 말하였다: '저의 주인께서 당신을 초청하셨습니다.' ⁵그 사람이 종에게 말하였다: '나는 방금 집을 하나 샀습니다. 그래서 하루 동안 볼 일을 보러 가야합니다. 저는 시간이 없을 것 같습니다.' ⁶그 종이 또 한 사람에게 가서, 그 사람에게 말하였다: '저의 주인께서 당신을 초청합니다.' ⁷그 사람이 종에게 말하였다: '나의 친구가 결혼합니다. 제가 그 피로연을 마련해주기로 되어 있습니다. 저는 갈 수가 없을 것 같군요. 죄송하지만 만찬을 사양할 수 있도록 해주십시오.' ⁸그 종이 또 한 사람에게 가서, 그 사람에게 말하였다: '저의 주인께서 당신을 초청합니다.' ⁹그 사람이 종에게 말하였다: '나는 최근 큰 농장을 하나 샀습니다. 그래서 소작료를 거두러 가야 합니다. 저는 갈 수가 없을 것 같군요. 죄송하지만 사양할 수 있도록 해주십시오.' ¹⁰그 종이

> 돌아와서 그의 주인에게 아뢰었다: '당신께서 만찬에 초청하신 분들은 모두 사양할 수 있도록 해달라고 요청했습니다.' [11]그 주인이 그의 종에게 말하였다 '길거리로 나아가서 네가 만나는 누구든지 만찬에 올 수 있다고 하면 데리고 오라.' [12]거래인들(비즈니스맨)과 상인들은 나의 아버지의 자리들에는 들어가지 못하리라."

沃案 이 장의 내용은 큐복음서에 병행하는 것으로(Q69), 그 내용이 명료하여 기존의 복음서의 의미맥락과 대차가 없는 것처럼 보인다. 세속적 부에 대한 관심이 인간 내면의 풍요와 계시의 자리에 초대되는 것보다 급급한 인간의 삶에 대한 경계를 말하고 있는 것이다. 앞 장(Th.63)의 테마가 연장되고 있다고 보아도 좋을 것이다.

기존 복음서를 해석하는 자들은 이 비유 전체를 종말론적 전제를 가지고 해석한다. 누가는 이 비유를 시작하기 전에 이미 "하나님의 나라에서 떡을 먹는 자는 복되도다"(눅 14:15)라는 말을 삽입하여 종말론적 분위기를 깔아놓고 있다. 여기 만찬은 "종말론적 잔치the eschatological banquet"이며 "메시아의 잔치the Messianic Banquet"이다.

그러나 도마에는 그러한 메시아적, 종말론적 맥락이 없다. 그것은 세상 끝날의 잔치가 아니라, 이 세상 속에서 "나의 아버지의 자리들the places of my father"에로의 들어감이다. 여기 "자리들"이라는 복수형의 표현만 보아도 그것이 어떤 초월적인 단 하나의 자리, 즉 초월적인 천국이라는 실체가 아님이 분명하다. 비트겐슈타인이 언어라는 게임도 반드시 "삶의 형태Lebensform" 속에서 이루어진다고 말했듯이, 천국도 반드시 "삶의 자리들" 속에서만 이루어지는 것이다. 본 장의 비유는 종말론적 잔치에로의 초대가 아니라, 진정한 삶의 자리에로의 초대인 것이다.

큐복음서의 병행문은 누가 쪽이 마태보다 훨씬 더 큐복음서의 원형을 보존하고 있다고 사료되는데, 도마복음서는 큐복음서보다도 더 프로토타입의 형태를 가지고 있다는 것을 쉽게 간파할 수 있다.

> (눅 14:16) [16]이르시되, "어떤 사람이 큰 잔치를 배설排設하고, [17]잔치할 시간에 그 청하였던 자들에게 종을 보내어 가로되, '오소서! 모든 것이 준비되었나이다' 하매, [18]초대된 그들이 다 일치하게 사양하였더라. 첫 사람은 종에게 가로되, '나는 밭을 샀으매 불가불 나가 보아야 하겠으니, 청컨대 나를 용서하도록 하라' 하고, [19]또 하나는 가로되, '겨릿소 다섯 쌍(한 겨리 당 두 마리이므로 전체는 열 마리)을 샀으매 시험하러 가니, 청컨대 나를 용서하도록 하라' 하고, [20]또 하나는 가로되, '나는 장가 들었으니 그러므로 가지 못하겠노라' 하는지라. [21]종이 돌아와 주인에게 그대로 고하니, 이에 집주인이 노하여 그 종에게 이르되, '빨리 시내의 거리와 골목으로 나가서 가난한 자들과 신체부자유자들과 소경들과 절름발이들을 데려오라' 하니라. [22]종이 가로되, '주인이시여! 명하신 대로 하였으되, 오히려 자리가 있나이다.' [23]주인이 종에게 이르되, '길과 산울가로 나가서 사람들을 강권하여 데려다가 내 집을 채우라. [24]내가 너희에게 말하노니, 전에 청하였던 그 사람들은 하나도 내 잔치를 맛보지 못하리라' 하였다" 하시니라.

여기 도마와 누가를 비교해보면 재미난 문제들이 많다. 우선 눅 14:21 후반부터 14:23까지는 누가의 삽입구임이 분명하다. 그리고 도마의 12절의 총평에 해당되는 부분이 누가에서는 다른 형태로 변형되어 24절에 나타나고 있다. 그리고 전체적으로 도마의 초청과정에서 나타나는 종과 피초청인들의 초청거절의 대화가 누가에서는 아주 축약된 형태로 다듬어졌다. 그리고 누가는 초대된 모든 사람들이 일치하게 사양하였다는 사실을 앞머리에 밝혀놓음으로써 드라마적 전개의 긴장감을 떨어뜨렸다. 도마는 예수 말씀의 전개를 하나하나씩 따라가는 데 반하여, 누가는 그것을 다 안 후에 요약하고, 그 과정을 다시 재현한 형식을 취한 것이다. 그리고 누가자료에서는 초청거절자들이 농촌을 배경으로 하는 농민임에 (①밭 ②겨릿소 다섯 쌍 ③장가) 반하여, 도마자료에 나오는 거절자들은 도시의 비즈니스맨들과 대상인들이다(①고리대금 ②부동산투기 ③결혼피로연 베푸는 부자 ④농장소유주).

그런데 가장 결정적인 차이는 도마복음의 경우는, 잔치초대에 응하지 않은 손님들에게 주인이 불만을 가질 합리적인 이유가 결여되어 있는데, 누가는 그러한 불합리성을 개선시켜 놓았다는 것이다. 도마를 잘 읽어보면 초청인은 우선 만찬을 다 준비해놓고, 즉 음식을 무전제로 다 마련해놓고 난 후에 무작정 종을 내보내어 하나씩 컨택을 하는 형태로 진행되고 있다. 그리고 도시의 부자들이 그 초청을 거절하는 이유도 매우 정당하다. 그들이, 예약도 없는 상태에서, 자기들의 긴급한 업무를 제켜놓고 그 초청에 응해야만 할 하등의 이유가 없다. 사실 이러한 경우라면 주인은 그들에게 나중에 음식을 싸 보낼 수도 있는 것이다. 그들을 저주해야 할 하등의 이유가 없다. 유대인의 습관에, 물론 우리나라 전통사회에서도 마찬가지이지만, 잔치 초대인은 대체로 한 커뮤니티의 명망 있는 풍요로운 리더이다. 따라서 이러한 명망가의 초청을 거절한다는 것은 그 명망가의 체면의 손상을 초래할 수도 있다. 따라서 거절에는 전략과 규칙이 필요하다. 신명기 20:5~7, 24:5에 보면 전쟁에 안 끌려나갈 수 있는 보호법률이 실려있는데, 그와 비슷한 성격의 불문율이 이스라엘 사회에 통용되었을 것이다. 여기 부호들의 거절 이유는 외면상 그다지 큰 결례를 범하고 있지 않다.

따라서 이 비유의 원래적 의도가 사실적 대응관계가 중요한 것이 아니라 본시 지혜론적 담론의 성격을 띠고 있었다는 것이다. 인간의 진리탐구의 세계에 있어서는 이미 그 지혜가 어느 수준에 도달한 자들을 초청하는 것이다. 초청해놓고 음식(지혜)을 장만하는 것은 아니다. 여기 공격의 대상이 되고 있는 것은 도시 부호들의 진리에 대한 무감증(apathy)일 뿐이다. 그들의 거절에 대한 분노가 비유의 초점은 아닌 것이다.

아마도 예수운동에 대해서 가장 무관심했던 사람들은 당대의 거래인들(브로커들), 대상인大商人들이었을 것이다. 도마의 예수는 그들의 거절에 그리 큰 분노를 표명하지 않는다. 그리고 "길거리로 나아가서 네가 만나는 누구든지 만찬에 올 수 있다 하면 데리고 오라"고 말한다. 여기서 예수는 진리의 개방성을 선포하는 것이다. 진리에 대한 향심이 있는 자는 누구든지 아버지의 자리(천국)에 참여할 수 있는 것이다. 구태여 "가난한 자, 신체부자유자, 소경, 절름발이"에 그 참여를 국한시키지 않는다.

이러한 도마의 내면적 논점을 외형화시키고 철저한 종말론적 천국의 담론으로 변형시키기 위하여, 누가는 우선 거절자들의 성격을 처음부터 규정시켰다. 즉 잔치를 배설排設하기 전에 미리 다 예약을 해놓은 동네사람들이라는 것이다. 새로 밭을 구매한다든가, 겨릿소 다섯 쌍을 산다(100에이커 정도를 갈 수 있다. 당시 한 세대가 평균 3~6에이커 정도를 소유했으므로 부농이다)든가 하는 것으로 보아 부농임에는 틀림이 없다. 이들의 거절은 약속위반이다. 이들은 정말 나쁜 놈들이다. 그러니 주인 입장에서는 화가 날 만도 하다. 그래서 음식은 다 장만되었고 내다버릴 수도 없고 하니, 우선 "가난한 자들, 신체부자유자들, 소경들, 절름발이들"을 불러들인다. 그것도 성이 안 차서 닥치는 대로 사람들을 강권하여 잔칫집을 채우게 만든다. 그리고 "전에 청하였던 그 사람들은 하나도 내 잔치를 맛보지 못하리라"고 저주를 선포한다. 언뜻 보기에, 천국에로의 초대가 약자, 사회적으로 소외된 자들에 대한 배려인 듯이 보이지만, 정확한 논리적 맥락을 따라서 그 비유를 평가해보면 무리가 좀 있는 것이다.

그런데 이러한 누가의 변형을 마태는 매우 저열하게, 더 악독하게 변형시켜 놓고 있다.

(마 22:1~14) 예수께서 다시 비유로 대답하여 가라사대, "천국은 마치 자기 아들을 위하여 혼인 잔치를 베푼 어떤 임금과 같으니,

그 종들을 보내어 그 청한 사람들을 혼인 잔치에 오라 하였더니, 오기를 싫어하거늘, 다시 다른 종들을 보내어 가로되, '청한 사람들에게 이르기를, 보소서! 내가 만찬을 준비하되 나의 소와 살찐 짐승도 잡고 모든 것을 갖추었으니 혼인 잔치에 오소서, 하라' 하였더니, 저희가 돌아보지도 않고, 하나는 자기 밭으로, 하나는 자기 상업 차로 가고, 그 남은 자들은 종들을 잡아 능욕하고 죽였더라. 임금이 노하여 군대를 보내어 그 살인한 자들을 진멸盡滅하고 그 동네를 불사르고 말았다.

이에 종들에게 이르되, '혼인 잔치는 예비되었으나 청한 사람들은 합당치 아니하나니, 사거리 길에 나아가 사람을 만나는 대로 혼인 잔치에 청하여 오너라' 한대, 종들이 길에 나가 악한 자나 선한 자나 만나는 대로 모두 데려오니 혼인 자리에 손님이 가득하였더라.

그러나 임금이 손님들을 보러 잔치 자리에 들어올 새, 거기서 예복을 입지 않은 한 사람을 보고 가로되, '친구여! 어찌하여 예복을 입지 않고 들어왔느냐?' 하니, 저가 유구무언이거늘, 임금이 사환들에게 말하되, '저놈의 수족을 결박하여 바깥 어둠 속에 내어던지라! 거기서 슬피 울며 이를 갊이 있으리라' 하니라.

청함을 받은 자는 많되 택함을 입은 자는 적으니라."

참으로 황당한 저질적인 변형이라고 말하지 않을 수 없다. 잔치에로의 초대가 권위와 폭력과 강압과 처벌로 점철되고 있다. 이것은 물론 이미 마태의 시대의 절박한 교회상황을 반영할 수도 있다. 누가의 "어떤 사람"이 마태에서는 "어떤 임금"으로, 누가의 "큰 잔치(만찬)"가 마태에서는 "왕의 아들의 혼인 잔치"로 바뀌었다. 그리고 누가에서는 초청이 한 회의 사건이었으나 마태에서는 두 회의 사건이 되었다. 그리고 초청자와 피초청자의 관계가 폭압과 처벌이 되고 있다. 도마와 누가에 있어서는 피초청자의 거절이 평화롭게 넘어갔던 것이다. 더구나 두 번째 초청 시에(22:9) 자기가 궁색하여 모든 사람을 강제로 들여다놓고 예복을 입지 않았다고 수족을 결박하여 어둠 속에 처박는 비관용의 폭력은 "하나님의 나라 the kingdom of God"(마 21:43) 그 자체의 성격을 매우 폭력적으로 규정하고 있는 것이다.

예수의 "임금됨"이 이렇게 폭력적이라면 마태는 예수의 메시아상을 정말 잘못 그리고 있는 것이다. 오늘날 대형교회 목사님들이 설교를 잘 해잡숫기에는 편리한 변형일 수도 있겠지만, 도마에서 누가로, 누가에서 마태로 진행되는 이 비유의 변형과정을 통하여 원시기독교가 얼마나 지혜론적 담론에서 궁색한 폭력적 종말론으로 변형되어갔는가, 그 역사적 전변의 드라마를 우리는 충분히 감지할 수 있는 것이다. 그리고 마태의 저질성은 용서하기 어려운 것이다.

복음서의 자료들은 신앙의 대상이 아닌 선택의 대상이 되어야 한다. 미국 주요 신학자들을 총망라한 지저스 세미나(The Jesus Seminar, 1985년 결성) 운동도 이러한 선택의 과감한 시도를 보여주었다. 미국문명은 문화적으로 아방가르드적 성격이 강하다. 그러나 정치적 리더십이 그 아방가르드적 선행善行을 수용하지 못한다. 참으로 안타까운 일이다.

65 포도원 주인 아들을 때려죽인 사악한 소작농부들

¹그께서 가라사대, "포도원을 소유한 한 사람(고리대금업자)이 있었나니라. 그 사람이 포도원을 소작농부들에게 빌려주어, 그들이 포도원을 경작하게 하고, 그리고 그는 그들로부터 소출을 거두려 하였다. ²그는 그의 종을 보내어, 소작농부들이 종에게 포도원의 소출을 주도록 하였다. ³그들은 그의 종을 붙잡아, 그를 때리고, 거의 죽일 뻔하였다. 그 종이 돌아와 그의 주인에게 아뢰었다. ⁴그의 주인이 이르기를, '아마도 그들이 너를 알아보지 못한 것 같구나' 하였다. ⁵그는 또 다른 종을 보내었다. 그러나 소작농부들은 그 종까지도 마찬가지로 구타하였다. ⁶그러자 그 주인은 그 아들을 보내며 이르기를, '아마도 그들은 나의 아들에게는 충분한 존경심을 보일 것이다' 하였다. ⁷그러나 그 소작농부들은 그가 이 포도원의 상속자라는 것을 알았기 때문에, 그들은 그를 붙잡아 죽여버렸다. ⁸귀가 있는 자는 누구든지 들으라!"

沃案 여기 본 장에 나타나는 예수의 비유를 접할 때, 또 다시 황당해지는 느낌을 받을 수 있다. 왜냐하면 이 도마의 자료가 명백하게 예수 자신의 수난사受難史의 한 장면을 예시하고 있는 것 같은 느낌을 주고 있기 때문이다. 그러나 이러한 느낌은 순전히 우리가 이런 비유에 대해서 가지고 있는 선입견에서 유래하는 것이다. 결론부터 말하자면, 본 비유는 현행 복음서의 수난드라마의 결구結構

와 전혀 관련이 없다. 이 비유는 이미 우리에게 잘 알려져 있는 "포도원 소작인의 비유" 혹은 "사악한 농부들의 비유the Parable of the Wicked Husbandmen"로서 공관복음서 전부에 나타나고 있다. 우리는 이미 공관복음서 작가들에 의하여 해석된 알레고리로서 이 비유를 접하고 있고, 또 그 선입견 속에서 도마자료를 읽을 수밖에 없기 때문이다. 그러나 요아킴 예레미아스Joachim Jeremias, 1900~1979를 위시한 많은 예수비유 주석가들이 도마자료가 공관자료에 선행하는 어떤 프로토타입의 자료라는 것을 입증하고 있다. 특히 이 장의 내용은 역사적 예수가 말씀한 어떤 원형을 보존하고 있다는 데 대부분의 학자들이 일치하고 있다(Arland J. Hultgren, *the Parables of Jesus*, p.14).

우리가 이미 앞 장(Th.64)에서 도마자료(혹은 그것에 해당되는 원자료)가 어떻게 누가를 거쳐 마태로 변형되었나를 생생하게 목도하였다. 그것은 꼭 좋다, 나쁘다의 문제가 아니다. 신약성서 속의 예수는 그를 전하는 초대교회의 사정에 의하여 가려질 수밖에 없었다. 초대교회는 불트만의 말대로 종말론적 공동체였으며, 위태로운 정치적 상황 속에서 수없는 문제에 내외로 봉착할 수밖에 없었다. 초대교회는 새로운 국면에 직면할 때마다 예수의 말과 행동, 그리고 그 심상을 그때그때 새롭게 이해하고 해석하면서 그 국면을 타개해 나간 것이다.

우리는 4복음서 저자들의 시대에만 내려와도 바울이 그의 목회서한에서 말하고 있는 교회공동체 내의 문제들이 성숙할 대로 성숙해 있었다는 사실을 기억하지 않으면 안된다. 그들에게 전승된 예수의 말이나 삶의 보도는, 있는 그대로, 즉 역사적 예수의 원형을 보존하려는 자세 속에서 기술되기에는 그들 자신의 문제가 너무도 절박하였던 것이다. 따라서 그러한 자료들은 그들 자신이 봉착한 교회의 사정에 따른 이해와 해석에 의하여 윤색되고, 변형되며, 부연될 수밖에 없었던 것이다. 이러한 과정이 진행되면 진행될수록 예수 본래의 모습은 숨겨지고 은폐되어 버리게 마련이다.

불트만은 그의 신약성서신학의 중심을 바울과 요한복음에 놓았다. 이미 바울에 의하여 케리그마화된 그리스도가 그의 신학의 원점이었던 것이다. 따라서 역사적 예수는 불트만에게는 불가지론적 전제에 불과했다. 이것은 실제로 역사적 예수의 거부를 의미하는 것이다. 불트만에게는 그만큼 추상적 체계에 대한 경건주의가 있다. 그리고 그 체계를 실존주의적 결단의 맥락 속에서 의미지우려고 하였다. 이러한 실존주의적 결단은 그에게서 비신화화(demythologization)를 의미하는 것이었지만, 비신화화가 과학적 세계관에 적응하려는 노력이라기보다는 오히려 케리그마라는 원점을 드러내기 위한 노력이었다는 사실을 우리는 기억해야 한다. 비신화화를 해야만 케리그마의 원점이 선명하게 드러나게 된다는 것이다.

그러나 역사적 예수를 지향하는 사람들은 불트만이 가지론可知論의 절대적인 시점인 것처럼 고수하는 케리그마의 원점을 해체시키려고 했다. 우리는 케리그마의 그리스도를 역사화하지 않으면 아니 된다. 케리그마화된 그리스도만을 고수하고 역사적 예수를 포기하는 것은 오히려 초대교회의 역사적 정황 속에서 허구화된 상대적 가치에 집착하는 것이다. 그것을 아무리 실존주의적으로 해석해도 그 실존의 의미가 그릇된 역사적 전제로부터 출발된 것이라면, 그것은 기존의 권위에 복속하는 결과를 낳을 뿐이다.

역사적 예수의 실체를 우리가 영원히 확정지을 수 없다 하더라도, 새롭게 만날 수 있는 "역사적 예수"를 다시 케리그마화 하는 것이야말로 기독교의 "새롭게 됨"의 가능성을 열어놓는 첩경이 된다. 이 첩경의 문이 바로 예수의 말씀(로기온)자료였다. 그것은 "성경 중의 성경"이었고, "그리스도"를 넘어서 "예수"를 발견할 수 있는 유일한 방편이었다. 복음서 저자들의 내러티브 드라마 속에 파묻혀 버린 로기온자료들을 캐내는 작업을 통하여 역사적 예수의 정체에 접근하는 줄기찬 작업이 진행되었던 것이다.

이러한 작업 속에서 가설적으로 전제된 문헌이 바로 "큐자료"였다. 그런데 이 큐자료의 가설이 도마복음서의 출현(1945)으로 가설이 아닌 현실로 부상되었고, 따라서 큐자료는 큐복음서로서 격상되었다. 이미 도마복음서가, 사경연대와 무관하게, 114개의 로기온자료(가라사대 파편자료)만으로 구성되었다는 그 형식성만 보더라도, 그리고 도마복음서에 그리스도의 케리그마적 제 가설, 신비로운 탄생이나 족보, 수난, 죽음, 부활, 그리고 재림, 그리고 예수 자신의 메시아적 자의식 등등의 부재만 보더라도, 이것이 큐자료보다도 더 오리지날한 역사적 예수상에 접근하는 자료라는 사실, 최소한 그러한 오리지날한 전승이 보존된 문헌이라는 사실은 너무도 명백한 것이다.

이러한 명백한 사실을 몇몇의 반증가능성의 사례를 가지고서 부정하는 것은 졸렬한 학인들의 밴댕이 콧구멍과도 같은 심사에 속하는 것이다. 큐자료만 해도 기존의 복음서 속에서 가설적으로 이끌어낸 문헌이기 때문에 복음서 저자들의 윤색이나 왜곡을 완벽하게 탈색하거나 바로잡는 것이 불가능하다. 그러나 도마복음서는 큐복음서보다도 더 완정한 독자적인 자료를 우리에게 제공하고 있는 것이다.

물론 도마복음도 완벽하게 개칠이 되지 않은 생생한 어록자료라고만 주장할 수는 없다. 보이지 않지만 어떤 의도 속에서 편집되었고, 그 배열에도 부분적으로 자의성을 넘어서는 "흐름"이 감지되며, 어떤 통일적 상을 제시하고 있기 때문이다. 그 나레이터(편집자)를 우발적인 한 개인이라고 규정하기 어렵다고 한다면, 우리는 어떤 도마공동체의 존재를 상정하게 된다. 그렇다면 "기독론적 기독교운동"이 이미 AD 4·50년대에 바울에 의하여 활발하게 전개되고 있었다면 그 시기는 바울만의 독무대가 아니라, 예수를 소재로 하는 다양한 운동이 공존하고 있었다는 역사적 실상을 전제하지 않으면 안된다.

최소한 도마공동체는 바울공동체와는 다른 성격의, 그러면서도 역사적 예수의 실존적 상이나 그 말씀에 더 근접하는 어떤 성격을 지닌 운동체였다는 팩트를 우리는 감지하게 되는 것이다.

역사적 예수의 말씀의 탐색에 있어서 가장 강렬한 장르 중의 하나가 바로 "비유Parable"라는 것이다. "비유"에 대한 정확한 규정이 어렵지만 하여튼 예수는 자기 생각을 비유로서 표현하는 데 특이한 재능을 발휘한 인물이었다. "비유"를 어떻게 규정하느냐에 따라 그 숫자를 카운트하는 방식도 달라지지만 통상적 규정에 따르면, 도마복음에도 비유가 14개가 등장하고 있다. 그 중 10개가 공관복음서와 병행하고 있고(Th.9, 20, 57, 63, 64, 65, 76, 96, 107, 109) 4개가 공관복음서와 병행하지 않는 도마 독자의 전승이다 (Th.8, 21, 97, 98).

재미있는 사실은 요한복음에는 "비유"가 없다는 것이다. 그만큼 요한복음은 관념적이고 논설적이며 역사적 예수의 상에서 멀어져 있다(비록 부분적이기는 하지만 어떤 정보는 역사적 예수의 인간적 측면을 전승하고 있다고 사료된다). 그만큼 비유는 살아있는 예수의 모습과 체험과 생각을 전하고 있다.

본시 "비유"는 "파라볼레*Parabolē*"라는 희랍어에서 온 말인데 "비교"라는 것이다. 자기가 말하고자 하는 추상적 주제를 "비교될 수 있는" 일상적 체험의 사태나 자연적 사태를 빌어 표현하는 것이다. 대체로 "비유"는 간단한 경구 스타일이 아니라 스토리화되어 있다. 그런데 본시 역사적 예수의 비유는 직설적이고, 자질구레한 수식이 없으며, 전면적이고(단계적인 축적태가 아니다), 주석적이 아니며, 개방적이며, 삶의 비근한 체험을 소재로 하여, 판에 박은 전형성을 탈피하고 있다고 여겨져왔다. 예레미아스는 이것을 "알레고리화allegorization"되지 않았다고 표현했다.

"알레고리*allēgoria*"란 말은 "알로스*allos*"(딴 것)와 "아고리아 *agoria*"(말함)의 합성어인데, "말하고 있는 것과는 다른 딴 것을 말하고 있다"는 뜻이다. 가장 문제가 되는 것은 알레고리적 표상(allegorical representation) 그 자체가 아니라, 알레고리적 해석(allegorical interpretation)인데, 이것은 이 비유가 어떠어떠한 알레고리적 표상을 지니고 있다는 것을 구체적으로 지정하는 해석을 가리키는 것이다. 본 장에 해당되는 마가자료를 본다면, 이 비유의 표면적 논리와는 달리 실제적으로는 매우 구체적 딴 메시지를 전하고 있다는 것이 명백하게 드러나도록 구성되어 있다.

포도원은 이스라엘, 소작농부들은 이스라엘의 지배자들과 지도자들, 포도원 소유주는 하나님, 파견된 종들은 예언자들, 그리고 최후로 파견된 아들은 다름 아닌 예수 그리스도이며, "농부들의 처벌"(막 12:9, 마 21:41)은 이스라엘이 거부당함을 상징한 것이며, "다른 사람들"(막 12:9) "다른 백성"(마 21:43)은 이방교회임이 분명한 것이다. 그러므로 비유 전체가 순전한 하나의 알레고리처럼 보인다. 그러나 이 비유에서 이러한 알레고리적 성격이나 해석은 매우 부차적인 것이라는 것이 전문가들의 생각이었다.

그런데 도마복음서는 놀라웁게도 14개의 비유가 모두 이렇게 특정한 목적을 위하여 알레고리화(초대교회의 사정이 반영)되기 이전의 어떤 프로토타입을 보여주고 있는 것이다. **도마복음서에는 알레고리적 해석이 전무하다.** 알레고리화되면 비유는 개방성을 상실하고 폐쇄적이 되어버린다. 상상력의 자유가 허용되지 않고 그 해석이 강요되는 것이다. 이미 19세기 말에 아돌프 쥐리허Adolf Jülicher, 1857~1938는 예수의 본래적 비유가 알레고리일 수 없다고 선포했던 것이다(그의 전2권의 역저, 『예수의 비유담론Die Gleichnisreden Jesu』 제1

권은 1886년에, 제2권은 1899년에 출간되었다).

　과연 본 장의 비유가, 마가나 마태가 윤색시켜서 주장하고 있는 그러한 알레고리를 나타내고 있는 것일까? 우선 제1절의 "포도원을 소유한 한 사람"의 "한 사람a man"은 콥트어로 "크레스토스 *chrē[sto]s*"인데 중간부분이 판독불가능하게 일그러져, 그것은 "크레스테스*chrē[stē]s*"로 읽힐 가능성이 있다. 그렇다면 그것은 "고리대금업자usurer" 혹은 "채권자creditor"라는 뜻이 된다. 마르빈 메이어는 "A usurer owned a vineyard"로 번역했다. 구태여 고리대금업자가 아니더라도, 포도원의 소유주는 부자이며, 그 포도원에 대하여서는 부재자지주였음에 틀림이 없다. 예수 당시, 요단강 상부계곡 전체뿐 아니라, 갈릴리호수 북쪽과 북서해안 지역, 그리고 갈릴리 산간지대의 대부분이 라티푼디움(*latifundium*: 부재자지주가 노예를 부려서 경영하는 광대한 소유지)의 성격을 지닌 대사유지였다.

　이 대사유지는 대부분 부재자지주들의 손아귀에 있었고, 이들에게 반항하는 갈릴리 농부들에게는 열심당원들(우리나라 1970·80년대 위장취업한 의식화된 학생들을 연상할 것)이 고취시킨 혁명적 분위기가 팽배해 있었다는 사실을 연상한다면 이 비유의 분위기는 우리가 생각했던 색깔이 싹 바뀌어 버린다. 종을 파견하고, 그 종이 농부들에게 죽음 직전에까지 두드려 맞았고, 재차 종을 파견하여 동일한 사태가 벌어졌음에도 불구하고, 또다시 자기 아들을 아무 대책없이 파견하는 지주의 무모한 행동을 우리는 구속사적 알레고리 속에서 "너그럽기만 한 하나님 아버지의 품"처럼 해석할 수는 없다. 그것은 자기 아들까지 희생시켜가면서 소출을 획득하려는 악랄한 고리대금업자, 부재자지주의 무모한, 경계심을 가지고 바라보아야 할 행동으로 해석되어야 하는 것이다. 그리고 아들만 죽이면 포도원을 소유하게 되리라는 소작농부들의 무모한 소망도 참으로 어리석은 계산일 뿐이다.

예수 당시 이러한 무모한 획득과 무모한 항거의 대립, 무모한 인간의 욕망의 표출은 결코 무모한 비유가 아니었다. 그것은 갈릴리 농촌의 처참한 현실에 대한 사실적 보고일 수도 있는 것이다. 사계를 대표하는 영국의 신약학 학자 다드C. H. Dodd, 1884~1973도 도마복음이 출현하기 훨씬 전인 1935년에 초간된『천국의 비유들The Parables of the Kingdom』에서 이 비유의 상황을 영국의 부재자지주에게 항거하는 아일랜드 농부들의 분위기에 대비시키고 있다. 이 비유의 스토리는 기본적으로 매우 사실적인 보고라는 것이다(the story in its main lines is natural and realistic in every way).

이러한 분위기에서 이 비유를 이해하면, 이 비유의 스토리라인에서 아들의 죽음을 예수의 십자가라는 구속사적 사건과 연결시킬 수 있는 하등의 연결고리가 없다. 포도원농장에서 소출을 극대화시켜 착취하려는 소유주나 탐욕스러운 농부들 쌍방이 다 결국 상실자가 되고 마는 것이다. 이런 맥락에서 보면 이 비유는 앞 두 장, 즉 제63장의 "돈을 많이 지닌 부자"와, 제64장의 "거래인들(비즈니스맨)과 상인들"에 대한 이야기와 동일한 주제의 연속적 맥락 속에서 이해될 수 있다. 부에 대한 집착은 모두를 상실케 만든다.

이 비유를 영적으로 이해하는 사람들은 주인의 "소출의 거둠"이라는 행위를 "본래적 자기의 추구"로 파악하고, 그러한 추구가 농부들(비본래적 자아)에게 의하여 박해당하고 좌절당하는 모습을 통하여, 그러한 추구의 어려움을 단적으로 나타냈다고 주석하기도 한다. 하여튼 예수의 비유는 알레고리화되지 않았으며 어떠한 하나의 주제를 단순하게 말하고 있으나, 그 해석은 개방된 상태로 머물러 있다. 공관복음서의 병행문을 살펴보기로 하자.

(마가 12:1~11) [1]예수께서 비유로 저희에게 말씀하시었다: "한 사람이 포도원을 만들고, 산울로 그것을 두르고, 포도즙 짜는 구유 자리를 파고, 망대를 짓고, 농부들에게 세로 주고 타국에 갔더라. [2]때가 이르매 농부들에게 포도원 소출 얼마를 받으려고 한 종을 보내니, [3]저희가 종을 잡아 심히 때리고 거저 보내었거늘, [4]다시 다른 종을 보내니, 그의 머리에 상처를 내고 능욕하였다.

[5]또 다른 종을 보내니, 저희가 그를 죽인지라, 또다시 그의 많은 종들을 보내었으나 혹은 때리고 혹은 죽여버렸다.

[6]주인이 보낼 사람이 아직 하나 더 있으니 곧 그의 사랑하는 아들이라. 최후로 이를 보내며 가로되, '그들이 내 아들은 공경하리라' 하였더니, [7]저 농부들이 서로 말하되, '이는 상속자이니, 자아, 죽이자! 그러면 그 유업이 우리 것이 되리라' 하고, [8]이에 잡아 죽여 포도원 밖에 내어 던졌느니라.

[9]포도원 주인이 어떻게 하겠느뇨? 와서 그 농부들을 진멸盡滅하고 포도원을 다른 사람에게 주리라.

[10]너희는 성서에서, '건축자들이 버린 돌이 모퉁이의 머릿돌이

되었나니, 이는 주께서 하시는 일이라. 우리에게는 놀랍게만 보인다' 한 말을 읽어 본 일이 없느냐?"

(누가 20:9~18) 9다음의 비유로 백성에게 말씀하시었다: "한 사람이 포도원을 만들어 농부들에게 세로 주고, 타국에 가서 오래 있다가, 10때가 이르매, 포도원 소출 얼마를 바치게 하려고 한 종을 농부들에게 보내니, 농부들이 종을 심히 때리고 거저 보내었다.

11다시 다른 종을 보내니, 그도 심히 때리고 능욕하고 거저 보내었다. 다시 세 번째 종을 보내니 이도 상하게 하고 내어 쫓은지라.

13포도원 주인이 가로되, '내 어찌할꼬? 내 사랑하는 아들을 보내리니, 저희가 혹 그는 공경하리라' 하였더라. 14농부들이 그를 보고 서로 의논하여 가로되, '이는 상속자이니, 죽이고, 그 유업을 우리의 것으로 만들자' 하고, 15포도원 밖에 내어쫓아 죽였느니라. 그런즉 포도원 주인이 이 사람들을 어떻게 하겠느뇨?

16와서 그 농부들을 진멸하고 포도원을 다른 사람에게 주리라." 이 말씀을 사람들이 들었을 때에, 그들은 "어디 그럴 수가 있겠나이까?" 하였다.

17그러나 예수께서는 그들을 똑바로 보시며 말씀하시었다: "그러면 기록된 바, '건축자들이 버린 돌이 모퉁이의 머릿돌이 되었느니라' 함이 무슨 뜻이뇨? 18무릇 이 돌 위에 떨어지는 자는 누구든지 산산조각이 날 것이며, 이 돌이 사람 위에 떨어지면 저를 가루로 만들어 흩으리라."

(마태 21:33~44) ³³"다시 한 비유를 들으라! 한 집주인이 포도원을 만들고, 산울로 그것을 두르고, 거기 포도즙 짜는 구유를 파고, 망대를 짓고, 농부들에게 세로 주고 타국에 갔더라. ³⁴실과 때가 가까우매, 그 실과를 받으려고 자기 종들을 농부들에 보내니, ³⁵농부들이 종들을 잡아, 하나는 심히 때리고, 하나는 죽이고, 하나는 돌로 쳤다.

³⁶다시 주인은 다른 종들을 처음보다 더 많이 보내니, 저희에게도 똑같은 짓을 하였나니라.

³⁷후에 주인이 자기 아들을 보내며 가로되, '저희가 내 아들은 공경하리라' 하였더니, ³⁸농부들이 그 아들을 보고 서로 말하되, '이는 상속자이니, 자아! 죽이고, 그의 유업을 차지하자' 하고, ³⁹이에 잡아 포도원 밖에 내어 쫓아 죽였느니라.

⁴⁰그러면 포도원 주인이 올 때에 이 농부들을 어떻게 하겠느뇨?" ⁴¹저희가 예수께 대답하였다: "이 악한 자들을 진멸하고 포도원은 제 때에 실과를 바칠 만한 다른 농부들에게 세로 줄지니이다."

⁴²예수께서 그들에게 이렇게 말씀하시었다: "너희가 성서에, '건축자들이 버린 돌이 모퉁이의 머릿돌이 되었나니, 이는 주께서 하시는 일이라. 우리에게는 놀랍게만 보인다' 한 말을 읽어본 적이 없느냐?

⁴³그러므로 내가 너희에게 이르노니, 하나님의 나라를 너희를 빼앗기고, 그 나라의 열매를 잘 생산해내는 백성이 하나님의 나라를 차지하리라. (⁴⁴무릇 이 돌 위에 떨어지는 자는 누구든지 산산조각이 날 것이며, 이 돌이 사람 위에 떨어지면 저를 가루로 만들어 흩으리라.)"

만약 이 세 자료 중에서 마가자료가 가장 선행한 것이라고 한다면, 이미 마가자료에서 알레고리화가 상당히 진척되었다는 것을 알 수가 있다. 그러나 마가의 알레고리화를 극단적으로 밀고간 것은 마태자료이다. 이에 비하면 누가는 오히려 담박한 기술이며 마가-마태와는 달리 도마의 원형을 많이 보존하고 있는 듯이 보인다. 그렇지만 15절 이후의 전개에서는 명백하게 알레고리적 해석이 드러나고 있다. 일례를 들면, 마가에서는 아들을 먼저 포도원 안에서 죽이고 그 시체를 밖으로 내던진다. 이것은 단순히 잔악성의 정도를 극적으로 표현한 것일 뿐이며 예수의 수난사건을 상기시키지는 않는다. 그러나 마태와 누가에서는 그 아들을 우선 포도원 밖으로 쫓아낸 후에, 포도원 밖에서 죽인다. 이것은 명백히 예수가 예루살렘성 밖에서 살해되는 것을 암시하고 있다.

　그리고 마태에서는 마가에서 볼 수 있는 점층법漸層法적인 진행이 완전히 파괴되고 있다. 당장에 많은 수의 종이 파견되고 한꺼번에 이들 중 일부는 폭행을 당하고, 일부는 살해되고, 일부는 돌에 맞아 죽는다. 그 다음에 또 한 번 단 일회의 파견만이 서술되고 있는데, 이번의 수효는 첫 번보다 많고, 그들의 운명은 첫 번의 경우와 같다. 마태는 이 두 번의 파견을 전기 예언자들과 후기 예언자들로 생각한 것이다. 분명하게 예언자의 운명을 가리키는 것은 마가나 누가에 없는 "돌로 쳤다"라는 표현이다(대하 24:51 등). 도마나 누가에서 읽을 수 있는 단순한 이야기, 즉 한 사람씩 되풀이해서 보낸 종이 소작농부들에 의하여 망신과 욕만 당하고 쫓겨나는 것만을 말하는 단순한 스토리는 마태에서는 아무 것도 남지 않았다(상세한 삼자의 비교에 관해서는 예레미아스의 『예수의 비유』를 참고할 것).

공관복음서와 도마자료를 전체적으로 비교해보면 다음과 같은 차이가 두드러진다.

1) 마가와 마태의 도입부에 나타나는 포도원의 생성과 꾸밈에 관한 이야기는 하나님과 이스라엘의 관계를 규정짓는 알레고리로서 이사야서 5:1~7의 "포도원 노래"와 연관된 것인데 도마에는 그런 표현이 전혀 없다.
2) 마태, 마가, 누가에 명료하게 "타국에 갔다"라는 표현을 사용함으로써 소작인들의 어리석은 계산의 정당성을 부여하고 있는데 그러한 표현이 도마에는 없다.
3) 종을 집단으로 파견하는 표현이 도마에는 없다. 도마에서는 처음에 단 하나의 종을 보내었고, 다음에 다시 한 번 한 명의 종, 그리고 아들을 보낸다. 이 단순한 3층의 구조는 실제로 말로 하는 이야기oral storytelling의 전형적 특징이다.
4) 도마에서는 아들 이전에는 살해된 사람이 없다.
5) 도마에서는 아들을 죽인 방식에 관한 언급이 없다. 예수의 수난과 무관하다.
6) 그리고 도마에서는 청중에게 던지는 결어적인 질문이 없다.
7) 도마에는 소작농부들에 관한 처벌기사가 전혀 없다.

이상의 사실로만 보아도 도마복음은 알레고리화가 진행되기 이전의 순결한 자료라는 것이 입증된다. 이러한 도마자료가 초대교회의 입장에 따라 제멋대로 변형의 과정을 거치면서 오늘의 정전 복음서들을 형성시켰다는 것을 우리는 알 수 있게 된다. 도마복음의 63장부터 65장까지 연속되는 비유의 테마는 세속적 부에 집착하는 사람들의 삶의 허망한 결과를 담박하게 서술하고 있는 것이다. 그 오리지날한 의미맥락은 스스로 명백한 것이다.

66 모퉁이의 머릿돌

> **¹예수께서 가라사대, "집짓는 자들이 버린 바로 그 돌을 나에게 보여다오. 그것이야말로 모퉁이의 머릿돌이로다."**

沃案 본 장의 로기온은 앞 장과는 전혀 연관이 없는 독립된 파편이다. 그런데 마침 이 66장이 65장에 연이어 나타나고 있다는 사실은 매우 충격적이다. 마가가 이미 65장의 원자료를 알레고리화하는 과정에서 연접해있는 66장을 하나의 비유담론으로 활용했다는 것을 알 수 있기 때문이다. 그러니까 공관복음서 저자 중의 한 사람은 도마자료를 보고 두 연접해있는 파편을 합성하여 "사악한 농부들의 비유"를 구성해낸 것이다(※ 막 12:10, 마 21:42, 눅 20:17. 공관복음의 이 대목을 찾아보면 여기서 말하는 내용을 쉽게 알 수 있다. 도마복음서에서는 상관없는 두 개의 로기온이 공관복음서에서는 연접된 하나의 로기온으로서 처리되고 있다).

65장의 죽임을 당하는 "아들"을 "예수"로서 알레고리적 해석을 가했을 경우, 여기 66장의 "모퉁이의 머릿돌"은 마침 "건축자들에 의하여 버림을 받았다(=소작농부들이 죽었다)"는 것을 전제로 하여 십자가에 못박혀 죽은 예수가 오히려 하나님에 의하여 선택된 영광스러운 반석이 되었다고 하는 것을 상징적으로 나타낼 수 있다고, 복음서의 저자들은 생각하였던 것이다. 그러나 실상 이러한 연접은 부자연스럽다는 것을 많은 주석가들이 지적해왔다.

주지하는 바대로, 공관복음서에 공통으로 나타나는 이 구절은 시편 118:22에서 왔다: **"집짓는 자들이 버린 돌이 모퉁이의 머릿돌이 되었나니, 우리 눈에는 놀라운 일, 야훼께서 하신 일이다."**

이 118장은 궁켈Hermann Gunkel, 1862~1932의 시문학 유형분류에 의하면 "감사의 시Thanksgiving Psalms"에 속하는 것이다. 전체적인 흐름으로 보아 강조점은 어디까지나 하나님의 영광에 있다. 여기 "모퉁이의 머릿돌"은 우리나라의 목조건물의 경우와는 다른 서양의 석조건물을 연상해야 옳다. 어떤 석조벽을 쌓을 때 중요한 것은 코너에 있는 돌이다. 양쪽의 평행하는 돌들의 기준이 되기 때문이다. 여기 시편에서의 의미는, 이방이 업신여긴 이스라엘 백성이 하나님의 인도로 "모퉁이의 머릿돌"과도 같은 훌륭한 민족이 되었다는 정도의, 평범한 격언적 찬양일 것이다. 그리스도의 수난을 암시하는 것으로 해석될 필요는 없다.

도마복음에는 구약의 인용이 거의 없다. 이 66장의 로기온 파편이 시편의 직접적인 인용인지도 의심스럽다. 그러나 기본 어휘나 발상이 공통되기 때문에 시편에서 유래된 것으로 보아도 별 무리는 없다. 아마도 일상적 삶 속에 배어있는 격언 같은 이야기였을 것이다.

여기 도마의 맥락 속에서는 알레고리적 해석의 전제가 없는 "버림rejection"과 "선택election"의 일상적 체험을 말하고 있다. 세속적 환경 속에서 버림받는 자야말로 선택된 자들이라고 하는, 예수 도반들, 말씀을 추구하는 자들에 대한 격려의 언사로서 이해되어야 한다. 아마도 우아하고 아름다운 백조로 변해가는 "미운 오리새끼 the ugly duckling"의 메타포 정도로 이해해도 무방할 것이다(스테반데이비스). 63장부터 66장까지 어떤 연속적 주제의 흐름이 감지될 수 있다.

67 모든 것을 안다 해도 자기를 모르면

¹예수께서 가라사대, "누군가 모든 것을 안다 해도, 자기를 모르면, 모든 것을 모르는 것이다."

沃案 나의 번역은 약간 의역되었다. 문자 그대로 번역하면 다음과 같다: "누군가 모든 것을 안다 해도, 자기를 결缺하면, 모든 것을 결缺하는 것이다." 이것을 또 신비로운 "그노시스"와 연결시키는 모든 주석은 전혀 도마복음의 의미맥락을 파악하지 못하는 낭설일 뿐이다. 『논어』「헌문」편에 있는 공자의 말씀이면 그 의미가 스스로 드러나게 될 것이다: "옛날에 배우는 자들은 자기를 위하여 배웠고, 지금의 배우는 자들은 남을 위하여 배운다. 古之學者爲己, 今之

學者爲人。"배움이란 타인을 위한 것이 아니라 자기를 위한 것이다. 도마에서 말하는 추구와 해석의 발견은 결국 자기의 발견이며 자신의 영적 경지의 고양을 의미하는 것이다. 노자老子도 "자기를 아는 것을 밝음自知者明"이라 하였고, "자기를 이기는 자야말로 강한 자自勝者强"라 하였다.

예수는 천국운동가였다. 예수는 래디칼한 평등주의자였다 (radical egalitarianism). 예수는 개방된 공동식사주의자였다(평등주의의 상징적 구현체). 도마의 예수는 천국이 토포스(공간적 실체)가 아니며 우리 마음의 질서라고 생각했다. "나라"는 나 안에 있고 나 밖에 있다(Th.3). 천국에 이르는 길은 오직 나를 통하여, 내 속에서 발견되는 것이다. "너희가 너희 자신을 알지 못하면, 너희는 빈곤 속에 살게 되리라(Th.3)."

68 박해받는 너희는 복이 있도다

¹예수께서 가라사대, "너희가 미움을 받고 박해를 당할 때에 너희는 복이 있도다. ²너희가 박해를 당하는 그곳에는 아무 자리도 발견되지 않으리라."

沃案 큐복음서에 속하는(Q13) 마태 5:11~12, 누가 6:22~23이 병행하지만, 정확한 병행구가 아닐 수도 있다. 마태, 누가는 모두 산

상수훈의 일부이다. 마태 5:11~12는 다음과 같다:

> 나를 인하여 너희를 욕하고 핍박하고 거짓으로 너희를 거스려 모든 악한 말을 할 때에는 너희에게 복이 있나니 기뻐하고 즐거워하라. 하늘에서 너희의 상이 큼이라.

마태는 예수를 따르는 자들과 세상 사이에 마찰이 없는 곳이 없다, 즉 보편적 핍박(universal persecution)을 암시하고 있다. 그러한 핍박 속에서 헤쳐나가는 구하는 자들(seekers)을 격려하는 의미를 담고 있다. 그런데 실상 "아무 자리도 발견되지 않으리라"는 구문은 해석이 어렵다. 메이어는 텍스트 커럽션이 있다고 보고 다음과 같이 재구한다: "너희는 궁극적으로 핍박당하지 않는 그곳을 발견하게 되리라.You will find a place where you will not be persecuted."

나는 이런 해석의 가능성도 있다고 생각한다: "너희가 핍박당하는 그곳에서 그들은 너희를 핍박할 수 있는 아무것도 발견하지 못하리라." 『금강경』「장엄정토분莊嚴淨土分」에는 다음과 같은 대화가 실려있다.

> 부처님께서 수보리에게 이르시되: "네 뜻에 어떠하뇨? 여래가 옛날에 연등부처님의 곳에서, 법에서 얻은 바가 있느냐? 있지 아니하냐?"
> "세존이시여! 여래께서는 연등부처님의 곳에서 법에 얻은 바가 실로 아무것도 없습니다."

"수보리야! 네 뜻에 어떠하뇨? 보살이 불토를 장엄하게 한
다 함이 말이 되느냐? 아니 되느냐?"
"아니 되옵니다. 세존이시여! 어째서이오니이까? 불토를
장엄하게 한다 하는 것은 장엄하게 함이 없기 때문에, 비로
소 장엄하다 이름하는 것이오이다."

박해를 당하는 그곳에는 박해의 아무런 자리도 발견되지 않는
다. 박해를 당할 아무것도 없기 때문에 박해는 박해가 되지 않는다.
박해를 받는다, 박해를 받지 않는다는 상념을 근원적으로 떠난 자
에게 복이 내린다. 평범한 나무꾼 혜능에게 득도의 발심을 안겨준
『금강경』의 구절, "응무소주이생기심應無所住而生其心"도 같은 의
미가 아닐까 생각한다: "머무는 자리가 없이 그 마음을 낼지니라."
우리는 색·성·향·미·촉·법에 얽매여서 마음을 내지 말아야
한다. 박해를 당해도 박해를 당하는 그 자리에 아무 자리도 발견되
지 않는다는 것은, 머무는 마음이 없다는 것을 말하고 있는 것이다.
예수는 우리에게 이러한 무소주無所住의 근원적 해탈을 설파하고
있는 것이다. 방랑하는 자는 신체만 방랑하는 것이 아니라 그 마음도
머무는 자리가 없는 것이다.

본 로기온은 환난의 환경 속에서도 행복을 발견하는 해탈인, 방
랑자의 정신세계를 그리고 있다.

69 가슴속에서 박해를 당하는 자, 나눔을 위해 굶주리는 자여, 복이 있도다!

¹예수께서 가라사대, "가슴속에서 박해를 당하는 그들이여, 복이 있도다! 그들이야말로 아버지를 참되게 알게 되는 자들이로다. ²굶주린 그들이여, 복이 있도다! 배고파하는 자의 배가 채워질 것이기 때문이로다."

沃案 1절은 앞 장과 대비된다. 68장이 외면적·사회적 박해를 말하고 있다면, 69장은 내면적·정신적 박해를 가리키고 있다. "아버지를 안다"는 것은 곧 나의 내면의 본래적 자기를 회복하는 것이며, 그것은 비본래적 자기를 핍박하는 것이다. 아버지를 참으로 안다는 것은 나의 욕망과 쾌락과 열정으로부터 해방되는 것이며, 그 과정은 여기서 "가슴속의 박해"로 표현되고 있다. 모든 진정한 앎이란 내면의 갈등(internal conflicts)을 거치지 않을 수 없다. 그것은 단순한 관조나 성찰의 문제는 아니다.

2절은 큐자료(Q10)와 병행하고 있다.

(눅 6:21) 이제 주린 자는 복이 있나니, 너희가 배부름을 얻을 것임이요.

(마 5:6) 의에 주리고 목마른 자는 복이 있나니, 저희가 배부를 것임이요.

누가는 "배고픔"을 심령화(spiritualization)하지 않았다. 그것은 물리적인 배고픔이다. 그러나 과연 어떻게 이 물리적인 배고픔을 해결할 것인가? 사실 모두가 굶주린 갈릴리 농촌에서 쉬운 해결은 없다. 너희가 곧 배부르게 되리라는 선포만으로는 실제로 물리적 사태는 해결되지 않는다. 그렇다면 누가의 기술도 결국 하나님께서 그 배고픔을 해결해 주신다는 선포일 뿐이다. 역시 이렇게 되면 "메시아적 잔치Messianic Banquet"를 설정하지 않을 수 없다. 천국이 도래하면, 천국에서 하나님과 한자리에서 배부르게 먹게 되리라는 것이다. 이러한 문제를 해결하기 위하여 아예 마태는 "의에 주리고 목마른 자"라고 하여, "주림과 목마름"을 심령의 갈망으로 대치시켰다. 하나님의 의에 대하여 굶주림과 갈증을 느끼는 자는 복이 있다는 것이다. 마태는 완벽하게 메시아적 기독론을 선포하고 있는 것이다.

그러나 여기 도마는 매우 리얼한 현실을 전제로 하고 있다. 예수의 도반들은 금욕하는 자들이며 나눔을 실천하는 자들이다. 그냥 배고프다고 해서 축복을 받는 것은 아니다. 타인과의 나눔을 위하여 굶주리는 자들이야말로 복되다는 것이다. 내가 먹을 것을 덜 먹음으로써 배가 고플 때, 내가 배고픈 만큼 배고파하는 타인들의 위장이 채워질 것이다. 아마도 예수의 원래의 가르침이 이 도마의 원의에 근접하는 그 무엇이었을 것이다. 매우 각박한 현실을 전제로 한 나눔의 메시지였을 것이다. 관념화된 천국의 배부름은 아니었던 것이다.

오늘 우리가 살고 있는 시대의 최대의 비극은 도처에 깔려있는 "비만"현상이라는 사실도 여기 지적될 필요가 있다. 자본주의의 탐욕이 이러한 결과를 초래하고 있는 것이다. 개인의 몸뚱아리만 비만에 시달리는 것이 아니라 문명 전체가 비만증세로 파멸되어 가고 있는 것이다.

여기 방랑하는 자들은 "굶주림"에 시달리면서까지도 나눔을 실천하고 배고파하는 타인의 배를 채워주려고 노력하는데, 오늘 현대인들은 비만에 시달리면서도 "소식少食"조차 실천하지 못하고, 나눔을 실천할 생각도 하지 않는다는 것이다. 더구나 한 피를 나눈 북녘 동포가 굶어죽어가고 있는데도, 자신들은 비만의 온갖 증세로 시달리면서도, 그들이 굶어죽게 두라고 열불을 올리며 반공의 기치만을 드높이고 있는 것이다. 이러한 기치를 드세우는 자들이 대부분 기독교인이라고 한다면 도대체 이 땅의 기독자들의 신앙이란 무엇을 위한 것일까?

공자는 "능근취비能近取譬"야말로 "인지방仁之方"이라고 말했다(『논어』 6-28). 비근한 사태에서 내 몸으로 느끼고 공감할 줄 아는 마음의 섬세함이 인仁이라는 것이다. 그리고 이러한 인仁이 성聖의 경지에 이르려면 반드시 "박시어민博施於民"하고 "제중濟衆"해야 한다고 말했다. 백성에게 널리 베풀고, 대중을 구원하는 문제야말로 성(聖, das Heilige)의 경지라는 것이다. 본 장의 주제는 현대 에콜로지의 다양한 주제들과 연결되어 있다.

70 너희가 가지고 있는 그것이 너희를 구원하리라

¹예수께서 가라사대, "만약 너희가 너희 내면에 있는 것을 끊임없이 산출해낸다면, 너희가 가지고 있는 그것이 너희를 구원하리라. ²만약 너희가 그것을 너희 내면에 가지고 있지 못하다면, 너희가 너희 내면에 가지고 있지 못한 그 상태가 너희를 죽이리라."

沃案 보통 종교를 타력신앙他力信仰과 자력신앙自力信仰으로 나눈다면 기독교는 타력신앙의 대표적인 사례로 지적되어왔다. 타력신앙은 타자에의 귀의를 중심으로 삼기 때문에 "쉽고," 자력신앙은 자기 스스로의 구원을 결의하기에 "어렵다"고 얘기되곤 한다. 자력으로 알려진 불교운동 가운데도 미륵신앙과 같은 형태는 타자에로의 귀의를 요구하는 종교로 이해되고 있는 것이다. 그러나 도마복음이 전하는 예수는 타력신앙을 말하지 않는다. 도마가 말하는 "살아있는 예수"는 타력신앙을 거부하고 있는 것이다. 신앙은 나 밖으로의 귀의가 아니라, 내 속에 있는 것의 "발견"(Th.1)이다. 하나님은 내 밖에 있는 것이 아니라 내 안에 있는 것이다.

"내 안에 있는 것"이란 무엇인가? 서구의 신학자들은 그것을 곧 "빛"이라 말하곤 한다(Stevan Davies). 도마의 예수는 결코 "빛"과 "어둠"을 실체화하지 않았다. 24장에 "빛이 빛나지 아니하면 그것은 어둠"이라고 말한 것은, 빛과 어둠이 이원화될 수 없다는 것을 말한 것이다.

지금 예수는 "너희 내면에 있는 것"이라고 말함으로서 인간의 인격의 총체적 측면을 말하고 있는 것이다. 인간내면의 어느 일면을 집어서 실체화하고 있지 않다. 이것은 자사子思가 "천명지위성 天命之謂性"이라 말한 것과도 같다. 하늘나라와 끊임없이 교섭하고 있는 나, 그 존재의 모습이 나의 인격, 즉 성性이라는 것이다. 성性은 서구적인 "본질"을 말하는 것이 아니라 도덕적 인격의 총체성을 말한 것이다. 본 장에 가장 의미가 소통되는 로기온자료는 67장이라고 말할 수 있다: "모든 것을 안다 해도 자기를 모르면 모든 것을 모르는 것이다." 41장도 참고할 만하다.

71 내가 이 집을 헐겠노라

¹예수께서 가라사대, "내가 이 집을 헐겠노라. 그리고 아무도 그것을 다시 짓지 못하리라."

沃案 많은 사람이 언뜻, 예수가 성전을 헐겠노라고 한 말을 연상할 것이다. 마태, 마가에는 간접화법의 형태로 요한에는 직접화법의 형태로 나타나고 있다. 마태와 마가는 "사흘 안에 다시 지음"이라는 문제를 실제로는 전혀 예수 자신의 "사흘 만에 부활함"이라는 알레고리적 해석과 관련시키지 않았다. 그것은 물리적으로 성전을 붕괴시키겠다는 예수의 말의 간접인용이었으며, 그의 대역죄목을 드러내기 위한 언사일 뿐이었다. 그 죄목의 언사를 "부활"과

연결시킨 것은 오직 요한이었다.

> (마 26:61) 가로되, "이 사람의 말이, '내가 하나님의 성전을 헐고 사흘 안에 지을 수 있다' 하더라."

> (막 14:58) 우리가 그의 말을 들으니, '손으로 지은 이 성전을 내가 헐고, 손으로 짓지 아니한 다른 성전을 사흘 안에 지으리라 하더라' 하되.

> (요 2:19) 예수께서 대답하여 가라사대, "너희가 이 성전을 헐라. 그리하면 내가 사흘 동안에 그것을 일으키리라."

도마의 예수는 성전을 말하지 않는다. 역사적 예수는 근본적으로 예루살렘성전의 권위를 인정하거나, 그러한 제도적 권위에 얽매이거나 할 사람이 아니었다. 여기 도마에서 "이 집"이 무엇인지를 한정하여 지칭할 수는 없다. 그러나 그것은 모든 세속적인 "집," 어떠한 안락과 지속과 보호막을 주는 제도의 상징일 것이다. 그것은 종교적 성소(shrine temple)가 아니고 보통사람의 생활공간으로서의 집(home)이다. 예수는 나라를 본다. 새 세상을 본다. 인간의 영적인 변화를 본다. 따라서 헌 세상의 집은 헐어버려야 마땅한 것이다. 그 "헐어버림"은 다시 지을 대상이 아니라 비가역적인 완결이다. 도마의 예수에게는 타협의 여지가 없다.

"내가 이 집을 헐겠노라"고 한 것을 만약 예수가 성전을 두고 이야기한 것이라고 해석한다면, 그것은 구약적 세계의 파기를 의미하는 것이다. 아무도 그것을 다시 지어서는 아니 되는 것이다. 이러한 물리적 성전의 파기와 새로운 영적 성전의 건설이라는 역사적 예수의 테마는 순교자 스테판의 사상으로 승계되었다고 볼 수 있다: "지극히 높으신 이는 손으로 지은 곳에 계시지 아니하시나니"(행 7:48). 행 6:14에 나타나 있듯이 나사렛 예수는 분명히 성전과 모세의 율법을 근원적으로 거부한 인간이었다. 이러한 예수의 철저한 사상과 말씀이, 복음서기자들에 의하여 부활론의 맥락에서 애매하게 변형되어간 것이다. 나는 이 장에서 나타나고 있는 철저하고 단호한 부정의 정신은 42장의 "방랑하는 자들이 되어라"의 테마를 끌고나가고 있다고 본다.

72 내가 분할자란 말이냐?

¹한 사람이 그에게 가로되, "나의 형제들에게 나의 아버지의 재산을 나에게 분할하도록 말해주소서." ²그께서 그 사람에게 가라사대, "이 사람아! 누가 나를 분할자로 만들었단 말인가" ³그는 그의 따르는 자들에게 몸을 돌려 그들에게 물었다: "나는 분할자가 아니로다. 그렇지 아니한가?"

沃案 이것은 불트만이 아포프테그마(긴 장면설정이 없이 어떤 주제를 간결하게 전달하는 대화나 논쟁, 그리고 전기적 사화. 영어로 "아포프템

apophthegm" 혹은 줄여서 "아포템apothegm"이라고 한다)라는 양식으로 분류한 대화인데 누가에만 나오고 있지만 큐자료에 속한다. 누가와 마태를 잘 비교하여 보면, 마태의 문맥 속에도 이 아포프테그마의 흔적을 찾아볼 수 있기 때문이다. 원래 큐에 있었던 것을 마태가 생략한 것으로 본다.

> (눅 12:13~15) 13무리 중에 한 사람이 이르되, "선생님! 내 형을 명하여 유업을 나와 나누게 하소서" 하니, 14이르시되, "이 사람아! 누가 나를 너희의 재판장이나 물건 나누는 자(분할자)로 세웠느냐"하시고, 15저희에게 이르시되, "삼가 모든 탐심을 물리치라. 사람의 생명이 그 소유의 넉넉한 데 있지 아니하니라" 하시더라.

누가는 도마의 자료에다가 "재판장"의 역할이라는 개념을 더했다. 그리고 거절의 이유를 예수가 친절하게 해설하고 있다. 도마에는 "형제들"이 복수로 되어있는데 누가에는 "형brother" 즉 단수로 되어있다. 누가 12:14절의 재판장 운운하는 표현은 구약 출 2:14의 표현과 비슷하다: **"누가 당신을 우리의 우두머리로 삼고 우리의 재판장으로 세웠단 말이오."**

팔레스타인 사람들에게는 부모의 유업이 형제들에게 온전하게 공동승계되는 습관이 있었다. 그런데 여기 "한 사람"이 그 공동승계된 전체 유산 중에서 자신의 몫의 분할을 요구하고 나선 것이다. 누가에서 이 사람(청년)은 예수를 이러한 재판의 권한이 있는 "랍비"로 인식하고 있다. 그러나 실상 예수는 그러한 랍비의, 법적으로 유효한 권한을 가지고 있지 않았다. 예수는 근원적으로 그러한 법적문제 이전의, 그 청년이 요구하고 있는 바, 그 심적상태, 그 동기를 문제삼고 있는 것이다. "사람의 생명이 그 소유의 넉넉한 데 있지 아니하다"고 말함으로써 인간의 근본적인 "탐심"을 경계하고 있는 것이다.

도마의 대화는 누가보다 훨씬 더 간결하고 담박하다. 어떤 법적인 차원의 맥락이 개재되어 있질 않다. "무소유"라는 근원적인 주제가 배어있기는 하지만, 도마의 대화의 핵심은 예수 자신의 아이덴티티에 관한 것이다.

제16장에 예수는 "평화"를 던지러 온 것이 아니라 "충돌"을 던지러 왔으며, 불과 칼과 싸움을 선사한다고 말했다. 그러나 16장의 메시지는 결코 본 장과 모순되지 아니한다. 16장의 갈등은 "버림"을 위한 갈등이다. "소유"를 위한 갈등이 아니다. 여기 이 청년의 가장 큰 문제는 자신의 탐욕의 충족, 개체적 소유를 위한 "분할"을 요구하고 있다는 데 있다. 예수는 그러한 분할을 위한 촉매적 역할을 담당할 생각이 없다. 본 장의 주제는 내가 노자의 "박樸"(통나무)을 들어 설명한 도마복음 61장의 주제와 일치한다: "나는 분열되지 않은 전체로부터 온 사람이다." 분할과 소유는 죽음과 파멸을 몰고온다. 미분할과 무소유는 생명과 끊임없는 빛의 생산을 가져온다. 그것은 화이트헤드의 제자, 노드로프F. S. C. Northrop, 1893~1992의 말대로 "미분할된 심미적 시공간undifferentiated aesthetic continuum"이며, 동방적 "도(道, Tao)"의 세계이다.

73 추수할 것은 엄청 많은데 일손이 모자란다

> ¹예수께서 가라사대, "추수할 것은 많되 일꾼이 적으니, 그러므로 주인에게 청하여 추수할 일꾼들을 보내어 주소서 하라."

沃案 본 장도 큐복음서에 병행한다(Q28).

> (마 9:37~38) 이에 제자들에게 이르시되, "추수할 것은 많되 일꾼이 적으니, 그러므로 추수하는 주인에게 청하여 추수할 일꾼들을 보내어 주소서 하라" 하시니라.

> (눅 10:2) 이르시되, "추수할 것은 많되 일꾼이 적으니, 그러므로 추수하는 주인에게 청하여 추수할 일꾼들을 보내어 주소서 하라."

큐복음서자료로서 마태와 누가는 거의 완벽하게 일치하고 있다 (한 군데 어순의 차이만 있다). 그리고 마태-누가자료와 도마자료도 거의 일치한다. 도마에는 "추수하는 주인에게"에서 "추수하는" 이라는 수식적 표현이 없다. 마태-누가가 도마자료에다가 그런 수식구를 가했을 것이다. 큐복음서의 느낌으로 보면 이것은 예수 운동을 하는 도반들을 지방으로 파송하면서 당부하는, 천국의 도 래를 위하여 일하는 자들의 삶의 자세에 관한 이야기(the Mission Speech)의 첫머리에 해당된다. 예수운동 지침의 서장에 해당되는 멘트이다.

누가는 그 앞에 예수께서 두 명씩 짝지어 보내는 36쌍, 그러니까 72명의 제자를 파송하면서 당부하신 말씀이라는 멘트만을 첨가하고 있다. 당시 12명의 제자뿐만 아니고 많은 숫자의 제자가 있었다는 것이 입증된다. 그리고 위험상황이 많으므로 두 명씩 짝지어 보냈다는, 매우 구체적인 실제정황을 전달하고 있다. 마태와 누가의 기술에 있어서 실제로 "추수하는 주인"이 과연 누구인지를 구체적으로 지칭할 방법은 없다. 따라서 주석가들은 "추수"를 종말론적으로 해석하고 마지막 심판의 순간을 위하여 거두어들여야 할 사람들이 너무도 많으므로 더 많은 일꾼(제자역할을 할 수 있는 사람들)을 요청하는 심정으로 하나님에게 매달리라는 뜻으로 풀이하고 있다. 다시 말해서 "추수하는 주인"은 마지막 심판의 주인인 하나님이다. 종말론적 관점은 방랑자들의 생활사적 리얼리티를 지워버린다.

마태는 이 당부말씀을 의미있게 만드는 매우 구체적인 당시의 사회정황을 리얼하게 기술해놓고 있다.

> (마 9:35~37) 예수께서 모든 도시와 마을을 두루 다니시며, 가시는 곳마다 회당에서 가르치시고 하늘나라의 복음을 선포하였다. 그리고 병자와 허약한 사람들을 모두 고쳐주셨다. 또 목자없는 양과 같이 시달리며 허덕이는 군중을 보시고 불쌍한 마음이 들어 제자들에게 이렇게 말씀하시었다(공동번역).

마태의 이러한 내러티브는 역사적 예수의 모습을 잘 전해주고 있다. 도마의 본 장의 해석도 이런 당시 사회적 분위기를 전제로 하여 이루어져야 할 것이다. 예수의 천국운동은 매우 성공적인 사회운동이었으며 엄청난 인파가 날로 몰려들고 있었다. 구원의 손길을 뻗치는 사람은 많은데 일손이 모자랐던 것이다. 하나님의 자녀들을 끌어모은다는 종말론적 위기의 전도사업적인 맥락은 여기 끼어들 자리가 별로 없다. 한때, 대우그룹이 왕성하게 활동할 때에 김우중 회장이 "세상은 넓고 할 일은 많다"라는 유명한 말을 했는데, 문명의 전기에서 새로운 인간의 가능성을 바라보는 사람들은 누구든지 이런 갈급한 심정이 서리게 될 것이다. 역사적 예수도 구체적으로 세파에 시달리며 허덕이는 군중들을 바라보는 마음이 애처로웠을 것이다.

그리고 진리의 말씀을 발견하는 각자覺者들의 "사회적 공능"의 요구도의 광범함에 대하여 다급한 심정이 있었을 것이다. 깨닫는 자가 너무도 적었기 때문이다. 본 장을 도마공동체나 영지주의 전도사업의 시급함으로 해석하는 주석도 있으나, 그것은 도마복음의 성격을 잘못 파악하는 사람들의 천견淺見이다. 본 장은 역사적 예수의 절박한 사회적 관심(social concern), 그리고 더 많은 각자覺者들의 가담을 요청하는 기원으로 해석해야 옳다. 예수의 방식으로 깨닫는 자들의 사회적 기여도의 진실됨과 그 파급력이 강렬했다는 역사적 사실도 여기서 엿볼 수 있다.

최종적인 또 하나의 해석의 가능성은 일체의 상징성을 배제한 채 역사적 예수가 갈릴리 농촌 현실에서 부닥친 사태에 대한 단순한 보도로서 해석하는 것이다. 추수하는 장면에서 일손이 모자라

애쓰는 일꾼들을 향해 주인에게 일손을 더 청하라고 권유하는 사건으로 해석해도, 그 단순한 사실 보도가 더 큰 상징적 함의를 지닐 수도 있는 것이다. 예수의 궁극적 관심은 종교가 아니다. 전도는 그의 소기한 바가 아니다. 당시 농촌의 현실이 각박했던 것이다. 오늘날 "소멸" 운운하는 우리의 농촌현실을 연상해보면 예수말씀의 생동감이 살아날 수 있을 것이다.

74 우물 속에는 아무도 들어가려 하지 않는다

¹그께서 가라사대, "오 주여! 샘물 주변에 많은 사람들이 서성거리고 있나이다. 그러나 샘 속에는 아무도 없나이다."

沃案 이 장의 해석을 놓고 매우 이견이 분분하지만, 시골생활을 해본 사람이면 쉽게 이해될 수 있는 상황이다. 팔레스타인 지역은 강우량이 많지 않기 때문에 우물이 매우 깊다. 그런데 이 우물은 가끔 정화하는 청소작업을 해야만 사람들이 먹을 수 있다. 그런데 깊은 우물 바닥까지 내려가는 일은 결코 쉬운 일이 아니다. 용기를 필요로 하는 작업이다. 동네사람들의 생명의 원천인 이 우물도 정화작업이 필요하다. 그런데 아무도 들어갈 생각은 안하고 그 주변에 서서 맴돌고만 있다. 오리겐Origen이 AD 248년경에 쓴『켈수스 논박Against Celsus』속에는(8.15~16) 다른 종파에서 읽히고 있는 「천

상의 대화*Heavenly Dialogue*」라는 글로부터 인용된 다음과 같은 문장이 실려있다: "많은 사람이 우물 주변에서 서성거리고 있고, 아무도 우물 속으로는 들어갈 생각을 않고 있으니 어찌 된 일인가? 왜 그 모양인가? 기나긴 여행 끝에 겨우 여기에 당도하여 그대는 이 속으로 들어갈 엄두도 못 낸단 말인가? 그대는 틀렸다! 나는 용기를 가지고 있도다."

   여기 우리는 또 하나의 가설을 세워 볼 수도 있다. 가뭄이 심한 지역에서는 지상에서 우물의 물을 길어 올리는 것이 아니라, 꼭 한 사람이 우물 속으로 내려가서 쫄쫄 흐르는 물을 받아 두레박에 채우면 사람들이 길어 올리는 그런 상황도 많다는 것이다. 나는 본 장의 로기온이 비겁한 방관자적 범인의 자세에 대하여 실천의 용기를 강조하는 그러한 맥락을 가지고 있다고 본다. 그리고 예수는 그러한 실천의 용기를 지닌 지혜로운 리더였다.

75 단독자만이 혼방에 들어갈 수 있노라

¹예수께서 가라사대, "문간에서 많은 사람들이 서성거리고 있다. 그러나 단독자만이 신부의 혼방婚房에 들어갈 수 있다."

沃案 이 장의 주제는 이미 충분히 토로되었다. "신부의 혼방"은 주체간의 융합을 의미하며 그것은 "아버지의 나라,""아버지의 자리"이다. 그것은 천국이다. 그 나라에 들어갈 수 있는 단독자이다. 단독자는 "홀로 서는 자"(Th.16), "하나된 자"(Th.23), "홀로된 자"(Th.49)이다. 그는 이미 분열을 초월하는 자이며, 분화 이전의 사람이며, 세속적인 모든 것을 버린 자이다. 이들만이 혼방에 들어갈 수 있는 것이다.

여기 "혼방에 들어가다to enter the bridal chamber"는 표현은 아무래도 "초야의 섹스"를 연상치 않을 수 없다. 그러나 여기 "혼방"이란 그런 세속적 의미보다는 "하늘나라,""아버지의 나라"를 의미하는 상징체계이며, 주객의 이분이 허용되지 않는 합체의 상태, 즉 노자가 말하는 "박樸"의 상태를 가리킨다. 그것은 장소의 개념이라기보다는 "무명無名"의 상태를 가리킨다.

메이어는 73장부터 75장까지를 연속된 하나의 대화로서 연결해 볼 수 있다고 생각한다. 그래서 74장의 "그께서 가라사대He said"를 "어떤 자가 여쭈었다Someone said"로 바꿀 수 있다고 주장한다. 재미있는 발상이다.

76 단 하나의 썩지 않는 진주에 투자하라

¹예수께서 가라사대, "아버지의 나라는 한 상인과도 같도다. 그는 매매할 많은 상품을 가지고 있었으나 언젠가 영롱한 한 진주를 발견하고 말았다. ²그 상인은 매우 신중하였다. 그는 그 상품을 모두 팔아 자기 자신을 위하여 그 단 하나의 진주를 샀느니라. ³그러하므로 너희도 그리하라. 좀이 갉아먹거나 벌레가 궤멸시키지 못하는 곳에서 썩지도 않고 변치도 않는 그의 보물을 구하라."

沃案 참으로 아름다운 비유이다. 하나의 완정完整한 통일성이 있는 비유로서 우리에게 중요한 메시지를 전하고 있다. 그런데 이 비유는 공관복음서에서는 1·2절의 부분과 3절의 부분이 나뉘어져서 나타나고 있다. 1·2절의 부분은 마태 13장에 나타나고, 3절의 부분은 큐복음서자료와 병행하고 있다. 물론 도마를 후대의 작품으로 보는 사람은 마태자료(전반)와 큐자료(후반)를 도마가 보고 합성했다고 말하겠지만, 도마 76장 전체의 흐름을 편견없이 감지할 때, 그 유기적 통일성의 아름다움은 그러한 이질적 자료의 합성이라는 느낌을 거부한다. 도마자료가 현행 복음서자료에 선행하는 원래의 모습을 보존하고 있다고 보는 것이 정당하다. 그 의미맥락도 종말론적·초월주의적 해석이 가미되기 이전의 순결한 양식을 고수하고 있다.

(마 13:45~46) 또 천국은 마치 좋은 진주를 구하는 상인과도 같으

니 극히 값진 진주 하나를 만나매, 가서 자기의 소유를 다 팔아 그 진주를 샀느니라.

오히려 마태가 도마자료의 풍요로운 뉘앙스를 간결하게 요약했다는 느낌을 준다. 마태는 바로 그 앞 절에 "천국은 마치 밭에 감추인 보화와 같으니 …"(마 13:44)라고 하여 매우 유사한 주제를 말하고 있는 비유를 들고 있다. 뿐만아니라, 13장 전체가 그러한 천국에 관한 비유의 모음집과도 같은 인상을 준다. 마태는 다양한 전승의 비유를 수집하면서 도마계열의 자료를 요약했을 것이다.

다음에 오는 제3절은 큐복음서(Q54)와 병행하고 있다.

(눅 12:33~34) 너희 소유를 팔아 가난한 사람들에게 나눠주고, 낡아지지 아니하는 지갑을 만들라! 이는 곧 하늘에 둔 바, 잘못될 일이 없는 보물이니, 도적도 가까이 하는 일이 없고, 좀도 먹는 일이 없느니라. 너희 보물이 있는 곳에 너희 마음도 있으리라.

(마 6:19~21) 너희를 위하여 보물을 땅에 쌓아두지 말라. 거기는 좀과 동록銅綠이 해害하며, 도적이 구멍을 뚫고 도적질하느니라. 오직 너희를 위하여 보물을 하늘에 쌓아두라. 거기는 좀이나 동록이 해하지 못하며, 도적이 구멍을 뚫지도 못하고 도적질도 못하느니라. 네 보물이 있는 그곳에 네 마음도 있느니라.

도마와 이 두 자료를 비교해보면 재미있는 몇 가지 특성이 나타난다. 우선 마태와 누가를 비교해보면 마태는 누가에 비하여 훨씬 더 그 희랍어 원문이 시적인 파라렐리즘을 타고 있으며 리드믹하다. 주석가들은 과연 이 두 자료 중 어느 것이 더 오리지날한 것인가에 관해서는 이견이 분분하다. 과연 같은 큐자료에 의거한 것일까? 맨슨Manson은 누가는 큐자료에 의거한 반면, 마태는 마태의 독자적 자료인 M자료에 의거했다고 본다. 그룬트만Grundmann은 마태가 오히려 큐자료에 의거한 반면 누가는 그의 독자적 자료인 L자료에 의거했다고 본다. 그러나 내가 보기에는 결국 누가와 마태는 같은 자료에 의거했을 것이다. 동일한 큐자료를 놓고 달리 변주했을 가능성이 제일 높다. 우선 누가는 "소유를 팔아 가난한 사람들에게 나누어주었다"는 적극적 구제의 개념을 도입했다. 따라서 이렇게 되면 돈을 다 나눠주어버렸기 때문에 땅의 현실 속에서는 이미 보물을 살 수가 없다. 따라서 "낡아지지 않는 지갑"을 마련할 수밖에 없다.

여기 마태·누가·도마를 비교해보면 "낡지 않는다" "잘못될 일이 없다"라는 표현은 누가에만 나타나며, 이것은 도마자료와 공통된다("썩지도 않고, 변치도 않는"). 마태와 누가 중에서 도마의 흔적을 더 보존하고 있는 것은 누가 쪽이라고 말할 수밖에 없다.

마태에는 누가의 "구제" 개념이 없다. 그리고 막바로 하늘과 땅의 콘트라스트로써만 전체의 문장을 구성하고 있다. 마태는 역시 지독하게 종말론적이며 초월주의적이며 이원론적이다. 바울도 재림을 앞둔 이 땅의 현실은 전혀 보화를 쌓아두거나 미련을 가질 대상으로 생각하지 않았다. 어차피 사라져버릴 허상이기 때문이다. 초대교회에 있어서 "세속의 부정의 논의"는 항상 이러한 재림사상이 그 배면에 깔려있는 것이다. 그러나 누가만 해도 간접적으로 암시는 하지만 마태처럼 그토록 노골적으로 땅의 보화와 하늘나라의 보화를 이원론적으로 대비시키지 않는다. 현실감각이 남아있으며, "너희 보물이 있는 곳에 너희 마음도 있다"는 말과 부드럽게 연결된다. 하늘나라의 보화를 누가처럼 마음의 문제로 환원시키면 마태와 같은 초월주의적 해석은 생겨나지 않는다. 땅의 보물에 관심이 있으면 마음도 세속적 영욕을 따르고, 하늘의 보물에 관심이 있으면 마음은 세속을 초월하게 된다.

이에 비하면 도마는 철저히 현실적이다. 도마에는 마지막 "너희 보물이 있는 곳에는 너희 마음도 있으리라"고 하는 해석구도 나타나지 않는다(이 구절도 누가는 2인칭이 복수로 되어 있고 마태는 단수로 되어 있다. 아마도 마태쪽이 큐자료의 원형일 것이다).

"좀이 갉아먹거나, 벌레가 궤멸시키지 못한다"라는 표현은 고대사회에서 재화의 기준으로 통용되는 것이 "천"들이었기 때문에 생겨난 표현이다. 우리나라도 조선 말기, 아니 일제시대 때까지만 해도 포목이 재화의 기준으로 유통되었다. 팔레스타인의 상황도 마찬가지였다. 여기 "진주"는 "썩지 않고 변치 않는"그 무엇의 현실적 상징이며, 노골적으로 하늘나라라는 초월적 가치를 알레고리적 해석으로써 직유直喩하지 않는다. 보물은 보물로서 남을 뿐이다. 하늘의 추상적 가치가 아니다. 그러기 때문에 시작부터 "하늘나라"라고 하지 않고 "아버지의 나라"라고 한 것이다. "나의 아버지께서 생각하시는 이 땅의 질서"에 관한 것이다. "울아버지Abba"는 보통 "딴 아버지들"과는 달리 생각하는 아버지라는 것이다.

우리가 이미 63·64·65장의 연속된 테마를 통하여 부자나, 비즈니스맨이나, 상인이나, 농장지주와 같은 유형의 사람들이 "아버지의 자리"에 들어가기가 힘든 인물들이라는 것이 선포되는 것을 살아있는 예수의 입을 통하여 들었다. 그러나 본 장에서는 그러한 주제의 놀라운 반전이 이루어지고 있는 것이다. 바로 천국 즉 "아버지의 나라"가 앞에서 저주의 대상이 되었던 "상인"과도 같다는 것이다. 도마의 기술에서는 천국 즉 아버지의 나라가 상인과 같은 인격체와 곧바로 비교되고 있는 것을 목도할 수 있다. 57장에서도 이미 "아버지의 나라는 좋은 씨를 가지고 있는 사람과도 같다"고 말했다. 본 장에서는 "상인과 같다"고 말한다. 96장에서는 한 여자와 같고, 97장에서도 한 여자와 같고, 98장에서도 강자를 죽이려는 한 사람과도 같다고 말한다.

다시 말해서 천국은 어디까지나 사람의 문제인 것이다. 살아있는 인격체 그 전체의 문제인 것이다. 그 인격체의 그 부분적 행동이나 사태, 혹은 객관 사물의 이벤트나 상태로써 천국을 비유하지 않는다. 천국은 막바로 사람과 같다고 전제해놓고 그 사람의 행위를 기술해나간다. 천국을 인격체 사람에 비유한 도마복음의 용법은 전승의 오리지날리티를 입증하는 한 사례에 속한다.

상인이 상품을 매매하는 데만 정신이 팔려있으면 그 상인은 "아버지의 자리"로 들어갈 방도가 없다. 그러나 그는 언젠가 "영롱한 한 진주"를 발견하게 된다. "상품매매"와 "진주의 발견"은 전혀 차원을 달리하는 문제이다. 인간이 종사하는 정신적 차원이 다른 것이다. "진주의 가치를 발견한다"는 것과 "진주를 산다"는 것은 또 다른 문제이다. 가치의 발견은 "인식"의 문제이고 진주를 사는 것은 "행위"의 문제이다. 인식을 행위로 옮기는 데 필요한 것이 바로 "신중함" 즉 "사려prudence"라는 것이다. 그의 사려의 방식은 소중한 진주를 사기 위하여 그가 가지고 있는 상품을 파는 것이었다. 세속적 가치를 희생해서라도 진주를 얻겠다는 용단勇斷, 그 분별과 지혜가 이 상인에게는 있는 것이다. 상인이야말로 저주의 대상이 아니라, 진주를 살 수 있는 상품을 소유하고 있다는 사실만으로도, 그의 사유가 반전되기만 하면 상인은 오히려 누구보다도 더 아버지 나라에 접근이 용이한 것이다(여기 우리가 주목해야 할 사실은 로마시대에는 진주가 가장 값진 보석으로 여겨졌다는 것이다. 다이아몬드는 그때 보석으로 각광을 받지 못했다).

아버지의 나라, 즉 천국은 발견되는 것이며, 자기가 창조하는 것이 아니다. 그러나 발견되는 즉시 투자를 해서 그것을 사야한다. 즉 세속적 가치로부터 탈자脫資하여 영원한 가치에 투자投資해야 하는 것이다. 여기 상품이 땅의 보화이고 진주가 하늘의 보화라는 마태적 이원론은 존재하지 않는다. 상품은 하루살이처럼 일회적이고 덧없는 것임에 반하여 진주는 좀이 갉아먹거나 벌레가 궤멸시키지도 못하며, 썩지도 않고 변치도 않는 것이다. 여기서 상품과 진주를 대비시키는 것은 시간성의 문제일 뿐이다. 고귀한 가치는 물

질적인 것이 아니라, 정신적인 것이라는 영·육이원론도 여기에
는 없다. 고귀한 가치는 땅적인 것이 아니라 하늘적인 것이라는 노
골적인 메타포도 없다. 상품이나 진주는 다 땅의 것들이며, 다 물질
적인 것이다. 그러나 상품은 덧없는 것이나 진주는 영원한 것이다.
영원이란 시간 속에서는 지속(duration)을 의미할 뿐이다. 따라서 고
귀한 가치는 초월성(transcendentality)에 있는 것이 아니라 지속성
(durability)에 있는 것이다. 보다 정직하게 지속적인 가치를 추구할
때 인간의 영적세계는 풍요로워질 수 있는 것이다.

나는 본 장의 비유가 우리 실존의 삶에 너무도 많은 시사를 준다
고 생각한다. 이 현세에서 버팀목 역할을 하는 사람들은 "돈을 잘
버는 사람들"이다. 여기 천국이 상인과 같다고 한다면, 이 장이야
말로 자본주의시대에 걸맞는 내용을 설파하고 있다고 할 것이다.
그러나 "돈을 잘 버는 사람들"이 중요하다고 한다면 그들이 중요
한 이유는 그들이 진주를 발견하고 살 줄 알기 때문이다. 돈을 버는
것도 가치의 창출이다. 그러나 더 중요한 것은 그 가치가 일시적인
회전에서 끝나는 것이 아니라 진주처럼 구원한 지속을 할 수 있어
야 한다는 것이다.

우리나라의 여유로운 크리스챤은 본 장을 읽으면서 반성해야 할
것이다. 어떻게 이 삼천리 금수강산의 현실 속에서 구원한 가치를
구현할 것인가를! 판에 박힌 "물질 – 정신," "영 – 육," "땅 – 하늘"
의 이원적 대비는, 참으로 영적인 진주(spiritual pearl)를 발견하고 구
매하는 데 아무런 도움을 주지 않는다.

77 장작을 쪼개보아라! 나는 거기에 있을 것이다

> [1]예수께서 가라사대, "나는 존재하는 모든 것 위에 존재하는 빛이다. 나는 전부이다. 나로부터 모든 것이 나왔고, 그리고 나에게로 모든 것이 돌아온다. [2]한 편의 장작을 쪼개보아라! 나는 거기에 있을 것이다. [3]돌 하나를 들어 보아라! 그리하면 너희는 나를 거기서 발견할 수 있으리라."

沃案 참으로 위대한 장이다. 눈물겨웁도록 아름답고 광대한, 살아 있는 예수의 메시지이다. 이러한 장을 해석하는데 서구인들은 또 다시 기존의 인용학적 지식에 의존하려 한다(cf. 요 8:12, 롬 11:36, 고전 8:6 등등). 그리고 범신론(pantheism)이니 만유재신론(panentheism) 이니 하는 일체의 개념적 언사도 본 장을 이해하는 데 방해가 될 뿐이다. 그리고 "영지주의적 세계관"을 운운하는 것도 한마디로 췌언贅言일 뿐이다(인간이 빛의 구현자인 예수에게 나와서 예수로 돌아간다는 것은 전형적인 그노시스의 입장이라는 등등의 판에 박힌 유형적 설명). 여기서는 빛의 족보를 말하지도 않고 빛의 궁극적 귀의처를 말하지 않는다.

살아있는 예수의 이 말을 차라리 다음과 같은 설봉雪峰(822~908, 덕산德山 문하의 걸출한 선승)의 말에 비견하면 어떨까?

대우주를 모조리 한손에 움켜쥐어 보니 꼭 좁쌀 한 톨만 하구나! 너희들 면전에 던졌으나 이 새카만 밥통 같은 녀석들,

도무지 알아보질 못하는구나! 북을 치니 모두 나와 찾아보라!
盡大地撮來, 如粟米粒大。 抛向面前, 漆桶不會。 打鼓普請看。
『벽암록碧巖錄』第五本則。

도마의 대부분의 로기온자료들은 요한복음의 예수와는 달리 예수 자신의 아이덴티티를 밝히거나 과시하는 데 급급해하지 않는다. 예수의 말씀이 중요한 것이지, 예수가 누구인지, 그 아이덴티피케 이션이나 배후 족보는 전혀 중요하지 않다. 그러나 본 장은 예외적으로 그러한 질문자의 궁금증을 선적禪的으로 크게 한 방 멕여 버린다. 이것은 전혀 신비로운 담론이 아니다. 바울이나 요한의 예수처럼, 하나님의 아들이라는 것을 선포하는 "에고 에이미 담론ego eimi saying"(나는 ⋯ 이다라는 식의 담론)이 아니다. 하나님과 예수와 인간의 상호내거相互內居를 말하지도 않는다. 상호내거가 가능하기 위하여서는 내거의 주체들이 실체화되지 않으면 안되기 때문이다.

예수가 여기서 자신의 아이덴티티를 밝히는 언어 중에서 우리가 끄집어낼 수 있는 명제는 다음과 같다.

1. **나는 빛이다.** I am the light.
2. **나는 전부이다.** I am all.
3. **나는 어디든지 있다.** I am everywhere.
4. **나는 자연 속에서도 발견된다.** I am found in Nature.

"빛"이라는 개념에 관해서는 이미 24장, 33장, 50장 등등의 로기온 속에서 충분히 해설되었다. 여기서 가장 중요한 것은 "나는 전부이다"라는 메시지이다. 즉 "나"가, 예수라는 객관적 실체로 서, 그 살아있는 예수의 말을 듣는 추구자들로부터 분리되어 소외 되지 않는다는 것이다. 화자와 청자, 주체와 객체의 이원이 허락되 면 이미 그것은 "전부"가 아니다. 예수의 아이덴티티와 추구자들 의 아이덴티티의 결별이 허용되지 않는 것이다. 따라서 예수의 자 기이해는 이 담론을 대하는 사람의 자기이해로부터 유리될 수 없다. 어떠한 주체도, 어떠한 곳(장소)도, 어떠한 사건도, 어떠한 시간도, 이 "나"라는 빛의 밖으로 나갈 수 없다.

"빛"은 영지주의가 말하는 것처럼, 어둠에 상대화되는 실체로서 의 마법의 빛이 아니다. 혜시가 말하는 "지소무내至小無內"요, "지 대무외至大無外"일 뿐이다. 존재(Being)와 생성(Becoming)의 이원도 붕괴되어 버린다. 예수는 여기서 진정한 보편주의 신학을 선포하 고 있는 것이다. 본 장의 이해를 돕기 위하여 『장자莊子』「지북유知 北遊」에 나오는 단화를 하나 소개하겠다.

> 동곽자東郭子가 장자莊子에게 물었다: "도대체 도라는 게 어디에
>   있는 거요? 所謂道惡乎在?"
> 장자가 대답했다: "없는 데가 없지. 無所不在。"
> 동곽자가 또 말했다: "그렇게 막연하게 구라치지 말고 좀 더
>   구체적으로 한정하여 말해보오. 期而後可。"
> 장자가 대답했다: "땅강아지나 개미에게 있지. 在螻蟻。"
> 동곽자가 말했다: "아니, 그토록 하찮은 것 속에 있단 말이
>   오? 何其下邪?"

장자가 대답했다: "논밭에서 패버리는 돌피 속에 있지.在稊稗。"

동곽자가 말했다: "왜 자꾸 더 내려가오?何其愈下邪?"

장자가 대답했다: "깨진 항아리쪼가리 속에 있지.在瓦甓。"

동곽자가 말했다: "왜 자꾸 더 심하게 내려가오?何其愈甚邪?"

장자가 대답했다: "똥오줌 속에 있지.在屎溺。"

여기에 이르자, 동곽자는 입을 다물고 말았다.

동곽자가 과연 무엇을 깨달았을까? 이러한 장자의 사상 덕분에 인도불교가 중국에 들어와서는 선적인 변형을 겪을 수 있었다. 지고의 성聖인 부처를 중국의 선승(雲門和尚)은 "말라빠진 똥막대기乾屎橛"(똥 푸기 위해 휘젓는 막대기)라고 외쳤고, 불법佛法의 진제眞諦를 "뜨락의 백수자庭前栢樹子"라고 일갈할 수 있었던 것이다(趙州和尚.『無門關』37).

여기 "쪼개진 장작 속에 내가 있을 것이요, 길거리에 나뒹구는 돌 하나를 들어보면 거기서 나를 발견할 수 있으리라"고 외치는 예수의 말이 과연 이것과 다른 더 지고의 성스러운 진리를 설파하고 있는 것일까? 기독교인들은 이제 사고를 전향해야 한다. 진정한 메타노이아를 실천해야 한다. 성스러움의 거부가 오히려 진정한 성(the Holy)으로의 진입을 가능케 한다는 것을 깨달아야 한다. 여기 살아 있는 예수가 이러한 역설을 선포하고 있는 것이다. 1세기 초반에 이미 도달한 예수의 고등한 사유를 저질화시키는 신학을 이제 우리는 그만하고, "우리의 조선인에 의한 신학"을 전개해야 할 것이다.

78 황량한 사막에서 화려한 옷을 입은 왕을 보려느냐?

¹예수께서 가라사대, "너희는 무엇 때문에 모래벌판에 나왔느뇨? 바람에 흔들리는 갈대를 보기 위함이냐? ²그렇지 않으면, 너희 왕들이나 너희 궁전의 힘센 고관들처럼 화려한 옷을 두른 사람을 만나기 위함이냐? ³진실로 그들은 화려한 옷을 둘렀으나 그들은 진리를 깨달을 수 없느니라."

沃案 우리는 도마복음서에서 이런 화사한 구절을 전혀 맥락 없이 던져지기 때문에 생소하다는 느낌을 갖는다. 그리고 이 로기온이 기존의 공관복음서에 들어있으리라고는 생각을 하지 못한다. 그런데 이 로기온은 세례 요한에 대한 예수의 증언으로서 큐복음서와 병행하고 있다(Q24). 그런데 이 담론은 실상 예수 자신의 아이덴티티에 관한 따르는 자들의 착오를 꾸짖는 내용이다. 그런데 여기 큐복음서의 저자는 이 도마자료를 세례 요한에 대한 예수의 평론으로 탈바꿈시켰다. 이러한 사례를 보아도 공관복음서가 무지막지한 픽션이 아니라 기존의 자료에 의거하여 그 담론의 성격을 치열하게 변형시켜 나갔다는 것을 알 수 있다.

(마 11:7~9) 저희가 떠나매, 예수께서 무리에게 요한에 대하여 말씀하시었다: "너희가 무엇을 보려고 광야에 나갔더냐? 바람에 흔들리는 갈대냐? 그렇지 않다면 너희가 무엇을 보려고 나갔더냐? 부드러운 옷 입은 사람이냐? 보라! 부드러운 옷 입은 자들은 왕

궁에 있느니라. 그렇다면, 너희가 어찌하여 나갔더냐? 선지자를
보려더냐? 옳다! 내가 너희에게 이르노니, 선지자보다도 더 나은
자니라."

(눅 7:24~26) 요한이 보낸 자들이 떠난 후에, 예수께서 무리에게
요한에 대하여 말씀하시었다: "너희가 무엇을 보려고 광야에 나
갔더냐? 바람에 흔들리는 갈대냐? 그렇지 않다면 너희가 무엇
을 보려고 나갔더냐? 부드러운 옷 입은 사람이냐? 보라! 화려한
옷 입고 사치하게 지내는 자들은 왕궁에 있느니라. 그렇다면,
너희가 무엇을 보려고 나갔더냐? 선지자냐? 옳다! 내가 너희에게
이르노니 선지자보다도 더 나은 자니라."

 마태와 누가를 비교해보면 거의 내용이 일치하며 동일한 큐자료
에 의거하고 있다는 것이 확실하다. 희랍어 문장으로 보면 누가 쪽
이 좀 더 가다듬어져 있으나, 큐의 원형은 마태 쪽이 보존하고 있다
고 보여진다. 그런데 큐자료는 도마의 원자료를 근본적으로 다른
맥락에서 활용하고 있다. 마태·누가 담론의 결론은 도마복음 46
장에서 세례 요한에 관해 내린 평가의 내용을 도출하기 위한 것이
다. 그러니까 큐복음서 계통의 문헌들은 도마의 46장과 78장을 하
나의 담론의 맥락 속에서 묶고 있는 것이다. 그러나 그러한 연속적
맥락의 타당성은 확보될 길이 없다. 본 장의 내용은 세례 요한과 무
관하기 때문이다. 그리고 본 장의 내용이 큐복음서 24장 속에서 인
용되고 있는 부분은 실상 좀 어색하다.

마태·누가에서, 이 예수의 말은 예수가 그를 둘러싼 무리들 앞에서 세례 요한에 대한 자신의 평가를 공적으로 밝히는 언명이다.

요한은 광야에서 살았다. 그러므로 제1의 질문은 요한을 "바람에 흔들리는 갈대"로 비유하고 있다. 그러나 요한은 결코 그렇게 허약한 인물이 아니었다. 제2의 질문은 요한을 화려한 옷을 입은 왕궁의 사람들 같은 이미지로서 그리고 싶어하는 사람들의 심상에 관한 것이다. 그러나 요한은 그런 사람이 아니었다. 낙타털로 된 거친 옷을 걸치고 세속적 영화를 거부하는 가혹한 금욕의 사나이였다.

제3의 질문, 그렇다면 선지자를 보러 광야에 나갔느냐는 질문에 대하여 예수는 긍정적인 결론을 내린다(cf. 말라기 3:1). 그러나 예수의 긍정은 더 강한 것이다. 세례 요한은 과거의 어떤 선지자보다도 더 위대한 인물이었다.

이러한 큐자료의 맥락은 전혀 본 장의 원래 맥락과는 무관한 것이다. 많은 주석가들이 본 장의 의미를 애매하게 짚고 넘어가기 일쑤다. 여기 "모래벌판"은 "사막desert"이다. 사막에는 실상 바람에 흔들리는 갈대조차도 볼 수 없는 곳이다. 갈대는 요단강 주변과도 같이 물이 있는 계곡에서나 볼 수 있다. 갈대를 보러 사막으로 오지는 않는다.

여기 "너희는 무엇 때문에 모래벌판에 나왔느뇨"라고 하는 예수의 질문은 바로 예수가 황량한 모래벌판에 서있다는 것을 전제로 하고 있다. 그러니까 여기 질문은 바로 예수 자신을 찾아오는 사람들이 예수에 대하여 그리는 심상에 관한 것이다. 예수는 거친 옷을 입고, 세속적 영화를 거부하며 거친 광야를 헤매는 사람이었다. 그러나 예수를 찾아오는 사람들의 심상 속에서는 예수가 매우 현실적인 정치적 리더였고, 구세주였고, 메시아였다. 그 메시아상은 왕이나 힘센 고관과도 같이 화려한 옷을 입은 사람이었으며, 현실적으로 그들을 억압에서 해방시켜주리라는 기대와 관련되어 있었다. 여기 예수의 로기온은 그러한 기대가 착오적인 것이라는 것을 일깨워주고 있다. 왕이나 현실적 강자들은 진리로부터 멀리 있다.

예수의 진실한 모습은 진리를 찾아 사막을 방랑하는 모습이다. 예수를 찾아나선 사람들은 사막에 서있는 예수, 바로 그 리얼리티를 인식해야 한다. 거친 옷을 입고 방랑하는 진리의 화신 예수, 그 예수는 당시 이스라엘의 문제는 정치적으로 해결될 수 있는 문제가 아니라고 보았던 것이다. 현실 속의 왕자나 강자는 결코 진리를 깨달을 수 없다. 여기 모래벌판에 서있는 나 예수를 보아라! 그리고 이 이상의 화려한 꿈을 꾸지도 말라!

도마복음서가 공관복음에 선행先行하는 자료라는 엄연한 사실을 받아들일 때 도마복음서의 로기온자료도 그 프로토타입의 성격이 명료해지고, 공관복음서의 로기온자료들도 그 담론(디스꾸르)의 족보가 선명해지고, 양식사학에서 말하는 "이음새"의 성격이 명확하게 드러난다. 이 사실을 전제로 할 때만이 역사적 예수(Historical Jesus)의 궤적이 분명해진다.

79 예수여! 그대를 낳은 자궁과 그대를 먹인 유방에 감사하라!

¹무리 속의 한 여인이 예수를 향해 외쳤다: "너를 낳은 자궁과 너를 먹인 유방이여, 복이 있도다!" ²예수가 그 여인에게 말하였다: "아버지의 말씀을 듣고 그것을 참되게 지킨 자들이여, 복이 있도다! ³너희가 '애기 밴 적이 없는 자궁과 젖을 먹인 적이 없는 유방이야말로 복되도다'라고 말할 날이 올 것이기 때문이니라."

沃案 외면적으로 얼핏 본 장만 떼어놓고 보면, 잘 이해가 되지 않는 신비로운 문장 같이 느껴질 수도 있지만, 여태까지 우리가 논의해온 맥락을 따라 잘 살펴보면 논리가 매우 정연하고 유기적 통일성이 있는 명료한 장이다. 그러기에 복음서에 흩어져 있는 파편들의 오리지날한 모습을 여기서 목도하게 되는 것이다. 우선 1·2절은 누가 11장에 병행하는데, 그것은 큐복음서에 속하는 자료이다 (Q40). 그리고 3절은 누가 23장과 병행하고 있다.

(눅 11:27~28) 이 말씀을 하실 때에, 무리 중에서 한 여자가 음성을 높여 가로되, "당신을 밴 자궁과 당신을 먹인 유방이 복이 있도다" 하니, 예수께서 가라사대, "오히려 하나님의 말씀을 듣고 지키는 자가 복이 있느니라" 하시니라,

(눅 23:27~29) ²⁷또 많은 군중과 그리고 그를 위하여 가슴을 치며 슬피우는 여자의 큰 무리가 따라오는지라. ²⁸예수께서 돌이켜

그들을 향하여 가라사대, "예루살렘의 딸들아! 나를 위하여 울지말고, 너희와 너희 자녀를 위하여 울라. [29]보라! 날이 이르면 사람이 말하기를, '아기를 낳지 못하는 여자들과, 아기를 낳아보지 못한 자궁과 젖을 빨려보지 못한 유방이 복이 있도다' 하리라."(29절만 병행).

누가 11장은 도마의 맥락에서 크게 벌어져있지 않다. 그러나 누가 23장에 나오는 도마의 파편은 사실 너무도 퉁명스럽게 삽입되어 있다. 골고다의 언덕으로 십자가를 걸머지고(구레네 사람 시몬이 걸머졌다) 올라가는 예수의 최후의 장면에서, 애처로운 심정으로 그를 따라오는 예루살렘의 여인의 무리들을 향하여(이들은 갈릴리에서부터 따라온 여인들이 아니다) "나를 위하여 울지말고 너희와 너희 자녀를 위하여 울라"라는 감동적인 메시지를 던진 후에 연이어 삽입된 이 구절은 도무지 왜 여기 이 말이 들어가야 하는지 그 당위성을 알기 어렵다.

주석가들은 그것을 종말론적 비극적 사태에 대한 예견으로 쉽게 해설하고 있지만 역시 어색하다. "나를 위하여 울지말고 너희와 너희 자녀를 위하여 울라"라고 하는, 희생당하는 한 거대한 인간의 대자대비의 연민의 언어 이후에 왜 종말론적 협박의 언사가 끼어드는지 잘 이해가 가질 않는 것이다. "나를 위하여 울지 말고 너희와 너희 자녀를 위하여 울라"는 메시지는 전장에 나가는 병사가 아내와 자녀들의 운명을 염려하는 장쾌한 언어로서, 소포클레스나 세네카 등 희랍 비극에 유사한 구절이 나오고 있다(W. Grundmann,

Das Evangelium nach Lukas 429).

그러나 이 말에 연접된 29절의 메시지는 종말의 날이 오면 어차피 다 비참하게 죽을 테니까, 애를 낳을 수 없는 불임의 여인이나 애를 낳아 보지도 길러 보지도 못한 여인들이 오히려 더 행복하게 느껴질 그런 날이 오리라는 이야기인 것이다. 이것은 도무지 설명하기 어려운 유치한 연접이다. 이런 모든 복음서의 어색함이 복음서 저자들이 기존의 파편들을 마구 맥락 없이 꼴라쥬해서 드라마를 구성한 데서 생겨나는 문제점인 것이다. 여기 도마의 원래 맥락은 그러한 종말론적 협박과는 관련이 없다. 그렇다면 본 장은 어떻게 해석되어야 하는가?

여기 군중 속에서 한 여인이 예수를 향하여 외치는 모습은 실로 감동적이다. 기나긴 고통의 세월을 강인하게 견디어 온 조선의 여인의 함성 같은 것을 듣는다. 갈릴리 여인의 강인한 용기 또한 마찬가지일 것이다. 민중 속에서 민중에게 천국의 진리를 선포하고 있는 젊은 예수를 바라보는 여기 "한 여인"은 예수를 낳은 엄마 마리아와도 같은 나이 또래의 노경의 여인이었을 것이다(최소한 50살 이상?). 이 여인은 민중의 지도자인 예수를 자랑스럽게, 대견하게 바라보고 있다. 이 여인은 예수를 향해 외치는 순간 예수를 낳은 예수의 엄마 마리아와의 유대감을 표명하고 있는 것이다.

"젊은 예수여! 천국을 선포하는 그대이지만, 그대의 위대한 모습은 결코 그대 스스로 만든 것이 아니다. 너의 엄마의 자궁이 너를 낳느라고 고통을 겪었고 너의 엄마의 유방이 너를 키우느라고 수고를 하였다. 예수여! 우리를 축복하지 말고, 너를 낳은 자궁과 너를 기른 유방을 축복하여라!"

이 여인의 외침은 매우 인간적인 축복이다. 매우 소박하고 진실하게 인간적 진실에로의 회귀를 예수에게 요청하고 있는 것이다. 우리는 이러한 구절에 담긴 역사적 정황을 너무 기독론적인 메시아 예수상에 가리워 정직하게 해석하지 못했던 것이다. 이 여인의 축복은 애틋한 혈육의 정의 표현이다. 예수는 이러한 축복을 외면할 수가 없다. 외면하면 그것은 위선이다!

기존의 누가 주석가들은 눅 11:28을 그 여자의 음성에 대한 반론으로써 해석하고 막 3:31~35의 단화와 같은 맥락에서 풀이하였다. 예수를 여인의 세속적 관심 속에 파묻어 둘 수가 없는 것이다. 그들은 인간 예수를 신격화해야 하기 때문에 이러한 여인의 외침은 예수에게 난감한 상황을 던져준다고만 생각할 수밖에 없었다.

이러한 난감한 상황에 대하여 예수는 결코 그것을 반박하거나 역전을 꾀하지 않는다. 예수에 대하여 그 여인이 축복한 방식으로 똑같이 그녀에게 축복을 해주는 것이다. 축복의 형식은 같으나 그 내용은 전혀 차원을 달리하는 것이다. 예수를 향한 이 여인의 외침은 혈연적이고, 세속적이며, 물질적인 맥락(a physical perspective)에 고착되어 있다. 예수는 이러한 고착성에 굴복할 수가 없다. 예수는 이미 가족이나 혈연으로부터 자유로워진 사람이다. 지금 이 순간, 이렇게 몰두하여 도마복음과 씨름하고 있는 이 순간에 누군가 나에게 혈연적 정리情理에 고착된 축복을 던진다고 생각해 보자! 그 축복이 나의 생애의 일 순간을 스쳐지나갈 수는 있으나, 나의 삶을 그러한 맥락에서 규정하려고 든다면, 나는 그 축복을 거부할 수밖에 없을 것이다. 여기 가장 오해를 불러일으키기 쉬운 사실은 도마의 로기온자료가 십자가형을 받으러가는 도중의 골고다언덕길 분위기와는 무관한 평범한 세팅이라는 것이다. 평범한 "무리"와의 대화 속의 한 장면인 것이다.

예수는 그 여인에게 말한다: "여인의 자궁이란 생산을 위함이요, 여인의 유방이란 기름을 위함이다. 그러나 진정한 창조와 진정한 양육은 낳고 기른다는 물리적 사실에 있는 것이 아니라 아버지의 말씀을 생산하고 기르는 데 있는 것이다. 따라서 너희 여인들이 나 같은 자를 낳고 길렀다는 사실에만 자부감을 느낄 것이 아니라, 그대들 스스로 아버지의 말씀을 듣고, 즉 고착된 관념에서 벗어나 새로운 질서의 말씀을 듣고, 그것을 실천할 때(=지키다) 그대 여인들에게도 진정한 축복이 내리게 되는 것이다." 예수는 노자의 "생이불유生而不有"를 설파하고 있는 것이다.

누가는 도마 2절의 내용을 충실하게 계승하였다. 단지 "오히려"라는 역전을 나타내는 부사를 첨가하였고 "아버지"를 "하나님"으로 바꾸어 초월적인 의미를 강화시켰다.

그 다음에 연이어 나오는 말은 결코 종말론적 맥락에서 해석되어서는 아니 된다. 여러분들은 이 3절을 이해하기 위해서는 이미

22장에서 충분히 해설된 예수의 말씀을 상기해야 한다: "너희들이 둘을 하나로 만들 때, 그리고 너희들이 속을 겉과 같이 만들고, 또 겉을 속과 같이 만들고, 또 위를 아래와 같이 만들 때, 그리고 너희가 남자와 여자를 하나된 자로 만들어 남자가 남자 되지 아니하고 여자가 여자 되지 아니할 때, 그리고 너희가 눈 있는 자리에 눈을 만들고, 손 있는 자리에 손을 만들고, 발 있는 자리에 발을 만들고, 모습 있는 자리에 모습을 만들 때, 비로소 너희는 천국에 들어가게 되리라."

예수가 말하는 "인간"이란 남자와 여자로 분화되기 이전의 인간이다. 예수 엄마의 자궁과 유방에 대한 축복을 아버지 말씀의 "들음"과 "지킴"에 대한 축복으로 바꾸었을 때, 예수는 이미 주체성의 차원을 바꾼 것이다. 따라서 이러한 새로운 주체성은 분열에서 통합으로, 분화에서 미분으로, 분별적 질서에서 혼융된 카오스의 하나됨으로 복귀해야 하는 것이다. 여자라고 해서 애만 낳고, 젖만 주는 주체는, 단지 여자로서 머물 뿐이며 인간이 되질 않는다.

다시 말해서 "우먼wo-man"일 뿐이며 우먼 이전의 "맨man"이 되질 않는다. **여기 예수는 남자와 여자의 분별이 사라진 새로운 주체의 탄생을 선포하고 있는 것이다:** "너희가 '애기 밴 적이 없는 자궁과 젖을 먹인 적이 없는 유방이야말로 복되도다'라고 말할 날이 올 것이다." 이 위대한 혼융의 언사를 누가는 천박한 종말론적 멘트로 써먹으면서 "불임의 여인"까지도 얹혀서 복이 있도다라고 해버린 것이다.

얼마나 복음서 저자들이 "비맥락적" 천재들인가, 그리고 로기온 파편들의 무맥락적 분리와 연결을 자유롭게 감행하는 드라마 작가들인가 하는 것을 쉽게 통찰할 수가 있다. 이것은 불임여성이나 처녀들이나 애를 낳지 못해 안달하는 노처녀들에 대한 종말론적 위로의 축복이 될 수 없는 것이다. 애기 밴 적이 없는 신선한 자궁과 젖을 먹인 적이 없는 싱싱한 유방이야말로 생산과 양육 이전의 혼융된 인간, 여자와 남자의 분별이 사라진 하나된 자(a single one), 모습 있는 자리에 새 모습을 지니게 된 정신적 메타모르포시스metamorphosis의 인간, 나라에 들어가는 그 인간의 상징인 것이다. 아이덴티티의 근원적 변화가 없이 우리는 나라에 들어갈 수가 없는 것이다.

여기 "여자와 남자의 분별이 사라진 새로운 주체"라는 말은 매우 신화적으로 들릴 수도 있으나 모든 금욕주의(asceticism)의 근원에는 이러한 여성성과 남성성의 초탈이라는 문제가 가장 구체적으로 선결되어야 할 문제로서 자리잡고 있다. 또 동시에 가장 어려운 최종적 과제상황이기도 한 것이다. 우리는 수녀를 "여자"로 바라봐서는 아니 되며, 스님을 "남자"로 바라봐서는 아니 된다. 여자와 남자는 많다. 왜 하필 수녀를 여자로서, 스님을 남자로서 바라보려고 애쓰는가?

여기 제79장의 사상에는 암암리 "여성 수도승"의 가능성이 암시되어 있다. 도마복음은 여자와 남자의 근원적 차별을 두지 않는다는 의미에서 매우 21세기적 사유를 지니고 있다. 여성은 여성으로 머물러 있는 것이 아니라, 금욕적 수행을 통하여 여성 – 남성의 분별이 사라진 새로운 몸으로 재건되어야 하는 것이다(Th.114). 이러한 도마의 로기온사상이 초기기독교 여성수도원의 형성을 가능케 한 것이다. 시몬 보봐르Simone Beauvoir, 1908~1986가 말한 "제2의 성The Second Sex"보다도 더 근원적인 혼융의 새로운 성을 이미 제1세기에 말하고 있다는 의미에서 도마복음서의 가치는 격조 높은 새로운 페미니즘의 시각과 가능성을 여는 것이다.

80 세상이 육체임을 안 자에게는 세상이 합당치 아니하다

¹예수께서 가라사대, "이 세상을 알게 된 사람은 누구든지 육체를 발견하게 된다. ²그리고 육체를 발견하게 된 사람에게는 누구든지 이 세상이 합당치 아니하다."

沃案 제56장과 동일한 내용의 로기온이다. 단지 "시체"가 "육체"로 바뀌었을 뿐이다. "시체"는 콥트어로 "프토마ptōma"인데 희랍어에서 차용한 것이다. "육체"에 해당되는 콥트어도 차용어인 "소마sōma"가 사용되었다. "프토마"와 "소마"가 모두 아람어 "피그라pigra"에서 유래되었다고 보는 학자들도 있다. 본 장은 궁극적으로 "영적인 몸의 발견the discovery of the spiritual body"이라는 주제를 설파하고 있다. 반복적으로 등장하는 로기온도 우연적 중복이라기보다 모종의 편집의도가 있다고 볼 수도 있다.

81 힘을 가진 자여! 힘을 부정하라!

> ^{1}예수께서 가라사대, "풍요롭게 된 자로 하여금 다스리게 하라. ^{2}그리고 힘을 가진 자로 하여금 그것을 부정하게 하라."

沃案 긴 해설을 필요치 않는다. 공관복음서에 병행이 없다. "풍요롭게 된 자"는 물질적 부를 축적한 자를 지칭하지 않는다. 제1절은 도마복음 제2장과 맥락적으로 상통한다: **"구하는 자는 찾을 때까지 구함을 그치지 말지어다. 찾았을 때 그는 고통스러우리라. 고통스러울 때 그는 경이로우리라. 그리하면 그는 모든 것을 다스리게 되리라."** 추구를 통하여 경이를 맛본 자가 "풍요롭게 된 자"이다. 이와 같이 풍요롭게 된 자래야 다스릴 수 있는 것이다. 도마에서 "다스림"이란, 타인의 지배가 아니라 자기가 자기에게 왕노릇하는 것이다.

제2절의 "힘을 가진 자"를 제1절과 합치시켜 정신적으로 힘을 축적한 자로 볼수도 있겠으나, 역시 제1절과는 대비되는 모든 "세속적인 힘"을 의미한다고 보는 편이 나을 것이다. 부정의 대상인 "그것"은 역시 "힘" 그 자체일 수밖에 없다. 따라서 어떤 형태의 힘이든지, 물질적이든 정신적이든, 힘을 축적한 자는 끊임없이 힘을 부정해야 한다. 힘을 가진 자가 힘을 부정하지 않으면 힘을 잃고 만다. 힘의 축적이란 끊임없는 힘의 부정에서 생겨나는 것이다. "도가도비상도道可道非常道"를 말하는 노자적 논리가 여기에 배어 있다고 할 것이나, 모든 종교정신의 근원에는 "힘의 자기부정"이

있지 않으면 안된다. 교황이 자기 권력을 부정하지 않으면 카톨릭 전체가 타락하고, 목사가 자기 권력을 부정하지 않으면 교회 전체가 타락하고 만다.

본 장의 내용은 이러한 자기부정의 논리에 의하여 일관되게 해석할 수도 있다: "풍요롭게 된 자는 항상 그 풍요로움을 다스려야 하고, 힘을 가진 자는 항상 그 힘을 부정해야 한다." 다시 말해서 풍요롭게 된 자도 항상 그 풍요로움을 부정해야 한다는 것이다. 예수는 역시 사회운동가로서의 면모를 잃지 않는다.

82 나는 불이다

[1]예수께서 가라사대, "누구든지 나와 가까이 있는 자는 불과 가까이 있는 것이니라. [2]그리고 누구든지 나로부터 멀리 있는 자는 나라로부터 멀리 있는 것이니라."

沃案 동방의 사유나 가치관에 젖어있는 사람이라면 이러한 로기온을 접할 때에, 이미 순간적으로 가슴에 다가오는 벅찬 감격, 어떤 위대한 인격의 열정, 진리에 대한 자신감, 그리고 생명의 약동(엘랑비탈, *élan vital*)을 감지할 수 있다. 구차스러운 설명이 필요없이 그런 육감이 다가오는 것이다. 그런데 서방의 주석가들은 이 장을 에니그마틱enigmatic 하게만 바라보고, 명료한 해석을 내리지 못하고

있다. "불"이라고 하면 우선 "마지막 심판"이니 "이 세상을 태워 버릴 저주의 불기둥"과도 같은 네가티브한 의미만을 먼저 연상하기 때문이다. 서구인들의 사유가 종말론적 인식의 틀로 인하여 얼마나 오염되어 있는가를 방증하는 것이다.

불트만은 종말론을 예찬하고, 종말론에 실존의 의미를 부여하고, 인간의 삶의 매 순간이 종말론적이라고 말했지만, 그것이 제아무리 우리 삶에 그럴듯한 의미를 부여한다 해도, 실로 종말론적 사유는 그 폐해가 너무도 큰 것이다. 종말론은 기원전후 세기의 팔레스타인의 특수한 정치상황을 전제로 한 관념의 체계이다. 인류의 문명은 이제 종말론적 독단의 잠(dogmatic slumber)으로부터 깨어나야 한다. 근원적으로 종말론을 대치하는 새로운 사유를 개발치 못한다면 전 세계의 크리스텐툼Christentum은 종말을 맞이할 수밖에 없다. 진실로 한 순간도 우리 삶에 종말론적 의미를 부여해서는 아니 되는 것이다. 종말론의 궁극적 진원인 예수가 종말론자가 아니기 때문이다.

여기 제2절은 아무런 문제가 없다. "나로부터 멀리 있는 자는 나라(천국)로부터 멀리 있다"라는 명제는 명백하게 "나 예수"와 "나라"를 동일시하는 명제이다. 그리고 물론 이때 "나라"가 네가티브한 의미를 지닐 수 없다는 것은 너무도 자명하다. 나를 멀리하는 것은 곧 나라를 멀리하는 것이다. 그렇다면 1절도 2절과 파라렐리즘의 의미맥락에서 이해될 수밖에 없다. 다시 말해서 "나 예수"와 "불"은 동일시되며, "불"은 네가티브한 의미를 지닐 수 없는 것이다.

도마복음에서 설파하는 예수의 아이덴티티에 관하여 가장 집요한 주제가 빛(Light)이다. 그런데 모든 빛이란 그 근원에 있어서 궁극적으로 불(Fire)이라는 것을 근동의 사람들도 너무도 잘 알았다. 배화拜火의 사상은 페르시아문명으로부터 팔레스타인문명에 이르기까지 공통된 것이다. 성전에 타오르는 영원한 불꽃을 하나님의 현현으로 인식하였던 것이다.

　호렙산 떨기나무에서 모세에게 현현된 불꽃도 하나님의 현현의 상징이었고(출 3:2), 이스라엘민족을 이집트에서 구출해내는 과정에서도 하나님의 상징은 불기둥이었다(출 13:21~22).

　황하문명의 사람들은 "불"을 "화火"라 하여, 단지 물리적 산화로서만 생각지 아니하고 오행五行의 가장 근원적 상징체로서, 그것은 생명(Life)을 의미하는 것이었다. 생명의 모든 대사작용이 결국 화火를 생산하고 화를 유지하기 위한 것이다. 우리 몸에서 화가 떠나면 싸늘한 송장이 되어버리는 것이다. 화가 있고 없고가, 곧 생명의 유무를 의미하는 것이다. 구약의 "하나님"도 결국은 "생명"을 의미하는 것이다. 그 생명은 결국 빛이며 불이다(시 104:2~4. 주께서 옷을 입음같이 빛을 입으시며, 하늘을 휘장같이 치시며, 물에 자기 누각의 들보를 얹으시며, 구름으로 자기 수레를 삼으시고 바람날개로 다니시며, 바람으로 자기 사자使者를 삼으시며, 불꽃으로 자기 사역자使役者를 삼으시며 …).

　구약의 하나님에서 나타나는 "불"이 네가티브하고 공포스러운 의미를 지닐 때는 대강 "야훼의 진노"와 관련된 것이지만, 그것도 알고보면 야훼라는 생명력의 짙은 발로일 뿐이다. 야훼가 전투적인 민족신의 성격을 지녔기 때문에, 야훼는 항상 이스라엘민족의 배반에 대한 "질투"의 격정을 표현한다. 이러한 진노의 불길도 결국은 야훼의 생명력의 표현이며, 하나님의 신성(holiness)의 메타포이며, 그것은 궁극적으로 인간의 생명의 "정화"를 의미하는 것이다. 따라서 여기 예수가 자신을 "불"과 동일시한 것은 결국 예수라는 생명의 상징을 의미하는 것이다. 천국은 불이며, 생명이다. 그것은 예수라는 존재의 생명력의 전부인 것이다. 우리는 이미 도마 제10장에서 "불"이 심판의 상징이 아니라, "천국운동의 불씨"라는 것을 충분히 논의한 바 있다: "나는 이 세상에 불을 던졌노라. 그리고 보라! 나는 그 불이 활활 타오를 때까지 그 불을 지키노라." 어찌 이것이 심판의 진노와 저주의 언사일 수 있으랴!

우리는 이제 종교의 본질을 네가티브에서 포지티브로, 저주에서 격려로, 율법에서 사랑으로, 사망의 위협에서 생명의 환희로 전환시킬 필요가 있는 것이다. 나를 가까이하는 자는 불을 가까이하는 것이니라. 나를 가까이하는 자는 자신의 생명의 본질로 가까이 가는 자인 것이다. 이러한 로기온에서 예수의 불 같은 열정과 신념과 자신감, 그 파토스를 감지할 수 없다면, 어찌 그러한 자를 "크리스챤"이라고 말할 수 있사오리이까?

83 아버지의 모습은 빛 속에 숨겨져 있다. 아버지는 모습을 통하지 않고 직접 빛으로 파악되어야 한다

¹예수께서 가라사대, "모습들은 사람들에게 보일 수 있는 것으로 드러난다. 그러나 그 모습들 속에 있는 빛은 아버지의 빛의 모습 속에 가리워져 있다. ²아버지도 드러날 것이다. 그러나 아버지의 모습은 항상 아버지의 빛 속에 숨겨져 있다."

沃案 매우 수수께끼처럼 들릴 수 있는 로기온이지만, 구성 낱말들의 의미를 정확하게 규정하면 전체문장이 매우 명료하다는 것을 깨달을 수 있다. 여기 "모습들images"이라고 복수형을 쓴 것은 매우 땅적인, 그러니까 인간의 감관을 통하여 확인할 수 있는 모양들(eikōkn)을 의미한다. 플라톤이 말하는 형상(Form)이 아닌 보다 물질적인 모습(shape)을 말하는 것이다. 여기 근원적으로 깔려있는 생각은 창세기 1장의 신화구조와 관련되어 있다. 창 1:3에 보면 하나님이 제일 먼저 창조한 것이 "빛"이다. 그러니까 모든 "빛"은 하나님과 관련되어 있다. 모든 빛의 족보는 결국 하나님에게로 돌아간다. 빛이 먼저 창조되고, 다음에 별과 태양과 달이 창조되는 것으로 기술되고 있다. 그리고 창 1:27에는 "하나님의 모습대로 사람을 지어내셨다"라는 구절이 있다. 이때 "하나님의 모습"은 여기서 "하나님의 빛의 모습"이라는 말로 바뀌고 있다.

이 장을 정확하게 이해하기 위해서는 모습과 빛의 이원적 성격을 염두에 둘 필요가 있다. 모습의 족보는 땅으로 돌아가고, 빛의 족보는 하늘로 돌아간다. 인간은 결국 모습과 빛의 결합체이다. 모습들은 사람들에게 쉽게 보일 수 있는 것으로 드러난다. 그러나 인간에게서 모습이 인간의 전부는 아니다. 그 모습 속에 빛이 자리잡고 있는 것이다. 그런데 그 빛은 아버지의 빛의 모습 속에 가리워져 있다. 우리 속에 내재하는 빛이야말로 아버지의 빛의 모습인 것이다. 아버지의 빛의 모습은 물리적 모습처럼 쉽게 우리의 감관에 드러나지 않는다.

제2절의 "아버지"는 모두가 "그"로 되어있다. 나는 "그"가 아버지를 지칭할 수밖에 없기 때문에 번역문에서 아버지로 구체화시켰다. 아버지도 우리에게 드러날 수 있다. 그러나 아버지의 모습은 항상 아버지의 빛 속에 숨겨져 있다. 아버지는 빛 그 자체이다. 그러기 때문에 아버지의 모습은 빛의 모습일 뿐이다. 그런데 "빛의 모습"은 모습이 없다. 그러므로 결국 아버지는 "모습"을 매개로 하지 않고 파악될 수밖에 없는 것이다. 아버지는 언어를 거부한다. 아버지는 모습으로 포착되지 않는다. 모습으로써 하나님을 말하는 전도사들은 모두 사기꾼이다. 아버지는 모습을 매개로 하지 않고 직접 해후되어야 한다. 그런데 직접 파악되는 빛은 모습이 없다.

노자는 말한다. 도(하나님)란 무엇인가? 그것은 결코 이름할 수 없다. 그것은 물物이 사라진 곳으로 항상 복귀한다(復歸於無物). 그것은 모습이 없는 모습이요(無狀之狀), 물체가 없는 형상이다(無物之象)! 여기 예수는 노자와 같은 이야기를 하고 있지 않은가!

84 닮은 꼴만 보고 기뻐하지 말라!

> [1]예수께서 가라사대, "너희가 (하나님을) 닮은 너희 모습을 볼 때에, 너희는 행복하도다. [2]그러나 너희가, 너희 이전에 존재한, 그리고 죽지도 아니하고 보여지지도 아니하는 너희 형상들을 볼 때에는, 과연 너희가 얼마나 감내할 수 있으랴!"

沃案 이 장 역시 어떠한 기존의 선입견을 가지고 규정해 들어가려고 하면 혼란에 빠진다. 그리고 앞 장(Th.83)과 공통된 주제와 공통된 개념들을 사용하고 있지만, 같은 방식으로 해석하면 올바른 이해에 도달할 수 없다. 83장에서는 로기온 전체가 객관적인 3인칭 기술이다. 그러나 84장은 "너희" 2인칭 복수를 향한 직접적 어법이다. 본 장 2인칭 어법의 특징은 마지막에 "너희" 즉 추구하는 자들 그리고 독자들의 정서적 반응(the emotional reaction of the seekers/readers)을 불러일으키고 있다는 데 있다. 우선 "닮은 모습likeness"은 명백하게 창 1:26에서 말하고 있는 하나님을 닮은 모습이다(하나님이 가라사대, "우리의 형상을 따라 우리의 모양대로 우리가 사람을 만들자").

하나님이 창조한 것들 중에서 하나님의 모습을 닮은 유일한 피조물이기 때문에 인간은 특수한 존재이다. 하나님을 닮은 나의 모습을 볼 때에 나는 행복하다. 그러나 도마의 예수에게 있어서 이러한 안위는 매우 천박한 것이다. 그것은 구약적 세계관 속에서 이루어지는 상투적인 인간의 자기이해일 뿐이다. 내가 하나님의 형상

을 닮았다고 해서 나의 고귀함이 확보되는 것이 아니다. 나의 추구
는 바로 그러한 상투적 "닮은 모습"을 뛰어넘어 자기의 진면목을
발견하는 것이다. "나"의 진제眞諦는 상투적인 하나님, 구약의 하
나님, 그 이전의 것이다. 살아있는 예수의 은밀한 말씀의 추구는 그
러한 "성스러운 닮음the divine likeness"조차도 파괴하는 데서 그 진
제를 드러내는 것이다.

   제2절의 "너희 형상들your images"은 83장의 "모습들images"과
같은 단어(eikōkn)를 활용하고 있지만 전혀 뜻이 다르다. 그래서 앞
장의 이미지들은 "모습들"이라고 번역하였고, 여기서는 "형상들"
이라고 번역하였다. 여기 "형상들"은 플라톤의 이데아론적인 의
미가 강해서 번역어를 차용했지만, 그 실내용은 83장의 "빛," "아
버지의 모습"을 다시 강조하고 있는 것이다. 여기 "형상들"은 내
가 존재하기 이전에 존재한 형상들이며, 나와 더불어 죽지도 아니
하며, 나의 감관에 드러나지도 않는, 보여질 수 없는 형상들이다.
그것은 하나님의 형상이 아닌, 아버지의 형상이다. 그것은 궁극적
으로 나의 존재의 가장 심오한 차원이며 모습 없는 모습이다. 너희
가 그러한 형상들을 볼 때에 과연 너희가 얼마나 그 책임과 고통과
환희를 감내할 수 있을 것인가? 여기 제일 마지막 절은 제2장의 언
어를 상기시킨다: **"찾을 때까지 구함을 그치지 말지어다. 찾았을 때
그는 고통스러우리라. 고통스러울 때 그는 경이로우리라."**

   인간의 정신적 고양은 내가 신의 모습을 닮았다고 하는 그런 자
각의 수준에서 생겨나지 않는다. 오히려 그러한 언어가 단절되는,

존재 이전의 존재, 노자가 말하는 무상지상無狀之狀으로 회귀하는
데서 생겨나는 것이다. 그것은 고통스러운 것이요, 경이로운 것이
다. 과연 너희가 그것을 얼마나 감내할 수 있으리오!

83장과 84장의 로기온은 대화의 기록이라기보다는 심오한 철학
담론이다.

85 너희가 아담보다 더 위대하다

¹예수께서 가라사대, "아담은 거대한 힘과 거대
한 부로부터 태어났다. 그러나 그는 너희에게
도 합당치 아니하다. ²만약 그가 합당한 자라고
한다면 그는 죽음을 맛보지 아니하였을 것이기
때문이니라."

沃案 이미 본 장이 말하고 있는 주제가 충분히 토의되었기 때문
에 본문을 평심平心하게 따라 읽어도 그 의미가 쉽게 파악될 것이다.
여기 "아담"과 "너희"가 직접적으로 대비되고 있다. 아담이 "거대
한 힘great power"과 "거대한 부great wealth"로부터 존재로 진입하
였다는 사실은 앞 장(Th.84)에서 말한 "하나님을 닮은 모습"을 연
상케 한다. 그러한 주제가 계속 토의되고 있는 것이다. 아담은 하나
님의 모든 힘과 부를 가지고 태어났지만, 원죄의 인간이 되었으며
모든 분별(남·여, 선·악 등)의 원천이 되었다. 따라서 사망에 이르

는 인간이 되었다. 아담은 막강하며 풍요롭다. 그러나 사망에 이르는 모든 평범한 인간의 상징일 뿐이다. 하나님의 형상을 지녔다고, 그 물질적 형상에 집착하면서 뽐내고 자랑하며 행복하게 살아가는 인간이다.

그러나 "너희" 즉 진리를 추구하는 도반들, 그리고 예수의 말씀인 도마복음서를 읽으며 고민하는 자들은 최소한 그러한 아담을 초월하는 경지에 이르러야 하는 사람들이다. 그들은 깨달음을 통하여 "죽음을 맛보지 아니하는" 끊임없이 추구하는 자들이다. 여기 아담과 사망을 연결시키고, 너희와 불멸을 연결시킨 사상구조는 바울 로마서의 "아담과 그리스도"(롬 5:12~21)의 논리를 연상케 한다. 한 아담의 범죄로 모든 자가 사망을 얻었다는 그러한 명제에 비견하여, 한 그리스도의 십자가로써 모든 사람이 하나님의 의(the righteousness of God)를 선물로 받게 되었다는 사실을 선포하는 바울의 논리구조는 참으로 강렬한 것이지만, 이미 그러한 논리구조가 바울의 독창적인 것이 아니라, 바울 당대의 여러 양태의 예수운동 속에 보편화되어 있었던 하나의 논리였었다는 사태를 유추해 볼 수도 있다.

86 여우도 굴이 있는데 인간의 자식인 나는 머리 누일 곳도 없다

> ¹예수께서 가라사대, "여우도 굴이 있고 새도
> 둥지가 있는데, ²인간의 자식인 나는 머리를 뉘어
> 안식할 곳조차 없도다."

沃案 큐복음서(Q27)와 병행한다.

> (마 8:20) 예수께서 이르시되, "여우도 굴이 있고 공중의 새도 둥지
> 가 있으되 오직 인자人子는 머리를 누일 곳도 없다" 하시더라.

> (눅 9:58) 예수께서 이르시되, "여우도 굴이 있고 공중의 새도 둥지
> 가 있으되 오직 인자人子는 머리를 누일 곳도 없다" 하시더라.

마태와 누가가 동일하다. 큐자료를 변형 없이 옮긴 것이다. 가장
논란이 되는 것은 공관복음서에서 "인자人子"라는 표현이 부활과
재림을 전제로 하는 종말론적 담론 속에서 많이 쓰였다는 것인데,
이 인자담론에 관한 복잡한 논의는, 신학논쟁에 맡겨놓기로 하고,
여기서는 논외로 하겠다("인자"라는 표현은 공관복음서에 72번 나온다.
대개가 예수가 자신을 지칭하는 말로 쓰이고 있는데, 이 인자담론은 인자의 지
상에서의 사역 · 운명 · 수난예언과 관련된 그룹과 승천, 재림과 관련된 그룹,
두 종류로 나뉜다. 이 인자라는 표현이 메시아적 타이틀인가 아닌가, 그리고 그
것이 예수 자신이 쓴 용법인가, 복음서 기자들에게서 구체화된 용법인가 하는
문제가 항상 신학토론의 주제가 된다. 현대의 많은 신학자들이 그것은 아람어
에서 그냥 "나"를 겸허하게 표현하는 말이었을 것이라고 주장한다. 우리 동아시

아 전통에서도 왕이 자신을 부를 때 "짐朕," "과인寡人"이라 하여 자신을 객관화시킨다. 마찬가지로 예수도 경외와 겸허와 겸손을 나타내는 객관화되고 에두른 표현으로서 "사람의 자식"이라는 어법을 선택했을 수도 있다. 그러나 그러한 의미부여조차 불필요한 관용구적 어법이었을 수도 있다).

그러나 여기 확고한 사실은 도마의 맥락에는 그러한 공관복음서의 특수한 "인자담론"적 색채가 전적으로 탈색되어 있다는 것이다. 여기서 "인자"라고 하는 것은 단지 여우나 새와 같은 동물에 대비되는 "인간 종자의 자식"이라는 의미밖에는 없다. "인자"는 본시 역사적 예수가 소박하게 자신을 지칭한 말이었을 것이나 후대 복음서 기자들의 종말론적 담론의 구조 속에서 좀 특수한 칭호로서 정형화되어 갔을 가능성이 높다. 여우나 새에 비하면 인간 종자의 자식은 더 고귀한 존재임에 틀림이 없다. 여우에게도 안락한 동굴이 있고 공중의 새에게도 쉴 수 있는 안온한 보금자리가 있는 데 반하여 사람의 자식인 나에게는 머리 누일 곳조차 없다는 탄식은 예수의 실존적 현황에 관한 강렬한 대비의 언사이다. 이것은 42장의 "방랑하는 자"와 관련된다.

그리고 큐자료와 비교해보면 도마에는 "안식한다"라는 말이 더 있다. 50장, 60장 등에서 보아왔듯이 도마에서 "안식"은 진리추구와 더불어 특수한 의미를 지닌다. 불교로 말하면 "해탈"에 가까운 종국적인 의미를 지니고 있다. 그러나 나에게는 안식할 곳조차도 없다고 하는 예수의 독백 속에는 예수라는 존재의 특수성이 고백되어 있다. 이것은 해탈을 거부하는 보살적인 대승정신과도 상통한다.

예수에게는 끊임없는 방랑이 있을 뿐이며, 종국적인 안식도 없다. 그것이 예수의 실존이다.

노자는 말한다:

뭇 사람들은 희희낙락하여

큰 소를 잡아 큰 잔치를 벌이는 것 같고,

화사한 봄날에 누각에 오르는 것 같네.

나 홀로 담담하도다!

그 아무것도 드러나지 아니함이

웃음 아직 터지지 않은

갓난아기 같네.

지치고 또 지쳤도다!

돌아갈 곳조차 없도다!

뭇사람은 모두 남음이 있는데

왜 나 홀로 이다지도 부족한 것 같은가?

衆人熙熙, 如享太牢, 如春登臺。

我獨泊兮, 其未兆, 如嬰兒之未孩。

儽儽兮, 若無所歸。衆人皆有餘, 而我獨若遺。

『老子道德經』二十章。

그리고 『숫타니파타』 속의 싯달타는 이와 같이 말한다.

소치는 사람 다니야가 말했다:

"밥도 이미 다 지었고 우유도 다 짜놓았습니다.

마히강 언덕 부근에서 나는 처자와 더불어 살고 있습니다.
나의 작은 집 지붕에는 이엉을 얹었고 불도 이미 지펴놓았
습니다.
하늘이시여! 비를 내리고 싶으시면 내리소서."
스승이 답하셨다:
"나는 분노하는 적이 없고 마음의 끈질긴 미혹으로부터
벗어났소이다.
마히강 언덕 부근에서 하룻밤 길손이 되었구려.
나의 작은 집 지붕에는 이엉도 얹혀져 있질 않고,
욕정의 불길도 남김없이 꺼져버렸소.
하늘이시여! 비를 내리고 싶으시면 내리소서."

여기 "밥을 지어놓았다pakkodano"와 "분노하는 적이 없다
akkodano"는 운이 맞는다. 그리고 "우유를 짜놓았다duddhakhīo"와
"마음의 끈질긴 미혹으로부터 벗어났다vigatakhīo"도 운을 타고 있
다. 싯달타가 말하는 "나의 작은 집"은 싯달타의 "몸"을 상징한다.
여기 "소치는 사람"은 한 군데에서 정착해 사는 사람이 아니라 끊
임없이 방랑하는 사람이다. 도마복음 42장의 방랑자와 같은 사람
들이다. 그렇지만 안온한 보금자리가 있고 그 속에는 처자가 오순
도순 불을 쬐고 있다. 그러나 싯달타는 하룻밤 길손일 뿐이다. 그의
집에는 지붕도 없다. 그래서 불도 다 꺼져버렸다. 지붕이 새니까 그
집 속에 있는 불길이 다 꺼져버린다는 것은 "니르바나"의 상징이
다. "니르바나nirvāṇa"는 본시 번뇌의 불길이 다 꺼졌다(滅)는 뜻이
다. 여기 예수가 "여우도 굴이 있고 새도 둥지가 있는데 나는 머리

를 뉠 곳조차 없다"고 말한 독백이나 마히강변의 싯달타의 독송은
정확하게 일치하는 것이다. 예수도 안식을 거부했고, 싯달타도 안
식을 거부했다. 둘 다 욕정의 불길이 꺼진 방랑자였던 것이다.

87 한 몸에 매달리는 그 몸은 비참하다

¹예수께서 가라사대, "한 몸에 매달리는 그 몸은
얼마나 비참한가! ²그리고 이 양자에 매달리는
그 영혼은 얼마나 비참한가!"

沃案 비슷한 내용의 로기온이 112장에도 있다. "한 몸에 매달리
는 그 몸"은 여러 가지 해석이 가능하다. 오직 육체에만 매달리는
육체, 즉 육체에만 의존하는, 육체 이외의 것은 모르는 육체라는 뜻
으로 새길 수도 있다. 이 경우는 하나의 자아를 분열적으로 논구
한 것이다. 그런데 이것을 두 개체의 몸으로 해석할 수도 있다. 오
직 타인의 육체에 의존하는 육체라는 의미로 새길 수 있는 것이
다. 육체와 육체로서 맺어지는 인간관계의 비참함을 말하는 것이
다. 물질적 생활에만 의존하는 인간관계일 수도 있고, 성적인 육
욕의 교합에만 의존하는 인간들의 비참함을 의미할 수도 있다. 그
리고 또 육식을 의미할 수도 있다. 예수운동에 있어서 채식주의
(vegetarianism)가 중요한 이슈였는지 그것에 관해서는 나로서는 상
고할 바가 없다.

제2절의 "둘"은 "한 몸에 매달리는 그 몸" 즉 "한 몸"과 "그 몸," 그 양자를 가리킨다고 주석가들은 견해를 모은다. 하여튼 본 장의 주제는 육체에만 매달려있는, 육체에만 의존하는 영혼의 비참함을 말하고 있다. 그러나 본 로기온에서 더욱 본질적인 주제는, 영·육의 문제라기보다는, 모든 종류의 "의존성dependency"의 부정적 측면을 지적하고 있는 것이다. 여기 도마의 추구자들, 예수의 도반들은 "홀로서기standing alone"를 지향하는 자들이며, 모든 의존성으로부터 해방되어야 하는 사람들이다. 영혼도 끊임없이 해방되어야 하는 것이다.

88 천사나 예언자라도 평범한 이 세상의 것에서 궁극의 진리를 발견해야 한다

¹예수께서 가라사대, "천사들과 예언자들이 너희에게 올 것이다. 그리고 그들은 너희가 이미 가지고 있는 그런 것들을 너희에게 주리라. ²그때엔 너희도 보답으로, 너희가 세상에서 발견한 그런 것들을 그들에게 주어라. 그리고 너희 자신에게 자문해보라, '언제나 그들은 다시 와서 그들 자신의 것을 가져갈 것인가?'라고."

沃案 많은 주석가들이 본 장을 애매하게 해석하고 있다. 나는 내가 이해한 바에 따라 본문도 번역하였다. "천사"라는 번역은 콥트어에도 "앙겔로스angelos"로 되어 있기에 취한 말인데, 천상의 전

령일 뿐만 아니라, 지상의 전령일 수도 있다.

여기서 천사나 예언자는 심오한 "나라"의 메시지를 인간에게 전하는 미디어임에 분명하다. 그러니까 이 로기온은 "천사들+예언자들"과 "너희" 즉 예수의 도반들과의 사이에서 일어나는 정보교환에 관한 것이다. 이것은 매우 현실적인 지상의 커뮤니티 상황일 수도 있고, 추구하는 자들의 내면적 세계를 대상으로 한 것일 수도 있다. 천사나 예언자가 와서 우리에게 말하는 내용도 실상 듣고 보면 심오한 초월적인 이야기가 아니라, 결국은 내가 이미 소유하고 있는 지식의 담론일 뿐이다. 그리고 내가 그들에게 말하는 것도 **내가 이 세상에서 발견한 진리**에 관한 것이다.

그러나 천사나 예언자들과 내가 주고받는 담론의 성격이 항상 이러한 상식적이고 이미 알고 있는 것들의 수준에서 그치고 만다면 그것은 진정한 정신적 고양을 가져오지 않는다. 그래서 이런 상황에서 우리가 자문해야 할 것은, "천사들이나 예언자들이, 그들만의 독특한 세계, 그들의 수준에 걸맞는 전혀 다른 담론을 과연 언제나 우리 추구인들로부터 취해갈 것인가"하는 것이다.

우리들의 일상체험에 있어서도 상대방의 차원이 낮을 때는 우리는 낮은 차원의 이야기밖에 할 수가 없다. 같은 학문적 주제의 대화를 해도 성균관 대제학과 할 때와 시골 글방 훈장샌님과 할 때가 다르다. "그들 자신의 것"은 고양된 궁극적 진리이다.

여기 암암리, 예수의 도반들의 정신적 고양의 수준이 이미 전통적인 관념의 천사들이나 예언자들보다 훨씬 더 높은 세계를 달리고 있다는 사실에 대한 시인과 격려가 깔려있다. 예수는 그토록 전통적 가치관에 얽매인 사람이 아니었고, 그를 따르는 영적 도반들의 수준에 어떤 한계를 설정하지 아니하는 위대한 스승이었다.

89 어찌하여 너희는 잔의 겉만을 씻으려 하느뇨?

¹예수께서 가라사대, "어찌하여 너희는 잔의 겉만을 씻으려 하느뇨? ²안을 만드신 이가 또한 겉을 만드신 이라는 것을 너희는 알지 못하느뇨?"

沃案 이 장도 큐복음서(Q43)와 병행하고 있다. 그러나 그 병행문을 검토하기 이전에 이 장의 일반적 주제와 관련되는 재미있는 고사를 하나 마가복음에서 인용하여 보자!

(막 7:1~5) 바리새인과 또 서기관 중 몇 명이 예루살렘으로 와서 예수께 모였다가, 그의 제자 중 몇 사람이 부정한 손, 곧 씻지 아니한 손으로 먹는 것을 보았더라. 바리새인들과 모든 유대인들이 장로들의 전통을 지키어, 손을 부지런히 씻지 않으면 먹지 아니하며, 또 시장에서 돌아와서는 물로 몸을 정화하지 않으면 먹지 아니하니라. 또 그 외에도 여러가지를 지키어 오는 것이 있었으니, 잔과 주발과 놋그릇을 씻음이러라. 이에 바리새인들과 서기관들이 예수께 묻되, "어찌하여 당신의 제자들은 장로들의 전통을 준행하지 아니하고 부정한 손으로 떡을 먹나이까?"

내가 생각하기에 이 고사는 아주 리얼한 역사적 예수의 한 삶의 실제정황을 잘 나타내주고 있다. 역사적 정황의 진실은 알 길이 없으나, 하여튼 예수운동을 조사하기 위하여 바리새인들과 서기관들 몇 명이 예루살렘으로부터 갈릴리에로 파견되었다. 그러니까 바리새인들과 서기관들은 유대지방의 정통파 이스라엘사람들이다. 이들은 이스라엘 장로들의 유구한 전통을 고수하는 전통주의자들이다. 이들은 문서화된 토라 외로도 구전으로 내려오는 자질구레한 토라규정을 정확히 지키는 사람들이다. 이 구전은 AD 200년경에나 내려와서 미쉬나*Mishnah*로서 기록되었지만, 예수시대에도 입에서 입으로 전하는 아주 생생하게 살아있던 율법이었다. 이 미쉬나의 주요한 테마 중의 하나가 바로 정결(*Tohoroth*, "cleanness")이었다.

예수는 갈릴리사람이다. 그리고 그들 따르던 사람들도 갈릴리사람이다. 갈릴리사람들은 유대지방 사람들(＝유대인)처럼 "이스라엘 장로들의 유구한 전통"을 고수하지 않는다. 그리고 예수는 당대 헬레니즘사회를 방랑하던 견유학파의 사람과도 같은 "별난" 사람이다. 예수는 "탐식가요, 술주정뱅이요, 세리들과 부랑자들의 친구"(눅 7:34, 마 11:19; Q26)라는 소리를 들었던 매우 격없는 사람이었다. 그의 천국운동은 인간의 내면의 혁명이었지 바리새인들이 주장하는 것과도 같은 율법운동이 아니었다. 따라서 필연적으로 율법이 강요하는 생활의 세세한 준칙에 관해서 별다른 관심이 있을 수 없었다.

당대 팔레스타인 전체 문명권에 있어서도 유대인들은 별종에 속했다. 그들의 행동은 유별나게 무엇이든지 "씻는다"는 것이었다. 여기 마가 7장의 기술에서 당대의 문명의 상식으로 볼 때, 실상 이상한 측은 갈릴리사람들이 아니라, 예루살렘에서 온 바리새인들과 서기관들이었다. 그들의 유별나게 씻어대는 습관은 예수나 예수 도반들에게 오히려 매우 낯선 것이었다. 여기 "씻음"이 오늘날 우리가 말하는 "위생hygiene"의 행위가 아니었다. 여기서 문제 되는 것은 세균감염의 문제가 아니라, "제식적 정결ceremonial purity"을 의미하는 것이다. 어떠한 행위를 하든지 나의 몸과 내 몸이 닿는 제기들을 하나님 앞에서 정화(purification)시켜야 한다는 것이다. 그런데 예수의 관점에서 보면 "몸의 정화"는 근원적으로 인간 내면의 문제였으며, 외면적인 "씻음"의 문제가 아니었던 것이다. 현실적으로도 예수와 같은 거친 방랑자·고행자들에게 그러한 "씻음"(일종의 "시킴굿")은 불필요한 사치였다.

이러한 전체적 문화충격 속에서 본 장을 료해해야 하는 것이다. 이제 병행하는 큐자료를 살펴보자!

> (마 23:25~26) 화 있을진저! 외식外飾하는 서기관들과 바리새인들이여! 잔과 대접의 겉은 깨끗이 하되, 그 안에는 탐욕과 방탕으로 가득하게 하는도다. 소경 된 바리새인들아! 너는 먼저 안을 깨끗이 하라! 그리하면 겉도 깨끗하리라.

> (눅 11:37~41) 37예수께서 말씀하실 때에 한 바리새인이 자기와 함께 만찬 드시기를 청하므로 들어가 앉으셨더니, 38잡수시기

전에 손 씻지 아니하심을 이 바리새인이 보고, 이상히 여기는지라. [39]주께서 이르시되, "너희 바리새인은 지금 잔과 대접의 겉은 깨끗이 하나, 너희 속인즉 탐욕과 악독이 가득하도다. [40]어리석은 자들아! 밖을 만드신 이가 속도 만들지 아니하셨느냐? [41]오직 그 그릇들 안에 있는 것들을 가난한 사람들에게 나누어 주어라. 그리하면, 보라, 모든 것이 너희에게 깨끗하리라." (병행은 39~40절)

마태와 누가를 비교해보면 누가가 큐복음서의 원형을 더 잘 보존하고 있다(I. Howard Marshall, *NIGTC: Luke* 491~2). 그리고 놀라웁게도 누가는 마태에 없는 도마의 제2절을 보존하고 있다는 사실이다. 누가와 마태는 이 로기온의 전체적 성격을 바리새인과 율법사(서기관)에 대한 저주의 맥락에서 규정하고 있다. 큐자료만 해도 그러한 성격은 두드러지지 않는다. 그러나 도마에는 그러한 맥락이 전혀 없다. "바리새인과 서기관"이라는 복음서의 대립적 맥락은 예수시대에 예수에 의하여 형성된 것이라기보다는 후대의 복음서 기자들의 드라마적 장치의 요소로서 강하게 드러나게 된 것이다. 그리고 앞서 76장의 진주를 매입한 상인의 비유의 상황과 매우 비슷한 패턴의 변화가 일어나고 있다.

마태는 "안"과 "겉"이라는 이원론적 요소를 당초부터 매우 선명하게 부각시키고 있다. 서기관들과 바리새인들이 외면의 위선적 수식에만 힘쓸 뿐, 내면에는 탐욕과 바탕이 가득하다고 말함으로써 그들에 대한 저주의 포커스를 선명하게 만든다. 그러니까 마태는 이미 매우 선명하게 해석된 언어를 제공하고 있는 것이다.

그런데 비하면 누가는 그렇게 철저하게 이원적인 언어를 제공하지 않는다. 그리고 도마의 애매한 성격을 그대로 보존하고 있다. 그리고 제76장의 상황과 마찬가지로 누가는 "구제"라는 강렬한 테마를 도입시키고 있다. 그리고 도마에서는 "안을 만드신 이"가 "겉을 만드신 이"에 선행하고 있는데, 누가에는 그 순서가 역으로 되어있다.

도마와 "마태-누가"의 가장 큰 차이는, 외면과 내면을 이원적으로 대비시키고, 내면에 충실하면 외면의 외식은 불필요한 것이 되고 만다는 단순한 논리(마태-누가의 경우)를 도마는 취하지 않고 있다는 것이다. 제1절의 비판은 "겉만을 씻으려 하는" 제식적 행위의 피상성(superficiality)을 대상으로 하는 것이기는 하지만 그렇다고 곧바로 내면의 성실함을 대안으로 제시하지는 않는다. 그는 유대인들의 제식적 정화습관 전체를 본질적으로 거부하고 있는 것이다.

그리고 제2절에서는 그 본질적 거부에 상응하는 본질적 인식, 즉 안과 밖의 이원성이 근원적으로 해소되는 어떤 다른 차원의 인식을 제시하고 있는 것이다. 제22장에서 무어라 말했던가?: "너희들이 속을 겉과 같이 만들고, 또 겉을 속과 같이 만들고 ……" 안을 만드신 이가 곧 겉을 만드신 이이다. 인간의 내면과 외면은 결코 분리가 되거나, 서로 소외될 수 없는 "하나"인 것이다. 이렇게 근원적으로 하나된 박樸을 인식하지 못하면 모든 정화와 관련된 제식은 의미를 가질 수가 없다.

그러나 방랑하는 예수는 인간의 외면적 치장이나 제식에 관심이

극소했던 인물이었음에는 틀림이 없다. 그의 율법에 대한 거부는 바울의 경우와 같은 연역적 사유의 산물이 아니라, 이러한 라이프 스타일의 자연스러운 취향이었을 것이다. 구약이여 안녕! 구약은 종교, 예수는 삶!

90 나의 멍에는 쉽고 나의 다스림은 부드럽다

¹예수께서 가라사대, "나에게로 오라! 나의 멍에는 쉽고, 나의 다스림은 부드럽기 때문이니라. ²그리고 너희는 너희 자신을 위하여 안식을 발견하리라."

沃案 본 자료는 마태에만 있는 M자료와 병행한다. 마태는 도마를 매우 설명적으로 확대시켰다.

(마 11:28~30) 수고하고 무거운 짐진 모든 자들아! 나에게로 오라! 내가 너희를 안식케 하리라. 나는 마음이 온유하고 겸손하니, 나의 멍에를 메고 내게 배우라. 그리하면 너희는 너희 영혼을 위하여 안식을 발견하리라. 내 멍에는 쉽고 내 짐은 가볍기 때문이니라.

마태자료는 도마자료에 비하여, 우선 "수고하는 자들, 그리고 무거운 짐을 지는 모든 자들"이라는 대상을 명료하게 지칭하고 있다. "수고하는 자들"이란, 지친 자들이며 "무거운 짐을 지는 자들" 또한 사회적으로 핍박받는 소외된 자들이다. "나에게로 오라"는 외침은 마태에 있어서는 산상수훈과도 같은 천국 선포의 강렬한 언사이다. "나"야말로 하나님 아버지에게로 접근할 수 있는 유일한 통로이다. "나에게로"라는 표현은 1인칭 화자의 입술에서밖에는 떨어질 수 없는 말이다. 그 "나"의 초대를 받는 사람은 "지혜롭고 학식이 높은 자들the wise and learned"이 아니라 "지치고 무거운 짐 진 자들the weary and burdened"이다. 나의 초대는 지적 호기심을 충족시키거나 거만한 자들의 만족감을 강화시키기 위한 것이 아니다. 신약성서에서도 "멍에"라는 개념은 어떤 권위에로의 복속이라는 맥락에서 자주 쓰인다. 그것은 두 마리의 소 위에 얹어지는 것이며, 짐, 복종, 비굴을 상징한다. 특히 "나의 쉽고 가벼운 멍에"라는 개념은 암암리 "바리새인 율법의 어렵고 무거운 멍에"라는 개념을 반사적으로 암시하고 있다.

이러한 모든 의미맥락 구조 속에서는 "안식"이라는 의미는 결국 "종말론적 안식eschatological rest"으로 귀결된다. 그리고 도마에 있는 "너희 자신을 위하여 안식을 발견하리라"라는 구문이 마태에서는 "너희 영혼을 위하여 안식을 발견하리라"라는 구문으로 바뀌어 있다. 역시 마태의 의미맥락은 종말론적 안식과 더불어 모든 개념들이 영성화되어 있는 것이다.

그러나 도마의 의미맥락은 이러한 마태의 색깔 속에서 규정될 수 없다. 우선 "나에게로 오라"는 초대(invitation)는 특정한 대상에게 한정되지 않는다. 지치고 무거운 짐을 지는 영락한 소외계층에게만 발하는 초대장이 아닌 것이다. 인간이라면 누구든지 받을 수 있는 초대이다. 그것은 매우 보편주의적인 명제인 것이다. 예수는 이러한 초대를 정당화할 수 있는 두 가지 이유를 제시한다: "나의 멍에는 쉽고, 나의 다스림은 부드럽다."

우리가 언뜻 생각하기에 지치고 무거운 짐지는 자들에게는 그 급선무가 "멍에를 벗겨주는" 일일 것 같은데, 왜 "나의 멍에를 메라"고 말하는 것일까? 여기 인간존재에 대한 근원적인 통찰이 깃들어 있다. 인간은 살아있는 동안 멍에를 벗어날 수 없는 존재이다. 불교에서 유여열반과 무여열반의 구분이 존재하지만, 인간은 몸을 가지고 있는 한은 멍에를 멜 수밖에 없는 존재이다. 노자도 이렇게 말한다: "인간에게 몸이 없다면, 도대체 무슨 걱정이 있겠는가?及吾無身, 吾有何患?" 멍에는 소가 밭가는 모습을 연상케 하는데, 그것은 인간의 삶 자체가 "노동"의 과정이라는 것을 상징한다. 그리고 멍에는 두 마리의 소가 같이 끌기 위한 것이다. 멍에는 "더불어 같이 하는 노동"을 상징한다.

여기 "나의 다스림reign"으로 번역된 말은 "나의 주인됨"을 의미한다. 메이어는 "my mastery"라고 했고, 람브딘은 "my lordship"이라 했다. 멍에와 마찬가지로 "주인됨"이라는 말은, 인간은 어디엔가 소속되지 않을 수 없는 존재라는 것을 나타낸다.

그러니까 본 장은 매우 간결하지만 그 전체구조가 3단계의 논리적 맥락을 따라 이루어져 있다. 제1단계는 "나에게로의 초대"이다. 제2단계는 그 초대의 필연성을 입증하는 두 가지 이유이다. 그리고 제3단계는 그 초대를 수락했을 때 그 수락자들에게 수반되는 결과이다. 그 결과는 곧 "안식"이다.

여태까지 우리는 도마에 있어서 "안식"이라는 말의 특수한 의미를 탐구해왔다. 제50장에서는 아버지께서 나 속에 존재한다는 증표가 곧 "운동이요, 안식이다"라고 말했다. 안식은 운동의 계기인 동시에 운동의 목표이다. 여기 "멍에와 안식"의 관계 또한 마찬가지이다. 인간은 멍에를 지니고 살아가지 않을 수 없는 존재이다. 근원적으로 멍에를 메지 아니하는 자에게는 "안식"도 존재할 수 없다. 그런데 그 멍에가 인간을 죽음과 파멸로 이끄는 구약적 세계관, 질투와 징벌과 율법, 용서 없는 권위주의에로의 복속을 강요하는 멍에라면 인간은 그러한 멍에를 메서는 아니 된다. 그러기 때문에 예수가 제시하는 멍에는 "쉽고 편안하고 가벼운 멍에"이다.

인간에게 날로 노동의 기쁨을 선사하는 멍에이다. 이러한 멍에를 진 자에게만 "안식"은 찾아온다. 그리고 그 안식은 예수를 위한 것도 아니요, 하나님을 위한 것도 아니다. 바로 "너 자신을 위한" 안식인 것이다. 이러한 "안식"은 불교에서 말하는 "해탈"과 비슷한 개념이다. 이것을 종말론적 안식, 천당에서의 안식으로 해석해서는 아니 되는 것이다. 예수의 말은 어떠한 종교나 권위나 조직을 위한 것이 아니었으며 오직 예수 도반들의 자각을 위한, 도반들 스스로를 위한 가르침이었다. 그런데 이런 말들이 종말론적 맥락을 지니게 되면서 모두 어떤 권위주의에로의 복속을 의미하는 말로서 변질되었다는 것은 가슴아픈 일이다. 우리는 도마에서 항상 그 종말론에 오염되지 않은 순결한 진주를 발견하게 되는 것이다.

91 너희는 하늘과 땅의 표정을 읽을 줄 알면서 너희 앞에 서있는 나를 모르느냐?

¹그들이 그에게 이르되, "우리가 당신을 믿고자 하오니, 당신이 과연 누구인지를 우리에게 말하여 주소서." ²그께서 그들에게 가라사대, "너희는 하늘과 땅의 표정을 읽을 줄 알면서 너희 면전에 서있는 그 사람을 알지 못하는도다. 그러니까 너희는 바로 이 순간을 읽을 줄을 알지 못하는도다."

沃案 본 장도 큐복음서(Q59)에 병행한다.

(마 16:1~3) 바리새인과 사두개인들이 와서 예수를 시험하여, 하늘로서 오는 징표를 보이기를 청하니, 예수께서 대답하여 가라사대, "너희가 저녁에 하늘이 붉으면 '날이 좋겠다' 하고, 아침에 하늘이 붉고 흐리면 '오늘은 날이 궂겠다' 하는도다. 너희가 하늘의 현상은 분변할 줄 알면서 어찌하여 이 시대의 징표는 분변할 줄 모르느냐?

(눅 12:54~56) 또 무리에게 이르시되, "너희가 구름이 서에서 일어남을 보면 곧 말하기를 '소나기가 오리라' 하나니, 과연 그러하고, 남풍이 부는 것을 보면 말하기를 '심히 더우리라' 하나니, 과연 그러하니라. 너희 외식하는 자들이여! 너희가 하늘과 땅의 기상氣象은 분변分辨할 줄을 알면서 어찌하여 지금 이 시대를 분변

하는 것은 알지 못하느냐?

도마와 누가-마태자료를 비교해보면 도마의 의미도 선명하게 드러남과 동시에, 얼마나 정경복음서들이 도마자료를 종말론적으로 변형시켜갔는가 하는 것을 역력하게 관찰할 수 있다. 마태와 누가를 비교해보면 큐의 원형을 보존하고 있는 것은 누가 쪽이다. 그리고 도마의 원형을 보존하고 있는 것도 누가자료이다.

하늘과 땅에서 나타나는 기상학적 현상으로써 미래에 일어날 일을 판단하는 것은 일종의 과학적 사유의 원형이다. 반복되는 경험의 사례를 귀납하여 일반화된 판단에 도달하고, 그러한 판단으로서 미래를 예측하는 것이다. 그러한 예측을 할 수 있는 이성의 소유자가 어찌 물리적인 사태만을 추론하고 어찌 가장 중요한 "이 시대의 징표"를 분변치 못하는가? 도마의 "이 순간을 읽다"가 누가에서는 "이 시대를 분변하다"로 변했고, 그것이 또다시 마태에서는 "이 시대의 징표를 분변하다"로 변했다. 누가만 해도 "이 시대를 분변한다"는 것이 명백하게 종말론의 때를 알아차린다는 뜻으로 해석될 필요까지는 없다. 큐자료의 원형이 꼭 종말론적으로 해석될 필요는 없는 것이다. 그러나 마태는 명백하게 종말론적 함의의 맥락 속에서 이 자료를 활용하고 있다.

도마에서는 질문자들이 불특정의 다수로 나타난다. "바리새인들과 사두개인들"이라는 특정화는 마태의 첨가일 뿐이다. 군중들은 항상 예수의 아이덴티티에 관심이 있다. 예수의 아이덴티티에 관한 예수 자신의 계시를 갈망하고 있는 것이다. 군중들의 질문 속에 이미 예수의 대답의 구조가 들어있다. 군중들은 예수의 계시를 통하여 예수에 대한 신앙에 이르고자 하는 것이다. 이러한 군중의 소망은 "타력신앙"적인 발상이다: "우리가 당신을 믿고자 하오니, 당신이 과연 누구인지를 우리에게 말하여 주소서." 예수는 계시도 거부하고 신앙도 거부한다. 예수가 말하는 계시는 예수의 입을 통하여 올 수가 없는 것이다. 요한복음의 예수처럼 자기 스스로의 입을 통하여 계시하는 모습은 저차원적 예수의 모습일 수밖에 없다. 그러한 예수의 자기계시는 독단이며 신앙의 강요이다. 자기계시는 오도誤導를 유발한다.

계시는 "하늘과 땅의 표정을 읽을 줄 아는 것"과도 같이 평범한 객관적 사태를 파악할 줄 아는 범인들의 이성적 능력 속에 이미 내재하는 것이다. "읽는다*peirao*"는 것은 시험하고, 조사하고, 탐구하고, 체험하는 것이다(메이어는 "to examine"이라는 동사를 썼다). 그러니까 하늘과 땅의 기상과도 같은 사태를 파악하여 일반화된 명제에 도달할 줄 아는 능력을 소유한 인간이라면, 당연히 너희 면전에 서 있는 그 사람, 나 살아있는 예수를 인지할 수 있어야 하는 것이다. 그런데 너희는 하늘과 땅의 표정을 읽을 줄 알면서 너희 면전에 서 있는 나 예수를 읽지 못한다. 그리고 나에게 나의 아이덴티티를 계시할 것을 요구하고 있다. 그 얼마나 슬픈 일인가!

여기 우리는 도마복음의 출발점이 "살아있는 예수의 은밀한 말씀들"이었다는 사실을(Th.서장) 상기할 필요가 있다. 여기의 예수는 죽은 예수가 아니라 살아있는 예수다. 부활한 예수가 아니라 오늘 여기 현존하는 예수다. "살아있음"은 "현존성"만을 전제로 하는 것이다. 그 살아있는 예수는 바로 우리 추구하는 자들의 면전에 서있는 현재 그 시점의 예수이다. 그 예수는 예수의 입을 통하여서도 규정될 수 없는 예수이다: "너희는 바로 이 순간을 읽을 줄을 알지 못하는도다!" 이 순간의 대상은 마태가 말하는 "시대의 징표"가 아니라 예수의 아이덴티티에 관한 것이다. 그러나 예수의 아이덴티티는 오직 추구하는 자들 내면의 아이덴티티 속에서 드러나는 것이다.

여기 예수의 로기온에 깊게 배어있는 사상은 바로 참된 앎은 "현존의 즉각성"에 있다는 것이다. 그 즉각성은 언어적 규정이 아니라 직감이며 당장의 총체적 깨달음이다. 그것은 언어도단(言語道斷: 언어를 통하여서는 오묘한 진리에 도달할 수 없다는 선적 사상)의 세계이며 도가도비상도道可道非常道의 세계이다. 도를 도라고 언어적으로 규정하면 바로 이 순간의 현존하는 살아 생동하는 도는 사라져 버릴 수밖에 없다.

불행하게도 본 장의 로기온을 서구의 주석가들은 해석하지 못한다. 역사적 예수의 동방적 사유의 본체를 꿰뚫지 못하기 때문이다. 본 장은 누가 봐도 명백하게 선언하고 있는 것이다: 예수를 아는 것은 바로 이 순간을 읽는 것이며, 그것은 바로 너희 면전에 서있는 그 사람을 아는 것이다. "그 사람"이 꼭 역사적 한 개체였던 갈릴리의 예수라는 사나이일 필요는 없다. 나의 실존의 면전에 서있는

"그 사람"을 알지 못하면, 예수를 알 수 있는 길은 영원히 열리지 않는다. 모든 계시는 우리를 신앙으로 이끄는 것이 아니라 우리에게 내재하는 현존의 직관으로 이끄는 것이어야 한다. 직관은 우리에게 확신을 강요하는 것이 아니라 끊임없는 의문을 제기하는 것이다. 예수는 이러한 의문 속에 엄존하는 살아있는 그 사람이다. 회의의 차단은 모든 사교邪教의 특징이다.

예수는 자기에게로의 신앙을 거부한다. 예수는 믿음의 대상이 되어서는 아니 된다. 오로지 예수의 말씀만이 해석과 깨달음의 대상이다. 이러한 예수를 바울은 철저히 믿음의 대상으로 만들었다. 예수라는 존재를 우리 죄의 대속의 주체로 규정해 놓고, 그 존재의 규정성에 대한 전적인 믿음을 권유한다. 이렇게 예수에 대한 믿음이 기독교의 핵심테마가 되면 실제로 예수의 말씀은 사라지게 된다. 말씀은 신앙을 촉매하는 부수적 위치로 전락하게 된다.

도마전통은 이러한 바울전통과 대립하는 강력한 사상줄기를 형성했다. 그래서 믿음을 거부하고 말씀의 일차적 중요성을 말한다. 그런데 말씀은 어디까지나 역사적 예수의 살아있는 말씀이었다. 이러한 도마전통에 대하여 바울전통을 강력히 리클레임한 새로운 운동이 바로 요한공동체의 로고스기독론이었다. 요한은 말씀 자체를 역사적 예수로부터 분리하여 하나님의 화신으로 만들었고, 그 말씀을 바울이 말하는 전적인 신앙의 대상으로 실체화시킴으로써 기독론의 최종적 근거를 창출하였던 것이다.

92 왜 찾고 있지 않느냐?

¹예수께서 가라사대, "찾으라! 그러면 너희는 발견할 것이다. ²허나 지난 시절에는, 너희가 나에게 구하는 것들에 관하여 나는 너희에게 말하지 않았다. 나는 지금 바로 그것들을 말하려 하나 너희가 그것들을 찾고 있지 않구나!"

沃案 외관상 매우 평범한 언어로 이루어져 있지만 해석은 심층적 통찰을 요구한다. 제1절과 제2절 사이에 모종의 매끄럽지 못한 단절이 있는 것처럼 느껴지기도 하기 때문이다. 제1절은 큐복음서(Q35)에 있다. 그것은 도마의 구절과 동일한 맥락을 타고 있다.

> (마 7:7) 구하라! 그러면 너희에게 주실 것이요. 찾으라! 그러면 너희는 발견할 것이요. 문을 두드리라! 그러면 너희에게 열릴 것이니라.

> (눅 11:9) 내가 또 너희에게 이르노니, "구하라! 그러면 너희에게 주실 것이요. 찾으라! 그러면 너희는 발견할 것이요. 문을 두드리라! 그러면 너희에게 열릴 것이니라."

마태와 누가의 구절도 일치하고 그 중 한 구절인 "찾으라! 그러면 너희는 발견할 것이다"가 도마와 일치한다. 그런데 마태-누가에서는 이 메시지는 하나님께로 향한 기도에 관한 교훈 중의 하나로서 언급된 것이다. 누가에서는 "주기도문" 바로 뒤에 나오고 있다. 그러나 여기 도마의 살아있는 예수는 하나님을 향한 기도를 가르치는 것이 아니라, 추구하는 주체들의 내면의 노력에 관한 호소를 말하고 있는 것이다(cf. Th.2). 92장의 말씀은 94장으로 주제의 흐름이 연결되고 있다. 따라서 "찾으라! 그러면 너희가 발견할 것이다"라는 메시지는 부정적 함의를 내포하지 않는다. 그것은 본 장의 전체 논의의 대전제로서, 격려로서 제시된 것이다.

이것을 마태-누가에서처럼 하나님의 영광을 드러내기 위한 기도로서 이해하면, 찾기만 하면 찾게 된다는 하나님의 역사하심이 강조되므로 매우 타력신앙적 복음이 된다. 그리고 찾는 대상도 결국 하나님이다. 하나님을 찾으라! 그러면 너희는 하나님을 발견케 된다는 것이다. 구함도 구하는 주체의 노력이 강조되기보다는, 하나님의 선물주심이 강조되고 있다. 구함의 주체적 노력 끝에 얻는 어려운 대가가 아니다. 이것은 마치 양명좌파(현성파現成派: "구하면 즉각 이루어진다." 양지良知는 공부의 축적에 의한 것이 아니라 곧바로 달성된다. 직오直悟・직신直信을 강조한다)의 논리와 비슷하다.

그러나 여기 도마의 논리의 배면에는 공관복음서 기자들이 간과하고 있는 주체적 노력의 논리가 배어있다. "찾으라! 그러면 너희는 발견할 것이다"라는 명제에서 강조되고 있는 것은 "발견"이 아니라 "찾음"이다. "발견"이라는 결과가 아니라 "찾음"이라는 주체적 노력이다. 다시 말해서 주체적으로 찾는 노력이 없으면 발견도 있을 수 없다는 것이다. 따라서 1절과 2절의 내면을 관통하는 논리는 바로 이 "찾음"에서 찾아져야 할 것이다.

"찾음"이란 일시적인, 일회적인 찾음이 아니라, 끊임없이 생의 모든 순간에서 지속되어야 할 추구며, 탐색이며, 모험이다.

"지난 시절"은 아마도 역사적 예수의 실존적 고백을 의미하는 것으로서 예수의 사역시기의 초기상황, 즉 예수 천국운동의 형성 시기(formative years)를 지칭하는 것으로 보아야 할 것이다. "그때 너희가 나에게 구하는 것들에 관하여 나는 너희에게 말하지 않았 다." 따르는 자들의 추구는 있었으나, 초기 제자들의 질문은 자기 들이 진정 무엇을 질문하고 있는지를 몰랐다. 그들은 근본적인 문 제에 관하여 "감"이 없었다. 그래서 그러한 상황에서는 그러한 무 지한 질문에 일일이 답할 수가 없었다. 진정한 질문과 진정한 대답 이란 영적 소통이 가능한 상태에서 이루어지는 것이다. 그런데 그 러한 초보적 상태를 지나 예수의 도반들이 많이 성숙했다. 그들은 예수를 따라다니면서 딴 그룹에서 얻어듣지 못하는 많은 것을 얻 어들었다. 그래서 자만감이 생겼다. 그래서 그 초기의 추구를 지속 하지 않는 것이다: **"나는 지금 바로 그것들을 말하려 하나 너희가 그 것들을 찾고 있지 않구나!"**

그들은 진실한 추구를 지속시키고 있질 않은 것이다. 기꺼이 설 법하고자 하는 쾌락快諾의 심사가 있을 때, 오히려 도반들은 찾고 있지를 않다. 소통의 의지가 이렇게 서로 엇갈리는 상황은 실제로 우리가 살면서 많이 직면하게 되는 실존적 상황인 것이다. 기나긴 삶의 추구에는 반드시 초심初心의 신선함이 지속되어야 한다. 이 로기온의 전체적 의미는 찾으면 발견할 수 있을 터인데 찾고있지 않는 도반들의 게으름, 자만을 지적함으로써 진리에 대한 추구(찾음)는 삶의 모든 순간에서 지속되어야 한다는 것을 말하고 있다. 이 장의 주제는 "찾음"("구함"보다 진전된 구체적 노력, 행동)의 초심의 지속이다. 이 로기온에 내포되어 있는 비판적 함의는 다음 장으로 연결되고 있다.

93 진주를 돼지에게 주지 말라

[1](예수께서 가라사대)**"거룩한 것들을 개들에게 주지 말라. 그들이 그것들을 똥거름 더미에 던지지 않도록 하라. [2]진주들을 돼지들에게 주지 말라. 그들이 그것들을 진창 속에 밟지 않도록 하라."**

沃案 2절의 경우, 콥틱 텍스트에 보이지 않는 곳이 있어 복원에 약간 문제가 있다. 메이어의 복원을 따랐다. 심각한 내용이 없는 부분이며 그 의미는 명료하다. 본 장은 마태에만 있는 자료에 병행한다.

(마 7:6) 거룩한 것을 개에게 주지 말며, **너희** 진주를 **돼지** 앞에 던지지 말라. 저희가 그것을 발로 밟고, 돌아서서 **너희에게** 덤벼 물어뜯지 못하도록 하라.

도마를 마태와 비교해 보면 두 명제가 다 앞 구절은 일치하는데 뒷 구절은 변형되었다. 상당수의 마태 주석가들이 개나 돼지를

"이방인"으로 간주하였다. 이 로기온자료가 이방선교에 대한 초기 유대기독교인들의 반발로 간주하였던 것이다. 그리고 마태의 초월주의적 이론틀에 있어서는 개·돼지와 하나님의 이원성이 대립되며, 속세의 모든 것이 개·돼지에 속하는 것이다. 따라서 이 논의는 앞서 말한 보물을 오직 좀과 동록이 해하지 못하는 하늘에 쌓아두라는 비유와 상통하게 된다. 오직 하나님 중심의 삶의 비젼(a radically theocentric vision of life)을 강조하고 있는 것이다. 도마의 문맥에는 그러한 논의는 가당치 않다.

구약의 기술에 보면 개나 돼지는 요즈음 우리가 기르는 가축이라기보다는 야생의 동물이며, 대개 사악하고 불결하며 구역질나는, 그러면서 위험한 동물로서 묘사되어 있다(삼상 17:43, 24:14, 왕상 14:11, 21:19, 왕하 8:13, 욥 30:1, 잠 26:11, 전 9:4, 이사야 66:3). 여기서는 앞장과 관련하여 근원적으로 예수의 말씀에 대하여 이해가 없는 자들, 그리고 추구를 포기하는 자들을 가리키고 있다.

고귀한 예수의 나라에 관한 말씀은 그 거룩함을 근원적으로 인지할 수 없는 개·돼지들에게 던져질 필요는 전혀 없는 것이다. 이것은 엘리티즘이 아니라, 근원적으로 소통불가능한 자들에 대한 전략적 방편일 수도 있다. 도마의 맥락은 매우 현실적이다. 진주는 근원적으로 돼지에게 먹이로 인지되지 않는다. 진주와 같은 풍요로운 진리는 오직 그 가치를 인정할 줄 아는 사람들을 위하여 귀하게 보호되어야 할 필요가 있다는 것을 말하고 있다. 진리는 오직 "이해understanding"의 장場에서만 소통되는 것이다.

94 두드리는 자에게는 열릴 것이다

**¹예수께서 가라사대, "찾는 자는 발견할 것이다.
²두드리는 자에게는 열릴 것이다."**

沃案 본 장의 내용에 관해서는 이미 앞의 92장에서 해설하였다.
큐복음서(Q35)의 하반부가 병행한다.

> (마 7:8) 구하는 자마다 받을 것이다. 그리고 찾는 자는 발견할 것
> 이다. 그리고 두드리는 자에게 열릴 것이니라.

> (눅 11:10) 구하는 자마다 받을 것이다. 그리고 찾는 자는 발견할
> 것이다. 그리고 두드리는 자에게 열릴 것이니라.

도마는 "구함 – 받음" "찾음 – 발견" "두드림 – 열림"의 세 명제
중 "구함 – 받음"이 없다. 도마의 전승에다가 큐가 보태었거나, 각
기 다른 전승들이었을 가능성이 있다. 도마에 있어서 두드리는 문
은 천국의 문이라기보다는, 예수의 말씀의 문을 의미할 것이다. 여
기서 찾는 자와 두드리는 자는 개·돼지와 대비되는 사람들이다.

95 돈을 꿔주려면 아예 받을 생각 마라

¹예수께서 가라사대, "너희가 돈을 가지고 있다면, 이자 받을 생각하고 빌려주지 말라. ²차라리, 그 돈을 너희가 다시 돌려받을 수 없는 사람에게 주어버려라."

沃案 예수의 말씀은 정말 깔끔해서 좋다. 사실 이러한 예수의 말씀은 현실적 삶을 살아가는 데 매우 유용한 교훈이다. 돈을 남에게 꾸어줄 수 있는 사람은 여유가 있는 사람이다. 돈을 아예 안 꾸어주든가, 꾸어주려면 이자를 붙여먹을 그런 구질구질한 소인배노릇 하지 말라는 것이다. 출애굽기 22:24에 보면 유대인 관습 중 약자를 보호하는 율법이 적혀져 있다: "너희 가운데 누가 어렵게 사는 나의 백성에게 돈을 꾸어주게 되거든 그에게 채권자 행세를 하거나 이자를 받지 말라."

그러나 예수시대에 이자를 붙여먹는 고리대금업은 상당히 성행하던 습관이었다. 이러한 분위기 속에서 예수는 돈에 대한 관념을 근원적으로 전환시키고 있다. 예수는 금식이나, 구제나, 기도와 같은 외면적 행위를 전적으로 금지시키고 있다(Th.14). 예수는 돈을 빌려주는 행위에 관해서도 근원적으로 부정적인 견해를 표방하고 있다. 돈을 빌려주지 말라는 것이 아니고 돈을 빌려주는 방식을 혁명시켜야 한다. 돈을 빌려줌을 통하여 돈을 벌지 말라는 것이다. 예수는 금융업을 부정한 사람이었는데, 유대인들이 세계금융을 독점하고 달러지상주의를 조장하여 미제국주의의 화신이 되어있는 현실은 세계사의 한 아이러니라 아니할 수 없다. 서구역사를 통하여 기독교가 금융업을 천시했기 때문에 유대인이 고리대금업을 독점하도록 휘몰아갔던 것이다. 셰익스피어가 『베니스의 상인』에서 그리고 있는 유대인 이미지를 연상하면 쉽게 이해가 갈 것이다.

큐복음서(Q15)에 비슷한 문구가 있다.

(마 5:42) 네게 구하는 자에게 주며, 네게 꾸고자 하는 자에게 거절하지 말라.

(눅 6:30) 무릇 네게 구하는 자는 누구에게든지 주며, 네 것을 가져가는 자에게 다시 달라 하지 말라.

누가 쪽이 도마자료의 논지를 더 많이 보존하고 있다. 도마의 내용이 훨씬 더 구체적이고 강렬하고 단호하다.

96 아버지의 나라는 빵 속에 효모를 숨기는 여인과도 같다

[1]예수께서 가라사대, "아버지의 나라는 한 여인과도 같도다. [2]그 여인은 아주 소량의 효모를 가져다가 밀가루 반죽 속에 숨기어, 그것을 많은 갯수의 빵으로 부풀리었도다. [3]귀가 있는 자는 누구든지 들으라!"

沃案 큐복음서(Q26)에 병행한다.

(마 13:33) 또 비유로 말씀하시되, "천국은 마치 여자가 밀가루 서 말 속에 갖다 넣어 전부 부풀게 한 효모와도 같으니라."

(눅 13:20~21) 또 가라사대, "내가 하나님의 나라를 무엇으로 비교할꼬? 마치 여자가 가루 서 말 속에 갖다 넣어 전부 부풀게 한 누룩과 같으니라."

누가의 의문형 어투가 마태에서는 평서문으로 바뀌어 있다. 평서문이라는 시각에서는 마태가 도마와 더 근접하지만, 전승의 계보는 구체적으로 확정할 길이 없다. 도마에는 "서 말"이라는 밀가루 반죽의 분량에 관한 규정이 없다. 그리고 마태-누가는 모두 천국을 "효모"라는 사태(event)에 비유하고 있는데, 도마는 천국을 "여인"이라는 인격체(person)에다가 막바로 비유하고 있다. 앞서 76장에서 설명했듯이 천국은 "사태"가 아니라 "행동중인 사람"이다. 천국은 인격주체의 내면의 문제이며, 사람이 행동하는 실천방식 가운데 내재하는 것이다. 천국을 "사람"으로 비유하고, 또 천국을 "아버지의 나라"라고 표현한 도마의 로기온자료가 누가-마태자료에 선행하는 고태古態라는 것은 의심의 여지가 없다. 복음서 기자들은 천국이 사람과 같다고 하는 역사적 예수의 어법을 수사학적으로 어색하게 느꼈을 수도 있다.

작은 것이 큰 것으로 변화하는 것, 천국운동은 비록 작은 데서 출발하지만 인간세를 휘덮는 거대한 운동으로 발전하리라는 예수의 신념은 이미 제20장의 겨자씨의 비유에서 충분히 토의되었다.

본래 유대인의 유월절 관습에 무교병無酵餠의 전통이 있기 때문에 유대인들은 효모(yeast, leaven)를 악한 뉘앙스로 사용했다. 그들은 발효를 부패라고 보았기에 악의 대명사로 간주한 것이다. 예수는 이러한 저열한 효모를 천국으로 상징하는 위대한 촉매로 승화시켰다. 강렬한 반어법이라고 할 것이다. 예수는 참으로 반유대적이었다. 기존의 성서 우리말번역은 "누룩"이라는 표현을 썼으나 나는 아무래도 "누룩"은 양조와 더 관련되는 것이라서 "효모"라는 표현을 썼다.

효모는 소량이지만 밀가루 반죽 속에 숨기어지면, 그것은 내부로부터(from within), 소리 없이, 은밀하게, 천천히, 아주 본질적인 화학변화를 일으킨다. 그리고 그것은 매체를 "부풀린다." 즉 예수운동이 확산되는 것을 상징하고 있다. 그 프로세스는 일단 시작되면 비가역적이고 자연적(自然而然)이다. 그리고 효모는 생명의 근원인 맛있는 빵을 모두에게 제공하는 것이다.

여기 천국이 여인과도 같다고 한 것은 특별한 의미가 있다. 이 여인은 효모의 주체로서 등장하고 있다. 즉 이 여인은 남자가 여자가 되고, 여자가 남자가 된, 즉 초기 예수운동의 성개방성을 상징하고 있다. 예수를 따르고 지원하는 사람들 중에는 여인들이 많았다. 마지막 골고다언덕에 모인 사람들도 대부분이 여자들이었다(막 15:40~41). 예수운동의 큰 특징을 두 개 꼽으라면, 여성 그리고 모든 약자들에 대한 편견 없는 태도와 개방적 공동식사(open commensality)였다. 이 두 가지 특징이 여인과 효모로 나타내어지고 있는 것이다.

예수운동은 인류사의 가장 큰 혁명이라고도 말할 수 있는 여성
혁명의 출발이었다. 그 심오한 철학적 배경이 여기 도마복음서에
보존되어 있는 것이다. 그런데 이러한 도마전통이 지독하게 남성
중심주의적인 바울에 의하여 변모되었고, 초기교회공동체의 장로
들, 조직원들에 의하여 묵살되었다. 예수는 하나님 "아버지" 그 자
체를 여성성으로, 아니, 남성과 여성의 구분이 근원적으로 해소된
새로운 성(new gender)으로 생각했다("하나님 어머니"를 암시하는 표현이
101장에 나오고 있다). 그것은 새로운 주체(new subjectivity)였고 새로운
생명(new life)이었다.

97 아버지의 나라는 부지불식간에 밀가루를 흩날리며 걸어가는 한 여인과도 같다

¹예수께서 가라사대, "아버지의 나라는 밀가루를 가득
채운 동이를 이고 가는 한 여인과도 같다. ²그녀가 먼 길
을 걸어가는 동안, 이고 가는 동이의 손잡이가 깨져서,
밀가루가 새어나와 그녀가 가는 길가에 흩날려 뿌려졌다.
³그러나 그녀는 그 사실을 전혀 알지 못했다. 그녀는 문
제를 눈치채지 못했던 것이다. ⁴그 여인이 집에 당도했을
때, 그녀는 그 동이를 내려놓았다. 그리고 그것이 비어
있는 것을 발견했다."

沃案 나는 언젠가 이런 말을 한 적이 있다. 『논어』499장의 로기
온자료 중에서 가장 좋아하는 두 개를 뽑으라고 한다면, 나는 주저

없이「술이述而」편의 "시구야是丘也"와「팔일八佾」편의 "시례야
是禮也"를 꼽겠노라고. 그런데 누가 나 보고 도마복음서 중에서 두
장을 꼽으라 한다면 나는 주저 없이 42장과 97장, 이 두 장을 꼽을
것이다. 제97장의 매력이 없었더라면 나는 나의 인생에서 예수를
다시 쳐다보지 않았을지도 모르겠다. 예수는 사람들이 몰라서 걱
정이 아니라, 너무 많이 알고 너무 잘 알아 걱정이다. 그래서 개전改
悛의 여지가 없다.

  2천 년 동안 사람들의 짙은 지식의 안개 속에 가려져왔기 때문에
예수는 불행한 것이다. 예수는 양천년의 주석더미를 헤치고 나올
기력이 없다. 그는 이미 신학자들의 학설과 목사들의 교설더미 속
에서 압사당하기 직전이다. 그런데 전혀 우리가 몰랐던 예수, 일체
의 알레고리적 해석을 거부하는 너무도 충격적이고 너무도 당혹케
하는 살아있는 예수의 비유말씀이 우리 눈앞에 드러나 있다. 양천
년 동안의 인간의 온갖 똥찌꺼기가 한 방울도 묻지 않은 예수의 말
씀이 여기 있다: **"너희를 더럽히는 것은 너희 입으로부터 나오는 것이
니라"**(Th.14).

  예수의 이 비유는 우리의 입에 의하여 더럽혀진 적이 없는 순결
한 로기온자료이다. 그래서 서구인들은 아직까지도 이러한 예수의
비유를 있는 그대로 해석하지 못한다. 일체의 알레고리적 해석을
거부하는 이 비유를, 있는 그대로 해석하지 못하고 온갖 출전을 끌
어대려고 안간힘을 쓴다. "있는 그대로 해석하라"라는 나의 명제
는 매우 명료하다. 보자!

나라(천국)는 밀가루동이를 이고 가는 여인과도 같다고 모두冒頭에서 밝혔으면, 이 여인의 행동의 결과가 곧 나라이다. 그 행동의 결과가 무엇인가? 바로 "빈 동이"다! 이 "빈 동이"는 어떠한 경우에도 부정적인 맥락에서 해석될 수 없다. 그 핵심은 "빔"이다. 그런데 서구인들은 이 "빔"을 해석하지 못하고 있는 것이다.

예수가 말하고자 하는 나라는 바로 "빔"(Emptiness)이었던 것이다. 이 최종적 사실에 대한 어떠한 다른 해석이 필요하지 않다. 빔은 모든 생명의 가능성을 함장하는 것이며, 그것은 무한한 에너지의 잠재태이다. 빔이 있어야만 천지는 생성한다. 그것은 바로 노자가 말하는 "허虛"이며, "반자도지동反者道之動"의 "반反"이며, 동정動靜의 "동動"이다. 예수는 노장적 사유에서도 결코 멀리 있지 않다.

이 비유를 해석하기 전에 나는 한 여인을 생각한다. 나의 아내의 할머니였는데 평안북도 의주 압록강이 멀지 않은 아주 깊은 두메산골에서 사신 분이었다. 동네가 하도 읍내와 격절되어 있고 화전민 전답에 초가가 드문드문 박혀있어, 전설 속의 고향 같은 곳이었다. 이 할머니는 얼마나 강인한 생활력을 소유했는지 삶의 모든 것을 스스로 해결했다. 삼대 과부가 그 두메산골 한 집에서 살았으니 이미 우리가 아는 여인의 연약함은 찾아볼 수가 없었다. 기골이 장대했고 호연지기가 천지간에 뻗쳤다. 동경유학생인 며느리가 해산의 고통을 치르는데도 눈 하나 깜짝 않고 이렇게 말하는 것이었다: "애 낳는 것은 초근목피로 보릿고개 넘길 때 똥 눗는 것보다 쉬운 일이다." 이 할머니가 바로 나의 아내의 친할머니였다.

제일 가까운 시장이래야 삼십 리 밖에 있었는데, 생필품을 매매하러 여인의 몸으로 홀로 산길 삼십 리 밖을 걸어갔다 오는 것은 다반사였다. 항상 큰 다라이를 정수리에 이고 다녔는데, 시장 갈 적에 빈 다라이를 이고 갈라치면 너무 심심하다고 큰 바윗덩어리를 들썩 집어넣고서야 이고 갔다고 한다. 그리고 가는 길에 호랑이가 슬금슬금 따라오면 돌아서서 따라오지 말라고 호통을 치곤 했다는 것이다. 나는 여기 97장에 나오는 여인을 생각할 때 나의 아내 할머니를 연상한다. 나는 그 할머니가 돌아가셨을 때 비문을 지었는데 이렇게 썼다: "무위지세無爲之世, 우차고종于此告終"(무위의 세상이 여기서 종언을 고하다).

삼십 리 밖 시장에 가서 밀가루를 사서 동이에 가득 채우고 두메산골 집으로 돌아오는 한 팔레스타인 여인을 생각해보라! 팔레스타인 여인이 머리에 이는 항아리는 높이가 높고 손잡이가 아래쪽에 달려있다. 그 손잡이에 빵꾸가 나면 밀가루가 새어나간다. 그러나 밀가루가 새는 것은 그 여인의 뒤로 조금씩 흩날리기 때문에 전혀 눈치를 챌 수가 없다. "그 사실을 전혀 알지 못했다." "문제를 눈치채지 못했다"는 것이 두 번이나 반복되어 상세하게 보도되고 있다. 노자 말을 빌리면 "자연스럽게" "스스로 그러하게自然而然" 조금씩 새어나갔던 것이다. 그것을 눈치챘더라면 매우 인위적인 복잡한 상황이 벌어졌을 것이다. 밀가루를 사가지고 오는 이 여인에게는 많은 꿈이 있었을 것이다: "빵을 만들어야지," "국수를 빚어 잔치를 해야지," "사랑하는 남편과 아이들에게 맛있는 과자를 만들어 주어야지." 꿈에 부풀어 이 여인은 편안한 마음으로 집에 당도하였다. 그리고 동이를 내려놓았을 때 동이가 비어있는 것을 발견했다. 그것이 전부다! 더 이상의 아무런 해석의 실마리가 없다.

동이가 비어있는 순간, 이 여인의 모든 세속적 꿈이 사라졌다. 그것도 아주 편하게, 자연스럽게, 그리고 누굴 탓할 수도 없게 사라진 것이다. 바로 이렇게 세속적 꿈과 갈망과 소망(삶의 짐)이 사라지는 그 "빔," 그 "빔"이 천국이라고 예수는 갈파하고 있는 것이다. 이것은 진실로 살아있는 예수의 방할棒喝이요, 방하착放下着이다: "내려놓아라! 그리고 비워라!"

이미 우리는 63장에서 많은 꿈을 간직한 부자의 이야기를 들었다: "그러나 바로 그날 밤 그는 죽었다." 아무리 항아리가 밀가루로 가득차 있다 한들 그것은 이미 허망한 것이다. 말씀의 발견의 충만함은 바로 항아리의 빔의 발견에서 완성되는 것이다. 또 어찌 보면, 밀가루가 상실되어 가고 있지만, 그러나 꿋꿋하게 살아가는 강인한 여인의 모습을 아버지의 나라라고 예찬하는 예수에게는 민중의 애잔한 삶에 대한 깊은 동정이 서려 있을지도 모른다.

나라의 주체가 힘없는 한 여인이다. 핍박받는 가냘픈 여인이다. 그 여인의 삶이 곧 나라(=천국)이다. 동이는 본시 얻음이요 채움이다. 그런데 그 생명의 자원조차 동이로부터 사라져간다. 그 동이는 근원적인 상실이 되어버리고 만다. 부지불식간에 사라지는 상실, 그 상실의 끝에서 생명의 무위無爲를 만난다. 노자는 무위에 다다르면 되어지지 아니함이 없다고 했다(無爲而無不爲。『도덕경』 48장). 예수는 무위의 궁극에서 천국을 만난다고 한 것이다.

98 아버지의 나라는 엄청난 강자를 살해하는 사람과도 같다

¹예수께서 가라사대, "아버지의 나라는 엄청난 강자를 죽이려고 노력하는 사람과도 같다. ²집에 있을 때 그는 그의 칼을 뽑아, 자신의 팔이 그것을 감당해 낼 수 있을까를 시험하기 위하여, 벽 속으로 세차게 찔러넣었다. ³그러자 그는 그 강자를 죽이고 말았다."

沃案 예수의 비유의 강렬함은 도덕적 함의의 제한성을 여지없이 파괴시킨다. 여기 강자는 우리 몸 안에 있는 적敵일 수도 있다. 그러면 제7장의 "사자를 삼켜라"라는 테마와 연속성이 있게 된다. 그러나 "엄청난 강자"는 도반들에게 부닥치는 세파의 험난함, 그리고 세속적 권력의 위압과 압제를 상징할 수도 있다. "팔이 감당한다"는 것은 내면의 새로운 주체성의 확립을 뜻한다. 이러한 주체성이 확립되었을 때는 세태에 대하여 움추리기만 할 것이 아니라 힘차게 찔러넣는 공격적 자세를 취해야 한다. 그러다 보면 언젠가 강자를 죽일 수 있게 되는 것이다.

누가 14:28~30에는 높은 망대 하나를 건축하는 데도 반드시 충분한 물자와 예산이 준비되어야만 도중에 중단하는 일 없이 대업을 완수할 수 있음을 말하고 있다. 천국의 도래도 이러한 물리적 힘의 뒷받침이 있어야 한다. 정의는 불의를 제압하는 힘이 있어야 한다. 진리는 비진리를 폭로하는 힘이 있어야 한다. 예수의 천국운동은 나약한 관념이 아니었다. 그것은 사회운동이었다. 도마복음의 10장, 16장, 35장, 103장을 참고할 것.

99 아버지의 뜻을 실천하는 자들이야말로
나의 형제요 나의 엄마다

¹따르는 자들이 그에게 말하였다: "당신의 형제들과 모친이 밖에 서있나이다." ²그가 그들에게 말하였다: "나의 아버지의 뜻을 실천하는 여기 있는 이 사람들이야말로 나의 형제들이요 나의 모친이니라. ³이들이야말로 나의 아버지의 나라에 들어갈 사람들이니라."

沃案 공관복음서 모두에 병행한다.

(막 3:31~35) 때에 예수의 모친과 동생들이 와서 밖에 서서, 사람을 보내어 예수를 부르니, 무리가 예수를 둘러 앉았다가 여짜오되, "보소서! 당신의 모친과 동생들과 누이들이 밖에서 찾나이다." 대답하시되, "누가 내 모친이며 동생들이냐?" 하시고, 둘러 앉은 자들을 둘러보시며 가라사대, "바로 여기 내 모친과 형제들이 있도다! 누구든지 하나님의 뜻을 실천하는 자는 나의 형제요, 자매요, 모친이니라."

(마 12:46~50) 예수께서 무리에게 말씀하실 때에 그 모친과 형제들이 예수께 말하려고 밖에 섰더니, 한 사람이 예수께 여짜오되, "보소서! 당신의 모친과 형제들이 당신께 말하려고 밖에 서있나이다" 하니, 말한 사람에게 대답하여 가라사대, "누가 내 모친이며 내 형제들이냐?" 하시고, 손을 내밀어 제자들을 가리켜 가라사대, "나의 모친과 나의 형제들을 보라! 누구든지 하늘에 계신

내 아버지의 뜻을 실천하는 자가 내 형제요 자매요 모친이니라"
하시더라.

(눅 8:19~21) 예수의 모친과 그 형제들이 예수에게 왔으나, 무리
를 인하여 가까이 하지 못하니, 혹자가 고하되, "당신의 모친과
형제들이 당신을 보려고 밖에 서있나이다." 예수께서 대답하여
가라사대, "내 모친과 내 형제들은 곧 하나님의 말씀을 듣고 그
것을 실천하는 이 사람들이라" 하시니라.

공관복음서에 모두 등장하는 이 이야기는 어떠한 이념성이나 연
역적 전제를 놓고 꾸며낸 이야기라기보다는 역사적 예수의 한 실
황의 보고와 같다는 느낌을 주는 특이한 사례이다. 불트만은 이 이
야기도 후대의 교회공동체의 산물이라고 보았고, 크로쌍은 마가
자신의 창작이라고 보았지만, 내가 생각하기에는 이 이야기는 역
사적 근거가 있는 전승이라고 보여진다. 그리고 이 이야기가 도마
복음서에 실려있다는 사실은 그러한 역사성에 대한 확신에 무게를
실어준다.

공관복음서는 모두 보고자가 예수의 제자들, 도반들이 아닌 객
관적인 아웃사이더로 되어있다. 도마에는 따르는 자들, 즉 도반들
이 보고한다. 그러니까 도마의 이 이야기는 도반들의 인식의 미흡
처를 깨우치는 말이다. 도마의 "아버지의 뜻을 실천한다"가 마가
에는 "하나님의 뜻을 실천한다"로 되어있다. "아버지"에서 "하나
님"에로의 변화만 빼놓고는 양자는 동일한 표현이다.

마태는 기본적으로 동사와 목적어에는 변화가 없지만 "하늘에 계신 내 아버지의 뜻을 실천하다"라고 하여 초월적 의미를 보강시켰다. 항상 판에 박힌 듯이 나타나는 마태의 변용이다. 마태복음 자체가 독자들로 하여금 예수의 제자로서 종말의 왕국에 참여케 하기 위하여 쓰여진 것이다.

그런데 누가는 "하나님의 말씀을 듣고 그것을 실천하다"로 변화시켰다. 이것은 명백하게 누가가 마가자료를 다듬은 것이다. **그렇지만 전체적인 구성으로 보면 도마에 가장 근접하는 것은 누가자료이다.** 누가는 "누가 내 모친이며 내 형제들이냐?"라는 마가-마태에 나타나는 중간부분이 없다. 그것은 어찌 보면 예수와 예수가족 간에 어떤 분쟁적 감정 같은 것을 반영할 수도 있다. 누가는 그러한 사적인 것을 일체 보고하지 않는다. 그러나 또 마지막 구문에 도마에는 "형제들-모친"의 순서로 되어있는데 누가에는 "모친-형제들"의 순서로 되어있다. 마가와 마태는 "형제-자매-모친"으로 되어있다(세 단어가 다 단수이다).

이 4개의 단화를 놓고 전승의 계통을 확정짓기는 매우 어렵다. 내 생각에는 누가에게 마가자료와 도마자료가 같이 있었을 가능성이 있다. 그러나 이 4개의 단화가 모두 어떤 역사적 정황을 공통된 주제로써 전달하고 있다는 사실에는 다 일치하고 있다.

예수는 가정생활이 순탄한 사람은 아니었을 수도 있다. 자기 생부를 모를 가능성도 있고, 복음서에서 유년시절 설화를 제외하고 아버지가 등장하지 않는다는 사실은, 아버지가 일찍 돌아가셨을 가능성도 있다. 여기 우리나라 성경에 모두 "아델포이adelphoi"를 "동생들"로 번역했는데 그것은 "형제들"로 번역해야 한다. 예수가 맏형이라는 보장은 전혀 없다. 최소한 인간 마리아와 요셉의 자녀들은 예수를 이해할 수 있는 차원의 사람들이 아니었을 것이다.

물론 예수가 행복하고 단란하고 순탄한 가정생활을 한 사람이라고 가정을 할 수도 있다. 그리고 "아빠"에 대하여 그토록 신성한 의미를 부여하는 것을 보면 그의 세속적 아버지가 우리가 일반적으로 생각했던 것보다는 예수에게 심오한 인격적 영향을 끼친 위대한 인물이었을 수도 있다. 헬레니즘 문명권의 정신적 성취를 흡수한 매우 개방적인 지적 자이언트였을 가능성도 있다. 그러나 예수의 공생애는 근원적으로 가족주의를 초탈한 삶이었다. 도마복음서에도 가족에 대한 저주에 가까운 부정적 언급은 계속 나타나고 있다(Th.16, 31, 55, 79, 101, 105).

동물세계에 있어서는 가족이라는 것은 종족번식을 위한 필연성의 범주 내에서만 허락되는 것이다. 그 필연성이 사라지면 가족은 해체된다. 그리고 전적으로 타자로서 유리되어 버린다. 지속적인 가족의 개념이란 인간에게 매우 특수한, 문명의 현상일 뿐이다. 예수는 천국운동을 선포한 사람이었다. 천국운동은 "아버지"와 인간의 관계를 다시 설정하는 운동이었으며, 인간관계 그 자체의 보정이나 개선을 위한 운동이 아니었다. 생물학적 혈연공동체를 뛰어넘은 어떤 새로운 이념공동체를 지향하는 운동이었던 것이다. 예수에게는 혈연의 정에만 끌리는 가족이라는 개념을 혁명시킬 필요가 있었다. 가족이나 가정의 유대에 대한 부정은 그것을 넘어서는 새로운 말씀에 대한 긍정으로 전환되고 있는 것이다.

인간 예수에게 있어서 갈릴리의 가족공동체 속에 묶여 사는 삶과, 당대의 소외된 모든 사람에게 "나라"를 선포하기 위하여 무소유의 단신으로 방랑하는 삶은 너무도 이질적인 것이었다. 일자가 부정되지 않고서는 타자가 긍정될 수 없는 특수상황이 있었다. 이러한 예수의 역사적 상황을 우리는 좀 리얼하게 이해할 필요가 있다. 그리고 예수에게는 공동이념을 받들며 공동식사를 하는 특수공동체가 있었다. 이러한 특수공동체의 멤버들, 즉 아버지의 뜻을 실천하는 공동체의 사람들이야말로 우선적인 가족이 아닐 수 없다. 물론 혈연가족이라도 이러한 공동체의 순결한 멤버가 될 때에는 새로운 가족이 될 수 있다.

이러한 예수의 특수사례를 인류의 보편적 윤리로서 논의하는 것은 어리석다. 인간은 현재 야생동물이 아니다. 문명 속의 존재이며, 문명적 삶의 근원에는 역시 가정이라는 것이 있다. 예수의 십자가를 지켜보고 그 시신을 옮긴 장본인도 분명 예수의 혈연적 엄마 마리아였을 것이다.

예수의 패밀리즘에 대한 부정의 대치점에 서있는 것이 유교(Confucianism)라고 우리는 말할 수 있다. 그러나 유교의 새로운 에포크를 창조한 공구孔丘 본인은 그렇게 가정적인 인물이 아니었다. 그리고 매우 순탄치 못한 가족사가 공자 선대로부터 후대에까지 이어졌다. 공구가 가족과 단란한 시간을 보낸 것은 그의 생애에 있어서 극히 짧은 시기에 불과했다. 공자는 그의 생애의 대부분을 제자들과 함께 공적인 명분을 위해 살았다.

내가 말하고자 하는 것은, 동서문명에 대한 너무 쉬운, 범주적인 규정은 문제가 있다는 것이다. 예수가 되었든 공자가 되었든, 현존하는 우리가 되었든, 공생애를 사는 사람들에게 가족주의의 우선시는 모든 것을 비생산적으로 만든다는 것이다. 공적인 이념을 위하여 공적인 삶을 살 수 있도록 그들을 도와주는 것이야말로 이러한 담론으로부터 우리가 취할 수 있는 궁극적 의미가 아닐까, 나는 그렇게 생각한다.

100 하나님의 것은 하나님에게, 나의 것은 나에게

¹그들이 예수에게 한 개의 금화를 보이며, 그에게 말하였다: "카이사의 사람들이 우리에게 세금을 요구하나이다." ²그께서 그들에게 가라사대, "카이사의 것은 카이사에게 주어라. 하나님의 것들은 하나님에게 주어라. 그리고 나의 것은 나에게 주어라."

沃案 여기 도마복음서 중에서 가장 충격적일 수 있고, 기독교의 성격을 근원적으로 전환시켜야 할 매우 중대한 로기온파편을 발견한다. 그리고 도마의 원자료가 어떻게 복음서 구성작가들에 의하

여 활용되고, 왜곡되고, 확대되고, 드라마타이즈되고, 해석되었는가 하는 사실에 관한 생생한 보고를 우리는 듣게 된다. 그러나 현재 서구의 주석가들은 도마의 자료에 의하여 현행 복음서를 재해석하는 용기를 발휘할 엄두를 내지 못한다. 마가에 의하여 구성된 드라마가 워낙 잘 짜여져 있고, 그것이 그 나름대로 매우 복합적인 의미 맥락 속에서 유기적 통일성을 이루고 있기 때문이다.

도마자료라는 새로운 잣대에 의하여 재해석하기에는 기존의 신학적 체계의 관성과 하중이 아직은 너무도 강하게 굴러가고 있는 것이다. 나 도올과 같은 방식으로 정직하게 도마라는 잣대를 들이대면 가독교의 가장 심오한 신념들이 붕괴되는 결과가 초래되는 것은 너무도 명확한 이치이기 때문이다.

불트만의 말대로 마가가 되었든, 마태 · 누가가 되었든 현행 복음서는 이미 바울이 개척한 헬레니즘 문화권의 초대교회의 문제의식 속에서 생겨난, 기독교(Christianity)의 독창적 작품이다. 소위 정경 4복음서는 헬레니즘 기독교의 그리스도 예배, 성찬, 그리고 기독론적 신화와 논설 속에서 자라난 것이다. 복음서는 결국 교리사와 예배사의 산물인 것이다.

그러나 도마복음서는 이러한 헬레니즘적 기독교 이전의, 팔레스타인 전승의 순결성을 보존하고 있다(도마복음서가 시리아 지방에서 전파되고 보존된 것은 상당한 역사적 근거가 있으나, 그 성립은 오리지날한 팔레스타인 전승에 속하는 것이다). 교리사, 예배사 이전의 역사적 예수의 실제상황에 더 근접하는 보도가 그 주류를 형성하고 있는 것이다.

이러한 전승의 근원적 차이를 우리는 인정하고서 양자를 비교해야 하는 것이다. 본 장의 내용은 불트만이 아포프테그마라고 규정한 전승양식인데 공관복음서에 모두 등장하고 있다.

(마가 12:13~17) 저희가 예수의 말씀을 책잡으려 하여 바리새인들과 헤롯당 중에서 몇 사람을 보내매, 그들이 와서 가로되, "선생님이시여! 우리가 아노니, 당신은 참되시고, 아무라도 꺼리는 일이 없으시니, 이는 사람을 외모로 보지 않고, 오직 참으로써 하나님의 도道를 가르치심이니이다. 카이사에게 세를 바치는 것이 가하니이까, 불가하니이까? 우리가 바치리이까, 말리이까?" 한대,

예수께서 그 위선됨을 아시고 이르시되, "어찌하여 나를 시험하느냐? 데나리온 하나를 가져다가 내게 보이라" 하시니,

그들이 가져왔거늘, 예수께서 가라사대, "이 화상과 이 글이 뉘 것이냐?" 그들이 예수께 가로되, "카이사의 것이니이다."

이에 예수께서 가라사대, "카이사의 것은 카이사에게, 하나님의 것은 하나님에게 바치라" 하시니, 저희가 예수께 대하여 심히 기이하게 여기더라.

(마태 22:15~22) 이에 바리새인들이 가서 어떻게 하여 예수를 말의 올무에 걸리게 할까 상론하고, 자기 제자들을 헤롯당원들과 함께 예수께 보내어 말하되, "선생님이시여! 우리가 아노니, 당신은 참되시고, 참으로써 하나님의 도를 가르치시며, 아무라도 꺼리는 일이 없으시니, 이는 사람을 외모로 보지 아니하심이니이다. 그러면 당신의 생각에는 어떠한지 우리에게 이르소서. 카이

사에게 세를 바치는 것이 가하니이까, 불가하니이까?" 한대,

예수께서 저희의 악랄함을 아시고 가라사대, "너희 위선자들아! 어찌하여 나를 시험하느냐? 세를 내기 위한 그 돈을 나에게 보이라" 하시니, 그들이 데나리온 하나를 가져왔거늘, 예수께서 그들에게 말씀하시되, "이 화상과 이 글이 뉘 것이냐?" 그들이 가로되, "카이사의 것이니이다." 이에 예수께서 그들에게 가라사대, "그런즉 카이사의 것은 카이사에게, 하나님의 것은 하나님에게 바치라" 하시니,

저희가 이 말씀을 듣고 기이하게 여겨 예수를 떠나가니라.

(누가 20:20~26) 이에 저희가(서기관들과 대제사장들) 엿보다가, 예수를 총독의 치리治理와 권세 아래 붙잡아 놓으려 하여 정탐들을 보내고, 그들로 하여금 스스로 의인義人인 체하며 예수의 말을 책잡게 하니, 그들이 물어 가로되, "선생님이시여! 우리가 아노니, 당신은 바로 말씀하시고 가르치시며, 사람을 외모로 취하지 아니하시고, 오직 참으로써 하나님의 도道를 가르치시나이다. 우리가 카이사에게 조공을 바치는 것이 가하니이까, 불가하니이까?" 하니, 예수께서 그 간계를 아시고 가라사대, "데나리온 하나를 내게 보이라. 뉘 화상과 글이 여기 있느냐?"

그들이 대답하되, "카이사의 것이니이다."

예수께서 그들에게 가라사대, "그런즉 카이사의 것은 카이사에게, 하나님의 것은 하나님에게 바치라" 하시니, 저희가 백성 앞에서 그의 말을 능히 책잡지 못하고 그의 대답을 기이하게 여겨 잠잠하니라.

이 세 개의 파편을 비교해 보면 명백하게 마가자료가 오리지날이고, 그 자료를 마태와 누가가 자신들의 정황에 따라 변조시켰음을 알 수 있다. 대체적으로 마태는 마가자료를 충실하게 계승한 편이고, 누가는 마가자료를 많이 뜯어고쳤다. 마가와 마태는 대질하는 주체가 바리새인들과 헤롯당원들로 되어있으나, 누가는 주체를 "서기관들과 대제사장들"로서 설정하고 그들이 보낸 "정탐들"을 대질자로 삼고 있다. 누가 시대에는 이미 "바리새인들과 헤롯당원"이 별로 의미가 없었을지도 모른다("헤롯당원Herodians"은 누가와 요한에 전혀 등장하지 않는다).

하여튼 누가는 "예수를 총독의 치리와 권세 아래 붙잡아 놓으려 한다" "스파이를 보내다" "스스로 의인인 체하게 한다"는 등등 드라마적 의도와 분위기를 매우 강렬하게 노출시키는 언사를 사용하고 있다. "세금"이라는 용어도 마가·마태는 "켄소스kēnsos"라는 라틴말 차용어(census)를 쓰고 있으나, 누가가 그것을 "조공, 공세"(tribute)를 의미하는 "포로스phoros"로 바꾸었다.

마가는 "데나리온 하나를 가져오라! 그리고 나로 하여금 볼 수 있게 하라"로 되어있는데 누가는 "데나리온 하나를 내게 보이라"로 간결하게 표현했다. 그러나 마태는 "세금을 내기 위한 그 돈을 나에게 보이라"라고 하여, 그 돈이 직접 세금을 내는 수단으로 쓰이는 화폐라는 것을 구체적으로 지시하고 있다.

이러한 소소한 문제들은 대의에서 벗어나지 않기 때문에 크게 중요하지 않다. 가장 중요한 것은 공관복음서의 기술과 도마복음서 기술의 큰 차이를 파악하는 것이다. 공관복음서는 마가자료가 오리지날한 것이므로 마가자료를 중심으로 분석해 보겠다.

우선 불트만은 이 아포프테그마가 막 12:17에 나오는 "카이사의 것은 카이사에게, 하나님의 것은 하나님에게 바치라"라는 독립된 로기온 하나를 자료로 하여 마가가 전체 스토리를 구성한 것이 아니라(※ 전승된 자료를 근본으로 삼지 않았다는 뜻), 13절부터 17절까지가 처음부터 통일적으로 구상된 유기적인 하나의 아포프테그마이며, 이것을 당대의 교회공동체 작품으로 생각할 필요는 없다고 주장했다(Rudolf Bultmann, *The History of the Synoptic Tradition*, p.26: 13절에 약간 마가의 편집이 감지될 뿐이다). 그러나 이러한 불트만의 주장이야말로 하등의 논거가 없다. 도마자료에 비교해보면 이 아포프테그마는 도마의 자료를 근거로 한 마가의 탁월한 상상력의 소산이며, 아주 소박한 원시자료를 교회의 이념에 맞추어 극화시키고 확대시킨 결과물이라는 것을 알 수가 있다.

도마에는 일체 "그들"에 대한 규정이 없다. 그리고 그들은 자기들의 문제상황을 예수에게 보고한 것뿐이다. 예수가 책잡힐 난감한 처지에 빠뜨리려는 계략의 의도 같은 것을 전혀 가지고 있지 않다. 도마의 전후맥락에서 보면 "그들"은 그냥 돈 잘 버는 "상인이나 비즈니스맨들"이다. 예수에게 대적적인 존재가 아니다. 다시 말해서 드라마는 항상 "적대관계"를 중심으로 설정된다는 것이다. 특히 예수의 수난드라마(Passion drama)의 구조가 그러하다. 도마는 수난드라마에 본질적으로 관심이 없다. 그러면 얼마나 정교하게 마가가 도마자료, 혹은 최소한 도마류의 원자료를 극화시켰는지를 우리는 살펴보아야 한다.

우선 바리새인들과 함께 등장하는 헤롯당원들은 헤롯 안티파스 Herod Antipas의 치세와 정책을 지지하는 극우파이다. 이들은 당연히 로마에 대한 충성심을 가지고 있다. 이들과 극대점에 서있는 사람들이 열심당원들(Zealots)이라고 불리는 민족주의 좌파이며, 이들은 반로마적인 급진파 유대인들이었다. 당시 열심당원은 반란의 불씨였으며 로마의 치자들에게는 탄압의 대상이었다.

AD 6년, 퀴리니우스 총독 때 갈릴리의 유다(Judas the Galilean)와 그를 따르는 자들이 반란을 일으켰는데, 이들이 바로 열심당원들이었다. 이 반란은 처참하게 진압되었지만 그 불씨는 꺼지지 않고 계속 살아나서 다양한 형태의 애국운동으로 발전한다. 그러다가 결국 AD 66년의 반란에 결정적인 촉매 역할을 하였고 다양한 좌파그룹들을 결집시켜 결국 AD 70년의 예루살렘 멸망이라는 비극을 초래케 하였던 것이다.

예수는 근원적으로 이 열심당원이나 시카리(Sicarii: 단검을 소지하고 다니는 어반 테러리스트들)의 폭력혁명이나 정치노선에 회의적이었다. 그의 유명한 산상수훈도 어떤 의미에서는, 마하트마 간디를 연상케 하는, 열심당원 노선에 대한 평화선언을 의미할 수도 있다. 그러나 당대의 보수주의자들에게는 예수의 천국사상의 래디칼한 성격은 열심당적 이데올로기의 표현처럼 곡해될 수도 있었다. 이러한 복합적 감정이 이 스토리의 배경에 깔려있는 것이다.

여기 문제가 되고있는 "세금"은 앞서 말했듯이, "켄소스"라는 것으로 우리말로 하면 "인두세poll tax"라고 불리는 것이다. 즉 재산이나 수입, 수확에 대하여 매기는 세금이 아니라 존재한다는 것만으로 두당 내는 세금이다. 이 세금을 걷기 위해서 호구조사를 했기 때문에 우리가 "호구조사"를 "켄소스" 즉 센서스census라고 말하는 것이다. 로마의 세금을 모든 사람들이 내기 싫어했지만, 열심당원들이 특별히 극렬하게 반대했던 것이 바로 이 "켄소스"였다. 퀴리니우스 총독 때 반란을 일으켰던 것도 퀴리니우스 총독 시절에 호구조사를 무리하게 강행하였기 때문이었다.

따라서 예수가 이 "켄소스"에 관한 질문에 "노"를 하면 예수는 열심당원으로 몰리게 되어 로마 당국의 탄압의 대상이 된다. 그리고 "예스"를 하면 친로마세력이 되어 열심당원들에게 공격의 표적이 된다. 이들은 예수에게 이러한 딜레마를 제시했다. 그리고 예수가 이런 딜레마를 성공적으로 빠져나가자 질문자들이 경악하는 장면으로 끝난다("심히 기이하게 여기더라"). 그러나 도마의 로기온에는 전혀 이런 딜레마의 텐션이 없다.

그리고 이들의 질문은 정치적인 맥락뿐 아니라, 매우 미묘한 종교적·신학적 맥락이 개재되어 있다. 도마에는 장소에 대한 보고가 없다. 그러나 마가에는 이 대화의 배경이 예루살렘으로 설정되어 있다. 여기에는 결정적인 이유가 있다. 갈릴리는 로마의 직할구역이 아니었기 때문에 인두세를 내지 않았다. 이 인두세는 유대지방의 사람들 즉 유대인들에게만 적용되는 문제였다. 그리고 열심당원들도 주로 유대지방에서 활약했다. 따라서 갈릴리사람인 예수는 이 문제에 대하여 매우 객관적일 수 있는 입장에 있었다.

또 하나의 문제는 이 "켄소스"는 로마직접통치지역의 로마세였기 때문에 반드시 로마의 돈으로 내야 했다. 유대지방에 통용되는 동전이 있었지만, 그런 돈으로는 낼 수가 없었다. 여기 "데나리온"은 로마의 은화인데, 물론 로마의 황제가 발행한 돈이다. 이 은화에는 그 돈이 유통되는 당대의 황제의 얼굴이 그려져 있다. 이 황제를 "카이사"라고 불렀는데, "카이사"라는 것은 역사적으로 존재했던 "줄리어스 시저(카이사, Julius Caesar, BC 100~BC 44)" 그 개인을 가리키는 것이 아니라, 그 이후의 황제들을 일반화해서 부르는 명칭이다. 줄리어스 시저가 워낙 탁월한 인물이었기 때문에 사후에 그는 신격화되었고, 그 이후의 황제들의 이름에는 그 신성의 후계성을 상징하는 카이사라는 명칭이 꼭 따라다녔다. 그러니까 예수시대의 카이사는 옥타비아누스의 양아들인 티베리우스 황제였다(풀네임은 Tiberius Julius Caesar Augustus, BC 42~AD 37. 제2대 로마황제이며 치세기간은 AD 14~37).

티베리우스의 은화(데나리온)에는 그의 얼굴이 가운데 부조로 새겨져 있다. 그리고 그 얼굴 주변으로 삥 둘러 다음과 같은 글자가 새겨져 있다: "TI CAESAR DIVI AUG F AUGUSTUS" 동전은 면적이 작기 때문에 동전장인들은 약호를 새겨 넣었다. 이 약호는 다음과 같다: "티베리우스 카이사, 하나님이 되신 아우구스투스의 아들,

신성한 황제.Tiberius Caesar, son of the the deified Augustus, Augustus." 그리고 그 뒷면에는 또 "최고 제사장"이라는 뜻의 "PONTIFEX MAXIMUS"라는 글이 새겨져 있는데, 이것은 "법왕法王"이라는 뜻이다. 줄리어스 시저가 37세 때 선거에 의하여 그 자리에 앉았고 로만 포럼에 자리잡고 있는 로마의 수호여신 베스타Vesta를 모신 후로 그런 전통이 이어졌던 것이다. 그러니까 이 동전 자체가 "황제숭배emperor worship"의 상징이며 황제를 하나의 "하나님"으로 인정하는 것을 의미한다. 그러나 정통유대인들의 입장에서는 이것은 매우 불경스러운 우상숭배(idolatry)를 뜻하는 것이다. 유대인들에게 통용되는 로칼한 동전에는 일체의 우상숭배적 화상이 그려져 있질 않았던 것이다.

여기 예수가 "어찌하여 나를 시험하느냐?" 하고 "데나리온 하나를 가져오라"라고 한 것은 매우 절묘한 드라마가 숨겨져 있다. 예수는 그 은화를 소유하고 있지 않았던 "무소유의 사나이"였다. 따라서 그것을 "가져오라"고 했을 때, 이미 예루살렘의 이스태블리쉬먼트를 점하고 있었던 질문자들(바리새인들과 헤롯당원들)은 그 은화를 주머니 속에 품고 있었던 것이다. 그 사실은 이미 그들이 엄격한 유대인의 계율에 의하면 우상숭배의 불경죄를 범하고 있다는 뜻이 된다. 벌써 그들은 예수에게 한 수 먹은 것이다. 따라서 예수는 묻는다: "이 화상과 이 글이 뉘 것이냐?" 그들은 대답한다: "카이사 티베리우스의 것입니다." 그들은 이미 로마황제의 권위를 인정하는 시스템 속에 들어가 있는 타협자들인 것이다.

이에 예수는 최종적 결론을 내린다: "카이사의 것은 카이사에게, 하나님의 것은 하나님에게 바치라." 여기 "바치라"라는 동사에 주목할 필요가 있다. 우리나라 번역판에는 14절의 질문과 17절의 대답이 모두 "바치라"로 되어있지만, 14절의 질문에 쓰인 동사는 "디도미*didōmi*"로서 그냥 "주다"이다. 그러나 예수의 대답에 쓰인 동사는 "아포도테*apodote*"인데 이것은 "돌려주다"의 뜻이다. 즉 원래의 주인에게 되돌려준다는 뜻이다. 로마의 통치에 의하여 이득을 보고있는 자들은 이득 본 것을 주인에게 되돌려줌으로서 빚진 상태로부터 해방된다는 것이다.

바울의 편지에 다음과 같은 유명한 이야기가 있다.

> **각 사람은 위에 있는 권세들에게 굴복하라. 권세는 하나님으로부터 생겨나지 않음이 없나니, 모든 권세는 다 하나님의 정하신 바라. 그러므로 권세를 거스리는 자는 하나님의 명을 거스림이니, 거스리는 자들은 심판을 자취自取하리라**(롬 13:1~2. 7절까지 같은 논지 계속됨. 벧전 2:13~17에도 같은 논지가 있음).

바울은 로마당국의 정치적 권위에 대해서 매우 철저히 타협적이었다. 그러한 그의 정치적 입장이 로마세계에서 기독교 교회운동을 일궈나가는 데 매우 결정적인 역할을 했을 수도 있다. 정치적 타협이 없이는 모든 종교의 초기형태는 살아남기 힘들다. 여기 마가의 아포프테그마가 이러한 바울의 사상을 반영한 것일수도 있다. 대부분의 주석가들이 그렇게 생각하기를 꺼린다. 오히려 여기 마가가 활용한 자료에서 바울의 사상이 유래되었다고 본다. 그러나 내가 보기에 그러한 가능성은 전무하다. 예수는 로마의 권세에 대한 충성과 하나님의 권세에 대한 충성을 병치시켰다. 두 충성이 결코 충돌될 필요가 없는 독자적인 영역을 가지고 있는 것으로 본 것이다. 마가의 예수 디펜스는 일단 성공한 것처럼 보인다. 그렇다면 과연 우리는 이러한 마가의 정교한 드라마를, 마가의 논리에 따라 교묘하게 정당화할 수 있을까? 정교분리政敎分離를 연상케 하는, 두 권위의 분리 내지는 타협으로써 모든 인간사의 문제가 해결된단 말인가? 아무리 주석가들의 미사여구가 예수의 재치를 극찬한다 해도 찜찜한 구석은 남는다. 예수는 좌파도 아니고 우파도 아닌, 좌우양도론左右兩道論을 주장하는 회색분자였을까?

여기서 우리는 이러한 마가드라마의 원본 중핵이 되고있는 도마복음서의 충격에 새롭게 눈을 떠야 한다. 도마를 정직하게 바라봐야 하는 것이다.

도마의 원문을 다시 한번 세밀히 검토해 보자! 도마의 원문은 "그들"로 시작하고 있다. "그들"은 물론 예수의 주변에 있던 불특정의 사람들을 말할 수도 있고, 예수의 따르던 자들 중에 몇 사람일 수도 있다. 예수운동의 지지자들 중에는 부유한 사람들도 많았다. 그래서 공동식사가 가능했던 것이다. 그리고 예수의 로기온 속에서 계속 부정과 긍정의 대상으로 등장하였던 "상인들merchants" "비즈니스맨들buisinessmen"일 수도 있다. 여기 "금화"라는 표현이 "데나리온"보다는 한 급이 위라는 사실도 중요하다. 티베리우스의 시대에도 많은 종류의 금속화폐가 주조되었는데 금화도 많다. 금화(aureus)는 고액의 거래에서만 통용되었으며, 하급의 상인들은 만져볼 수가 없었다. 일반 서민 시장에서는 동화가 주로 통용되었던 것이다. 금화에 새겨져 있는 화상과 글씨는 데나리온의 경우와 동일하다: "TI CAESAR DIVI AUG F AUGUSTUS." 로마의 통화제도의 기본은 은본위였으며 데나리온이 가장 지속적인 기준이었다. 그러나 금화도 예수시대에는 많이 통용되었다. 줄리어스 시저가 갈리아지방(Gaul)과 브리타니아지방(Britania)을 정복하면서 이 지역으로부터 금이 대량 유입되기 시작하였던 것이다. 금화와 은화의 가치비율은 1:25 정도이다. 내가 본 금화의 무게는 7.8g 정도이다.

도마에는 "화상과 글씨"에 대한 언급이 없다. 뿐만 아니라 "데나리온을 하나 가져오라"는 예수의 요청도 없었다. 금화를 보인 것은 처음부터 상인들이었다. 그리고 로마의 세금부과가 너무 지독하다는 것을 투정했을 뿐이다. 이런 투정에 대해 예수는 충고의 말을 했을 뿐이다: "카이사의 것들은 카이사에게 주어라. 하나님의 것들은 하나님에게 주어라. 그리고 나의 것은 나에게 주어라." 이것이 전부다. 외면상으로 마가의 구성과 비슷한 느낌을 주지만 그 함의는 소양지판이다. 예수의 어법이 항상 그러하듯이, "카이사→하나님→나"의 나열은 긴장감을 고조시키는 점층적漸層的 화법이다. 이 삼자의 나열의 궁극적인 강조점은 "나"에게 있다. "나의 것 what is mine"에 있다. 카이사와 하나님의 대비는 전혀 중요하지 않다. 즉 카이사와 하나님은 "나"에 대하여 객체화된 동급의 두 항목일 뿐이다.

금화를 가지고 그 로마황제권력의 유통필드에서 수익을 올리고 있는 사람들은 당연히 세금을 내야 한다. 앞서 말했듯이 그것은 본시 로마황제의 것이기 때문에 로마황제에게 되돌려주는 것은 너무도 정당하다. 다음으로 객체화되고 있는 것은 "하나님"이다. 이 하나님은 유대인들이 숭상하는 하나님이다. 바로 로마치세에서 득을 보면서 민중을 지배하고 있는 모든 유대인 이스태블리쉬먼트가, 로마황제처럼 숭상하고 있는, 여호와 하나님이다. 예수는 "하나님"을 좋아하지 않는다. 예수는 오직 "아버지"를 말할 뿐이다.

질투와 징벌과 율법과 사망과 분열된 아담의 창조주 야훼, 엘로힘은 예수에게는 부정의 대상이다. 예수는 구약적 세계관에 대해 일말의 관심도 없다. 예수시대에만 해도 우리가 상식적으로 알고 있는 "구약"이라는 바이블조차 존재하지 않았다. 대부분 그것은 구전으로 형성된 엉성한 관념들의 집합일 뿐이었다. 예수의 신념 중에 가장 중요한 측면이 여기 제시되고 있는 것이다. 로마의 치세는 사실, 그 이전의 어떠한 형태의 치세에 비해서도 관대한 것이었으며 다양한 종교적 신념에 대해서는 관용이 있었다.

유대인들의 삶을 비참하게 만드는 것은 로마의 집정관들이 아니라, 이들 이방세력을 등에 업고 율법을 앞세워 자국민을 탄압하는 율법사들, 서기관들, 바리새인들, 제사장들 등등 모든 유대교 이스태블리쉬먼트였다. 예수가 열심당원들과 같은 좌파들과 행동을 같이할 수 없었던 가장 결정적인 이유는 단순한 로마의 정치권력으로부터의 해방이 유대인민의 해방을 가져올 수 없다는 예수의 신념 때문이었다. 이 땅에 "아버지의 나라"가 임하지 않는 한, 새로운 지배구조(바실레이아, βασιλεία)가 정착되지 않는 한, 이스라엘의 정치해방은 의미없는 것이다. 그것은 마치 오늘날 이스라엘이 자국만의 해방을 외치면서 세계인민 모두를 불행에 빠뜨리고 있는 것과도 같다. 오늘날 이스라엘 정치의 가장 파국적 측면은 야훼가 불어 넣어준 "선민의식"과 "율법주의"이다. 보편윤리가 결여되어 있는 것이다. 나치유대인학살에 대한 반동이라고는 하지만, 그 반동의 성격이 너무 지나치게 반동적인 것이다.

예수는 "카이사"를 단순히 정치적 권력으로 보고 있는 것이 아니다. 옥타비아누스 아우구스투스 이래로 그것은 절대적 하나님의 위치를 점하고 있는 그 무엇이다. 그것은 현세의 실제적 하나님이었다. 따라서 예수가 두 번째로 제시하는 하나님, 즉 구약의 하나님은 예수의 문제의식 속에서는 카이사와 동일시되고 있다. 구약의 모든 내용은 구약의 하나님에게 되돌려주어라! 카이사와 야훼는 다 똑같은 존재들이다. 예수는 이 로기온에서 이미 콘스탄티누스 이후에 전개되는, 황제권력화 되는 기독교의 모습을 예언하고 있는지도 모른다. 나 예수의 것만 나에게로!

마가는 이러한 래디칼한 예수의 입장을 그대로 수용할 수가 없었다. 유대인을 포용하지 않으면 초대교회공동체는 성립할 수가 없었기 때문이다. 마가는 "나의 것은 나에게 주어라"라는 제3명제의 명제를 드롭시켰다. 그리고 제1의 명제와 제2의 명제를 대립시켰다. 그렇게 되면 예수는 자연스럽게 "하나님의 아들"이 되고, 로마의 권력세계와 아버지의 나라의 정면충돌을 원치 않았던 예수의 입장을 살릴 수 있기 때문이다. 그리고 이러한 변용을 의미있게 하기 위하여 온갖 텐션을 자아내는 드라마 장면들을 설정했다. 마가는 이러한 식으로 도마원자료를 변용시켜 나가면서 오늘날 기독교의 원점이 된 수난드라마복음서를 창작해낸 것이다. 불트만은 말한다:

> 마가라는 저자는 그에게 가능했던 모든 방법을 동원하여 원래의 전승들을 특별한 방향으로 맞추어 놓고, 바울 영역의 헬레니즘교회가 요구하는 대로 전승의 의미를 부각시키는 데 성공하였다. 즉 전승을 헬레니즘 기독교의 기독론적 케리그마(the Christological Kerygma of Christendom)에 결합하고, 기독교의 비의祕儀인 세례와 성만찬을 전승 안에다 세움으로써, "예수 그리스도의 복음"이라고 부를 수 있는 예수 생애의 서술을 인류사에 최초로 탄생시켰다 …… 우리가 본 바에 의하면, 예수의 생애 서술이기도 한 복음서를 쓴 첫 시도자가 마가라는 사실은 마태와 누가에서 보다도 더 강하게 마가에게 신화적 요소(mythical element)가 나타난다는 사실과 일치한다. 마태와 누가에도 이적적인 것이 고조되고 새로운 신화적 요소가 끼어들었지만, 역시 마태·누가의 전체윤곽에서는 그리스도 신화가 지상에서 활동한 예수상 뒤로 후퇴하고 있다(The History of the Synoptic Tradition 346~348: 불트만이 마가가 마태·누가보다 더 신화적이라고 본 것은 매우 기발한 관점이다).

싯달타는 무신론자였다. 사실 여기서 무신론이라는 말은 신이 있다 없다는 것과는 무관하다. 근원적으로 신의 존재가 인간의 구원과 무관할 때 모든 사유는 무신론이 아니 될 수 없다. 유일신론적인 브라마니즘이 아무리 고상한 철학적 언어를 제공해도 결국 인간을 의타적인 존재로 전락시키고 있는 상황에서 싯달타는 "마음의 혁명"을 부르짖고 나선 것이다. 예수도 "메타노이아"를 부르짖는다.

나는 생각한다. 예수는 니체보다도 더 본질적인 무신론자였다. 예수에게는 살해해야 할 하나님이 그렇게 강압적으로 그의 정신세계를 압박하고 있지 않았다. 예수는 단지 구약의 하나님과의 결별을 선언하고 새로운 "아버지의 나라"를 선포하고자 했다: "하나님(야훼)의 것은 하나님(야훼)에게로! 나의 것은 나에게로!" 구약이여, 안녕!

101 하나님 엄마가 나에게 생명을 주셨다

[1](예수께서 가라사대) "내가 증오하는 것처럼 아버지와 어머니를 증오하지 아니하는 자는 누구든지 나의 도반이 될 수 없다. [2]그리고 내가 사랑하는 것처럼 아버지와 어머니를 사랑하지 아니하는 자는 누구든지 나의 도반이 될 수 없다. [3]나의 엄마는 거짓을 주었지만 나의 참된 엄마는 나에게 생명을 주었다."

沃案 복잡하게 생각할 아무런 건덕지가 없는 로기온이다. 이미 99장에서 충분히 토론하였다. 여기 예수는 세속적 혈연의 가족관계 속의 아버지와 엄마와 그러한 혈연을 초월한 영적 세계 속에 있는 아버지와 엄마를 대비시키고 있다. 세속적 가족공동체와 영적 가족공동체의 관계에 있어서 전자는 증오의 대상으로 후자는 사랑의 대상으로 나타난다. 영적공동체 속의 엄마·아버지의 궁극은 하나님 엄마와 하나님 아버지가 될 것이다. 예수는 신성(Divinity)에 대해서도 양성을 다 인정한 것 같다.

세속적 엄마는 나에게 거짓을 주지만 하나님 엄마는 나에게 생명을 준다. 단순한 대비의 언사로 읽으면 족하다. 세속적 엄마가 문자 그대로 거짓을 준다는 뜻은 아닐 것이다. 세속적 엄마는 거짓된 세상에서 거짓말을 하고 살 수밖에 없는 나 존재를 만들어 놓았다는 뜻이다. 그러므로 이 3절의 메시지는, 세속적 엄마·아버지가 아닌, 신적인 엄마·아버지를 사랑해야 한다는 1·2절의 메시지를 강화시키고 있다.

초월적 절대자의 체험은 궁극적으로 비근한 엄마·아버지와의 절대적 교감으로부터 출발하는 것이다. 구체로부터 추상에로의 도약에 성(the Holy)이 개입되는 것이다. 단지 우리가 여기서 확인해야 할 것은 세속적인 모든 관계의 해체야말로 도마공동체의 철저한 룰이었다는 것이다.

102 여물통에서 잠자는 개가 되지 마라

> ¹예수께서 가라사대, "부끄러워할지어다! 바리새인들이여. 그들은 소구유에서 잠자고 있는 개와 같기 때문이다. 개는 여물을 먹지도 않으면서 또 소들로 하여금 여물을 먹지도 못하게 하기 때문이다."

沃案 제39장과 중복되는 로기온이며 큐복음서와 병행한다(Q44, 마 23:13, 눅 11:52). 그러나 39장보다 표현이 더 명료하고 쉽다. 여기 개는 야생견류이며 더럽고 사나운 이미지가 있다. 헬레니즘문화권의 영향이 역력하다. 똑같은 이야기가 이솝우화에 나오기 때문이다(Aesop, *Fable* 702). 이솝우화가 견유학파의 사람들에 의하여 많이 보존되고 재생산되었다는 것을 생각하면, 예수와 견유학파의 관계를 이런 우화나 비유를 매개로 해서 분석해볼 수도 있다.

한 사악한 개가 건초로 가득찬 구유 속에 누워있었다. 소가 들어와 건초를 먹으려 하자, 소가 먹지 못하게 하면서 이빨을 드러내고 으르렁거리며 협박하였다. 이에 양순한 소가 기가 막혀 개에게 말하였다: "아니, 니가 왜 우리한테 원한을 품은 듯이 으르렁거리냐? 건초를 먹는 것은 네가 가지고 있지 않은 우리의 자연적 식성인데 그걸 가지고 으르렁대는 것은 이상하지 않냐? 건초를 먹는 것은 너의 자연적 식성도 아닌데, 우리마저 못 먹게 하다니, 원, 참!"

역사적 예수와 바리새인들의 관계가 실제로 어떠했는지는 잘 알수가 없다. 예수시대 바리새인들은 시나고그운동의 주역들이었고 그들은 시나고그의 강단을 독점했다. 그리고 자기들이 생각하는 율법적 설교 이외의 설교를 인정하지 않았다. 혹자는 예수 자신이 바리새인 계열의 사상가였을 가능성도 있다고 주장한다. 바리새파의 철학(Pharisaism)과 예수의 사상성향은 많은 주장을 공유하기 때문이다. 그러나 나는 예수는 역시 갈릴리의 토착적 개방풍토에서 자라난 사상가이며 바리새파와는 전혀 다른 계보에 속한다고 생각한다. 예수는 오히려 레바논·시리아지역의 개방된 동방사유에 더 많은 영향을 받았다. 그리고 헬레니즘에 배어든 동방철학적 사유를 적극적으로 흡수했다.

하여튼, 본 로기온이 우리에게 감동을 주는 것은 "진리의 독점"에 대한 경고이다. 어떠한 진리든지 진리는 독점될 수 없는 것이다. 오늘날 개신교 목사들이 자기들의 강대상을 무슨 신성한 독점물로 생각하는 착각도 이만저만한 착각도 아니다. 유대교는 제식화된 성전문화이기 때문에 일정한 독점적인 제사장계층을 요구한다. 그것은 마치 브라만계급과도 같은 것이다. 그러나 종교혁명이란 바로 그러한 독점적 구조를 개방시키는 데서 출발한 운동이다. 설교 강단은 어디까지나 대중을 위하여 존재하는 것이지 목사 개인의 소유물이 아니다. 대형교회일수록 그런 착각이 심한데, 그런 목사님들은 모두 여기서 말하는 "여물통 속에서 잠자고 있는 개들"이다. 이 개들은 자기도 안 먹으면서 남도 못 먹게 하는 것이다. 설교 강단은 개방될수록 대중에게 은혜가 온다.

나는 "도올서원"을 운영하면서도 강단을 모든 학자들에게 자유롭게 개방시켰다. 내가 아무리 학식이 높더라도 특수 분야의 후학들의 지식은 나를 능가하는 자들이 많다. 그런 학자들을 많이 모셔왔는데, 모셔오면 반드시 나 자신이 학생들과 함께 들으면서 공부하였다. 이러한 개방성은 결국 학생들의 축복으로 돌아간다. 다양한 견해를 접할 수 있고, 개방적 사유를 하게 하며, 활발한 토론이 전개되며, 무엇보다도 학생 본인들이 스스로 개방적 인격을 배양한다는 것이다. 그래서 그들이 미래사회에서도 개방적 태도로써 모든 것을 운영해 나가게 될 것이다.

103 도둑놈이 언제 들어올지를 아는 자는 복이 있도다

¹예수께서 가라사대, "도둑놈들이 어느 시점에 어디로 들어올지를 미리 아는 자는 복되도다! 그는 일어나서 그의 중요한 자산들을 점검하고, 도둑놈들이 들어오기 전에 자신을 무장할 것이기 때문이다."

沃案 제21장과도 일부 중복된다. 이런 로기온에 대해서도 구구한 해석들이 많다. 도둑놈을 외재화된 대상으로 해석하기보다는 내 몸 안에 있는 것으로 해석하는 것이 정곡을 얻는다고 보아야 할 것이다. 예수 도반들의 내면의 생활의 문제를 형상화한 것이다. 물론 도둑놈에 대한 경계는 세속에 대한 경계를 내포한다. 세상을 금식

하고 세상을 안식하는 나의 영적 생활과 관련된 것이다. 내 몸속에서 항상 도둑놈들은 예고 없이 닥친다. 언제 어디를 뚫고 들어올지 모른다. 영역상으로 "at what point"에 해당되는 콥트어가 시점과 장소를 다 가리킬 수 있기 때문에 나는 "어느 시점에 어디로"라고 번역했다. 여기 종말론적 시간성(eschatological temporality)은 개입되지 않는다. 우리는 항상 깨인 자세로 빈틈없이 경계해야 한다. 아마도 당대의 몸에 관한 의학적 지혜와도 관계가 있을 것이다.

104 신랑이 혼방을 떠난다면 그제서야 금식하고 기도하라

¹그들이 예수께 가로되, "오소서! 오늘 같이 기도합시다. 그리고 같이 금식합시다." ²예수께서 가라사대, "내가 도대체 무슨 죄를 저질렀단 말인가? 또한 내가 어떻게 파멸되었단 말인가? ³차라리, 신랑이 혼방을 떠난다면, 그제서야 사람들로 하여금 금식하고 기도케 하라."

沃案 이 로기온 역시 예수의 오리지날한 내면적 담론이 어떻게 후대의 복음서 기자들에 의하여 종말론화되고 또 종말론적 알레고리 해석으로 둔갑되었는지를 보여주는 좋은 예이다. 공관복음서에 모두 병행한다.

(마가 2:18~20) 요한의 제자들과 바리새인들이 금식하고 있는지

라, 사람들이 예수께 와서 말하되, "요한의 제자들과 바리새인들의 제자들은 금식하는데, 어찌하여 당신의 제자들은 금식하지 아니하나이까?"

예수께서 저희에게 이르시되, "혼인집 손님들이 신랑과 함께 있을 때에 금식할 수 있느냐? 신랑과 함께 있을 동안에는 금식할 수 없나니, 그러나 신랑을 빼앗길 날이 이르리니, 그날에는 그들도 금식할 것이니라."

(마태 9:14~15) 그때에 요한의 제자들이 예수께 나아와 가로되, "우리와 바리새인들은 금식하는데 어찌하여 당신의 제자들은 금식하지 아니하나이까?"

예수께서 저희에게 이르시되, "혼인집 손님들이 신랑과 함께 있을 동안에 슬퍼할 수 있느뇨? 그러나 신랑을 빼앗길 날이 이르리니, 그때에는 그들도 금식할 것이니라."

(눅 5:33~35) 저희가 예수께 말하되, "요한의 제자들은 자주 금식하며 기도하고, 바리새인들의 제자들도 또한 그리하되, 당신의 제자들만은 먹고 마시나이다."

예수께서 저희에게 이르시되, "혼인집 손님들이 신랑과 함께 있을 때에 너희가 그 손님으로 하여금 금식하게 할 수 있느뇨? 그러나 저희가 신랑을 빼앗기게 되는 그날이 이르리니, 그날에는 그들도 금식할 것이니라."

이 세 자료를 비교해 보면 마가자료가 원형이고, 이 마가자료를 마태와 누가가 변형시켰음을 알 수 있다. 후반부의 예수의 말은 이미 마가가 도마자료를 래디칼하게 변형시킨 것인데, 마가의 형태를 마태와 누가가 그대로 계승하고 있다.

마가는 질문자들을 "사람들이"라고 하여, 불특정인들로 나타내었다(impersonal plural construction). 그러나 마태는 그들을 "요한의 제자들"로 한정시켰다. 마태는 요한이 감옥에 갇혀있는 역사적 상황을 전제로 한 것이다. 마태는 역사적인 리얼한 정황에 대한 관심이 많다. 누가도 질문자들을 직접적으로 지칭하지 않았다. 그러나 전후맥락으로 볼 때 "바리새인들과 저희 서기관들"(5:30)을 지칭한 것으로 보아야 할 것이다. 질문 속에 "바리새인들의 제자들"이라는 표현이 나오므로 질문자를 "바리새인들의 제자들"이라고 보기는 어렵다.

마가와 마태는 "금식"만을 말하고 있는데 반하여 누가는 "금식"과 "기도"를 같이 말하고 있어 도마자료에 근접하고 있으나, 이 사실만으로 양 자료의 친화성을 확보하기는 어렵다. 누가는 예수의 제자들을 "먹고 마신다"는 표현을 첨가하고 있는데 이것은 고발성을 강화시키는 드라마적 변용이다.

원래 금식이란 유대인들에게 있는 풍속이었지만 강제적이거나 제도적인 것이 아니었다. 개별적 선택에 의한 자발적 행위였다. 그러나 바리새인들은 예수시대에 이것을 제도화시키고 의무화시켰다. 매 월요일과 목요일, 그러니까 일주일에 두 번을 금식하는 것으로 규정하였던 것이다. 그것을 하나님 앞에서의 종교적 열정의 표시로 생각했다(눅 18:12).

세례 요한은 본시 매우 금욕적인 사나이였다. 광야에서 항상 금식하면서 살았던 것이다. 따라서 세례 요한의 제자들은 자주 금식하였던 것이다(눅 5:33에 "요한의 제자는 자주 금식한다"라는 표현이 있다). 그러니까 예수시대에 "금식" 하면 가장 두드러지는 두 그룹이 있었으니, 그것이 바로 바리새인들의 제자들과 요한의 제자들이었다. 마가는 바로 이러한 역사적 사실을 배경으로 논쟁대화(아포프테그마의 한 양식)를 구성한 것이다. 그러나 도마에는 이러한 배경이 전혀 나타나지 않는다. 그리고 이 대화가 마가에는 예수 제자들의 행동양식에 대한 예수의 변명으로 나타나고 있다. 그러나 도마에선 대화의 내용이 예수 자신의 행동에 관한 것이다.

혼인은 잔치이며 즐거운 자리이며 축복의 자리이다. 그것은 먹고 마시는 자리이지 금식해야 할 자리가 아니다. 금식은 슬픔의 표현이다. 따라서 혼인잔치집에서 신랑의 친구들이(혼인집 손님들) 신랑과 같이 있는 동안에 금식을 한다는 것은 너무도 어울리지 않는 행동이다. 여기서 혼인잔치는 "메시아의 시대"라는 것을 알레고리적으로 나타내고 있다. 신랑은 예수이고 혼인집 손님들은 예수의 제자들이다. 이들은 메시아의 잔치(the messianic banquet)에 참여하고 있는 것이다.

그런데 여기 "신랑을 빼앗길 그날이 오리라 The days will come, when the bridegroom is taken away from them"는 표현은 신랑이 강압적으로 혼인잔치손님들로부터 데려감을 당한다는 것이며, 그것은 매우 갑작스럽고도 폭력적인 잔치의 종말을 암시하고 있다. 이것은 예수의 폭력에 의한 격렬한 죽음을 상징하고 있다. 이것은 너무도 명료한 알레고리적 해석을 전제로 한 것이다. 다시 말해서 부활절 이후의 초대교회의 금식의 습관을 정당화하기 위한 아포프테그마 일 수도 있다. 그러나 실제로 초대교회에서 예수의 죽음을 기념하기 위해서 금식을 정례화했는지는 알 수가 없다. 예수의 죽음과 부활은 공동식사의 즐거운 잔치였을 수도 있기 때문이다.

불트만은 이 아포프테그마가 초대교회에서 세례요한파들의 막강한 잔존세력들과 기독교도들과의 관계 문제가 활발히 논의되었을 때 날조된 것으로 보았다. 그러나 그러한 불트만의 논의는 도마자료와 비교해 보면 전혀 근거 없는 추론에 불과하다.

그리고 구약에서는 야훼를 "신랑"에 비유한 표현이 많이 나온다 (호세아 2:18, 이사야 54:8, 62:5 등을 보라). 그러나 메시아를 낭군이나 신랑으로 표현한 적은 없다. 그러나 마가는 예수야말로 하나님의 생명력(the life-giving power of God)을 나타낸다고 생각했기 때문에, 원래 하나님에게 적용된 표현이지만 예수에게로 무리없이 옮겨 썼을 것이다. 그러나 도마에서는 그러한 은유나 비유는 전혀 정당성이 확보되지 않는다.

도마의 본 장에서 "그들"은 예수의 도반들이다. 그들이 예수에게 같이 기도하고 같이 금식하자고 졸라대는 것이다. 그러나 예수는 근원적으로 "죄의식"이 없는 사람이었다. 유대인들의 원죄 (Original Sin)의식이 없었던 사람이었다. 예수는 인성(human nature) 에 대한 윤리적 규정을 거부한 사람이었다. 근원적으로 성선·성악적 논의에 관심이 없었다. 그리고 이미 6장, 14장, 그리고 53장 (할례에 관계됨)에서 보았듯이 근원적으로 금식이나 기도나 구제와 같은 외면적·제식적 행위는 근본적으로 인간의 죄의식만을 조장할 뿐이며, 인간의 구원과는 하등의 관계가 있을 수 없다고 보았다. 예수는 이러한 문제에 대하여 소극적으로 대처한 것이 아니라 적극적으로 금지시켰다: **"너희가 금식한다면, 너희는 너희 자신에게 죄를 자초하리라. 그리고 너희가 기도한다면, 너희는 정죄되리라. 그리고 너희가 구제한다면, 너희는 너희 영혼에 해악을 끼치리라"**(Th.14).

따라서 예수는 같이 기도하고 금식하자고 졸라대는 도반들에게 다음과 같이 반문한다: "내가 도대체 무슨 죄를 저질렀단 말인가? 도대체 내가 어떠한 방식으로 파멸에 이르렀단 말인가?"

『나사렛사람들복음서*Gospel of Nazoreans*』(2)에 다음과 같은 재미있는 표현이 있다:

> 보라! 주님의 엄마와 그의 형제들이 예수에게 권유하여 말하였다: "세례 요한이라는 사람이 죄사함을 위하여 강에서 세례를 베풀고 있단다. 예수야! 같이 가서 그에게 세례를 받자꾸나."
>
> 그러나 예수는 그들에게 다음과 같이 말하였다: "도대체 내가 뭔 죄를 저질렀길래, 그에게 빨리 달려가서 그에게 세례를 받는단 말이오? 글쎄, 내가 지금 말한 이것이 순전히 내 무지에서 나온 것이라면 모를까."

하여튼 예수는 그러한 제식적 행위로 인하여 인간이 구원된다는 가능성에 대해 일말의 기대도 걸지 않는다.

그리고 말한다: **"차라리, 신랑이 혼방을 떠난다면, 그제서야 사람들로 하여금 금식하고 기도케 하라."**

여기 "신랑이 혼방에 들어간다"는 표현은 이미 75장에서 충분히 토론되었다. 그것은 반야와 방편이 하나가 된 합체불의 경지이며, 남자와 여자가 분화되기도 전의 혼융된 존재이며, 유와 무가 분별되기도 전의 박樸의 상태이다. 그것은 단독자이며 방랑자이며 고독자이며, 하나된 자이다. 도마의 "신랑이 혼방을 떠난다"는 표현은 새로 맞이한 아내를 버리고 떠난다는 뜻이 전혀 아니라, "단독자됨을 포기한다"는 상징적 표현이다. 그리고 이것은 예수 한 사람의 상황에만 적용되는 사태가 아니라, 예수의 도반이면 누구든지 다 단독자가 되어야 하는 것이다. 그 단독자됨을 포기한다면, 다시 말해서 무분별의 카오스에서 분별의 세상으로 나온다면 물론 너희는 금식하고 기도해야 할 것이다.

그러나 예수에게 있어서 단독자를 포기한다는 것은 있을 수가 없다. 따라서 금식하고 기도할 가능성은 전혀 없다. 그것은 아버지의 나라에 들어가기를 포기하는 것이다. 혼방에 들어간다는 것은 아버지의 나라에 들어간다는 것의 다른 표현이기도 하다. 따라서 예수의 도반들은 금식하고 기도할 것이 아니라, 끊임없이 살아있는 예수와 함께 혼방에 들어가야 한다. 살아있는 예수와 끊임없이 대화하고 융합되어야 하는 것이다.

이러한 심오한 메시지를 "메시아의 잔치"로 변모시킨 마가의 문학적 상상력에 우리는 다시 한 번 경탄하지 않을 수 없다.

105 세속적 엄마와 아버지만 아는 너는 창녀의 자식이다

¹예수께서 가라사대, "(세속적) 아버지와 엄마만을 아는 자는 누구든지 창녀의 자식이라 불릴 것이니라.

沃案 너무도 당연한 이야기래서 부연설명을 필요로 하지 않는다. 단지 육신의 엄마·아버지만을 생각한다면 엄마·아버지의 육욕의 산물인 나는 창녀의 자식이라 말해도 크게 문제될 것이 없다. 『켈수스논박Against Celsus』(1.28:32)에 보면, 예수는 마리아의 사생아였다. 판테라Panthera라고 불리우는 로마병정과 마리아가 섹스해서 낳은 자식이 예수라는 설이 초대교회에 상당히 널리 유포되어 있었다. 묘지명으로 고증해보면 티베리우스 쥴리우스 아브데스 판테라Tiberius Julius Abdes Panthera라는 이름의 시돈의 궁술장인(a Sidonian archer)이 예수가 태어날 시기에 팔레스타인에 주둔해 있었다는 것이 입증되고 있다.

그리고 같은 나그함마디문서인 『변자辯者도마서Book of Thomas the Contender』(144, 8~10)에는 이런 말이 있다: "여자라는 인종과 가까이하기를 좋아하고 그들과 오염된 성교를 즐기는 너희여, 부끄러워할지어다!" 그리고 같은 나그함마디문서 중에 『영혼의 해석 The Exegesis on the Soul』이라는 문헌이 있는데, 인간의 영혼이 육체에 의하여 강간당하고 천하게 학대를 받으면 곧 영혼은 창녀가 되고 만다고 기술해 놓고 있다.

이미 101장에서 생물학적 "육신의 엄마"와 "참 엄마"의 구분이 논의된 바 있다. 생물학적 엄마에만 인간이 집착하면 그러한 인간은 "창녀의 자식"일 뿐이라는 예수의 로기온은 좀 각박하기는 하지만 매우 리얼한 각성을 우리에게 던져주는 강렬한 언사이다.

그리고 요한복음 8:41에 이런 말이 있다는 것도 한번 상기해 볼 만하다.

> **"아브라함은 이런 짓을 하지 않았다. 그러나 너희는 너희 육신의 애비가 한 짓을 행하고 있는 것이다." 그들이 예수께 대답하여 가로되, "우리는 음란한 간통으로부터 태어나지 아니하였다. 우리는 오직 하나의 아버지로부터 태어났으니 곧 하나님이시라."**

그리고 이레나에우스의 『이단들에 대하여*Against Heresies*』(1.23. 2)에 보면, 마술사 시몬(Simon the Magician)이 항상 두로(Tyre) 출신의 헬레나Helenā라는 아름다운 창녀를 항상 데리고 다녔다. 그리고 헬레나는 원래 천상의 하나님 아버지의 사유(the first Thought of his mind, 신적 영혼)이었는데 천사들과 권능들을 창조하기 위하여 지상으로 파송되었다고 한다. 그녀는 천사들과 권능들을 출산하였고, 그들은 이 세계를 만들었다. 그러나 천사들과 권능들이 이 세계를 만든 후에는, 그녀를 이 세계 속에 가두어버렸다. 그래서 천상의 하나님 아버지에게로 돌아갈 수가 없었다. 그래서 인간의 육체에 갇혀서 여성의 몸으로서 윤회를 계속하였다. 과거 "트로이의 헬레나"도 그녀의 현신의 하나였다. 그러면서 이 몸에서 저 몸으로 창녀질을 끊임없이 해대면서 인간을 산출하였다. 그녀는 신분은 창녀이지만 모든 사람의 어머니이다. 하여튼 황당하지만 이것이 마술사 시몬이 자기가 데리고 다니는 창녀에 대하여 설명하는 방식이다.

106 너희가 둘을 하나로 만들면 산도 움직일 수 있다

¹예수께서 가라사대, "너희가 둘을 하나로 만들 때는 너희는 사람의 자식들이 될 것이니라. ²그리고 너희가 '산이여! 여기서 움직여라'라고 말하면, 산이 움직이리라."

沃案 본 로기온의 내용은 이미 48장에서 상설되었다. 여기 "사람의 자식들"은 86장의 "인간의 자식"과 같은 표현인데 복수가 되었다. 여기 "너희는 사람의 자식들이 될 것이니라"는 말씀에서 중요한 사실은 예수의 도반들과 예수와의 아이덴티티의 일치이다. 다같이 "사람의 자식"이 된다는 것이다. 예수의 말씀을 추구하는 사람들은 모두 예수와 같이 된다는 것이다. 여기 세 주제가 나타나고 있다: 1) 하나된 자 2) 사람의 자식들 3) 물리적 사태를 지배하는 정신적 권능.

둘이 하나가 된다는 것은 방랑하는 단독자와 세속에 투자하는 상인의 결합을 의미할 수도 있다. 세속적 주체와 영적 주체가 하나가 되었을 때는 높은 차원의 권능을 발휘할 수 있다. 이것은 성불成佛이며, 예수와 같은 아이덴티티를 획득함이다. 이러한 경지에서는 실제로 반산搬山도 가능하다. 신적 권능이 자연의 영역에서 과시되는 것이다. 아무것도 영적인 세계와 물리적 세계를 분리시킬 수 없다. 우리는 하나됨을 통하여 신적인 권능을 획득해야 한다. 도마복음에 있어서 인간의 삶의 목표는 "하나됨Merging the two into One"이다. 4장, 22장, 48장을 같이 재독再讀해 볼 만하다.

107 가장 큰 양 한 마리

¹예수께서 가라사대, "나라는 일백 마리의 양을 가지고 있는 목자와도 같다. ²백 마리 중에 가장 큰, 그 한 마리가 무리를 떠났다. 목자는 아흔아홉 마리를 버려두고 그 한 마리를 찾을 때까지 헤매었다. ³그리고 이 모든 수고를 끝내었을 때, 목자는 그 양에게 말했다: '나는 아흔아홉 마리보다도 너를 더 사랑하노라.'"

沃案 이것도 큐복음서에 속하는 너무도 유명한 "길 잃은 양The Lost Sheep"의 비유이지만, 도마자료가 큐자료로 변형되는 과정은 참으로 놀랍다. 어떠한 경우에도 큐자료에서 도마가 나왔다고 볼 수는 없다. 그러나 양자가 다 그 나름대로 독특한 의미구조를 지니고 있다.

(마 18:12~14) 너희 생각에는 어떻겠느뇨? 만일 어떤 사람이 양 일백 마리가 있는데 그 중에 하나가 길을 잃었으면 그 아흔아홉 마리를 산에 두고, 가서 길 잃은 양을 찾지 않겠느냐? 진실로 너희

에게 이르노니, 만일 찾으면 길을 잃지 아니한 아흔아홉 마리보다 이것을 더 기뻐하리라. 이와같이 이 소자小子 중에 하나라도 잃어지는 것은 하늘에 계신 너희 아버지의 뜻이 아니니라.

(눅15:4~7) "너희 중에 어느 사람이 양 일백 마리가 있는데 그 중에 하나를 잃으면 아흔아홉 마리를 들에 두고, 그 잃은 것을 찾도록 찾아다니지 아니하겠느냐? 또 찾은즉, 즐거워 어깨에 메고 집에 와서 그 벗과 이웃을 불러 말하되, '나와 함께 즐기자. 나의 잃은 양을 찾았노라' 하리라.
   내가 너희에게 이르노니, 이와같이 죄인 하나가 회개하면 하늘에서는 회개할 것 없는 의인 아흔아홉을 인하여 기뻐하는 것보다 더하리라."

마태와 누가의 전승을 놓고 과연 어느 것이 더 오리지날한 것인지에 관해서는 의견대립이 팽팽하다. 결정하기 곤란하다(마태 오리지날리티: Bultmann, Linnemann, J. Dupont, Schulz; 누가 오리지날리티: W. Pesch, Stuttgart, K. E. Bailey). 그러나 결국 하나의 비유가 각기 다른 전승으로 발전하였다고 볼 수밖에 없을 것이다. 누가는 바리새인들과 서기관들이 예수의 처신을 비판하는 데 대한 대답으로서 이 비유를 썼다. 그러니까 누가는 이 비유를 그의 적들에게 발한 것이다. 그 적들의 비판은 예수가 세리들과 죄인들을 영접하고 그들과 공동식사를 한다는 것이었다. 따라서 이 비유는 죄인 하나라도 회개하기만 한다면 회개할 필요가 없는 의로운 아흔아홉 사람보다 더 귀중하다고 하는, 이른바 구원론적인 열정에 더 강조점이 있다.

그러나 마태의 비유는 예수의 제자들에게 말하여진 것이다. 따라서 마태의 비유는 공동체의 사람 중에서 단 하나의 연약한 자라도 소홀히 할 수 없다는, 즉 초기교회공동체에 있어서 연약하고 소외된 소수에 대한 목자적 관심(pastoral care)을 강조하는 데로 논지가 모아지고 있다. "소자 중에 하나라도 잃어지는 것은 하늘에 계신 너희 아버지의 뜻이 아니다."

그러나 누가가 되었든, 마태가 되었든 공통된 것은 100마리의 양 모두에 대한 보편적 관심이 전제되어 있다는 것이다. 소외되었거나, 연약하거나, 죄를 지었거나, 어느 한 개체에 대한 관심은 소중하다는 것이며, 그 개체가 100마리 중에 누구든지 될 수가 있다. 한 마리를 찾는 기쁨에 그 강조점이 있다 할지라도 아흔아홉 마리를 본질적으로 소홀히 한다는 뜻은 아니다. 100마리에 대한 보편주의적 가치가 기본적 골격을 이루고 있다.

그러나 도마에서는 상황이 매우 다르다. 아흔아홉 마리와 한 마리는 근원적으로 다른 가치관의 소산이다. 한 마리는 백 마리 중의 임의의 한 마리가 아니라, 아흔아홉 마리와 본질적으로 대비되는 한 마리인 것이다. 그 한 마리는 그 중에서 가장 크고 아름다운 것이다. 나머지 아흔아홉 마리와 비교도 안되는 가치있는 소중한 한 마리인 것이다.

여기 아흔아홉 마리의 떼는 일상적 자아를 상징하며 군중 속에 파묻혀 사는 비본래적인 자아의 모습이다. 이에 반해 한 마리는 본래적인 자아의 모습이며, 내가 획득해야만 하는 나의 본래의 하나된 자로서의 모습이다. 이 한 마리는 아흔아홉 마리로부터 떠나야만 한다. 그것은 실종이나 길을 헤매는 것이 아니라, 스스로 아흔아홉 마리를 버리는 결단이다. 목자 또한 아흔아홉 마리를 버려두고 그 한 마리를 향해 고독한 여행을 떠난다. 이 모두가 "버림"과 "고독"과 "방랑"과 "무소유"를 상징하고 있다.『숫타니파타』에도 이런 구절이 있었다: **"어깨가 딱 벌어져 연꽃처럼 늠름한 거대한 코끼리가 그의 무리를 떠나 가고 싶은 대로 숲속을 노닐 듯, 저 광야를 가는 코뿔소의 외뿔처럼 홀로 가거라."**

8장에서 작은 고기들과 큰 고기 한 마리가 이미 논의되었고, 76장에서도 매매할 많은 상품들과 단 하나의 진주가 논의되었다. 물론 그와 같은 맥락에서 이 로기온이 해석되어야 하는 것이다. 마태-누가의 "길 잃은 양의 비유"와는 본질적으로 차원을 달리하고 있다.

이러한 도마자료가 큐복음서(마태-누가)에 의하여 변용된 과정은 비록 그것이 다른 맥락에서 왜곡되었다 할지라도 "왜곡"이라고 말할 수 없는 그 나름대로의 소중한 가치를 지니는 새로운 전승을 창조했다고 말할 수 있다. 아마 도마자료가 변형되는 과정에서 발생한 가장 긍정적 수확 중의 하나라고 말해야 할 것이다. 인간에 대한 평등주의적 가치관, 그리고 개체에 대한 존중, 그리고 약자나 소외된 자 그리고 죄지은 자에 대한 관심과 구원론적 열정은 기독교를 인류의 고등종교로서 만드는 데 결정적 기여를 한 것이다.

108 예수 나 자신 또한 너희처럼 되리라

> **¹나의 입으로부터 나오는 것을 마시는 자는 누구든지 나와 같이 되리라. ²나 자신 또한 그 사람과 같이 되리라. ³그리고 감추어져 있는 것들이 그 사람에게 드러나게 되리라.**

沃案 혹자는 도마복음서의 로기온 배열이 특별한 의도나 구성이 없이 임의로 짜여진 것으로 보기도 하고, 또 최근의 연구는 그것이 신비로운 수리數理에 의하여 짜여진 특별한 코드체계라고 보는 시각을 제시하기도 한다(S. P. Laurie, *The Thomas Code: Solving the Mystery of The Gospel of Thomas*, Hypostasis, London, 2018). 나는 어느 편에도 가담할 수 없다. 그러나 『도마복음서』가 랜덤 콜렉션이 아닌 것만은 확실하다. 전체가 치밀한 구성력을 과시하고 있으며, 도마의 예수운동 공동체의 존재와 그 존재를 가능케 하는 응집력의 철학을 분명하게 드러내고 있다.

시작부터(서장, 제1장~제5장) 도마공동체의 철학의 총론을 명확히 못박고 있으며, 그 총론의 다양한 측면을 체계적으로 전개시키고 있다. 그리고 96장, 97장에 이르러 여인의 삶을 주체로 하여 천국의 확장과 비움, 그 종국적 실체를 제시한다. 98장에서 진리의 사회적 실천의 래디칼리즘을 말하고, 99장에서는 가정 등 사적인 세계와의 철저한 단절을 확인한다. 그리고 제100장에서는 카이사의 신정神政, 야훼의 지배체제에 대한 단절을 선언하고 "나의 것"의 독자성을 선포한다.

107장에서 말한 "가장 큰 양 한 마리"는 불교적 용어로 말하자면 응공應供의 아라한阿羅漢arhan의 상징이다. 마태와 누가복음서에서 말하는 "백 마리 중 뒤쳐진 한 마리"를 소중히 여기는 것은 보살菩薩bodhisattva정신의 상징이다. 팔레스타인문명 1세기의 짧은 기간 동안에 이미 소승과 대승의 사상이 각기 극점으로 치달아 융합되고 있었던 것이다. 알렉산더대왕이 히다스페스 전투(Battle of the Hydaspes)에서 인도의 왕 포루스Porus와 전투를 벌인 것이 BC 326년이다. 인도의 지혜는 이미 3세기 동안 셀루코스, 파르티아, 박트리아, 그리고 마케도니아문명과 소통한 갈릴리북부문명의 논리 속에 깊게 침투해 있었다.

이 108장의 논리는 대승사상의 극점을 거침없이 선포한다. 우리가 도마의 예수를 제대로 이해하지 못하는 것은 모든 하나님과의 단절을 선언한 예수의 정신세계를 기독교라는 불행한 신앙의 틀 속에 가두어놓고 있기 때문이다. 예수는 대승의 극점인 임제臨濟의 논리에서 바라볼 수도 있다.

제일 앞에 있는 문구의 원문은 "나의 입으로부터 마신다"로 되어있는데, 그것은 물론 나의 입으로부터 나오는 말씀을 마신다는 뜻이다. 이미 서장에서부터 그 말씀은 "은밀한" 말씀이라고 규정되었다. "그것을 마시는 자는 나와 같이 되리라"는 브라만과 아트만의 합일과도 같은 경지를 표현하고 있다. 나의 말씀을 마시는 자는 나와 같이 된다. 이 언명에 부수되는 정직한 결론은 이것이다: "나 자신도 스스로 바로 나와 같이 되는 그 사람이 된다." 예수의 말씀을 추구하는 자는 궁극적으로 예수가 된다. 예수는 바로 동시에 추구하는 자가 된다. 추구하는 자와 예수는 완벽하게 동일한 "하나된 자"가 되는 것이다. 이것은 진정한 의미에서 나의 존재의 변혁(變革, transformation)이며, 기화(氣化, empowerment)이며, 신생(新生, renewal)이다. 예수와 예수의 도반이 다 함께 새로운 아이덴티티를 획득하는 것이다.

하나님은 인간을 구원하는 순간에만 새로워진다. 인간 또한 하나님을 구원하는 순간에만 새로워진다. 예수가 인간을 구원한다면, 우리 또한 예수를 구원해야 하는 것이다. 이러한 호상적 구원이 없으면 예수도 죽고 나도 죽는다. 생명을 상실하는 것이다. 오늘날 기독교의 맹점은 바로 이러한 도마 예수의 순결성과 논리적 타부가 없는 정직성의 결여에 있다. 예수의 인격과 말씀, 그 모든 것을 권위주의적 허상, 그러니까 우상 속에 가두어놓고 있는 것이다.

바울이 로마인서 12장에서 "너희는 오직 마음을 새롭게 함으로써 변화를 받아 하나님의 온전하신 뜻이 무엇인지 분별토록 하라"고 말했는데, 참으로 좋은 말이지만 도마 속의 예수의 이 로기온을 바울이 몰랐다는 것은 참으로 아쉽다. 예수가 참으로 우리 죄를 대속한다면, 우리 또한 예수의 죄를 대속할 수 있어야 한다. 나의 마음이 진정으로 새롭게 된다는 것은 예수가 나의 마음이 되고, 내가 예수의 마음이 될 때에만 가능한 것이다. 그럴 때 감추어져 있는 모든 것들이 나에게 드러나게 되는 것이다. 3절의 표현은 5장, 6장과 관련된다. 하나됨을 통하여 드러나는 새로운 아이덴티티는 감추어져 있는 모든 것들을 드러나게 만든다.

109 나라는 보물이 아니라 사람이다

¹예수께서 가라사대, "나라는 그의 밭에 한 보물이 숨겨져 있는데도 그것이 거기에 있는 줄을 모르는 한 사람과도 같다. ²그리고 그가 죽었을 때에 그는 그 밭을 그의 아들에게 물려주었다. 그 아들 또한 보물에 관해서는 전혀 알지를 못했다. 그 아들은 그 밭을 상속받은 후에 곧 팔아버렸다. ³그 밭을 산 사람은 밭을 갈았고 그 보물을 발견하기에 이르렀다. 그리고 그가 원하는 누구에게든지 이자를 붙여서 돈을 빌려주기 시작했다."

沃案 많은 주석가들이 이 장에 관해서 명료한 해석을 내리기를 힘들어 한다. 다양한 해석의 가능성이 있기 때문이다. 마지막에 "이자를 붙여서 돈을 빌려준다"라는 표현은 95장의 로기온 내용과 상치되고 있다. 우선 이 로기온을 연상케 하는 구절이 마태에 하나 있다.

> (마 13:44) 천국(the kingdom of heaven)은 마치 밭에 감추어진 보물과도 같으니, 한 사람이 이를 발견한 후 그것을 다시 숨겨두고, 기뻐하여 돌아가서 자기의 소유를 다 팔아 그 밭을 샀느니라.

마태는 이것을 자기의 모든 소유를 팔아 진주를 산 상인의 이야기(Th.76, 마 13:45~46)와 병치시키고 있다. 이러한 병치는 비유의 의미를 강화시키는 수단으로 쓰이고 있다. 여기 "보물treasure"이나 "진주pearl"는 모두 천국(the kingdom of heaven)의 더 말할 수 없는 소중한 가치에 관한 것이다. 그리고 그것은 종말론적 맥락 속에서 규정되고 있다. 유대교의 묵시론적 전통 속에서 천국의 도래는 인간의 의지와 무관하게 하나님의 행위에 의하여서만 시간의 종말에 일어나는 사건이다.

그러나 여기 마태는 종말론을 현재화시키고 있다. 이미 예수의 재림은 현재 속에 진행되는 사건이다. 따라서 인간은 그것을 지금 발견하여야 한다. 어떠한 세속적 가치를 희생하고서라도 그 보물(=천국)을 확보할 때 그에게는 세속적 가치와 비교될 수 없는 엄청난 천국의 가치가 발생하는 것이다.

마태의 "발견"은 약간 문제가 있다. 전체적인 구성으로 볼 때 사기성의 소지가 있어 보인다. 랍비의 율법전통 속에서도 밭에서 발견한 보물은 그 밭의 소유주에게 속하게 되어있다. 이러한 도덕적·법률적 문제를 해결하기 위하여 그 발견자는 그 보물을 발견하지 않은 것처럼 그냥 묻어두고 다시 "숨겨둔다." 아마도 상당 시간 숨겨두었을 것이다. 그 동안 이 사람이 취해야 할 행동은 상당히 버거운 일이다. 그 밭 자체의 소유권을 획득하는 것이다. 그러나 밭 자체의 소유권을 획득한다는 것은 결코 쉬운 일이 아니다. 그는 자기가 가지고 있는 전 재산을 다 팔아야 한다. 다시 말해서 그 밭에 숨겨놓은 보물은 모든 세속적 가치를 희생해서라도 구매되어야 할 가치가 있다는 것을 이 사람은 아는 것이다.

그러나 이 비유에 함축되어 있는 보물의 사태는 기나긴 세월의 노력 끝에 얻어지는 가치라기보다는 우연한 행운의 결과라는 사실이다. 그러한 발견은 누구에게나 주어지는 사태가 아니라 특별한 선택을 받은 자에게 주어지는 행운이다(The 'finding' is not viewed as the outcome of particular effort or ability, but rather as a piece of extraordinarily good fortune. John Nolland, *NIGTC Matthew* 564).

종말론적인 전제가 없는 도마의 경우, 과연 이러한 종류의 비유가 동일한 의미맥락에서 해석될 수 있을지 의문이다. 그러나 대부분의 도마복음 해석자들이 이러한 마태의 맥락과 병행하여 본 장을 해석하고 있다. 우선 그러한 일반적 해석을 따르자면, 자기 밭에 보물이 숨겨져 있다는 사실을 인식하지도 못했고 발견하지도 못한 첫 주인과 그 아들에 대하여 긍정적인 시각이 성립하지 않는다.

자기 몸에, 자기 영혼에, 자기 삶에 엄청난 보화가 숨어있다는 것을 인식하지도 못하고 발견하지도 못한 채 살아가는 그 첫 주인의 삶은 "자각" 없는 일상적 삶에 비유된다. 그 첫 주인은 그냥 그렇게 살다 죽었다. 그리고 별 생각 없이 그 아들에게 그 밭을 물려주었다. 그 밭을 상속받은 아들 또한 전혀 그 밭의 가치를 인식하지 못했다. "자각"이 없는 것이다. 그 밭을 일구고자 하는 삶의 결의나 결단이 없는 것이다. 그래서 별 생각 없이 곧 타인에게 팔아버렸다.

세 번째로 그 밭을 산 사람도 그 밭에 보물이 숨겨져 있다는 것을 인식하지 못한 채 밭을 샀다. 그러나 그는 밭을 샀고 소출을 원했기에 밭을 갈았다. 그러다가 우연히 보물을 발견하기에 이르렀다. "무지"에 대하여 "자각적 발견"이 대비되는 것이다. 그래서 그 자각적 발견에 대하여 재산의 증식에 관한 상행위가 긍정되는 것처럼 해석되는 것이다. 64장이나 95장과는 다른 맥락에서 현실적 재산증식 행위가 긍정되고 있다고 간주하는 것이다.

전체적으로 보면 마태의 상황과 도마의 상황은 순서가 거꾸로 되어있다. 마태의 경우는 보물을 먼저 발견하고 밭을 샀다. 그러나 도마의 경우는 밭을 먼저 샀고 보물을 발견했다. 그러나 이 두사태에 공통된 것은 보물의 발견 그 자체는 우연적인 사건이었다는 것이다.

메이어는 이 장과 관련된 자료들을 소개하고 있다. 잠언 2장에는 다음과 같은 이야기가 실려있다.

> 아들아, 내 말을 받아들이고 내 훈계를 간직하여라. 바른 판단에 마음을 두어라. 슬기를 찾아 구하고 바른 판단을 얻고 싶다고 소리쳐 불러라. 은을 찾아 헤매듯 그것을 구하고 숨은 보화를 파헤치듯 그것을 찾아라. 그래야 눈이 열려 야훼 두려운 줄 알게 되고 하느님이 어떤 분이신지 알게 되리라.(잠 2:1~5)

그러나 여기서 말하는 "숨은 보화를 파헤치듯 그것을 찾아라"라는 이야기는 결코 본 장의 맥락과 일치하지 않는다. 그것은 매우 의식적으로 의도적으로 찾는 노력이지만, 본 장의 "찾음"은 기실 우연한 행운일 뿐이다. 잠언의 말은 도마의 76장의 상황에 보다 잘 어울린다. 상인이 진주를 사는 행위는 매우 의식적인 신중한 노력의 결과이다.

『미드라쉬 라바*Midrash Rabbah*』에는 다음과 같은 이야기가 있다.

> 랍비 시므온 벤 요하이는 다음과 같이 가르쳤다: "그것은 쓰레기더미로 덮여있던 밭을 상속받은 한 사람과도 같다. 그 상속자는 매우 게을렀다. 그래서 그는 그 밭을 헐값에 팔아버렸다. 그 밭을 산 사람은 열심히 일했고 쓰레기더미를 치웠다. 그러다가 그는 그 더미 속에서 엄청난 보물을 발견했다. 그래서 그는 그 보물로써 그곳에 거대한 궁전을 지을 수 있었다. 그리고 그는 시종들을 뒤에 따르게 하며 공중 앞에서 화려한 행렬을 갖추고 위세당당하게 돌아다녔다. 이것을 본 매인賣人이 숨이 막히는 듯 절규하였다: '아! 얼마나 엄청난 것을 내가 상실하였는가!'"(Song of Songs 4.12.1).

아마도 이『미드라쉬 라바』의 논조가 가장 통속적인 도마해석의 모델을 이루고 있다고 여겨진다. 그러나 엄청난 보물을 발견하여 궁전을 짓고 화려한 행렬을 하고 다니는 것이 종말론적 천국의 기대치가 되어서는 아니 될 것이다. 그러한 세속적 가치의 화려함 때문에 보물발견의 가치가 정당화될 수는 없다. 도마의 예수는 본시 이러한 세속적 가치를 정면으로 거부한 사람이었다는 것을 우리는 상기하지 않으면 아니 된다. 이솝우화에는 이러한『미드라쉬 라바』의 허황됨을 해소시키는 보다 진실한 이야기가 실려있다.

> 한 훌륭한 농부가 수명을 다해가고 있었다. 그는 그의 아들들이 농삿일을 배우기를 간절히 원했다. 그래서 그 아들들을 불러 말

하였다: "아들들아! 나는 많은 농장 중 그 하나에 보물을 파묻어 두었다." 그가 죽은 후에 아들들은 쟁기와 곡괭이를 들고 가서, 그 농장들을 모두 갈아엎었다. 그들은 결국 그 보물을 찾지 못했다. 그러나 그 농장이 그들에게 몇 배의 수확을 안겨주었다. 이 이야기는 말한다. 수고로부터 얻은 것이야말로 진정한 인간의 보배라는 것을(Aesop, *Fable* 42).

이제 우리는 여태까지의 서구 주석가들이 상식적으로 전제하는 어떠한 선입견적 틀을 벗어나 살아있는 예수의 말씀을 액면 그대로 살펴볼 필요가 있다. 아주 매가리 없는 듯이 보이고 도저히 가치를 부여할 수가 없는 듯이 보이는 평범한 사태 속에서 "나라"를 발견하는 예수의 역설적 지혜에 우리는 새롭게 눈을 떠야 하는 것이다. 예수의 사유의 아시아적 가치는 이런 비유 속에서 극명하게 드러난다.

우선 "나라는 ……과도 같다" 했을 때 그 "같다"의 대상이 꼭 인격적 주체라는 사실을 우리는 계속 목도하여왔다. 그리고 그 주체(사람)가 곧 나라이며, 그 주체의 행위 속에 나라가 내재한다는 논리 속에 하등의 예외적 레토릭이 동원된 바가 없었다. 여태까지의 서구 주석가들의 논리를 따르자면 천국의 주체는 첫 번째 땅주인이 아니라, 세 번째 땅주인이 된다. 첫 번째 땅주인은 자각적인 삶을 살지 못했고 세속의 패턴에 따라 부유浮遊한 인간이며 따라서 나라의 주체가 될 수가 없다. 천국은 땅을 사서 열심히 밭을 갈다가 주체적인 노력에 보물을 발견한 세 번째 땅주인에게 돌아갈 수밖에 없다. 그러나 분명히 본 장의 명제는 나라의 주체가 "그의 밭에 한 보물이 숨겨져 있는데도 그것이 거기에 있는 줄을 모르는 한 사람"이라는 것을 명시하고 있다. 즉 나라의 주체는 여태까지 우리가 가치론적으로 폄하해왔던 첫 번째 주인인 것이다.

이 사실에 대하여 우리는 구구한 토를 달아서는 아니 된다. 그것은 엄연한 논리적 사실이다. 예수의 말씀을 우리의 상식의 편의나 선입견적 가치의 편견에 따라 왜곡해서는 아니 되는 것이다. 천국은 보물이 아니라, 사람이다. 그러나 마태에게 있어서 천국은 분명히 보물이며, 그것은 우연적으로 얻어지는 행운이며, 그 행운을 차지하는 특별한 인간들의 선택적 특혜이며, 그래서 더욱 고귀한 것처럼 느껴지는 그 무엇이다. 이것은 분명히 종말론적, 선민의식적 사유의 산물이다. 살아있는 역사적 예수에게 있어서 그런 식으로 실체화된 천국은, 즉 보물 같은, 우발적으로 유혹적인 천국은 제3장에서 말하는 바 "사람보다 하늘의 새가 먼저 도달할" 그러한 허상이다. 천국은 나 안에 있고 나 밖에 있는 것이다.

천국은 결코 보물이 아닌 것이다. 보물은 어차피 나의 일상성 속에 숨겨져 있다. 나의 일상적 삶 속에 숨겨져 있는 것이다. 그 보물이 숨겨져 있는데도 그것이 거기에 있는 줄도 모르고 뚜벅뚜벅 하루하루를 살아가는 인간의 모습, 그 평범한 인간 속에 "나라"는 내재하는 것이다. 바로 이 109장의 이러한 역설을 이해하지 못하면 97장의 "아버지의 나라는 밀가루를 가득 채운 동이를 이고 가는 한 여인과도 같다"고 한 천국의 비유를 이해할 길이 없다. 밀가루가 새어나가는 것도 모르고 뚜벅뚜벅 걸어가는 여인의 모습이나, 밭에 보물이 숨겨져 있는 것도 모르고 그 밭을 아들에게 물려주는 농부의 모습이나 그 상실의 역설, 즉 상실을 감당할 수 있는 허虛의 역설은 동일한 것이다.

여기서 우리는 첫 번째, 두 번째 주인의 행위를 일상적 인간의 무지(ignorance)라고 매도할 수가 없다. 그들의 행동은 완벽하게 합리적인 것이다. 땅에 보물이 숨겨져 있는 것도 모르고 열심히 죽을 때까지 그 땅을 갈았고 또 죽음에 이르러 그 땅을 아들에게 물려준 그의 행위를 비본래적 자아의 모습이라고 그노스티시즘의 신화구조 속에서 폄하할 하등의 이유를 발견할 수 없다. 그리고 유산 받은 그 땅이 크게 소용되지 않았기에 팔아야 했던 아들의 행동 또한 합리적이다. 오히려 비합리를 말한다면 우연히 보물을 발견하게 된 세 번째 주인의 행운일 뿐이다.

도마의 예수에게는 행운의 예찬이 없다. 진주를 산 상인(Th.76)의 상황에도 일체 행운이 개입되지 않는다. 그리고 세 번째 주인이 보물을 미끼로 이자놀이를 한 것은 제95장의 논리에 비추어 볼 때 그리 아름다운 행동은 아니다. 그것은 단지 그 보물의 가치를 드러내기 위한 장치일 뿐이다. 그것은 어쩌면 로또복권에 당첨한 인간들이 겪어야만 하는 세속적 부화浮華의 고통을 상징하고 있을지도 모른다. 결코 긍정적인 맥락에서 해석될 수 없는 욕망의 굴레일 뿐이다. 그리고 『미드라쉬 라바』에서처럼 그것을 판 사람이 배가 아파서 후회의 개탄을 하는 그러한 장면도 삽입되지 않는다. 세 번째 주인은 "돈을 빌려주기 시작했을 뿐이다." 그것으로 끝이다. 우리 나라 임란 이후에 성립한 한 민담에는 다음과 같은 이야기가 있다.

빈집으로 이사간 몰락한 양반집 안주인이 부엌 바닥을 고르다가 엄청난 보화를 발견한다. 그러나 고민고민 끝에 두근거리는 가슴을 억누르고 다시 고스란히 보화를 파묻어 버린다. 그리고 다른 집으로 이사를 간다. 그리고 어려운 삶을 이어나간다. 그 집안에서 과거 급제자들이 속출하고 정승이 나왔다. 이러한 우리 조상의 지혜를 예수가 따랐을까, 『미드라쉬 라바』의 화려한 궁전을 천국의 모습이라고 선전했을까? 생각있는 자들이여, 한번 판단해 보라.

"살아있는 예수"에게 놀라운 것은 살아있는 민중들의 일상적 삶의 진실과 끈기, 그리고 무의식적·무분별적 허虛의 동태動態에 관하여 집요한 긍정이 있다는 것이다. 천국을 일시적인 허황된 "획득"으로 보지 않는 것이다. 천국은 보물이 아닌 삶의 프로세스이며, 획득이 아닌 버림이요 상실이다. 이러한 나의 해석에 대하여 의구심을 표명할 많은 서구 신학자들에게 나는 말한다. 그대들이 살아있는 예수에 도달하는 길이란 아직 멀고도 멀다.

이제 도마복음서는 그 종국을 달리고 있다. 본 복음의 전체적인 의취意趣를 드러내기에 매우 합당한 마무리 로기온 중의 하나라고 생각한다.

110 세상을 발견하여 부자가 된 자는 세상을 부정해야 한다

> ¹예수께서 가라사대, "세상을 발견하여 부자가 된 자는 누구든지, 그로 하여금 세상을 부정케 하라."

沃案 도마복음서는 막판에 이르러 기존의 논조와 본질적으로 상통하면서도 외면적으로 파라독스를 느끼게 하는 자극적인 방편설법을 계속 발하고 있다. 우리가 살고있는 이 세상에 대하여 우리에게 현실적 감각을 선사하는 긍정의 언사가 여기 강렬하게 나타나고 있는 것이다. 도마에 있어서 "세상"은 항상 부정적인 그 무엇으로만 그려져왔다. 바울에 있어서 그러한 부정은 종말론적 전제가 있기 때문에 더욱 철저하게 나타나고 있다. 그러나 예수에게는 그러한 종말론적 전제가 없다. 따라서 세상에 대한 부정은 반드시 세상에 대한 긍정으로부터 출발하지 않으면 아니 된다. "세상을 발견하여 부자가 된 자"라는 표현 속에는 이미 세상의 발견이라는 세속적 프로세스와 그 결과로서의 부자됨에 대한 긍정이 내포되어 있는 것이다.

27장에서 이미 "세상을 금식하지 않는다면 너희는 천국을 발견할 수 없다"고 말하였고, 56장은 "세상은 시체와도 같다"고 말한다.

그러나 세상은 시체이고 육체이지만(Th.80), 그것은 궁극적으로 "부의 원천"이다. 그 부가 아무리 세속적 부(secular wealth)라 할지라도 그 풍요로움이 없이는 인간세는 운영될 수가 없다. 예수의 천국운동도 세속으로 돈을 번 자들의 지원이 없이는 불가능한 것이었다. 예수를 지원한 자들 가운데는 돈 많은 과부들이 많았다. 이들은 돈이 많되 편견이 없고 너그러웠다. 그들 자신이 소외된 자였다. 그래서 "갈구함"이 있었던 것이다. 예수는 이러한 현실성에 문제의식이 있었던 사람이었다.

따라서 여기 본 장의 로기온에서는 "세상"은 발견과 추구의 대상으로 나타난다. 세상의 발견은 세속적 부의 축적으로 이어진다. 여기까지는 우리가 함부로 가치판단을 내려서는 아니 된다. 세상을 발견하고 돈을 번다는 것이 결코 나쁜 일이 아니다. 문제는 그렇게 해서 부자가 된 사람은 반드시 세상을 부정해야 한다는 것이다. 돈을 번 목표가 단지 돈을 버는 데 그친다면 그 인간은 시체만도 못한 인간이다. 세상조차 그를 버린다.

이 주제는 이미 81장에서 토의되었다: "풍요롭게 된 자여, 다스려라! 힘을 가진 자여, 부정하라!" 세상에 대한 긍정은 세상의 부정을 위함이다. 세상의 부정은 또다시 궁극적으로 세상을 대긍정으로 이끈다. 긍정과 부정과 대긍정의 이러한 역학은 결코 직선적이아니다. 도마의 사상에는 이러한 "순환성"과 "회귀성"이 있다는 것을 간과해서는 아니 될 것이다. 예수의 기도는 이러하다: "아버지의 나라가 이 땅에 임하옵소서."

111 하늘과 땅이 두루말릴지라도
살아있는 너희는 죽음을 보지 아니하리라

> ^{1}예수께서 가라사대, "하늘들과 땅이 너희 면전에서 두루말릴 것이다. ^{2}그러나 살아있는 자로부터 살아있는 자는 누구든지 죽음을 보지 아니하리라." ^{3}예수께서 말씀하시지 아니하느뇨?: "자신을 발견한 자는 누구든지, 이 세상이 그에게 합당치 아니하리라."

沃案 역시 막판에 나옴직한 로기온이다. 제2절은 이 도마복음서의 서장과 제1장의 내용이 다시 요약되어 나타난 것이다. 그러므로 복음서의 막이 내려갈 즈음에 그 서두의 메시지를 다시 상기시키는 수법은 로기온 배열이 어떤 전체적인 의도 속에서 오케스트레이션되어 있다는 것을 느끼게 된다. 그리고 가장 결정적인 사실은 제3절에 나레이터가 비로소 자기 모습을 드러내고 있다는 것이다. 처음부터 배면에 나레이터가 숨어있다는 것을 암시했었는데 여기 막판에 그 목소리를 드러낸다: "예수께서 말씀하시지 아니하느뇨?"

이러한 "삐에로pierrot"와 같은 나레이터의 목소리는 예수의 말씀에 대한 추구자들과 독자들이 궁금증을 총괄적으로 풀어버리면서 이 복음의 궁극적 의미를 다시 한 번 선포하고 있다. 살아있는 예수의 말씀이 노리고 있는 궁극적 의도는 신앙이나 계시나 죽음이나 부활이 아니라 도반들 "자기자신의 발견"이다. 이 자신의 발견은 결국 세속적 가치로부터의 초월이다. 그들에게는 세상이 합당치 아니한 것이다. 세상으로부터 배척당할 것이라는 운명도 암시하고 있다.

제1절의 표현을 두고 많은 주석가들이 아포칼립스를 연상케 하는 표현이라고 말하지만, 그것은 아포칼립스가 아니라 무엇의 중요성을 말할 때 상투적으로 하는 관용구적 표현일 뿐이다. 우리도 상식적으로 "이 땅이 꺼져도 내 말은 ……" 이런 식으로 "내 말"의 중요성이나 불변성을 나타낸다.

팔레스타인의 유목민족은 이동생활을 하기 때문에 텐트를 두루마리 형태로 휘감는 데 익숙해있다. 그래서 "하늘과 땅이 두루말린다 하더라도"와 같은 표현이 생겨난 것이다. 이사야 34:4, 시편 102:25~27, 히브리서 1:10~12 등등의 표현을 참고해 보라. 중동사람들은 땅은 한 겹이지만 하늘은 여러 겹이라고 생각했기 때문에, 땅은 단수로, 하늘은 복수로 표현되고 있다.

주희朱熹도 『어류語類』에서 이런 말을 하고 있다.

산하대지가 다 꺼져도 필경 리理는 거기에 그대로 있다.
且如萬一山下大地都陷了, 畢竟理却只在這裏。(卷一, 胡冰錄)

마가 13장 31절에도 다음과 같은 말이 있다(마 24:35, 눅 21:33).

천지는 없어지겠으나 내 말은 없어지지 아니하리라.

제2절의 "그러나"는 원래 "그리고"인데 문맥을 살리기 위해 의역하였다. 2절의 "살아있는 자"는 서장에서 기술된 "살아있는 예수"이다. 따라서 "살아있는 자로부터 살아있는 자"는 "살아있는 예수의 말씀에 의거하여 살아가는 사람들"이다. 이들에게는 죽음이 없다. 죽음을 보지 아니한다. 죽음을 맛보지 아니한다. 즉 삶의 모든 순간에 죽음의 체험이 없는 것이다. "죽음의 반찬"이 없는 식사만을 하게 되는 것이다(Th.1).

나레이터가 다시 한 번 전체의 주체를 상기시킨다. 예수가, 살아있는 예수가 우리에게(추구하는 자들＝독자들) 끊임없이 말하고 있지 아니한가? 무엇을 말하고 있는가? "너 자신을 발견하라! 그리하면 너는 세상을 초월할 수 있으리라. 이미 이 세상이 너에게 합당치 아니하리라."

우리는 여기서 다시 한 번 108장의 메시지를 상기해야 한다: "나의 입으로부터 나오는 것을 마시는 자는 누구든지 나와 같이 되리라. 나 자신 또한 그 사람과 같이 되리라." 나 자신을 발견한다는 것은 내가 예수와 같이 된다는 것이며, 예수가 나와 같이 된다는 것을 의미한다. 예수와 나의 온전한 융합, 그 하나됨, 그 박樸으로의 회귀야말로 나 자신의 발견인 것이다. 그렇게 되면 모든 세속적 영욕으로부터 벗어나게 되는 것이다.

112 부끄러울지어다! 영혼에 매달린 육체여!

> [1]예수께서 가라사대, "부끄러울지어다, 영혼에 매달린 육체여! [2]부끄러울지어다, 육체에 매달린 영혼이여!"

沃案 이 로기온은 외면적으로 보면 87장과 중복되는 듯이 보인다. 그러나 본 장은 87장보다 훨씬 더 명료한 문제의식을 전하고 있다. 도마에서 로기온의 중복은 단순한 중복이 아니라 해석의 차원을 고양시키는 그런 효과가 있다. 29장과도 간접적으로 관계되고 있다.

나는 "의존하다"를 "매달리다"로 번역하였다. 의존성을 보다 강렬하게 표현한 것이다. 보통 육체의 구원이 영혼에 있다고 보는 2원론적 사고는 매우 저차원적인 사유에 속한다. 물론 영혼의 구원이 육체에 있다고 보는 사람도 똑같은 오류를 범한다. 세속적인 육욕 속에 영혼의 가치를 귀속시키기 때문이다. 그것은 매우 덧없는 것이다. 여기 "영혼에 매달리는 육체"나 "육체에 매달리는 영혼"은 모두 도약의 계기가 없이 의존적 관계에 매달려 있는, 초라한 타성의 쳇바퀴에만 머물러 있는 모습들이다. 육체는 영혼으로 다 환원될 수 없으며, 영혼은 육체로 다 환원될 수 없는 것이다. 그 독자적 영역을 인정하지 않을 수 없다.

그러나 또 여기 거부되고 있는 것은 실체론적 사고와 환원주의

(reductionism)적 사고이다. 궁극적으로 영혼과 육체는 서로 상호의
존적(interdepedent)인 관계를 통하여 온전한 모습을 유지하는 것이
며 일자가 타자에게로 환원·흡수될 수 없는 것이다. 유심론의 마
음도 부끄러운 것이며, 유물론의 물질도 부끄러운 것이다. 영혼과
육체는 서로가 서로를 현현시키며 궁극적으로 함께 구원의 대상이
되어야 한다. 즉 영혼과 육체가 분화되기 이전의 "하나된 자"로서
우리는 회귀해야 하는 것이다.

이러한 박樸의 사상을 이해하지 못하는 서구인들에게는 본 로기
온 속의 예수의 사상이 이해되지 않는 것이다. 단지 영혼과 육체의
독립성만을 이야기한다면 본 장의 궁극적 함의를 협애하게 이해하
는 것이다. 영혼과 육체를 실체적으로 이원화하여 이해한 서구의
전통 속에서 그것이 허구적 사유에 불과하다는 생각을 하는 것
은 결코 쉬운 일이 아니다. 예수는 분명 영혼과 육체의 독자성을
먼저 인식한 사람이다. 그러나 도마의 문제의식은, 예수는 영혼과
육체를 하나로 융합하는 융합적 사고의 걸출한 지혜인이었다는
것이다.

113 아버지의 나라는 지금 여기 이 땅에 펼쳐져 있다

¹그의 따르는 자들이 그에게 가로되, "언제 나라가 오리이까?" ²(예수께서 가라사대) "나라는 너희들이 그것을 쳐다보려고 지켜보고 있는, 그런 방식으로는 결코 오지 않는다. ³보아라, 여기 있다!' '보아라, 저기 있다!' 아무도 이런 말을 할 수 없을 것이다. ⁴차라리, 아버지의 나라는 이 땅 위에 펼쳐져 있느니라. 단지 사람들이 그것을 보지 못할 뿐이니라."

沃案 대단원의 막을 앞둔 제113장의 로기온을 바라보는 우리의 심정은 참으로 놀라운 충격에 휩싸이지 않을 수 없다. 어떤 치밀한 결구를 발견하기 때문이다. 서장과 1장, 2장은 그야말로 서론적·총론적 일괄이었고 제3장에 이르러 전 복음서를 이끌어가는 주제 로기온(topic logion)이 등장하였다. 그것은 "진실로 나라는 네 안에 있고, 네 밖에 있다"라는 선포였다. 이 천국의 시·공적 현재성, 임재성, 내재성의 주제가 바로 결말 로기온(concluding logion)에 다시 등장하고 있는 것이다. 그렇다면 나레이터와 독자의 마음속에는 3장부터 113장까지 바로 "나라"라는 주제가 모든 초월적·묵시적·종말적 유혹을 거부한 채 현재적으로 임재하고 있었던 것이다.

이러한 도마복음서의 전체 결구와 통관적 주제의식을 초대교회의 종말론적 광분에 대한 안티테제로서 보는 사람은 당연히 도마복음서의 성립연대를 1세기 말경으로 내려잡게 마련이다. 그러나 이미 우리가 쿰란공동체의 종말론적 대망에 대한 열광적 실태를 여실히 목도할 수 있듯이 간약시대間約時代에 이미 종말론적 기대는 팽배해 있었다. 엣세네파를 비롯한 다양한 종파들의 움직임이 메시아사상과 종말론을 결부시켜 생각하고 있었다. 도마복음서의 주제는 이미 후대 기독교의 양대 반석을 부정하고 있다. 그 하나가 예수라는 역사적 개체가 통속적 의미에서의 메시아라는 관념과 그 관념에 대한 예수 자신의 자의식을 부정하는 것이다. 또 하나가 바로 천국에 대한 모든 시간적 이해(temporal understanding)를 거부하는 것이다.

여기 본 장의 로기온은 실상 바로 앞의 112장의 내용과 연속되어 있다. 영혼과 육체가 분리될 수 없는 하나라고 한다면 바로 "아버지의 나라"는 우리가 살고 있는 이 "세계"와 분리될 수 없다는 것이다. 천국과 세속이 하나이며, 영혼과 육체가 하나이며, 하늘과 땅이 하나이며, 빛과 어둠이 하나라는 이 강렬한 주제는 당대 중동세계의 모든 이원론적 사유를 거부하는 일대 혁명 중의 혁명이었다. "직지인심直指人心, 견성성불見性成佛"을 들고나온 선禪의 혁명보다도 더 큰 파문이었다.

이러한 예수의 사상은 결코 당대에 이해될 수가 없었다. 천국이 바로 이 땅에 깔려있다! 너희들이 보지를 못하고 있을 뿐이라고 안타깝게 외치는 예수의 목소리는 "차심此心이 곧 부처(즉불卽佛)"라고 외치는 선사들의 방할과 다름이 없다. 그러나 이러한 도마의 예수의 목소리는 유대광야에 울려퍼질 수가 없었다. 그리고 외롭게 이집트 나일강 상류의 항아리 속에서 1600여 년의 성상 동안 침묵을 지킬 수밖에 없었다. 그러나 그 침묵이야말로 인류에 진정한 빛을 던지기 위한 인내였고 굴종이었다. 만약 도마복음서가 몇 세기만이라도 일찍 발견되었더라면 도마복음서는 또 다시 화형에 처해졌을 것이다(cf. Elaine Pagels, *The Gnostic gospels*, Phoenix, 2006, p.155). 황제교화된 가톨릭교회의 성세 속에서는 예수는 영원히 십자가에 못박힐 수밖에 없다. 제2차세계대전을 치르고 인류가 민주와 개화와 풍요와 자유에 관한 최소한의 제도적 보장을 마련한 시기에 도마는 어둠을 뚫고 다시 등장하였던 것이다.

본 장은 큐복음서(Q80)에 병행한다.

> (눅 17:20~21) **바리새인들이 하나님의 나라가 어느 때에 임하나이까 묻거늘, 예수께서 대답하여 가라사대, "하나님의 나라는 두 눈으로 쳐다볼 수 있는 징표들과 함께 임하는 것이 아니요, 또 '보라! 여기 있다' '저기 있다'라고도 말 못하리니, 하나님의 나라는 너희 안에 있느니라."**

누가는 도마 혹은 도마류의 자료를 비교적 각색 없이 삽입시켰다. 그리고 도마에 있어서는 예수 도반들의 질문인데, 누가는 그것을 바리새인들의 묵시론적 발상에 대한 예수의 비판으로 활용하였다. 그러나 누가의 주석가들은 이 아포프테그마가 전체적 맥락에서 볼 때 전혀 이질적인 것으로 삽입되어 있다는 것을 감지한다. 도마의 원의가 발현될 수 있는 자리가 도무지 아닌 것이다.

여기 113장에서 말하고 있는 궁극적 메시지는 아버지의 나라 즉 천국은 묵시론적 비젼도 아니며 시간의 종말도 아니라는 것이다. 모든 이원론적 분별이 사라진 새로운 주체의 인식 속에서만 드러나는 것이며, 그것은 바로 우리가 살고 있는 이 세계에 대한 끊임없는 재해석을 요구하는 것이다: "단지 너희들이 그것을 보지 못할 뿐이다." 이 한마디는 매우 충격적이다. 천국은 존재의 문제가 아니라 인식의 문제라는 것을 확언하고 있는 것이다.

천국의 실체화는 끊임없이 거부되어야 한다. 이러한 거부는 단지 이론이성의 인식론적 과제상황이 아니라, 실천이성의 삶의 결단의 과제상황이다. 이론적 거부가 아닌 체험적 수용이다. 그것은 자아혁명이며, 예수의 말씀의 새로운 해석을 통하여 새로운 주체(new subjectivity)를 현현시키며, 새로운 사회관계(social relations)를 창조하며, 이 세계의 새로운 개념과 새로운 패러다임을 제시하는 것이다.

이것이 바로 본 복음서의 1·2장의 문제의식이었고 그 주제가 말미에서 새롭게 결정結晶되고 있는 것이다. 다음 최후의 한 장은 또다시 더 본원적인 주제, "카오스로의 복귀"라는 동방적 사유를 재천명하고 있다.

114 남성과 여성을 초월하여 살아있는 존재 그 자체가 되어라

> ¹시몬 베드로가 그들에게 가로되, "마리아는 우리를 떠나야 한다. 여자는 생명에 합당치 아니하기 때문이다." ²예수께서 가라사대, "보라! 내가 마리아를 인도하여 그녀 스스로 남성이 되도록 만드리라. 그리하여 그녀도 너희 남성들을 닮은 살아있는 정기精氣가 되도록 하리라. ³어떠한 여인이라도 자신을 남성으로 만드는 모든 자는 하늘나라에 들어갈 것이니라."

沃案 여태까지 충분히 논의된 내용이므로 그리 심오한 설명을 필요로 하지 않는다. 오늘날의 가톨릭교회조직에 있어서도 여성은 성직위계제聖職位階制로부터 배제되어 있다. 도마공동체의 전승을 따른다면 당연히 로마교황이나 추기경직에 여성이 포함되어야 할 것이다. 그러니까 여기 시몬 베드로는 아주 티피칼한 유대교 내지는 유대인예수공동체의 남성편향의 가치관을 대변하고 있다. 베드로의 말 중에 "우리를 떠나야 한다"라고 했을 때, "우리"라는 것은 예수 측근의 공동체도 남성중심의 공동체였다는 것을 암시하고 있다. 현실적으로 "여자 방랑자"에게는 닥치는 문제가 많았을 것이다. 그럼에도 불구하고 예수는 이러한 모든 편향된 가치관으로부터 모든 것을 해방시키려는 혁명적 사유를 하고 있다.

여기 "여자를 남성으로 만든다"라는 표현은 페미니스트들에게는 좀 불만족스러운, 남성중심의 가치관이 남아있는 것처럼 보일 수도 있으나, 문맥을 잘 뜯어보면 남성이든 여성이든 현 상태의 성 개념으로는 여기 예수가 말하는 지향점을 만족시키지 못한다. 궁극적 지향점은 "살아 있는 정기a living spirit"이다. 나는 "spirit"을 "영혼"으로 번역하지 않고 "정기精氣"라고 번역하였다. 그것은 분화되기 이전의 존재 그 자체이다. 예수가 말하는 스피리트는 심·신이원론적 실체개념의 한 편에 서있는 "영혼"이 될 수가 없다. 그것은 근원적으로 남성과 여성이라는 성개념으로부터 해방된 "하나된 자a single one"이다.

본 장의 언어가 너무 축약되어 있기 때문에 충분히 토의되고 있지 않지만, 본 장의 언어는 기실 제22장의 언어를 배경으로 하고 있다: "너희가 남자와 여자를 하나된 자로 만들어, 남자가 남자 되지 아니하고 여자가 여자 되지 아니할 때, 비로소 너희는 나라에 들어가게 되리라." 그리고 75장에서는 "단독자만이 혼방에 들어갈 수 있다"고 말했다. 이것은 근원적인 인간해방론인 것이다. 그것은 유위有爲의 분별이 사라진 무위無爲에로의 복귀인 것이다. 카오스의 원융된 하나에로의 복원인 것이다.

『야고보 제1묵시록』에 이런 말이 있다: "멸하여질 것들이 불멸의 것으로 승화된다. 그리고 여성의 요소는 남성의 요소를 성취한다"(41. 15~19).『조스트리아노스』에도 이런 말이 있다: "너 자신을 죽음으로써 세례하지 말라. 너보다 나은 사람 대신 너보다 못한 사람 손에 그대를 맡기지 말라. 광기에서 벗어나고 여성됨의 속박을 깨버려라. 그리고 남성의 구원을 획득하라. 너는 고통 받으러 이 세상에 오지 않았다. 너의 굴레를 벗기 위하여 왔노라"(131, 2~10).
모두 남·녀의 근원적 해탈을 암시하는 언사이다. 마지막 장에서
"아버지의 나라"를 "하늘의 나라"로 표현한 것도 뭔가 시사하는
바가 있을지도 모른다(Th.20, 54).

제목
토마스에 의한 복음

The Gospel According to Thomas
ΠΕϤΑΓΓΕΛΙΟΝ ΠΚΑΤΑ ΘΩΜΑC
프유앙겔리온   프카타   토마스

沃案 이 로기온 모음집 끝에 "프유앙겔리온 프카타 토마스
ΠΕϤΑΓΓΕΛΙΟΝ ΠΚΑΤΑ ΘΩΜΑC"라는 글씨가 쓰여져 있기 때문
에 이 로기온 모음집이 "도마복음서"라고 불리우게 된 것이다. 전
통적으로 마가복음(유앙겔리온 카타 마르콘) 이전에 "복음서"라는 문
학장르가 존재했다고 간주되지는 않았다. 불트만만 해도 마가복음
이전 또 다른 복음서가 있었을 수도 있었다는 가능성을 완벽하게
배제하지는 않았다. 그러나 수난드라마로서의 복음서, 즉 설화복
음서(narrative gospel)는 아마도 마가복음이 최초의 사건일 것이다.
그러나 그 이전에 존재했던 어록집을 유앙겔리온이라고 불렀을 가
능성이 이 도마복음서를 통하여 구체화되었다. 물론 이 제목이 사
경자가 후대에 첨가한 것일 수도 있으나, 이 제목이 원래 이 로기온

자료집의 유기적 일부라는 것은 너무도 명백하다. 전체가 유앙겔리온이라는 의식을 가지고 치밀하게 편집된 것이 틀림없기 때문이다. 이미 유앙겔리온이라는 말은 바울의 서한문에서 수없이 나타날 뿐 아니라 바울 이전부터 헬라인들이 사람이 직접 전하든 편지로 전하든 소식을 가져오는 것, 특히 승리의 소식이나 다른 기쁜 사건에 대한 소식을 가져오는 것을 지칭하기 위하여 사용되었다.

그리고 유앙겔리온은 황제숭배에 있어서도 매우 중요한 단어였다. 황제는 신적인 통치자로서 자연을 통제하고, 치료를 베풀며, 수호신으로 작용하고, 행운을 가져온다. 따라서 황제의 출생에는 우주적인 표적들이 수반된다. 따라서 황제의 메시지는 기쁜 것이다. 그의 출생에 대한 소식, 그 다음으로는 그가 나이가 들어가는 것, 그 다음으로는 그의 등극에 대한 소식이다. 제사들과 매년 행해지는 축제들은 그와 더불어 시작되는 새롭고 희망적인 시대를 축하하는 것이다(킷텔, 『신약성서 신학사전』 268).

황제의 유앙겔리온이나 기독교의 유앙겔리온이나 모두 근동지방에서 기원한 것이다. 황제의 많은 메시지들에 반하여 신약의 유앙겔리온은 예수님 한 분의 말씀을 전하며, 많은 황제들의 즉위에 반하여 하나님 나라에 대한 하나의 선포를 언급한다. 따라서 이미 마가 이전에 어록복음서를 유앙겔리온이라고 불렀을 가능성은 충분히 있다. 그래서 우리가 큐자료도 큐자료라 부르지 않고 "큐복음서"라고 부르는 것이다. 마가는 기존의 어록복음서의 타이틀로부터 자신의 패션드라마를 유앙겔리온이라고 부르게 된 것이다.

신약 속의 용법에 있어서도 유앙겔리온은 본시 어떤 정형화된 문서의 이름으로 쓰인 적은 없다. 그것은 예수 그리스도를 통한 하나님의 구원의 행위에 대한 기쁜 소식일 뿐이다. 신약 중에서 AD 50~51년경의 초기문헌으로 간주되고 있는 데살로니카전서에 이미 복음이라는 말을 단순한 메시지라는 함의를 벗어나 기독교인의 삶과 사명, 그 전 영역을 포괄하는 단어로 사용하고 있다(1:5; 2:2, 4, 8, 9; 3:2). 신약 속에서의 복음은 하나님에 대한 관념을 제시하는 것이 아니라 하나님의 행위를 선포하는 것이다. 복음은 관념이 아닌 행위이다. 그것은 하나님의 구원의 행위를 선포하는 기쁜 소식인 것이다. 따라서 신약의 복음은 철저히 하나님 중심의 복음이다.

그러나 도마의 복음은 같은 기쁜 소식이라 할지라도 그것은 살아있는 예수의 은밀한 말씀의 해석에 관한 기쁜 소식이다. 신 중심이 아닌 인간 중심의 복음이며, 야훼를 향한 메타노이아가 아니라 야훼를 버리는 메타노이아이다. 그것은 말씀 속의 아버지를 발견하는 것이며 하나님에로의 예속을 의미하지 않는다. 예수는 어디까지나 선포하는 예수이지, 선포되어지는 그리스도가 아니다. 예수는 자신을 메시아나 구세주로서 인식하지 않는다. 도마의 유앙겔리온이야말로 진정한 복음의 출발이며 죽은 예수가 아닌 살아있는 예수가 우리에게 전하는 "기쁜 소식"이다. 그것은 인류의 인문정신이 개화한 21세기에 다시 태어난 "기쁜 소식"인 것이다. 기나긴 인식의 분별의 장벽을 허물고, 동·서를 회통시키고, 삶의 분열을 융합시키는 기쁜 소식인 것이다.

탈후함

脫後喊

고성古城의 빈 푸름이

빈 가슴에 떨림으로 다가온다

예수를 만났노라, 외치노라

동東이여, 서西여,

고古여, 금今이여,

이 만남 앞에 고개를 숙여라

분별 사라진 엄마의 소리를 듣는다

2025년 5월 23일

낮 12시 59분

낙송암에서

The Gospel According to Thomas

Prologue These are the hidden sayings that the living Jesus spoke and Judas Thomas the Twin recorded.

제1장 [1]And he said, "Whoever discovers the interpretation of these sayings will not taste death."

제2장 [1]Jesus said, "He who seeks should not stop seeking until he finds. [2]When he finds, he will be troubled. [3]When he is troubled, he will marvel, [4]and he will reign over all."

제3장 [1]Jesus said, "If those who lead you say to you, 'Look, the kingdom is in heaven,' then the birds of heaven will precede you. [2]If they say to you, 'It is in the sea,' then the fish will precede you. [3]Rather, the kingdom is inside you and it is outside you. [4]"When you know yourselves, then you will be known, and you will understand that you are children of the living father. [5]But if you do not know yourselves, then you dwell in poverty, and it is you who are that poverty."

서장 이는 살아있는 예수께서 이르시고 쌍둥이 유다 도마가 기록한 은밀한 말씀들이라.

[1]그리고 그가 말하였다: "이 말씀들의 해석을 발견하는 자는 누구든지 죽음을 맛보지 아니하리라."

[1]예수께서 가라사대, "구하는 자는 찾을 때까지 구함을 그치지 말지어다. [2]찾았을 때 그는 고통스러우리라. [3]고통스러울 때 그는 경이로우리라. [4]그리하면 그는 모든 것을 다스리게 되리라."

[1]예수께서 가라사대, "너를 이끈다 하는 자들이 너희에게 이르기를, '보라! 나라(천국)가 하늘에 있도다' 한다면, 하늘의 새들이 너희보다 먼저 나라에 이를 것이다. [2]그들이 또 너희에게 이르기를, '나라는 바다 속에 있도다' 한다면, 물고기들이 너희보다 먼저 나라에 이를 것이다. [3]진실로, 나라는 너희 안에 있고, 너희 밖에 있다. [4]너희가 너희 자신을 알 때, 비로소 너희는 알려질 수 있으리라. 그리하면 너희는 너희가 곧 살아있는 아버지의 아들이라는 것을 깨닫게 되리라. [5]그러나 너희가 너희 자신을 알지 못한다면, 너희는 빈곤 속에 살게 되리라. 그리하면 너희 존재는 빈곤 그 자체이니라."

제4장 [1]Jesus said, "The man old in days will not hesitate to ask a small child seven days old about the place of life, and that person will live. [2]For many of the first will be last, [3]and will become a single one."

제5장 [1]Jesus said, "Know what is in your(sg.) sight, and what is hidden from you(sg.) will be disclosed to you(sg.). [2]For there is nothing hidden that will not be revealed."

제6장 [1]His followers questioned him and said to him, "Do you want us to fast? How should we pray? Should we give to charity? What diet should we observe? [2]Jesus said, "Do not lie, [3]and do not do what you hate, [4]because all things are disclosed before heaven. [5]For there is nothing hidden that will not be revealed, [6]and there is nothing covered that will remain undisclosed."

제7장 [1]Jesus said, "Blessed is the lion that the human will eat, so that the lion becomes human. [2]And cursed is the human that the lion will eat, and the lion will become human."

제8장 [1]And he said, "The human one is like a wise fisherman who cast his net into the sea and drew it up from the sea full of little fish. [2]Among them the wise fisherman discovered a fine large fish. [3]He threw all the little fish back into the sea, and chose the large fish without

[1]예수께서 가라사대, "나이 먹은 어른이 칠일 갓난 작은 아이에게 삶의 자리에 관해 묻는 것을 주저치 아니한다면, 그 사람은 생명의 길을 걸을 것이다. [2]첫찌의 많은 자들이 꼴찌가 될 것이요, [3]또 하나된 자가 될 것이니라."

[1]예수께서 가라사대, "네 눈앞에 있는 것을 먼저 알라. 그리하면 너로부터 감추어져 있는 것이 다 너에게 드러나리라. [2]감추인 것은 나타나지 않을 것이 없기 때문이니라."

[1]그의 따르는 자들이 그에게 여쭈어 가로되, "우리가 금식하기를 원하시나이까? 우리가 어떻게 기도하오리이까? 구제는 해야 하오리이까? 음식 금기는 무엇을 지켜야 하오리이까?" [2]예수께서 가라사대, "마음에도 없는 거짓말을 하지말라. [3]그리고 너희가 싫어하는 것을 하지말라. [4]모든 것은 하늘 앞에 드러나 있기 때문이다. [5]감추인 것은 나타나지 않을 것이 없고, [6]덮인 것은 벗겨지지 않을 것이 없나니라."

[1]예수께서 가라사대, "복되도다 사자여! 사람이 그대를 먹어삼키기에 그대는 사람이 되는도다. [2]저주 있을진저 사람이여! 사자가 그대를 먹어삼킬 것이니, 사자가 사람이 될 것이로다."

[1]그리고 그께서 가라사대, "사람된 자는 슬기로운 어부와도 같도다. 그는 그의 그물을 바다에 던져 작은 고기가 가득찬 채로 바다로부터 끌어올리는도다. [2]그 가득한 고기 가운데서 슬기로운 어부는 잘생긴 큰 고기 한 마리를 발견하는도다. [3]그는 모든 작은 고기를 다시 바다 속으로 던져버린다. 그리고 어려움 없이 그 큰 고기 한 마리

difficulty. [4]Whoever has ears to hear, let him hear."

제9장 [1]Jesus said, "Look, the sower went out, took a handful of seeds, and scattered them. [2]Some fell on the road, and the birds came and pecked them up. [3]Others fell on rock, did not take root in the soil, and did not produce heads of grain. [4]Others fell on thorns, and they chocked the seeds and worms devoured them. [5]And others fell on good soil, and it brought forth a good crop. It yields sixty per measure and one hundred twenty per measure."

제10장 [1]Jesus said, "I have cast fire upon the world, and look, I am guarding it until it blazes."

제11장 [1]Jesus said, "This heaven will pass away, and the one above it will pass away. [2]The dead are not alive, and the living will not die. [3]In the days when you ate what is dead, you made it alive. When you come to dwell in the light, what will you do? [4]On the day when you were one you became two. But when you become two, what will you do?"

제12장 [1]The followers said to Jesus, "We know that you are going to leave us. Who will be our leader?" [2]Jesus said to them, "Wherever you are, you are to go to James the Righteous, for whose sake heaven and earth came into being."

제13장 [1]Jesus said to his followers,

를 가려 얻는다. [4]들을 귀가 있는 자들이여! 누구든지 들어라."

[1]예수께서 가라사대, "보라! 씨 뿌리는 자는 나갔다. 한 줌의 씨를 손에 가득 쥐고 그것을 뿌렸다. [2]더러는 길가에 떨어지매 새들이 와서 쪼아먹어 버렸고, [3]더러는 바위 위에 떨어지매 땅속에 뿌리를 내리지 못해 이삭을 내지 못했고, [4]더러는 가시떨기에 떨어지매 가시가 기운을 막았고 벌레가 삼켜버렸다. [5]그리고 더러는 좋은 땅에 떨어지매 그것은 좋은 열매를 내었다. 그것은 육십 배, 그리고 백이십 배의 결실이 되었느니라."

[1]예수께서 가라사대, "나는 이 세상에 불을 던졌노라. 그리고 보라! 나는 그 불이 활활 타오를 때까지 그 불을 지키노라."

[1]예수께서 가라사대, "이 하늘도 사라지리라. 그리고 이 하늘 위에 있는 저 하늘도 사라지리라. [2]죽은 자들은 살아있지 아니하다. 그리고 살아있는 자들은 죽지 아니하리라. [3]너희가 죽은 것을 먹던 그날에는 너희는 죽은 것을 살아있는 것으로 만들었도다. 너희가 빛 속에 거하게 되었을 때는 과연 너희는 무엇을 할 것이냐? [4]너희가 하나였던 바로 그날에는 너희는 둘이 되었도다. 그러나 너희가 둘이 되었을 때 과연 너희는 무엇을 할 것이냐?"

[1]따르는 자들이 예수께 말하였다: "당신이 언젠가 우리를 떠나리라는 것을 우리가 아나이다. 누가 우리의 지도자가 되오리이까?" [2]예수께서 그들에게 말씀하시었다: "너희가 어느 곳에 있든지, 너희는 의로운 자 야고보에게 갈 것이니라. 그를 위하여 하늘과 땅이 생겨났느니라."

[1]예수께서 그의 따르는 자들에게 가라사대, "나

"Compare me to something and tell me what I am like." ²Simon Peter said to him, "You are like a righteous angel." ³Matthew said to him, "You are like a wise philosopher." ⁴Thomas said to him, "Teacher, my mouth is utterly unable to say what you are like." ⁵Jesus said, "I am not your teacher. Because you have drunk, you have become intoxicated from the bubbling spring that I have tended." ⁶And he took him, and withdrew, and spoke three sayings to him. ⁷When Thomas came back to his friends, they asked him, "What did Jesus say to you?" ⁸Thomas said to them, "If I tell you one of the sayings he spoke to me, you will pick up rocks and stone me, and fire will come from the rocks and devour you."

제14장 ¹Jesus said to them, "If you fast, you will bring sin upon yourselves; ²and if you pray, you will be condemned; ³and if you give alms, you will do harm to your sprits. ⁴When you go into any land and walk about in the countryside, when people take you in, eat what they serve you and heal the sick among them. ⁵For what goes into your mouth will not defile you; rather, it is what comes out of your mouth that will defile you."

제15장 ¹Jesus said, "When you see one who was not born of woman, prostrate

를 무엇엔가 비교해보아라. 그리고 내가 무엇과 같은지 말해 보라." ²시몬 베드로가 예수께 말하였다: "당신은 의로운 천사 같나이다." ³마태가 예수께 말하였다: "당신은 현명한 철학자 같나이다." ⁴도마가 예수께 말하였다: "스승님이시여! 제 입은 지금 당신이 무엇과 같은지 전혀 언표言表할 수 없나이다." ⁵예수께서 가라사대, "나는 그대의 스승도 아니로다. 그대는 내가 보살펴온, 부글부글 솟아오르는 광천샘으로부터 직접 많이 마셨기에 취하였도다." ⁶그리고 예수께서 도마만을 데리고 은밀한 곳으로 가시었다. 그리고 도마에게 세 마디 말씀을 전하였다. ⁷도마가 그의 친구들이 있는 곳으로 되돌아 왔을 때에, 그들이 도마에게 물었다: "예수께서 너에게 무엇을 말씀하셨느뇨?" ⁸도마가 그들에게 대답하여 말하였다: "내가 예수께서 나에게 하신 말씀 중 하나만 너희에게 이야기해도, 너희들은 돌을 주워 나를 쳐죽이려고 할 것이다. 그리하면 너희 손에 있는 그 돌로부터 불길이 솟아 너희들을 삼켜버릴 것이다."

¹예수께서 그들에게 가사대, "너희가 금식禁食한다면, 너희는 너희 자신에게 죄를 자초自招하리라. ²그리고 너희가 기도한다면, 너희는 정죄定罪되리라. ³그리고 너희가 구제救濟한다면, 너희는 너희 영혼에 해악害惡을 끼치리라. ⁴너희가 어느 땅에 가든지, 한 시골동네를 거닐게 될 때에, 사람들이 너희를 영접하면, 그들이 대접하는 음식을 그대로 먹으라, 그리고 그들 가운데 있는 병자病者를 고쳐주어라. ⁵너희 입으로 들어가는 것은 너희를 더럽힐 수 없기 때문이다. 차라리 너희를 더럽히는 것은 너희 입으로부터 나오는 것이니라."

¹예수께서 가라사대, "너희가 여자에게서 태어나지 않은 자를 볼 때에는 너희 얼굴을 땅에 대고

yourself on your faces and worship him. That one is your father."

제16장 [1]Jesus said, "Perhaps people think that I have come to cast peace upon the world. [2]They do not know that I have come to cast conflicts upon the earth: fire, sword, and war. [3]For there will be five in a house: there will be three against two and two against three, father against son and son against father, [4]and they will stand alone."

제17장 [1]Jesus said, "I shall give you what no eye has seen, what no ear has heard, what no hand has touched, what has not arisen in the human mind."

제18장 [1]The followers said to Jesus, "Tell us how our end will be." [2]Jesus said, "Have you discovered the beginning, then, so that you are seeking the end? You see, where the beginning is the end will be. [3]Blessed is the one who stands at the beginning: That one will know the end and will not taste death."

제19장 [1]Jesus said, "Blessed is the one who came into being before coming into being. [2]If you become my followers and listen to my words, these stones will minister to you. [3]For there are five trees in Paradise for you; they do not change, summer or winter, and their leaves do not fall. [4]Whoever knows them will not taste death."

제20장 [1]The followers said to Jesus,

엎드려 그를 경배하라. 그이가 곧 너희 아버지니라."

[1]예수께서 가라사대, "아마도 사람들은 내가 이 세상에 평화를 던지러 온 줄로 생각할 것이다. [2]그들은 내가 이 땅위에 충돌을 던지러 온 줄을 알지 못한다: 불과 칼과 싸움을 선사하노라. [3]한집에 다섯이 있게 될 때, 셋은 둘에, 둘은 셋에, 아비는 아들에게, 아들은 아비에게 대항할 것이기 때문이니라. [4]그리고 그들은 각기 홀로 서게 되리라."

[1]예수께서 가라사대, "나는 너희에게 여태 눈이 보지 못한 것, 귀가 듣지 못한 것, 손이 만지지 못한 것, 사람의 마음에 떠오르지 아니한 것을 주리라."

[1]따르는 자들이 예수께 가로되, "우리의 종말이 어떻게 될 것인지 우리에게 말하여 주옵소서." [2]예수께서 가라사대, "너희가 시작을 발견하였느뇨? 그러하기 때문에 너희가 지금 종말을 구하고 있느뇨? 보아라! 시작이 있는 곳에 종말이 있을지니라. [3]시작에 서있는 자여, 복되도다. 그이야말로 종말을 알 것이니, 그는 죽음을 맛보지 아니하리라."

[1]예수께서 가라사대, "존재하기 이전에 존재한 자여, 복되도다. [2]너희가 나의 따르는 자들이 되어 내 말을 듣는다면, 이 돌들도 너희를 섬기게 되리라. [3]왜냐하면 너희를 위하여 파라다이스에 다섯 그루의 나무가 준비되어 있나니, 그 나무는 여름과 겨울에 따라 변하지도 아니하며, 그 잎사귀는 떨어지지도 아니하기 때문이다. [4]그 나무들을 아는 자는 누구든지 죽음을 맛보지 아니하리라."

[1]따르는 자들이 예수께 가로되, "하늘나라가 어

"Tell us what the kingdom of heaven is like." [2]He said to them, "It is like a mustard seed. [3]It is the smallest of all seeds, [4]but when it falls on tilled soil, it produces a great plant and becomes a shelter for birds of heaven."

제21장 [1]Mary said to Jesus, "What are your followers like?" [2]He said, "They are like children living in a field that is not theirs. [3]When the owners of the field come, they will say, 'Give our field back to us.' [4]They take off their clothes in front of them in order to give it back to them, and they return their field to them. [5]For this reason I say, if the owner of a house knows that a thief is coming, he will be on guard before the thief arrives and will not let the thief break into the house of his estate and steal his goods. [6]As for you, then, be on guard against the world. [7]Arm yourselves with great strength lest the robbers find a way to get to you, [8]for the trouble you expect will surely come. [9]Let there be among you a person who understands. [10]When the crop ripened, the person came quickly with sickle in hand and harvested it. [11]Whoever has ears to hear, let him hear."

제22장 [1]Jesus saw some babies being suckled. [2]He said to his followers, "These babies being suckled are like those who enter the kingdom." [3]They said to him,

떠한지 우리에게 말하여 주소서." [2]그께서 그들에게 일러 가라사대, "그것은 한 알의 겨자씨와 같도다. [3]겨자씨는 모든 씨 중에서 가장 작은 것이로되, [4]그것이 잘 갈아놓은 땅에 떨어지면 그것은 하나의 거대한 식물을 내니, 하늘의 새들을 위한 보금자리가 되나니라."

[1]마리아가 예수께 여쭈어 가로되, "당신의 따르는 자들이 어떠하오니이까?" [2]예수께서 가라사대, "그들은 그들의 것이 아닌 밭에서 사는 아해들과 같도다. [3]그 밭의 주인들이 올 때에, 그 주인들은 '우리의 밭을 우리에게 돌려다오'라고 말할 것이다. [4]아해들은 주인들 앞에서 그들의 옷을, 주인들에게 밭을 돌려주기 위하여, 벗어버릴 것이다. 그리고 아해들은 그들의 밭을 주인들에게 돌려줄 것이다. [5]이러한 연유로 내가 이르노니, 한 집의 주인이 한 도적이 오고 있다는 것을 안다면, 그 주인은 그 도적이 도착하기 이전에 방비태세에 있을 것이요, 그 도적이 그의 소유인 집을 뚫고 들어와 그의 물건을 훔쳐 내가지 못하도록 할 것이다. [6]그렇다면 너희들이야말로 이 세상에 대하여 방비태세에 있으라. [7]너희 자신들을 강건한 힘으로 무장하여, 도둑들이 너희에게 도달하는 길을 발견할 수 없도록 할 것이다. [8]왜냐하면 너희가 기대하는 환난이 결국 닥치고야 말 것이기 때문이라. [9]너희들 가운데 내 말을 이해하는 한 사람이 있기를 바라노라. [10]곡식이 익었을 때가 되면, 곧 그 사람이 손에 낫을 들고 와서 그것을 추수하였나니라. [11]들을 귀가 있는 자들이여! 누구든지 들어라."

[1]예수께서 몇 아기들이 젖을 빨고 있는 것을 보시었다. [2]예수께서 그의 따르는 자들에게 이르시되, "이 젖을 빨고 있는 아기들이야말로 나라에 들어가는 자들과 같나니라." [3]그들이 예수께 가

"Shall we then, as babies, enter the kingdom?" [4]Jesus said to them, "When you make the two into one, and when you make the inner like the outer and the outer like the inner, and the upper like the lower, [5]and when you make male and female into a single one, so that the male will not be male nor the female be female, [6]and when you make eyes in place of an eye, a hand in place of a hand, a foot in place of a foot, and an image in place of an image, [7]then you will enter the kingdom."

제23장 [1]Jesus said, "I shall choose you, one out of a thousand, and two out of ten thousand, [2]and they will stand as a single one."

제24장 [1]His followers said, "Show us the place where you are, for we must seek it." [2]He said to them, "Whoever has ears, let him hear. [3]There is light within a person of light, and it shines on the whole world. If it does not shine, it is dark."

제25장 [1]Jesus said, "Love your(sg.) brother like your soul, [2]guard that person like the pupil of your eye."

제26장 [1]Jesus said, "You(sg.) see the speck that is in your brother's eye, but you do not see the beam that is in your own eye. [2]When you take the beam out of your own eye, then you will see clearly to take the speck out of your brother's eye."

로되, "그리하면 우리는 아기로서만 나라에 들어갈 수 있겠삽나이까?" [4]예수께서 그들에게 일러 가라사대, "너희들이 둘을 하나로 만들 때, 그리고 너희들이 속을 겉과 같이 만들고, 또 겉을 속과 같이 만들고, 또 위를 아래와 같이 만들 때, [5]그리고 너희가 남자와 여자를 하나된 자로 만들어 남자가 남자 되지 아니하고 여자가 여자 되지 아니할 때, [6]그리고 너희가 눈 있는 자리에 눈을 만들고, 손 있는 자리에 손을 만들고, 발 있는 자리에 발을 만들고, 모습 있는 자리에 모습을 만들 때, [7]비로소 너희는 나라에 들어가게 되리라."

[1]예수께서 가라사대, "내가 너희를 택하리라. 천 명 가운데서 하나를, 만 명 가운데서 둘을. [2]그리고 그들은 하나된 자로서 서있게 되리라."

[1]그의 따르는 자들이 가로되, "당신이 계신 곳을 우리에게 보여주소서. 우리가 그곳을 찾아야 하겠나이다." [2]예수께서 저희에게 가라사대, "귀가 있는 자들이여! 누구든지 들어라. [3]빛의 사람 속에는 반드시 빛이 있나니, 그 빛은 온 세상을 비추나니라. 그것이 빛나지 아니하면 그것은 곧 어둠이니라."

[1]예수께서 가라사대, "네 형제를 네 영혼과 같이 사랑하라. [2]그 사람을 네 눈의 동자처럼 보호하라."

[1]예수께서 가라사대, "너는 네 형제의 눈 속에 있는 티는 보는도다. 그러나 너는 네 자신의 눈 속에 있는 들보는 보지 못하는도다. [2]네 자신의 눈으로부터 들보를 빼낼 때에야 비로소 너는 밝히 보리니. 그제야 너의 형제의 눈으로부터 티를 빼줄 수 있으리라."

제27장 [1](Jesus said,) "If you do not fast from the world, you will not find the kingdom. [2]If you do not observe the Sabbath as a Sabbath, you will not see the father."

제28장 [1]Jesus said, "I took my stand in the midst of the world, and I appeared to them in flesh. [2]I found all of them intoxicated, and I did not find any of them thirsty. [3]My soul ached for the sons of men, because they are blind in their hearts and do not have sight; for empty they came into the world, and empty too they seek to leave the world. [4]But for the moment they are intoxicated. When they shake off their wine, then they will change their ways."

제29장 [1]Jesus said, "If the flesh came into being because of spirit, it is a wonder. [2]But if spirit came into being because of the body, it is a wonder of wonders. [3]Indeed, I am amazed at how this great wealth has come to dwell in this poverty."

제30장 [1]Jesus said, "Where there are three gods, they are gods. [2]Where there are two or one, I am with that one."

제31장 [1]Jesus said, "A prophet is not acceptable in the prophet's own town; [2]a doctor does not heal those who know the doctor."

제32장 [1]Jesus said, "A city being built on a high mountain and fortified cannot fall,

[1](예수께서 가라사대) "너희가 이 세상으로부터 금식하지 않는다면, 너희는 나라를 발견하지 못하리라. [2]너희가 안식일을 안식일으로서 지키지 않는다면, 너희는 아버지를 볼 수 없으리라."

[1]예수께서 가라사대, "나는 이 세상 한가운데 자리를 잡았다. 그리고 나는 육신으로 세상사람들에게 나타났다. [2]나는 그들이 모두 술에 취하였음을 발견하였다. 나는 그들 어느 누구도 목마른 자를 발견할 수 없었다. [3]나의 영혼은 사람의 자식들을 위하여 고통스러워 하노라. 왜냐하면 그들은 그들의 가슴속이 눈멀어 보지를 못하기 때문이요, 또 텅 빈 채 이 세상으로 왔다가, 텅 빈 채 이 세상을 떠나기만을 갈구하기 때문이다. [4]그러나 지금 이 순간 그들은 확실하게 취해 있도다. 그들이 그들의 술을 뒤흔들게 될 때에는 그들은 그들의 생각을 바꾸게 되리라."

[1]예수께서 가라사대, "육신이 영혼으로 인하여 존재케 되었다면, 그것은 기적이로다. [2]그러나 영혼이 몸으로 인하여 존재케 되었다면, 그것은 기적 중의 기적이로다. [3]그러나 진실로 나는 어떻게 이토록 위대한 부유함이 이토록 빈곤함 속에 거居하게 되었는지 불가사의하게 생각하노라."

[1]예수께서 가라사대, "세 명의 신들이 있는 곳에선, 그들은 신들일 뿐이다. [2]두 명이나 한 명이 있는 곳에선 나는 그 한 명과 함께 하노라."

[1]예수께서 가라사대, "선지자가 고향에서 환영을 받는 자가 없느니라. [2]의사는 그 의사를 아는 자들을 고치지 아니한다."

[1]예수께서 가라사대, "높은 산 위에 지어진, 요새처럼 강화된 동네는 무너질 수 없고, 또한 숨겨질

nor can it be hidden."

제33장 ¹Jesus said, "What you(sg.) will hear in your(sg.) ear, in the other ear proclaim from your(pl.) rooftops. ²For no one lights a lamp and puts it under a bushel, nor does he put it in a hidden place, ³but rather he sets it on a lampstand so that everyone who enters and leaves will see its light."

제34장 ¹Jesus said, "If a blind man leads a blind man, both of them will fall into a pit."

제35장 ¹Jesus said, "It is not possible for anyone to enter the house of a strong man and take it by force unless he binds the person's hands. ²Then he will be able to ransack the person's house."

제36장 ¹Jesus said, "Do not be concerned from morning until evening and from evening until morning about what you will wear."

제37장 ¹His followers said, "When will you become revealed to us and when shall we see you?" ²Jesus said, "When you strip without being ashamed and you take your clothes and put them under your feet like little children and trample them, ³then you will see the son of the living one and you will not be afraid."

제38장 ¹Jesus said, "Many times have you desired to hear these words which I am saying to you, and you have no one else to hear them from. ²There will be

수도 없다."

¹예수께서 가라사대, "너의 귀로 네가 듣는 것을, 너희 집 지붕 위에서 타인의 귀로 전파하라. ²그 어느 누구도 등불을 켜서 됫박 아래 감추거나, 숨겨진 장소에 두거나 하지 않는다. ³오히려 그것을 등경 위에 올려놓나니, 이는 집안에 들어오고 나가는 모든 사람들로 하여금 그 빛을 보게 하려 함이니라."

¹예수께서 가라사대, "눈먼 자가 눈먼 자를 인도하면 둘이 다 구덩이에 빠지리라."

¹예수께서 가라사대, "누구든지 강한 자의 집에 쳐들어가, 그의 양손을 결박하지 않고서는, 그 집을 늑탈하지 못하리라. ²결박한 후에야 강한 자의 집을 샅샅이 약탈할 수 있으리라."

¹예수께서 가라사대, "아침부터 저녁까지, 그리고 저녁부터 아침까지 무엇을 입을까 염려하지 말라."

¹그를 따르는 자들이 여쭈어 가로되, "언제 당신은 우리에게 드러나게 되오리이까? 그리고 언제 우리가 당신을 보게 되오리이까?" ²예수께서 가라사대, "너희가 부끄럼 없이 발가벗을 때, 그리고 너희가 어린 아해들처럼 너희옷을 벗어 발아래 두고 짓밟을 때, ³비로소 너희는 살아있는 자의 아들을 보게 되리라. 그리고 너희는 두렵지 않게 되리라."

¹예수께서 가라사대, "여러 번 너희는 내가 지금 너희에게 하고 있는 이 말들을 듣기를 갈구하였도다. 그리고 너희는 이 말들을 나 이외에 어느 누구로부터도 들을 수 없도다. ²너희가 나를 구

days when you will seek me and will not find me."

제39장 ¹Jesus said, "The Pharisees and the scribes have taken the keys of knowledge(gnosis) and hidden them. ²They themselves have not entered, nor have they allowed to enter those who wish to. ³As for you, be as wise as serpents and as innocent as doves."

제40장 ¹Jesus said, "A grapevine has been planted outside of the father. ²Since it is not sound, it will be pulled up by its root and will perish."

제41장 ¹Jesus said, "Whoever has something in hand will be given more, ²and whoever has nothing will be deprived of even the little that person has."

제42장 ¹Jesus said, "Be passersby."

제43장 ¹His followers said to him, "Who are you to say these things to us?" ²(Jesus said to them,) "You do not know who I am from what I say to you. ³Rather, you have become like the Jewish people, for they love the tree but hate its fruit, or they love the fruit but hate the tree."

제44장 ¹Jesus said, "Whoever blasphemes against the father will be forgiven, ²and whoever blasphemes against the son will be forgiven, ³but whoever blasphemes against the holy spirit will not be forgiven, either on earth or in heaven."

하고자 하나 나를 발견치 못하는 그런 날들이 있으리라."

¹예수께서 가라사대, "바리새인들과 서기관들은 지식의 열쇠들을 움켜쥐고 그것들을 숨겨버렸다. ²그들은 그들 자신이(지식의 세계로) 들어가지도 않았고 또 들어가고자 하는 자들이 들어가도록 허락하지도 않았다. ³그러므로 너희는 뱀처럼 지혜롭고 비둘기처럼 순결하라."

¹예수께서 가라사대, "한 그루의 포도나무가 아버지 밖에 심어졌다. ²그 나무는 견고하지 못하므로, 그것은 뿌리채 뽑힐 것이며, 멸망할 것이다."

¹예수께서 가라사대, "손에 무엇이라도 가진 자는 더욱 받게 될 것이요, ²그리고 가지지 못한 자는 그가 조금 가지고 있는 것마저 빼앗기게 될 것이다."

¹예수께서 가라사대, "방랑하는 자들이 되어라." ¹그의 따르는 자들이 그에게 여쭈었다: "당신이 도대체 뉘시길래 이 같은 일들을 우리에게 말씀하시나이까?" ²(예수께서 대답하시었다:) "너희는 내가 너희에게 말하는 것으로부터 내가 누구인지를 알아차리지 못하는도다. ³차라리 너희는 유대사람들처럼 되어버렸구나. 그들은 나무를 사랑하면서 그 열매를 증오하기도 하고, 열매를 사랑하면서도 그 나무를 증오하기도 하기 때문이다."

¹예수께서 가라사대, "누구든지 아버지에 대해 모독하는 자는 용서받을 수 있다. ²그리고 누구든지 아들에 대해 모독하는 자도 용서받을 수 있다. ³그러나 누구든지 성령에 대해 모독하는 자는, 이 땅에서도 저 하늘에서도, 용서받을 수 없다."

제45장 ¹Jesus said, "Grapes are not harvested from thorns, nor are figs gathered from thistles, for they do not produce fruit. ²A good man brings forth good from his storehouse; ³an evil man brings forth evil things from his evil storehouse, which is in his heart, and says evil things. ⁴For out of the abundance of the heart he brings forth evil things."

제46장 ¹Jesus said, "From Adam to John the Baptist, among those born of women, there is no one greater than John the Baptist, so that his eyes should not be averted. ²But I have said that whoever among you becomes a child will know the kingdom and will become greater than John."

제47장 ¹Jesus said, "A person cannot mount two horses or bend two bows. ²And a servant cannot serve two masters, or that servant will honor the one and offend the other. ³No person drinks aged wine and immediately desires to drink new wine. ⁴And new wine is not poured into aged wineskin, or they might burst, and aged wine is not poured into a new wineskin, or it might spoil. ⁵An old patch is not sewn onto a new garment, for there would be a tear."

제48장 ¹Jesus said, "If two make peace with each other in a single house, they

¹예수께서 가라사대, "포도는 가시나무에서 수확되지 않고, 무화과는 엉겅퀴에서 수확되지 않나니, 이것들은 열매를 맺지 않음이라. ²선한 사람은 창고로부터 선한 것을 내온다. ³나쁜 사람은 가슴속에 있는 나쁜 창고로부터 나쁜 것들을 내오고 또 나쁜 것들을 말한다. ⁴왜냐하면 나쁜 사람은 가슴에 쌓여 넘치는 것으로부터 나쁜 것들을 내올 수밖에 없기 때문이다."

¹예수께서 가라사대, "아담으로부터 세례 요한에 이르기까지 여자가 낳은 자 중에서 세례 요한보다 더 위대한 이는 없도다. 그러므로 세례 요한의 눈길은 돌려져서는 아니 된다. ²그러나 이미 나는 말했노라. 너희 중에서 누구든지 아기가 되는 자는 나라를 알 것이요, 요한보다 더 위대하게 되리라."

¹예수께서 가라사대, "한 사람이 동시에 두 말 위에 올라탈 수 없고, 한 사람이 동시에 두 활을 당길 수 없다. ²그리고 한 종이 두 주인을 섬기지 못한다. 그렇게 되면 그 종은 한 주인은 영예롭게 할 것이나 또 한 주인은 거스르게 되리라. ³그 어느 누구도 오래 묵은 (양질의) 포도주를 마시고 나서 금방 새 포도주를 마시기를 원치 아니한다. ⁴그리고 새 포도주는 낡은 가죽부대에 넣지 않는다. 낡은 가죽부대가 터져버릴 수 있기 때문이다. 그리고 오래 묵은 (양질의) 포도주를 새 가죽부대에 쏟아붓지도 않는다. 그 (양질의 포도주의) 맛을 버릴 수 있기 때문이다. ⁵낡은 천 조각을 새 옷에다가 기워 붙이지 않는다. 그것은 새 천에 안 맞아 다시 터질 것이기 때문이니라."

¹예수께서 가라사대, "한 집안 속에서 둘이 서로 평화를 이룩할 수 있으면, 그들이 산을 보고 '여

will say to the mountain, 'Move from here,' and it will move."

제49장 [1]Jesus said, "Blessed are those who are alone and chosen, for you will find the kingdom. [2]For you have come from it, and you will return there again."

제50장 [1]Jesus said, "If they say to you, 'Where have you come from?' say to them, 'We have come from the light, from the place where the light came into being by itself, established [itself], and appeared in their image.' [2]If they say to you, 'Is it you?' say, 'We are its children, and we are the chosen of the living father.' [3]If they ask you, 'What is the evidence of your father in you?' say to them, 'It is motion and rest.'"

제51장 [1]His followers said to him, "When will the rest for the dead take place, and when will the new world come?" [2]He said to them, "What you look for has come, but you do not know it."

제52장 [1]His followers said to him, "Twenty-four prophets have spoken in Israel, and they all spoke of you." [2]He said to them, "You have disregarded the living one who is in your presence and have spoken of the dead."

제53장 [1]His followers said to him, "Is circumcision beneficial or not?" [2]He said to them, "If it were beneficial, their father would beget them already

[1]예수께서 가라사대, "복이 있을지어다! 홀로 되고 선택된 자여! 너희는 나라를 발견할 것이기 때문이라. [2]왜냐하면 너희는 나라에서 왔고, 또 다시 나라로 돌아갈 것이기 때문이니라."

[1]예수께서 가라사대, "만약 그들이 너희에게 묻기를, '너희는 어디서 왔느뇨?' 하면 그들에게 말하라: '우리는 빛에서 왔노라. 빛이 스스로 생겨나는 곳에서 왔노라. 빛은 스스로 존재하며, 자립하며, 그들의 형상으로 자신을 드러내는도다.' [2]만약 그들이 너희에게 묻기를, '그 빛이 너희뇨?' 하면 그들에게 말하라: '우리는 빛의 자녀들이다. 그리고 우리는 살아있는 아버지의 선택된 자이다.' [3]만약 그들이 너희에게 묻기를, '너희 아버지께서 너희 속에 계시다는 증표가 무엇이뇨?'라고 하면 그들에게 말하라: '그것은 운동이요, 안식이로다.'"

[1]그의 따르는 자들이 그에게 여쭈어 가로되, "언제 죽은 자의 안식이 이루어지리이까? 그리고 언제 새 세상이 오리이까?" [2]그가 그들에게 가라사대, "너희가 기다리는 것은 이미 와 있노라. 단지 너희가 그것을 알지 못할 뿐이니라."

[1]그의 따르는 자들이 그에게 가로되, "스물넷 예언자들이 이스라엘에서 예언하였나이다. 그리고 그들이 모두 당신을 지목하여 말하였나이다." [2]그께서 그들에게 이르시되, "너희가 너희 면전에 살아있는 자를 보지 아니하고, 죽은 자들만을 이야기하는구나!"

[1]그의 따르는 자들이 그에게 가로되, "할례가 유용합니까, 유용하지 않습니까?" [2]그께서 그들에게 이르시되, "만약 할례가 유용하다면, 그 아기들의 아버지가 그 아기들을 그들 엄마의 태 속에

circumcised from their mother. ³Rather, the true circumcision in spirit has become completely profitable."

제54장 ¹Jesus said, "Blessed are the poor, for yours is the kingdom of heaven."

제55장 ¹Jesus said, "Whoever does not hate his father and his mother cannot become a follower of me. ²And whoever does not hate his brothers and his sisters and take up his cross in my way will not be worthy of me."

제56장 ¹Jesus said, "Whoever has come to know the world has discovered a carcass, ²and whoever has discovered a carcass, of that person the world is not worthy."

제57장 ¹Jesus said, "The kingdom of the father is like a person who had [good] seed. ²His enemy came at night and sowed weeds among the good seed. ³The person did not let them pull up the weeds, but said to them, 'No, otherwise you might go intending to pull up the weeds and pull up the wheat along with them.' ⁴For on the day of the harvest the weeds will be conspicuous and will be pulled up and burned."

제58장 ¹Jesus said, "Blessed is the person who has labored and has found life."

제59장 ¹Jesus said, "Take heed of the living one while you are alive, lest you die and seek to see him and be unable to

서부터 이미 할례된 채로 낳게 하였으리라. ³차라리 영 속에서의 진정한 할례야말로 온전하게 유용하리라."

¹예수께서 가라사대, "가난한 자는 복이 있나니, 하늘나라가 너희 것임이라."

¹예수께서 가라사대, "누구든지 그의 아버지와 그의 엄마를 미워하지 않는 자는 나를 따르는 자가 될 수 없나니라. ²그리고 누구든지 그의 형제와 그의 자매를 미워하지 아니하고, 또 나의 길에서 그 자신의 십자가를 걸머지지 아니하는 자는 내게 합당치 아니하리라."

¹예수께서 가라사대, "이 세상을 알게 된 사람은 누구든지 시체를 발견하게 된다. ²그리고 시체를 발견하게 된 사람에게는 누구든지 이 세상이 합당치 아니하다."

¹예수께서 가라사대, "아버지의 나라는 좋은 씨를 (심은 밭을) 가지고 있는 사람과도 같다. ²그의 원수가 밤중에 몰래 와서 그 좋은 씨들 사이에 가라지를 덧뿌렸다. ³그러나 그 사람(밭의 주인)은 종들을 시켜 그 가라지를 뽑게 하지도 않았고, 오히려 그들에게 이와 같이 말했다: '내버려 두어라! 너희가 가서 가라지를 뽑으려 하다가, 가라지와 더불어 좋은 곡식까지 뽑을까 염려하노라.' ⁴왜냐하면 추수의 그날에는 가라지는 현저히 드러나게 마련이므로 뽑히어 불사르게 될 것이기 때문이다."

¹예수께서 가라사대, "고통을 겪기에 생명을 발견하는 자여! 복이 있도다."

¹예수께서 가라사대, "너희가 살아있을 동안에 살아있는 자를 주의깊게 보라. 너희가 죽어서는 아무리 살아있는 자를 보려고 하여도 그를 볼 수

do so."

제60장 [1]He saw a Samaritan carrying a lamb as he was going to Judea. [2]He said to his followers, "That person is carrying the lamb around." [3]They said to him, "Then he may kill it and eat it." [4]He said to them, "He will not eat it while it is alive, but only after he has killed it and it has become a carcass." [5]They said, "Otherwise he cannot do it." [6]He said to them, "So also with you, seek for yourselves a place for rest, or you might become a carcass and be eaten."

제61장 [1]Jesus said, "Two will rest on a couch; one will die, one will live." [2]Salome said, "Who are you, mister? You have climbed onto my couch and eaten from my table as if you are from someone." [3]Jesus said to her, "I am the one who comes from what is whole. I was given from the things of my father." [4][…] "I am your follower." [5][…] "For this reason I say, if one is whole, one will be filled with light, but if one is divided, one will be filled with darkness."

제62장 [1]Jesus said, "I disclose my mysteries to those who are worthy of my mysteries. [2]Do not let your(sg.) left hand know what your(sg.) right hand is doing."

없을 터이니."

[1]예수께서 유대지방으로 가실 때 양을 들고가는 사마리아 사람을 보시게 되었다. [2]그는 그의 따르는 자들에게 이르시되, "저 사람이 양을 메고 가는구나!" [3]그들이 예수께 가로되, "분명 저 자는 그 양을 죽여서 먹을 것이외다." [4]예수께서 그들에게 이르시되, "저 자는 저 양이 살아있을 동안에는 먹을 수 없을 것이다. 반드시 죽여서 그것이 시체가 된 후에야 먹을 것이다." [5]따르는 자들이 가로되, "딴 수가 없겠지요. 산 채로 먹을 수는 없지 않겠습니까?" [6]예수께서 그들에게 이르시되, "그렇다면 너희 또한 그러하다. 너희 스스로 참된 안식의 자리를 구하라. 그렇지 아니하면 너희도 시체가 되어 먹히우리라."

[1]예수께서 가라사대, "둘이 한 침대에서 안식을 취하고 있다면 하나는 죽을 것이고, 하나는 살 것이니라." [2]살로메가 가로되, "남자여! 당신은 도대체 뉘시니이까? 당신은, 마치 누가 보낸 아주 특별한 사람처럼, 내 침대에 올라와 동침하고 나의 식탁에서 식사를 하시나이다." [3]예수께서 그녀에게 이르시되, "나는 분열되지 않은 전체로부터 온 사람이다. 나는 나의 아버지의 풍요로운 소유물을 부여받은 사람이다." [4]살로메가 가로되, "나는 당신을 따르는 자이로소이다." [5]예수께서 가라사대, "그러기에 내가 너에게 말하노라. 누구든지 분열되지 않은 전체 속에 있으면 빛으로 가득차게 되고, 누구든지 분열되면 어둠으로 가득차게 되나니라."

[1]예수께서 가라사대, "나는 나의 신비로운 가르침을 듣기에 합당한 자들에게만 나의 신비를 드러내노라. [2]너의 왼손이 너의 오른손이 하고 있는 것을 알지 못하게 하라."

제63장 [1]Jesus said, "There was a rich person who had a great deal of money. [2]He said, 'I shall invest my money so that I may sow, reap, plant, and fill my storehouses with produce, that I may lack nothing.' [3]These were the things he was thinking in his heart, but that very night he died. [4]Whoever has ears should hear."

제64장 [1]Jesus said, "A person was receiving guests. When he had prepared the dinner, he sent his servant to invite the guests. [2]The servant went to the first and said to that one, 'My master invites you.' [3]That person said, 'Some merchants owe me money; they are coming to me tonight. I must go and give them instructions. I ask to be excused from the dinner.' [4]The servant went to another and said to that one, 'My master has invited you.' [5]That person said to the servant, 'I have bought a house and I have been called away for a day. I shall have no time.' [6]The servant went to another and said to that one, 'My master invites you.' [7]That person said to the servant, 'My friend is to be married and I am to arrange the banquet. I shall not be able to come. I ask to be excused from the dinner.' [8]The servant went to another and said to that one, 'My master invites you.' [9]That person said to the servant, 'I have just bought a farm, and I am on my way to collect the rent. I shall not be

[1]예수께서 가라사대, "돈을 많이 지닌 부자가 있었다. [2]그가 말하기를, '나의 돈을 투자하여 뿌리고, 거두고, 심고 하여 나의 곡창을 곡물로 가득 채우리라. 그리하여 부족함이 없이 살리라.' [3]이것들이 바로 그 부자가 그의 가슴속에 간직한 생각들이었다. 그러나 바로 그날 밤 그는 죽었다. [4]귀 있는 자는 들어라."

[1]예수께서 가라사대, "한 사람이 손님을 받고 있었다. 그가 만찬을 준비한 후에 손님들을 초청하기 위하여 종을 내보냈다. [2]그 종이 최초의 사람에게 가서, 그에게 말했다: '저의 주인께서 당신을 초청합니다.' [3]그 사람이 말하였다: '몇몇 상인들이 나에게 빚을 지었습니다. 그들이 오늘 밤 나에게 오기로 되어 있습니다. 나는 가서 그들에게 상환의 지시를 해야만 합니다. 죄송하지만 만찬을 사양할 수 있도록 해주십시오.' [4]그 종은 다음 사람에게 갔다. 그리고 그 사람에게 말하였다: '저의 주인께서 당신을 초청하셨습니다.' [5]그 사람이 종에게 말하였다: '나는 방금 집을 하나 샀습니다. 그래서 하루 동안 볼 일을 보러 가야합니다. 저는 시간이 없을 것 같습니다.' [6]그 종이 또 한 사람에게 가서, 그 사람에게 말하였다: '저의 주인께서 당신을 초청합니다.' [7]그 사람이 종에게 말하였다: '나의 친구가 결혼합니다. 제가 그 피로연을 마련해주기로 되어 있습니다. 저는 갈 수가 없을 것 같군요. 죄송하지만 만찬을 사양할 수 있도록 해주십시오.' [8]그 종이 또 한 사람에게 가서, 그 사람에게 말하였다: '저의 주인께서 당신을 초청합니다.' [9]그 사람이 종에게 말하였다: '나는 최근 큰 농장을 하나 샀습니다. 그래서 소작료를 거두러 가야합니다. 저는 갈 수가 없을 것 같군요. 죄송하지만 사양할 수 있도록 해주십시

able to come. I ask to be excused.' ^{10}The servant returned and said to his master, 'The people whom you invited to dinner have asked to be excused.' ^{11}The master said to his servant, 'Go out on the streets and bring back whomever you find to have dinner.' ^{12}Buyers(businessmen) and merchants will not enter the places of my father."

제65장 ^{1}He said, "There was a man (usurer) who owned a vineyard. He leased it to tenant farmers so that they might work it and he might collect its produce from them. ^{2}He sent his servant so that the tenants might give him the produce of the vineyard. ^{3}They seized his servant and beat him, all but killing him. The servant went back and told his master. ^{4}The master said, 'Perhaps he(they) did not recognize them(him or you).' ^{5}He sent another servant. The tenants beat this one as well. ^{6}Then the owner sent his son and said, 'Perhaps they will show respect to my son.' ^{7}Because the tenants knew that it was he who was the heir to the vineyard, they seized him and killed him. ^{8}Whoever has ears should hear."

제66장 ^{1}Jesus said, "Show me the stone that the builders rejected: That is the cornerstone."

제67장 ^{1}Jesus said, "One who knows everything but lacks in oneself lacks

오.' ^{10}그 종이 돌아와서 그의 주인에게 아뢰었다: '당신께서 만찬에 초청하신 분들은 모두 사양할 수 있도록 해달라고 요청했습니다.' ^{11}그 주인이 그의 종에게 말하였다 '길거리로 나아가서 네가 만나는 누구든지 만찬에 올 수 있다고 하면 데리고 오라.' ^{12}거래인들(비즈니스맨)과 상인들은 나의 아버지의 자리들에는 들어가지 못하리라."

^{1}그께서 가라사대, "포도원을 소유한 한 사람(고리대금업자)이 있었나니라. 그 사람이 포도원을 소작농부들에게 빌려주어, 그들이 포도원을 경작하게 하고, 그리고 그는 그들로부터 소출을 거두려 하였다. ^{2}그는 그의 종을 보내어, 소작농부들이 종에게 포도원의 소출을 주도록 하였다. ^{3}그들은 그의 종을 붙잡아, 그를 때리고, 거의 죽일 뻔하였다. 그 종이 돌아와 그의 주인에게 아뢰었다. ^{4}그의 주인이 이르기를, '아마도 그들이 너를 알아보지 못한 것 같구나' 하였다. ^{5}그는 또 다른 종을 보내었다. 그러나 소작농부들은 그 종까지도 마찬가지로 구타하였다. ^{6}그러자 그 주인은 그 아들을 보내며 이르기를, '아마도 그들은 나의 아들에게는 충분한 존경심을 보일 것이다' 하였다. ^{7}그러나 그 소작농부들은 그가 이 포도원의 상속자라는 것을 알았기 때문에, 그들은 그를 붙잡아 죽여버렸다. ^{8}귀가 있는 자는 누구든지 들으라!"

^{1}예수께서 가라사대, "집짓는 자들이 버린 바로 그 돌을 나에게 보여다오. 그것이야말로 모퉁이의 머릿돌이로다."

^{1}예수께서 가라사대, "누군가 모든 것을 안다 해도, 자기를 모르면, 모든 것을 모르는 것이다."

everything."

제68장 ¹Jesus said, "Blessed are you when you are hated and persecuted, ²and no place will be found, wherever you have been persecuted."

제69장 ¹Jesus said, "Blessed are those who have been persecuted in their hearts: They are the ones who have truly come to know the father. ²Blessed are those who are hungry, for the stomach of the person in want may be filled."

제70장 ¹Jesus said, "If you bring forth what is within you, what you have will save you. ²If you do not have that within you, what you do not have within you will kill you."

제71장 ¹Jesus said, "I shall destroy this house, and no one will be able to build it again."

제72장 ¹A person said to him, "Tell my brothers to divide my father's possessions with me." ²He said to the person, "Mister, who made me a divider?" ³He turned to his followers and said to them, "I am not a divider, am I?"

제73장 ¹Jesus said, "The harvest is large but the workers are few. So beg the master to send out workers to the harvest."

제74장 ¹He said, "O lord, there are many around the well, but there is nobody in the well."

¹예수께서 가라사대, "너희가 미움을 받고 박해를 당할 때에 너희는 복이 있도다. ²너희가 박해를 당하는 그곳에는 아무 자리도 발견되지 않으리라."

¹예수께서 가라사대, "가슴속에서 박해를 당하는 그들이여, 복이 있도다! 그들이야말로 아버지를 참되게 알게 되는 자들이로다. ²굶주린 그들이여, 복이 있도다! 배고파하는 자의 배가 채워질 것이기 때문이로다."

¹예수께서 가라사대, "만약 너희가 너희 내면에 있는 것을 끊임없이 산출해낸다면, 너희가 가지고 있는 그것이 너희를 구원하리라. ²만약 너희가 그것을 너희 내면에 가지고 있지 못하다면, 너희가 너희 내면에 가지고 있지 못한 그 상태가 너희를 죽이리라."

¹예수께서 가라사대, "내가 이 집을 헐겠노라. 그리고 아무도 그것을 다시 짓지 못하리라."

¹한 사람이 그에게 가로되, "나의 형제들에게 나의 아버지의 재산을 나에게 분할하도록 말해주소서." ²그께서 그 사람에게 가라사대, "이 사람아! 누가 나를 분할자로 만들었단 말인가" ³그는 그의 따르는 자들에게 몸을 돌려 그들에게 물었다: "나는 분할자가 아니로다. 그렇지 아니한가?"

¹예수께서 가라사대, "추수할 것은 많되 일꾼이 적으니, 그러므로 주인에게 청하여 추수할 일꾼들을 보내어 주소서 하라."

¹그께서 가라사대, "오 주여! 샘물 주변에 많은 사람들이 서성거리고 있나이다. 그러나 샘 속에는 아무도 없나이다."

제75장 ¹Jesus said, "There are many standing at the door, but it is the solitary who will enter the bridal chamber."

제76장 ¹Jesus said, "The kingdom of the father is like a merchant who had a supply of merchandise and then found a pearl. ²That merchant was prudent; he sold the merchandise and bought the single pearl for himself. ³So also with you, seek his treasure that is unfailing, that is enduring, where no moth comes to devour and no worm destroys."

제77장 ¹Jesus said, "I am the light that is over all things. I am all: From me all has come forth, and to me all has reached. ²Split a piece of wood; I am there. ³Lift up the stone, and you will find me there."

제78장 ¹Jesus said, "Why have you come out into the desert? To see a reed shaken by the wind? ²And to see a person dressed in fine clothes, like your rulers and your powerful ones? ³They are dressed in fine clothes, and they cannot understand truth."

제79장 ¹A woman in the crowd said to him, "Blessings on the womb that bore you and the breasts that fed you." ²He said to her, "Blessed are those who have heard the word of the father and have truly kept it. ³For there will be days when you will say, 'Blessed are the womb that has not conceived and the breasts that

¹예수께서 가라사대, "문간에서 많은 사람들이 서성거리고 있다. 그러나 단독자만이 신부의 혼방婚房에 들어갈 수 있다."

¹예수께서 가라사대, "아버지의 나라는 한 상인과도 같다. 그는 매매할 많은 상품을 가지고 있었으나 언젠가 영롱한 한 진주를 발견하고 말았다. ²그 상인은 매우 신중하였다. 그는 그 상품을 모두 팔아 자기 자신을 위하여 그 단 하나의 진주를 샀느니라. ³그러하므로 너희도 그리하라. 좀이 갉아먹거나 벌레가 궤멸시키지 못하는 곳에서 썩지도 않고 변치도 않는 그의 보물을 구하라."

¹예수께서 가라사대, "나는 존재하는 모든 것 위에 존재하는 빛이다. 나는 전부이다. 나로부터 모든 것이 나왔고, 그리고 나에게로 모든 것이 돌아온다. ²한 편의 장작을 쪼개보아라! 나는 거기에 있을 것이다. ³돌 하나를 들어보아라! 그리하면 너희는 나를 거기서 발견할 수 있으리라."

¹예수께서 가라사대, "너희는 무엇 때문에 모래 벌판에 나왔느뇨? 바람에 흔들리는 갈대를 보기 위함이냐? ²그렇지 않으면, 너희 왕들이나 너희 궁전의 힘센 고관들처럼 화려한 옷을 두른 사람을 만나기 위함이냐? ³진실로 그들은 화려한 옷을 둘렀으나 그들은 진리를 깨달을 수 없느니라."

¹무리 속의 한 여인이 예수를 향해 외쳤다: "너를 낳은 자궁과 너를 먹인 유방이여, 복이 있도다!" ²예수가 그 여인에게 말하였다: "아버지의 말씀을 듣고 그것을 참되게 지킨 자들이여, 복이 있도다! ³너희가 '애기 밴 적이 없는 자궁과 젖을 먹인 적이 없는 유방이야말로 복되도다'라고 말할 날이 올 것이기 때문이니라."

have not given milk.'"

제80장 [1]Jesus said, "Whoever has come to know the world has discovered the body, [2]and whoever has discovered the body, of that person the world is not worthy."

제81장 [1]Jesus said, "Let one who has become wealthy reign, [2]and let one who has power renounce it."

제82장 [1]Jesus said, "Whoever is near me is near the fire, [2]and whoever is far from me is far from the kingdom."

제83장 [1]Jesus said, "Images are visible to people, but the light within them is hidden in the image of the father's light. [2]He will be disclosed, but his image is hidden by his light."

제84장 [1]Jesus said, "When you see your likeness, you are happy. [2]But when you see your images that came into being before you and that neither die nor become visible, how much you will bear!"

제85장 [1]Jesus said, "Adam came from great power and great wealth, but he was not worthy of you. [2]For had he been worthy, he would not have tasted death."

제86장 [1]Jesus said, "Foxes have their dens and birds their nests, [2]but the child of humankind has no place to lay his head and rest."

[1]예수께서 가라사대, "이 세상을 알게 된 사람은 누구든지 육체를 발견하게 된다. [2]그리고 육체를 발견하게 된 사람에게는 누구든지 이 세상이 합당치 아니하다."

[1]예수께서 가라사대, "풍요롭게 된 자로 하여금 다스리게 하라. [2]그리고 힘을 가진 자로 하여금 그것을 부정하게 하라."

[1]예수께서 가라사대, "누구든지 나와 가까이 있는 자는 불과 가까이 있는 것이니라. [2]그리고 누구든지 나로부터 멀리 있는 자는 나라로부터 멀리 있는 것이니라."

[1]예수께서 가라사대, "모습들은 사람들에게 보일 수 있는 것으로 드러난다. 그러나 그 모습들 속에 있는 빛은 아버지의 빛의 모습 속에 가리워져 있다. [2]아버지도 드러날 것이다. 그러나 아버지의 모습은 항상 아버지의 빛 속에 숨겨져 있다."

[1]예수께서 가라사대, "너희가 (하나님을) 닮은 너희 모습을 볼 때에, 너희는 행복하도다. [2]그러나 너희가, 너희 이전에 존재한, 그리고 죽지도 아니하고 보여지지도 아니하는 너희 형상들을 볼 때에는, 과연 너희가 얼마나 감내할 수 있으랴!"

[1]예수께서 가라사대, "아담은 거대한 힘과 거대한 부로부터 태어났다. 그러나 그는 너희에게도 합당치 아니하다. [2]만약 그가 합당한 자라고 한다면 그는 죽음을 맛보지 아니하였을 것이기 때문이니라."

[1]예수께서 가라사대, "여우도 굴이 있고 새도 둥지가 있는데, [2]인간의 자식인 나는 머리를 뉘어 안식할 곳조차 없도다."

제87장 ¹Jesus said, "How miserable is the body that depends on a body, ²and how miserable is the soul that depends on these two."

제88장 ¹Jesus said, "The angels(or messengers) and the prophets will come to you and give to you those things you already have. ²And you too, in turn, give them those things which you have, and say to yourselves, 'When will they come and take what is theirs?'"

제89장 ¹Jesus said, "Why do you wash the outside of the cup? ²Do you not understand that the one who made the inside is also the one who made the outside?"

제90장 ¹Jesus said, "Come to me, for my yoke is easy and my reign is gentle, ²and you will find rest for yourselves."

제91장 ¹They said to him, "Tell us who you are so that we may believe in you." ²He said to them, "You read the face of heaven and earth, but you have not come to recognize the one who is in your presence, and you do not know how to read this moment."

제92장 ¹Jesus said, "Seek and you will find. ²In the past, however, I did not tell you the things about which you asked me then. Now I am willing to tell them, but you are not seeking them."

제93장 ¹(Jesus said,) "Do not give what

¹예수께서 가라사대, "한 몸에 매달리는 그 몸은 얼마나 비참한가! ²그리고 이 양자에 매달리는 그 영혼은 얼마나 비참한가!"

¹예수께서 가라사대, "천사들과 예언자들이 너희에게 올 것이다. 그리고 그들은 너희가 이미 가지고 있는 그런 것들을 너희에게 주리라. ²그때엔 너희도 보답으로, 너희가 세상에서 발견한 그런 것들을 그들에게 주어라. 그리고 너희 자신에게 자문해보라, '언제나 그들은 다시 와서 그들 자신의 것을 가져갈 것인가?'라고."

¹예수께서 가라사대, "어찌하여 너희는 잔의 겉만을 씻으려 하느뇨? ²안을 만드신 이가 또한 겉을 만드신 이라는 것을 너희는 알지 못하느뇨?"

¹예수께서 가라사대, "나에게로 오라! 나의 멍에는 쉽고, 나의 다스림은 부드럽기 때문이니라. ²그리고 너희는 너희 자신을 위하여 안식을 발견하리라."

¹그들이 그에게 이르되, "우리가 당신을 믿고자 하오니, 당신이 과연 누구인지를 우리에게 말하여 주소서." ²그께서 그들에게 가라사대, "너희는 하늘과 땅의 표정을 읽을 줄 알면서 너희 면전에 서있는 그 사람을 알지 못하는도다. 그러니까 너희는 바로 이 순간을 읽을 줄을 알지 못하는도다."

¹예수께서 가라사대, "찾으라! 그러면 너희는 발견할 것이다. ²허나 지난 시절에는, 너희가 나에게 구하는 것들에 관하여 나는 너희에게 말하지 않았다. 나는 지금 바로 그것들을 말하려 하나 너희가 그것들을 찾고 있지 않구나!"

¹(예수께서 가라사대)"거룩한 것들을 개들에게 주

is holy to dogs, or they might throw them upon the manure pile. ²Do not throw pearls to swine, or they might make mud of it."

제94장 ¹Jesus said, "One who seeks will find; ²for one who knocks it will be opened."

제95장 ¹Jesus said, "If you have money, do not lend it at interest. ²Rather, give it to someone from whom you will not get it back."

제96장 ¹Jesus said, "The kingdom of the father is like a woman. ²She took a little yeast, hid it in dough, and made it into large loaves of bread. ³Whoever has ears should hear."

제97장 ¹Jesus said, "The kingdom of the father is like a woman who was carrying a jar full of meal. ²While she was walking along a distant road, the handle of the jar broke and the meal spilled behind her along the road. ³She did not know it; she had not noticed a problem. ⁴When she reached her house, she put the jar down and discovered that it was empty."

제98장 ¹Jesus said, "The kingdom of the father is like a person who wanted to put someone powerful to death. ²While at home he drew his sword and stuck it into the wall in order to find out whether his hand could carry through. ³Then he killed the powerful one."

지 말라. 그들이 그것들을 똥거름 더미에 던지지 않도록 하라. ²진주들을 돼지들에게 주지 말라. 그들이 그것들을 진창 속에 밟지 않도록 하라."

¹예수께서 가라사대, "찾는 자는 발견할 것이다. ²두드리는 자에게는 열릴 것이다."

¹예수께서 가라사대, "너희가 돈을 가지고 있다면, 이자 받을 생각하고 빌려주지 말라. ²차라리, 그 돈을 너희가 다시 돌려받을 수 없는 사람에게 주어버려라."

¹예수께서 가라사대, "아버지의 나라는 한 여인과도 같도다. ²그 여인은 아주 소량의 효모를 가져다가 밀가루 반죽 속에 숨기어, 그것을 많은 갯수의 빵으로 부풀리었도다. ³귀가 있는 자는 누구든지 들으라!"

¹예수께서 가라사대, "아버지의 나라는 밀가루를 가득 채운 동이를 이고 가는 한 여인과도 같다. ²그녀가 먼 길을 걸어가는 동안, 이고 가는 동이의 손잡이가 깨져서, 밀가루가 새어나와 그녀가 가는 길가에 흩날려 뿌려졌다. ³그러나 그녀는 그 사실을 전혀 알지 못했다. 그녀는 문제를 눈치채지 못했던 것이다. ⁴그 여인이 집에 당도했을 때, 그녀는 그 동이를 내려놓았다. 그리고 그것이 비어있는 것을 발견했다."

¹예수께서 가라사대, "아버지의 나라는 엄청난 강자를 죽이려고 노력하는 사람과도 같다. ²집에 있을 때 그는 그의 칼을 뽑아, 자신의 팔이 그것을 감당해 낼 수 있을까를 시험하기 위하여, 벽속으로 세차게 찔러넣었다. ³그러자 그는 그 강자를 죽이고 말았다."

제99장 [1]The followers said to him, "Your brothers and your mother are standing outside." [2]He said to them, "Those here who do the will of my father are my brothers and my mother. [3]They are the ones who will enter the kingdom of my father."

제100장 [1]They showed Jesus a gold coin and said to him, "Caesar's people demand taxes from us." [2]He said to them, "Give Caesar the things that are Caesar's, give God the things that are God's, and give me what is mine."

제101장 [1](Jesus said,)"Whoever does not hate father and mother as I do cannot be a follower of me, [2]and whoever does not love father and mother as I do cannot be a follower of me. [3]For my mother gave me falsehood, but my true mother gave me life."

제102장 [1]Jesus said, "Shame on the Pharisees, for they are like a dog sleeping in the manger of oxen, for it does not eat or let the oxen eat."

제103장 [1]Jesus said, "Blessings on the person who knows at what point the robbers are going to enter, so that he may arise, bring together his estate, and arm himself before they enter."

제104장 [1]They said to Jesus, "Come, let us pray today and let us fast." [2]Jesus said, "What sin have I committed, or how

[1]따르는 자들이 그에게 말하였다: "당신의 형제들과 모친이 밖에 서있나이다." [2]그가 그들에게 말하였다: "나의 아버지의 뜻을 실천하는 여기 있는 이 사람들이야말로 나의 형제들이요 나의 모친이니라. [3]이들이야말로 나의 아버지의 나라에 들어갈 사람들이니라."

[1]그들이 예수에게 한 개의 금화를 보이며, 그에게 말하였다: "카이사의 사람들이 우리에게 세금을 요구하나이다." [2]그께서 그들에게 가라사대, "카이사의 것은 카이사에게 주어라. 하나님의 것들은 하나님에게 주어라. 그리고 나의 것은 나에게 주어라."

[1](예수께서 가라사대) "내가 증오하는 것처럼 아버지와 어머니를 증오하지 아니하는 자는 누구든지 나의 도반이 될 수 없다. [2]그리고 내가 사랑하는 것처럼 아버지와 어머니를 사랑하지 아니하는 자는 누구든지 나의 도반이 될 수 없다. [3]나의 엄마는 거짓을 주었지만 나의 참된 엄마는 나에게 생명을 주었다."

[1]예수께서 가라사대, "부끄러워할지어다! 바리새인들이여. 그들은 소구유에서 잠자고 있는 개와 같기 때문이다. 개는 여물을 먹지도 않으면서 또 소들로 하여금 여물을 먹지도 못하게 하기 때문이다."

[1]예수께서 가라사대, "도둑놈들이 어느 시점에 어디로 들어올지를 미리 아는 자는 복되도다! 그는 일어나서 그의 중요한 자산들을 점검하고, 도둑놈들이 들어오기 전에 자신을 무장할 것이기 때문이다."

[1]그들이 예수께 가로되, "오소서! 오늘 같이 기도합시다. 그리고 같이 금식합시다." [2]예수께서 가라사대, "내가 도대체 무슨 죄를 저질렀단 말인

have I been undone? ³Rather, when the bridegroom leaves the wedding chamber, then let people fast and pray."

제105장 ¹Jesus said, "Whoever knows the father and the mother will be called the child of a whore."

제106장 ¹Jesus said, "When you make the two into one, you will become children of humankind, ²and when you say, 'Mountain, move from here,' it will move."

제107장 ¹Jesus said, "The kingdom is like a shepherd who had a hundred sheep. ²One of them, the largest, went astray. He left the ninetynine and sought the one until he found it. ³After he had gone to this trouble, he said to the sheep, 'I love you more than the ninety-nine.'"

제108장 ¹Jesus said, "Whoever drinks from my mouth will become like me; ²I myself shall become that person, ³and the hidden things will be revealed to that person."

제109장 ¹Jesus said, "The kingdom is like a person who had a treasure hidden in his field but did not know it. ²And when he died, he left it to his son. The son did not know about it. He took over the field and sold it. ³The buyer went plowing, discovered the treasure, and began to lend money at interest to whomever he wished."

제110장 ¹Jesus said, "Whoever finds the world and becomes rich, let him renounce

가? 또한 내가 어떻게 파멸되었단 말인가? ³차라리, 신랑이 혼방을 떠난다면, 그제서야 사람들로 하여금 금식하고 기도케 하라."

¹예수께서 가라사대, "(세속적) 아버지와 엄마만을 아는 자는 누구든지 창녀의 자식이라 불릴 것이니라.

¹예수께서 가라사대, "너희가 둘을 하나로 만들 때는 너희는 사람의 자식들이 될 것이니라. ²그리고 너희가 '산이여! 여기서 움직여라'라고 말하면, 산이 움직이리라."

¹예수께서 가라사대, "나라는 일백 마리의 양을 가지고 있는 목자와도 같다. ²백 마리 중에 가장 큰, 그 한 마리가 무리를 떠났다. 목자는 아흔아홉 마리를 버려두고 그 한 마리를 찾을 때까지 헤매었다. ³그리고 이 모든 수고를 끝내었을 때, 목자는 그 양에게 말했다: '나는 아흔아홉 마리보다도 너를 더 사랑하노라.'"

¹나의 입으로부터 나오는 것을 마시는 자는 누구든지 나와 같이 되리라. ²나 자신 또한 그 사람과 같이 되리라. ³그리고 감추어져 있는 것들이 그 사람에게 드러나게 되리라.

¹예수께서 가라사대, "나라는 그의 밭에 한 보물이 숨겨져 있는데도 그것이 거기에 있는 줄을 모르는 한 사람과도 같다. ²그리고 그가 죽었을 때에 그는 그 밭을 그의 아들에게 물려주었다. 그 아들 또한 보물에 관해서는 전혀 알지를 못했다. 그 아들은 그 밭을 상속받은 후에 곧 팔아버렸다. ³그 밭을 산 사람은 밭을 갈았고 그 보물을 발견하기에 이르렀다. 그리고 그가 원하는 누구에게든지 이자를 붙여서 돈을 빌려주기 시작했다."

¹예수께서 가라사대, "세상을 발견하여 부자가 된 자는 누구든지, 그로 하여금 세상을 부정케 하라."

the world."

제111장 [1]Jesus said, "The heavens and the earth will roll up in your presence, [2]and whoever is living from the living one will not see death." [3]Does not Jesus say, "Whoever has found oneself, of that person the world is not worthy."

제112장 [1]Jesus said, "Shame on the flesh that depends on the soul. [2]Shame on the soul that depends on the flesh."

제113장 [1]His followers said to him, "When will the kingdom come?" [2](Jesus said,) "It will not come by watching for it. [3]It will not be said, 'Look, here it is,' or 'Look, there it is.' [4]Rather the kingdom of the father is spread out upon the earth, and people do not see it."

제114장 [1]Simon Peter said to them, "Mary should leave us, for females are not worthy of life." [2]Jesus said, "Look, I shall guide her to make her male, so that she too may become a living spirit resembling you males. [3]For every female who makes herself male will enter the kingdom of heaven."

[1]예수께서 가라사대, "하늘들과 땅이 너희 면전에서 두루말릴 것이다. [2]그러나 살아있는 자로부터 살아있는 자는 누구든지 죽음을 보지 아니하리라." [3]예수께서 말씀하시지 아니하느뇨?: "자신을 발견한 자는 누구든지, 이 세상이 그에게 합당치 아니하리라."

[1]예수께서 가라사대, "부끄러울지어다, 영혼에 매달린 육체여! [2]부끄러울지어다, 육체에 매달린 영혼이여!"

[1]그의 따르는 자들이 그에게 가로되, "언제 나라가 오리이까?" [2](예수께서 가라사대) "나라는 너희들이 그것을 쳐다보려고 지켜보고 있는, 그런 방식으로는 결코 오지 않는다. [3]보아라, 여기 있다!' '보아라, 저기 있다!' 아무도 이런 말을 할 수 없을 것이다. [4]차라리, 아버지의 나라는 이 땅 위에 펼쳐져 있느니라. 단지 사람들이 그것을 보지 못할 뿐이니라."

[1]시몬 베드로가 그들에게 가로되, "마리아는 우리를 떠나야 한다. 여자는 생명에 합당치 아니하기 때문이다." [2]예수께서 가라사대, "보라! 내가 마리아를 인도하여 그녀 스스로 남성이 되도록 만드리라. 그리하여 그녀도 너희 남성들을 닮은 살아있는 정기精氣가 되도록 하리라. [3]어떠한 여인이라도 자신을 남성으로 만드는 모든 자는 하늘나라에 들어갈 것이니라."

The Gospel According to Thomas

제목 토마스에 의한 복음

※ 영역은 마르빈 메이어Marvin Meyer의 역본을 기본으로 삼고 타 역본을 참고하였다. Marvin Meyer, *The Gospel of Thomas: the Hidden Sayings of Jesus*. N.Y.: Harper Collins, 1992.

The Gospel According to Thomas

『예수님의 육성 도마복음』

2025년 6월 13일   초판 발행
2025년 6월 13일   1판 1쇄

지은이 _ 도올 김용옥
펴낸이 _ 남호섭
편집 _ 김인혜 · 임진권 · 신수기
제작 _ 오성룡
표지디자인 _ 박현택
인쇄판 출력 _ 토탈프로세스
라미네이팅 _ 금성L&S
인쇄 _ 봉덕인쇄
제책 _ 강원제책

펴낸곳 · 통나무
서울특별시 종로구 동숭동 199-27
전화: 02) 744-7992
출판등록 1989. 11. 3. 제1-970호